应用写作学教程

（修 订 本）

教育科学出版社

主　　编　路德庆
责任编辑　张立群
责任印制　曲凤玲

图书在版编目(CIP)数据

应用写作学教程/路德庆主编.—2版(修订本).
北京:教育科学出版社,2001.6 (2005.7重印)
(中国写作学文库)
ISBN 7-5041-0718-2

Ⅰ.应…　Ⅱ.路…　Ⅲ.写作学-教材　Ⅳ.H 05

中国版本图书馆CIP数据核字(2001)第036587号

出版发行　教育科学出版社　　市场部电话　010-64989009
社　　址　北京·朝阳区安慧北里安园甲9号　　编辑部电话　010-64989443
邮　　编　100101　　网　　址　http://www.esph.com.cn
传　　真　010-64891796

经　　销　各地新华书店
印　　刷　保定市中画美凯印刷有限公司
开　　本　850毫米×1168毫米　1/32
印　　张　19.75　　版　　次　1993年10月第2版
字　　数　454千　　印　　次　2005年7月第8次印刷
定　　价　20.00元　　印　　数　71 001—76 000册

主　　编

路德庆

副主编

陈进波　余永祥　刘洪甲

编　　委

（按姓氏笔画排列）

王建国　吕子玉　李德录　吴恩培　辛连荣　张元禄
张东坡　莫恒全　谭显明　寇相法

撰稿者

（按姓氏笔画排列）

王建国　刘洪甲　李德录　吕子玉　那守第　李景霞
余永祥　陈　舟　陈进波　侯天杰　吴恩培　辛连荣
张元禄　张东坡　高万年　莫恒全　徐明霞　寇相法
路德庆　杨松歧　谭显明

编辑说明

中国写作学是一门既古老又年轻的学科。说它古老，是指早在殷商时代（公元前1766—1122年），我们的祖先已开始了写作活动，距今已有三千多年。三千多年来，广大的写作者、研究者积累了丰富的经验，留下了异常丰富的文化遗产。说它年青，是指真正扬起“写作学”大旗还是20世纪80年代以后的事，它还太年轻，尽管研究者很努力，毕竟时间还太短，应该承认写作学的科学体系还未真正建立起来。弘扬民族文化，振兴写作学科，是当务之急。我们编辑这套系列性的“文库”，目的就在于弘扬中华文化，振兴写作学科，适应社会需要，为建立写作学的科学体系贡献一点微薄的力量。

本文库计划按“辞书”、“教材”、“写作经验”、“文体”、“专著”等几个专辑编几十本书，总字数约1000万字。本文库由中国文联副主席、中国作家协会顾问、著名作家冰心；中国作家协会顾问、中国写作学会会长、著名诗人臧克家；中国修辞学会会长、著名学者张志公；著名学者、北京大学教授周祖谟；著名学者、复旦大学教授胡裕树；著名学者、北京师范大学教授郭豫衡；著名学者、东北师范大学教授吴伯威、著名学者、南京师范大学教授吴调公；著名学者、河南大学教授任访秋；著名学者、河南电大教授张静；著名学者、北京师范学院教授张寿康等任顾问，路德庆教授任主编。先后参加“文库”各本书编写的有复旦大学、武汉大学、兰州大学、西北大学、湘潭大学、暨南大学、江西大学、安徽大学、新疆大学、黑龙江大学、河南大学、上海师大、天津师大、西北师大、哈尔滨师大、辽宁师大、河南师大、青海师大、四川师院、海南师院、广西师院、徐州师院、长春师院、锦州师院、齐齐哈尔师院、上海教院、海南教院、湖南教院、广西教院、黑龙江教院、宁夏教院、青海教院、中南民院、西北民院等92所院校的100多位写作学教授、副教授及讲师。我们渴望更多的写作学界的朋友参加“文库”的编写工作，渴望更多的著名专家指导我们的编写工作，以便指导和帮助我们把“文库”的各本书编好。

教育科学出版社、河南省教委科研处给“文库”的编写工作以大力支持，在此表示感谢。

由于我们水平不高，经验不足，编写工作肯定存在不少缺点，诚恳希望广大读者批评指正。

《中国写作学文库》编委会

目　录

总　论

专题训练

文体写作训练

前　言

写作学，顾名思义，是以人类的写作活动为特定对象，研究写作范畴的种种写作现象，探讨写作规律的一门学问。以研究对象不同为标准，可以将写作学分为文章写作学和文学写作学。在文章写作学中又可以以研究对象之不同而分为普通写作学和应用写作学。普通写作学以普遍文章写作为研究对象，应用写作学以应用文章写作为研究对象。大学生必须学会写普通文章和应用文章，因此，各种类型高校的各种专业所开设的写作课都应以讲普通文章写作和应用文章写作为主。当然，各个专业对写作的需求是不同的。作为一门基础课，进行教学时，各专业都应讲授基础知识，加强基本技能的训练，注意培养学生的写作能力，但在教文体写作时，应该允许各专业根据本专业的需求有所侧重，这也是理所当然的。不同院校不同专业讲授写作课应该是有“同”，有“异”的。

近几年来，为了适应“四化”建设的需要，各种类型的高等学校相继开设了写作课。开课的学校如此之多，很自然地引起了写作学家对写作学教材的关注。建设写作学教材既关系到写作学学科本身的科学化，又关系到培养一代两代甚至三代新人的问题，意义十分重大。因此，不少写作学家为建设写作学教材倾注了不少心血。陈望道的《作文法讲义》，如书名所示，是先作为讲义印发，几经修改后才作为教材正式出版的。这本教材对文章所下的定义，以及对记叙文、论辩文、解释文的不少论述，对于今天的写作学研究仍有参考价值。梁启超的《中学以上作文教学法》，是他的学生根据听课笔记整理而成的。这本教材对观察点等问题的论述十分精辟，很有创见。夏丏尊与刘熏宇合编的《文章作法》对选材等问题的论述深入浅出，使读者很受启发。叶圣陶与夏丏尊合著的《文心》，是以辅导书的形式编写的，虽然出书已几十年了，今天读来仍感到十分亲切。可以毫不夸张地说，上述教材哺育了一代两代甚至三代新人，对写作学的学科建设起着推动和促进作用。

建国以后，在党和政府的关怀下，写作学家编写出版了一批写作学教材，满足了高等学校的教学需要。80年代以前，在全国有影响的，当推《写作知识》（北京大学中文系汉语教研室编)、《写作基础知识》（复旦大学中文系语文写作教研组编)、《写作基础知识》(北京师大中文系《写作基础知识》编写组编）等几种教材。这些教材较之以往的教材，观点鲜明，时代感强，重点突出，简明扼要。

在教育改革的推动下，1981年，华东师大、苏州大学、陕西师大、河北师大、贵州师大、河南大学等六院校的几位朋友共同编写了《写作教程》（1982年，华东师大出版社出版)。到1988年为止，这本教材共印了两版10次，总印数近100万册，受到社会上广大写作爱好者和许多所高校师生的肯定。

从编《写作教程》到现在，整整十年过去了。在这十年中，在正确政策指引下，各地出版的写作学教材，数量之多，质量之高，都是以往任何一个时期无法比拟的，其中在全国有较大影响的教材就有七八部之多。

近几年来，写作学研究者在总结了十年教学经验之后，深深感到建设写作学教材应从提高理论层次和使训练科学化两个方面努力。基于这种认识，北京、上海、天津、华东、中南、东北、西北的 30 多位朋友，聚会开封，大家商量着要编一套完整的写作学教材。这套教材包括《普通写作学教程》、《应用写作学教程》、《文学写作学教程》及与《普通写作学教程》、《应用写作学教程》配套使用的《写作练习集》、《写作例文选》，共计五种。1990 年先编出《普通写作学教程》、《应用写作学教程》、《写作练习集》、《写作例文选》，将来再编《文学写作学教程》。《普通写作学教程》由高等教育出版社出版，其余三本由教育科学出版社出版。

关于这套教材，需要向读者汇报的，有以下几点：

一、关于指导思想与理论层次。我们要建设的写作学是中国的，符合中国的写作实际，是对中国写作实际所作的理论概括，反过来又能指导中国的写作实践，具有中华民族的特点，深深地植根于中国大地。本着“古为今用”的原则，我们注意吸收了古代写作学的研究成果。本着“洋为中用”的原则，我们也注意适当吸收外国写作学研究中的有益成果。我们希望把这套教材编成具有中国特色的写作学教材，力求它能在继承民族优秀文化传统的基础上根据时代需要又有所发展、有所创新，立足于中国，立足于现实，着眼于未来。

理论联系实际，是我们坚持的总原则。我们力求从理论与实践相结合的高度，安排写作知识，安排写作训练的内容和方法，注意将知识转化为技能技巧。讲理论是为了指导实践，有些理论虽然不能直接指导实践，但能丰富写作者的修养，提高他们的素质，对他们的实践有间接指导意义，写作者了解与不了解这些理论，实践起来是大不一样的，这样的理论也是写作者必须掌握的，也是写作学教材应该介绍的。写作学教材要突出智能的培养，要落脚到“写”上。在编写《普通写作学教程》、《应用写作学教程》时，我们注意到要解决好几对矛盾，力求做到知识与训练的结合、静与动的结合、点与面的结合、单学科与多学科的结合。我们孜孜以求的是建立符合写作实际的、能够指导高校学生写作实践的理论层次。

二、关于训练的科学化。仅仅从多出训练题，或题目形式的多样化方面考虑，是远远不够的。根据十年的教学经验，应从宏观到微观，全面地考虑。《普通写作学教程》、《应用写作学教程》按总论、专题训练、文体写作训练三位一体的框架编写，就是从训练的科学化这一角度考虑的。总论部分介绍的是写作本身所具有的特点和规律及写作者的素质，这是正在进行写作的人或准备从事写作的人都必须了解的。专题训练部分从横的方面讲是培养和提高进行写作必须具备的几种能力，从纵的方面讲是按写作的实际过程进行分解训练。专题训练部分的各章是相对独立的，但合起来又是有内在联系的有机整体。有了这些基本能力，又按实际写作过程进行了训练，学生便基本上具备了写文章的能力。文体写作训练部分训练学生写各种常见的文体。从“专题训练”到“文体写作训练”是按由分析到综合、由单项训练到综合训练的顺序安排的，应当说，这是符合人的认识规律的。

关于训练题。我们的理解。它是教材内容的重要组成部分，绝不是前边知识部分的附庸，绝不是可有可无的，它和前边知识部分是相辅相成的。训练题涉及到的知识可以是前边介绍的知识，也可以是前边介绍知识的扩展和补充，也可以是与之有关的新知识。从学生及要训练的内容两个方面的实际考虑，各章的训练应是多侧面的、多角度的、多层次的。抓住写作上的关节

“点”，形式多样地训练，才能收到理想的效果。我们孜孜以求的是设计出符合写作实际的，具有独创性、启发性、可行性、系统性的训练题。《普通写作学教程》、《应用写作学教程》中的训练题量是大了一点，这是为了给使用本教材的师生留下选择的余地。各校各专业的写作教师在教学中也可从自己的实际出发另拟新的训练题。

三、关于教材和教学。教材与教学关系密切，不能教的教材，或者可教性不强的教材，不能算好教材。根据十年的教学经验，写作教学要取得比较理想的效果应注意三点：把观察、读书、练习结合起来进行教学；按实际写作过程进行教学；进行严格的训练，重视培养能力。

把观察、读书、练习结合起来进行教学。鲁迅在介绍自己的写作经验时说：“文章应该怎样做，我说不出来，因为自己的作文，是由于多看和练习，此外并无心得或方法的。”多看，包括两方面：认真看无字的书和认真看有字的书，即认真观察生活和认真读书。根据鲁迅的经验，把观察、读书、练习这三者结合起来，就是学习写作的正确途径。学习写作如此，教写作也如此。写作课也应按这一学习写作的规律进行教学。如，准备让学生练习运用多种描写技法描写春天，可以先让学生到自然界去观察春天，感受春天，然后在课堂上选古今中外描写春天的名篇让学生阅读欣赏，最后出题让学生练习描写春天；也可以先选中外古今描写春天的名篇让学生学习，然后让学生到广阔的田野去观察春天，运用多种感官感受春天，最后再出题让学生练习描写春天。再如，让学生练习写消息，先从报纸上选出优秀消息让学生学习，然后再到工厂、农村去采访，最后让学生练习写。把观察、读书、练习结合起来进行教学需要注意两点：一是要有计划性，二是要加强指导。大学的写作课一般在一年级开，多数只开一年。对这一年时间应科学地进行安排，加强计划性。走出课堂的观察、采写的时间不宜过多，过多了就会影响讲授必要的写作知识。出去观察、采写要讲究质量，每次活动都应有明确目的，都应有预期目标。这样，每次活动都有实际效果（可以充分利用假期开展采写活动）。教师加强指导，是提高观察、采写活动质量的关键。教师应像教练一样指导学生练，既放手让他们去做，又严格要求。从观察，到立意，到选材，到谋篇，到表达，到修改定稿，都让学生动手去做。这样的练习，经过数次，学生的实际观察能力、分析能力、表达能力，便会有很大提高。

按实际写作过程进行教学。写作教学的过程和实际的写作过程最好一致。按实际写作过程安排教学，每段又穿插讲和练，有些不易掌握的环节，可以反复练多次，学生定能从中获得教益。通过一年的讲和练，让学生了解写文章的实际过程，并且亲自实践一至数次，可以有效地提高学生的写作水平。只要学生知道基本路数，路子对头，毕业后他就会沿着正确的道路走下去。开始写时，他也许感到很困难（因为在写作课上练的毕竟还太少），但只要路子对头，他会越写越熟，越写越巧，最后完全达到适应工作、学习和科研需要的目的。按实际写作过程安排教学，可以使写作教学更切合实际。要把写作教学从“空谈”中解放出来。

要进行严格的训练，要重视培养能力。这一点就不多说了。

编写教材应考虑到教师如何教、学生如何学。我们编《普通写作学教程》、《应用写作学教程》时是充分注意到上述三点的。希望这本教材在写作教学改革中能起到自己应起的作用。

四、关于先行出版的这四本书。在这四本书中，《普通写作学教程》、《应用写作教程》是主教材，《写作练习集》与《写作例文选》是与主教材配套使用的。为了说明问题方便，在主教材中引用了少量文学作品作例子，在“练习集”和训练题里也选用了少量文学作品作练习材料，需要说明的是，在引用和选用时是把它们作为文章看待的，请读者注意。

《写作练习集》按“总论”、“写作过程”、“普通文章写作”、“应用文章写作”四部分从不同方面、不同角度、不同层次拟了1000多道题，供读者选用。通过做这些练习，不仅可以帮助读者掌握有关写作知识，还可以帮助读者培养和提高观察能力、调查能力、感受能力、想像能力、思维能力、结构能力、语言表达的能力，以及综合运用各种写作技巧和方法的能力。因为本书是在教师指导下使用的，所以没有拟参考答案。社会上爱好写作的青年使用本书可通过与朋友讨论以求得正确答案，也可请当地高校写作学教授、讲师指导。

《写作例文选》按“总论”、“普通文章”、“应用文章”三部分共选文质兼美的文章近百篇。为了方便教学和阅读，各部分的前边和部分例文后边加了简要的“提示”。为什么“提示”这样短，而且不少篇没有？这是为了给教师的教学留下余地，给学生的阅读留下思考的空间。

《写作练习集》、《写作例文选》虽说是与主教材配套使用的，但两本书都有相对独立的体系，也可单独使用，也可和其他写作学教材配套使用。

因为这套写作学教材按写作的实际过程安排内容，重视能力培养，所以它适宜作综合性大学、师范院校、民族院校，以及理工、农医、政法、财经、体育、艺术等院校的写作教材，也适宜作夜大、函大、电大、刊大、党校、干校、教育院校，以及自学考试、专业合格证书考试的写作教材。

由于我们水平很低，经验不足，再加上时间仓促，这套教材肯定存在不少缺点，诚恳希望广大读者批评指正。

路德庆

1990 年 7 月 2 日
于开封·河南大学

· 总论 ·

第一章　应用文章的源流及其特征

第一节　应用文章的源流概述

我国的应用文章源远流长。应用文章在人们长期的写作、使用及自身发展的过程中，形成了优秀的传统。为了加深大家对应用文章的认识，提高写作水平，在此先对我国应用文章的源流作一个简要的回顾。

一、我国应用文的起源及在西周与春秋时期的发展

我国应用文的起源十分久远。可以说，自从有了文字就开始了应用写作，也便有了应用文章。甲骨文是我国最古老的规范文字，距今已有 3500 多年的历史。这些刻在龟甲兽骨上的文字，记载的是占卜的内容，故称“卜辞”。甲骨卜辞，最短的只有几个字，最长的有 100 多字，所记除干支数字以外，还有世系、天象、食货、征伐、畋游等事项，文词简略，不假修饰，真实地保留了当时社会的痕迹。其中有的可视为殷商王室的档案资料和处理国事的文书，也可以说是我们至今所能看到的最古老的应用文。作为“文章”，这些卜辞显然是很不完整的，但它却是从漫长的原始时代，在先民的生活、生产、宗教、政治、战争等活动中孕育出来的，是原始文化进化的结果。

甲骨文之后出现的是钟鼎文。据文献记载，夏代已能铸造铜器，到了西周，青铜器更是大量生产，而且品种繁多，造型精美，并在大量青铜器上铸有铭文。铭文的内容有宣扬周文王和武王的善德与天命的，有记述战争胜利的，也有周天子的诰词、训示和命令。如西周康王时期的大盂鼎，在内腹壁上铸有铭文291字，记载了周康王对大贵族盂的训诰和赏赐财物的命令。文字简约，内容具体，条理也较清楚。

在西周，不但有了用于经济活动、宗教活动、政治、军事等方面的应用文章，而且有了司法文书。1975年在陕西岐山县董家村发现的西周夷、厉时期的㑴匜铭文，就是今天可以看到的最早、最完整的一篇判词。此文共157字，叙事清楚，理由充足，结构也相当完整。

到了春秋时期，郑国大夫子产执政，于周景王9年（公元前536年）把制定的刑法铸在鼎上公布，史称"刑书"。《左传·昭公六年》所载"郑人铸刑书"就是说的这件事，杜预注曰："铸刑书于鼎，以为国之常法。"后来，晋国大夫赵鞅和荀寅，于周敬王7年（公元前513年），也把前执政范宣子所制定的刑法铸在鼎上公布，史称"刑鼎"。可见，当时的法律已用文书的形式固定下来。

春秋时，对政令的制作是极为重视的。孔子在《论语·宪问》中说："为命，裨谌草创之，世叔讨论之，行人子羽修饰之，东里子产润色之。"一篇政令，从拟稿、讨论，到修改、润色，须经过多人之手，通过几道程序才能完成，其写作态度是多么严肃认真，由此可见一斑。

《尚书》是我国上古的历史文件和部分追述古代事迹的著作汇编，也可以说是我国第一部以应用文为主体的文章总集。其中多是虞、夏、商、周四代帝王所发的文告、誓词等，有些出于当时史官的记录，有的则是根据史料而追述写成的。唐人刘知凡在《史通·六家篇》中，把《尚书》中的文章分为六种：典、谟、训、诰、誓、命。显然，这六种文章都可称为上古时代的应用文。

在用于处理军、国大事的应用文章产生的同时，私人应用文也应人们的需要而产生。最早出现的是契约和书信。西周中期的格伯簋，器和盖上铸有铭文 82 字，记述的是格伯将四匹良马付予倗生，得三十田的事。《周礼注疏》中也记载："以质剂结信而止讼。""质，大贾；剂，小贾。"就是说，做大小生意都要订立契约作为凭据，一旦发生纠纷，官府就按契约判案。

有关书信的记载，最早见于《诗经·小雅·出车》："岂不怀归？畏此简书。"说的是一位将军受命去征伐猃狁，夏去冬归，思家心切。可是在班师途中，又接到君王让他去邻国救难的信件，他不得不克制思家之情，转而前往邻国。以上两句诗意为：难道他不想回家吗？是惧怕这封写在竹简上的信呀！看来这信就是国君的命令。《左传·昭公六年》在记述"郑人铸刑书"时还谈到：这个消息传到晋国后，晋国大夫叔向给子产写了一封信，严厉批评子产的作法，认为郑国就要衰败于子产之手。子产收到信后，马上给叔向复信，对叔向的关心表示感激，但却拒不接受叔向对他的批评，并说他之所以铸刑书，正是为了挽救郑国的衰亡。以上两例可以说明，在春秋时期，书信已是传递信息，交流思想，以至传达君王之命的重要工具，在当时的社会生活中发挥着不可忽视的作用。

综上所述，商代的甲骨文是我国应用文的萌芽。西周、春秋时期的铭文、《尚书》中的应用文章，从内容到形式都有了很大发展，并有了相当多的类别，广泛地用于各个领域，在写法上已是较为完善、近于成熟了。

二、我国应用文的成熟

战国时期，社会生产力进一步发展，经济日益繁荣，各诸侯国之间交往频繁，政治活动和军事斗争也更加复杂。当时各国的统治者，为巩固自己的政权，适应复杂多变的形势之需要，纷纷招贤纳士，因此"养士"之风很盛。大批能言善辩的"士"，审时度势，游说各国，在政治、外交等方面各为其主出谋划策，并能写出一手好文章，用以表达他们的主张，实施其经纶方略。于是，当时的各种法令、书表，数量大增，应用文章的使用范围大大扩展。由于文章的作者更加注重实效，所以，在写法上比过去有了新的改进：内容真切，观点明确；语言流畅，讲究文采；条理清楚，结构紧密；文章的可读性和说服力大为增强。如商鞅的《变法令》，就写得文通意明，井然有序，严密完整；乐毅的《报燕王书》，用语准确，文采飞扬，叙事说理，清晰明了；苏秦的《上秦惠王书》，句式整齐，易读易懂。这些文章都具有相当高的表达技巧。尤其是李斯的《谏逐客书》，更是脍炙人口的传世之作。

公元前237年，韩国派著名水工郑国赴秦，劝说秦王政开凿渠道引泾水东注洛水，其真正意图是想以此巨大的水利工程消耗秦国国力，使它不能用兵东进韩国。但这一图谋很快被秦国宗室大臣发觉，于是爆发了一场"逐客"的斗争。在此情况之下，已在被逐之列的李斯，写了《谏逐客书》上呈秦王，批驳逐客的错误主张。李斯运用充分的历史事实和现实例证，陈述了客卿对秦国的贡献，说明逐客对秦国的危害，反复论证了要使"秦成帝业"必须重用客卿的道理，从而说服秦王收回成命。这篇文章的成功之处首先在于作者能牢牢抓住"秦王帝业"这个根本问题展开议论，既注重实用，又高瞻远瞩，以其精辟的见解，触动了秦王的心理；再加上措词恰切，生动形象，善用铺张、排比、对比、比喻等手法，推理严密，气势酣畅，因而收到了很好的效果。这篇文章是奏议的楷模，也是先秦历史散文的典范，是我国古代的应用文章渐臻成熟的一个标志。

秦王朝统一六国以后，颁布了一系列统一的法令，改革了文字，有力地推动了应用文章的进一步发展。从 1975 年在湖北云梦出土的大量竹简中可以看到，秦始皇时期的法律文书，已有了统一规范的要求，内容更加丰富，而且条理分明，结构完整，语言简练。文书体制趋于统一，并有了比较严格的分类和明确的行文关系。如，皇帝颁布的文书，有了固定的名称：命为“制”，令为“诏”，“制”和“诏”只有皇帝才能使用。臣子上呈皇帝的议政文书为“奏”。天子自称曰“朕”。臣子在启奏皇上的文书中，每当提及“始皇帝”或“皇帝”时，必须另起一行，顶格书写，以示崇敬。同时还有了避讳、承办、用印、保管等一套比较健全的文书制度。

在云梦秦简中，还有两件木牍，是前线的士兵写给家人的信，信中提到了秦军灭楚的战争。这是我们目前发现的最早的家书。

秦代之后，应用文的写作历久不衰，经过数千年的衍变，其内容随时代的发展而不断更新，文章种类也因社会的需要而不断变革，写作手法日益圆熟老练，而且逐渐形成了比较固定的体式和各具特色的风格。各个朝代，名家名篇层出不穷，并有了论述应用文章的写作的理论，对社会、思想、文化的发展起了巨大的作用。曹丕在《典论·论文》中所言：“盖文章，经国之大业，不朽之盛事。”主要就是指应用文章而说的。当然，应用文作为时代的产物，必有其时代的局限，当时的应用文中必然有许多封建糟粕和敷衍塞责、逢迎媚俗的下品，这就需要我们以分析批判的态度去对待了。

第二节　应用文章的性质、特征及写作

一、应用文章的性质和分类

（一）应用文章的性质

应用文章就是以实际应用为目的，如实地反映客观事物与真实的思想情感，并按照一定的惯用格式而写成的文章。许多应用文章，都可依着作者的写作意图，取得一定的实际效果。所以应用文章最基本的性质就是实用。它在人们的生活、生产、学习、工作中，具有实践的意义和实际的价值，是政府机关、社会团体、企事业单位进行行政管理、处理日常事务、传递信息、交流情况、总结经验、记载活动的重要工具，也是群众或个人表达意愿、交流思想、办理事情、反映社会实践活动或思想、情感的重要工具。

应用文章的使用范围极其广泛，使用频率很高，同每个社会成员的生活、生产、学习、工作都有直接而密切的关系。每个有一定文化水平的人都应掌握应用写作的本领，受过高等教育的人，更应具有较高的应用写作能力。否则，就难以适应现代社会的需要。

（二）应用文章的种类

应用文章的种类相当繁杂，从不同的角度出发，以不同的标准划分，可以分成不同的类别。根据文章作者的不同和写作目的、使用范围的差异等，可将应用文章分为公务文书和私人文书两大类。

1. 公务文书　凡是党政机关、群众团体、企事业单位在处

理公务的活动中形成和使用的内容系统、体式完备的各种书面材料，可统称为公务文书。

公务文书包括通用文书和专用文书两个系列的应用文体。

(1) 通用文书，是指一切政府机关、群众团体、企事业单位在公务活动中共同使用的应用文章。如国家机关行政公文、机关事务文书及其他能够通用的应用文章等。

根据国务院办公厅的有关规定，我国现行的行政公文下含12类13种文体，本书后边将专章讲授，此不多述。

机关事务文书和其他应用文章所包含的各种文体，本书后也有专章讲述，此处从略。

(2) 专用文书，是指具有专门职能的机关、部门或团体为特定的目的而写作、在一定的领域内使用的应用文章。这类文章具有特定的内容、格式和用途，有其各自的特殊性和明显的专业特点。包括财经文书（如市场调查报告、经济活动分析报告、经济预测报告、经济合同等）、司法文书（如立案报告、破案报告、起诉书、抗诉书、判决书、笔录、布告等）、外交文书（如国书、照会、护照、条约、声明、公报、协议书、协定书、抗议书、备忘录等）、科技应用文（如科学实验报告、科技成果鉴定书，专利申请书等）及军用文书等。

2. 私人文书　凡是人们为着处理自己的事宜，为表达个人的意向、情感，以实现个人的某种目的而写出的内容切实、格式完备的应用性文章，可统称为私人文书。如个人的计划、总结、报告、申请、契约、条据、启事、遗嘱、书信、电文、演讲稿等。私人文书是和公务文书相对而言的，前者为处理私人事宜而作，都以个人的名义发出；后者则为公务而写，均以法定作者的名义发出，为制发单位立言。

二、应用文章的主要特点

与其他文章相比，应用文章有下列主要特点：

（一）务实性

应用文章的产生，就是出于实用的目的，所以它的务实性是很突出的。应用文章大都从本部门、本行业或本人的实际情况出发，为解决某一实际问题而写，其内容不仅和人们的实际生活有直接的联系，而且还需要相关人员在实际行动中贯彻实施，并能产生一定的实际效果。假若写出的应用文章不务实，不实用，就等于一纸空文，还不如不写的好。东汉哲学家王充在《论衡·自纪》篇中说，写出的文章“为世用者，百篇无害；不为用者，一章无补”，就强调了应用文章的务实性，实用性。

应用文章的内容一定要正确、切实，表达也应通俗明了；作者在写作中应该慎重从事，防止空话连篇。

（二）真实性

应用文章的实用性，决定了它的真实性，文章中所用的一切材料必须真实可靠，准确无误，无论是现实材料还是历史材料，理论材料还是事实材料，都要有根有据，符合实际，不夸大，不缩小，不虚美，不溢恶，不歪曲事实真相，更不要弄虚作假。应用写作强调实事求是，情真意挚，不作空头文章，有着特别重要的意义。作者只有重事实、说真话、讲真理、写真情、求实效，写出的文章才能令人信服，并取得良好的效果。应用文章一旦失去真实性，便会失去它的价值。

（三）针对性

应用文章的针对性，有两方面的含义。其一是说应用文章的内容具有针对性，它都是针对实际生活、生产、学习、工作中存在的问题而写作的，有的是针对个人的私事，有的是针对社会团体的公共事业，有的是针对国家或国际上的大事。写作目的明确而具体。

其二是说应用文章总是针对一定的读者而写的。比如行政公文都针对特定的行文对象而制作，有一定的阅读范围；章程、条例等规范性的文书，都针对所辖的相关组织与相关人员而制定；一切书信，均有特定的收信人。应用文章正是为解决一定范围内的一定问题而写的。

（四）时限性

应用文章的时限性与务实性有着直接的联系。由于应用文章是为直接解决问题而写的，而问题的解决又必须限定在一定的时间之内方才有效，因此应用文章就有了时限性的特点。比如某些发布行政措施或法规的文件，都明确规定了执行或废止的时间；有的紧急公文，还规定了限期送达和处理的时间；在诉讼过程中写的上诉书，必须在法定的时间之内写出送交有关司法机关才能具有法律效力；经济合同的有效期也有一定的时限，等等。凡有明确时限性的应用文章，就需注意在规定的时间内写出或处理，而不能错过时机，否则，就会误时，误事。

（五）规范性

应用文章在长期的使用中逐渐形成了比较固定的格式。有了这些惯用的格式，就使各种不同的应用文体有了各自显著的外部特征，掌握了这些特征，便于写作，便于阅读，便于用它处理和解决相应的问题，有利于提高办文效率及分类、归档、保存和查询。假若写作者不按规范的、惯用的格式去写，就会使人感到别扭、费解，或者引起误会。因此，对应用文章的规范格式是不能忽视的。

应用文章的惯用格式是和它的实用性分不开的，是与它的内容相适应的。由于时代的发展，应用文章的内容和用途也在不断发展，与之相适应的文章格式也必然发生变化。所以说，应用文章的规范格式并不是僵死不变的。根据文章内容和时代的需要，格式也在变化和发展。旧的、与现代社会不相适应的文体及格式，不断淘汰，新的为时代、人们所需要的新的文体及格式不断形成。因此，对于应用文章的规范格式，既要重视、遵守，尤其是对行政公文、司法文书等有统一规定的文体格式，不能随意违反，但对有些文体来说，也不能过分拘泥，写作时可以灵活掌握。

（六）平易性

平易性的内涵是内容简明扼要，表述清晰流畅，风格朴实平易。这是应用文章的一个基本特征。有人写过这样一首诗："文章留待别人看，晦涩冗长读亦难，简要清通四字诀，先求平易后波澜。"作者在此诗中所表达的见解对所有的文章都适用，但更符合应用文章的特点及其写作要求。既然应用文章求实用，重实效，就必须做到简明扼要，清晰通达，朴实平易，而不能把它写得诘屈聱牙，艰深难懂。

要把应用文写得"简要清通"，朴实平易，并不是一件很容易的事。它"看似寻常最奇崛，成如容易却艰辛"，是文笔老练、成熟的表现。我们要使自己的文章达到这一境界，必须要有深厚的写作功力，同时还要坚持发扬优良的文风。

三、怎样学习写作应用文章

（一）应用文章写作过程概述

写一篇应用文章，从写作动机的产生或接受写作任务，到文章最后写成，要经过一个复杂的过程。这个过程可大体分为四个阶段：准备阶段、构思阶段、起草阶段和修改定稿阶段。准备阶段要做的事情主要有：明确写作目的、搜集材料、形成正确认识。应用文章写作目的产生不外乎下列两种情况：一是作者在工作、学习、生活中遇到了问题需要解决，有了意见、主张需要表达，有了经验需要总结，有了某种信息需要记录或交流，于是产生了写作的动机和目的；二是为完成领导交办的事项或受别人的委托而拿起笔来。不论属于哪种情况，在写作之前都应首先明确写作目的，然后才可根据写作的目的和需要搜集、掌握必要的材料。材料有两种：一种是直接材料；一种是间接材料。直接材料是由作者亲身感受、亲自观察、调查而获得的第一手材料。间接材料是指由阅读书报、检索文献资料获得的，或由他人提供的第二手材料。写作不同的应用文章，获取材料的途径和方法不尽相同，但对搜集到的材料都应进行认真的核实，进行由此及彼，由表及里的分析、研究，力求找出它们的本质特征和内在联系，从而得到正确的认识，以便形成鲜明而深刻的主旨，这一点却是共同的。

提炼、确定文章的主旨和定体、选材、布局谋篇等，是构思阶段的主要任务。所谓构思，是指作者在掌握材料的基础上，在动笔之前孕育文章的一系列有目的的创造性思维活动，是对文章的整体构想。这种思维活动，实际上在准备阶段就已开始，随着写作目的的产生和材料的掌握，作者必然要思考怎样去写的问题，这样，在作者的头脑里就会形成一个文章的粗略、模糊的轮廓。在构思阶段，再通过作者更加深入而周密的思索，确立主旨，选材谋篇，文章的轮廓就会逐渐变得精细、鲜明起来。这时作者便可列出提纲，把构思的结果固定下来。

在构思中定体，就是根据写作的目的、用途和表现内容的需要，选定体裁，以求得内容与形式的和谐统一。内容决定形式，形式为内容服务。思想内容、目的用途、表达意图，决定着文章的体裁。一定的体裁又需要运用一定的语言和表现方法去写作，使写法和语言得体。在构思中选材、谋篇，就是精心选择真实、典型、有代表性和说服力的材料表现主旨，精心安排文章的结构。

由于应用文章具有针对性的特点，都有特定的受文者，因此在写作构思中还要看清受文对象，做到“有的放矢”，并根据不同的受文对象，采用适当的语言和口气，不但要使受文者易读易懂，而且感到贴切，乐于接受，便于承办，这才能使文章取得较好的效果。

应用文章的写作，也有一个选取角度的问题，就是研究从什么角度、视点出发，去看待事物、分析问题。能找到最佳角度，文章就会精辟独到，观点、结论就会深刻而有力。

构思成熟了，自然就进入起草阶段。先要拟出文章提纲，再按照提纲拟写全文。在起草时，最好能一气呵成。文稿草就以后，还要认真修改定稿。写作公务文书，常常还须反复讨论，听取各种意见，并交有关领导审定。

（二）怎样学习写作应用文章

这是一个比较复杂的问题，这里不作全面的阐述，只谈以下三点意见：

1. 加强基本训练，培养基本能力　作者要写好应用文章，必须具备调查、观察和检索的能力，记录、整理与加工信息的能力，分析与综合的能力，抽象与概括的能力，归纳与演绎的能力，立意、谋篇的能力，起草、修改的能力等。这些能力都是基本能力，不具备就很难写好应用文章。因此，本书在“基本训练”部分安排了6章专门介绍培养和提高这些基本能力的知识、理论及训练。认真学好这些内容并作好必要的练习，对提高大家的基本能力，是必要的、有益的。

2. 学习各种应用文的有关知识，掌握各种文体的特点，熟悉各种文体的格式　应用文章的写作知识和理论，是从前人的写作实践中总结出来的，对于我们来说具有重要的指导意义，所以要重视学习和运用。各种应用文章，既有共同性，又有各自的具体特点，了解它们的共同性，可以把握住它们的一般规律；掌握各种文体的具体特点，有助于我们认识、把握其特殊性和各自的写作要求，这才能更快、更好地掌握其写作的要领和方法，写出高水平的应用文章。又因为各种应用文章都有约定俗成的一定格式，只有熟悉这些格式，才能写出符合规格的文章，在这样的基础上，也才能有所发展有所创新。

3. 联系实际，加强实践　理论联系实际，是一个科学的原则，学习应用文章的写作，也应坚持这个原则。在科学理论的指导下进行写作训练，是使理论知识转化为写作能力的中介环节，是提高写作水平的正确途径，因此，联系实际，加强实践训练，是一个非常重要的问题。只有勤学苦练，多写多改，才有成功的希望。

【写作训练题】

1. 精读李斯的《谏逐客书》，分析其写作特点。

2. 应用文章的性质是什么？举例说明。

3. 谈谈应用文章的分类。

4. 应用文章的主要特点有哪些？

5. 什么是构思？在应用文章的构思中需要考虑解决哪些问题？

6. 你打算怎么学习写作应用文章？

第二章　应用文章的构成要素

第一节　内容的构成要素——材料和主旨

文章同一切事物一样，都是由一定的内容和与内容相适应的一定结构形式构成的。构成应用文章内容的因素是材料、主旨及文章所表现的情、理。但情、理在文章中不能独立存在，它是融合在主旨之中，并通过一定的材料来体现的，因此，材料和主旨是构成应用文章内容的两个基本要素。

一、材料

（一）材料及其种类

所谓材料，是指为了写作而采集的以及用以提炼、表现主旨的事实与观念。既包括作者在写作前搜集和积累的各种事实、数据、意见、观点、经验、问题以及上级的有关指示等，也包括用在文章中表现主旨的其他材料。

从不同的角度和标准出发，可把材料分为以下五个组类：

1. 从材料的来源、实践的界限来看，有直接材料和间接材料，即第一手材料和转手材料。

2. 从材料的形态特点及存在与认识的关系来看，有事实材料和观念性的材料（即理论材料）。

3. 从时间跨度和时代界限来分，有现实材料和历史材料。

4. 从材料的性质及其在具体文章中的作用来分，有正面材料和反面材料。

5. 从材料的代表性、概括力来看，有个别的材料和综合性的材料。

材料是写作的对象。与写作的主体（即具有思维能力、能够运用一定的物质、精神手段从事写作活动的“现实的人”）相对而言，材料是写作的客体。概括地说，一切对象化了的社会现象和自然现象、人类的物质生活和精神生活，都可成为写作的客体。但是应用写作的材料取向和文学写作相比，又有很大的区别。应用写作的客体，虽然也具有相对广义的社会生活（直接或间接）的包容性，即既包括各种对象化的社会现象、自然现象，也包括他人的物质生产活动及其产品，他人的精神活动及精神产品，还包括对象化的作者自身。但是它对社会生活的包容只是相对的、有限的，其材料的取向要以写作主体对某种信息的认知为基础，只限于同具体目的相关的范围之内，带有明显的实用功利性；要求写作主体坚持实事求是的原则，无论是面对何种材料，都追求来源可靠，确凿无误，符合实际；作者对材料的加工和使用，必须尊重材料的客观真实性，不允许移花接木、张冠李戴、添枝加叶，排斥夸张、变形和虚构。文学写作的材料取向则不然，写作主体以其对生活的心灵感应为前导，其思维、想像的空间非常广阔、自由；它以审美为核心，不带实用的功利性，强调材料的形象性、情感化；它追求艺术的真实，运用典型化的方法概括生活，通过艺术虚构创造典型形象等。

（二）材料与主旨的关系

1. 材料是形成主旨的基础和依据　主旨不能凭空产生，它是蕴含在材料之中的，是从材料中分析、提炼、概括出来的。没有材料就没有主旨。

2. 主旨要靠材料来表现　在构思中，要以材料为根据提炼出文章的主旨，而在执笔写作时，必须选用相应的材料把主旨表达出来。材料是主旨的载体，在具体文章中，主旨必须要由一定的材料来表现、来支持、来说明。材料要为表现、深化主旨服务。

3. 主旨支配材料的选择和安排　主旨的形成要以材料为基础，要受材料的制约；但主旨一经确定，在写作时又会成为材料的统帅，支配材料的选择、剪裁、使用和安排。就是说，在写作时要根据表现主旨的需要选取典型的材料；要按照展开、深化或变更主旨的要求，来决定材料的取舍、详略、补充或更换；要从有效地表达主旨着眼，依据材料与主旨的联系是否密切，确定材料的主次详略，并把它合理地组织起来，给它在文章中安排一个适当的位置。

由上述可见，材料与主旨的关系是辩证统一的关系。因此，写作应用文章必须做到观点与材料的统一。

（三）材料的搜集、鉴别和选择

材料是写作的前提和基础，没有充分、翔实的材料，是写不出好的应用文章来的。因此，从事应用写作，首先要搜集好材料，并且做好对材料的整理、加工和提炼工作。关于搜集材料的途径和方法，以及如何整理、加工、提炼材料的问题，在“专题训练”部分再详述。

搜集材料要兼收并蓄，越多越好。写作之前搜集到的材料常常是鱼目混珠、真伪相伴，菁芜杂处的，这就需要对搜集到的材料进行鉴别，对材料进行整理归纳、分析比较、研究推敲，寻查它的来源，分辨它的类型，确定它的属性，判别它的真伪优劣，认识它的价值意义，探讨它们之间的相互关系等。通过鉴别工作，看清它的特征，认清它的表象和实质，掌握其本质意义和旁属意义，这样，哪些材料可用，哪些材料不能用，也就心中有数了。这就为恰当的取舍打下了良好的基础。

材料的选择是写作的重要环节，在写作时，只有根据所写文章的具体要求，对材料进行严格的挑选，取其最合用的适量材料，才能把文章写好。

选择材料须注意下列问题：

1. 要围绕主旨进行选择　写应用文章同写普通文章一样，必须首先把握材料与主旨的联系，根据表现主旨的需要决定材料的取舍，要把那些与主旨联系紧密，能够有力地表现、说明主旨的材料作为重点，用好写好。

2. 要选择真实、典型的材料　应用文章尚实求真，十分重视材料的真实性、可靠性。所以对所选材料要进行认真的核对。应用写作尊重客观实际，决不允许弄虚作假，因此，选材时要慎重。

典型材料是最有代表性和说服力的材料，它具体而又有鲜明的个性特点，同时又能体现出同类事物的本质特征和所具有的普遍意义。它是个性与共性相统一、具体性和普遍性相一致的材料。在写作中选取典型材料，可以收到以一当十的效果，能够较好地说明主旨，表现出事物的特色。

3. 要选择新颖、生动的材料　选取新颖、生动的材料，便于生发新意，能使文章内容新鲜，活泼引人。应用写作也应注意追踪时代的步伐，作者要站在科学思维的高度，用新的眼光考查各种现象，以高度的敏感发现新事物、新经验、新问题，要善于选用新的材料，表现出新的思想观念，这样，写出的文章才能体现出新的时代特点。

应用文章崇尚朴实平易，但决不排斥生动活泼。所以选材时也要注意选择具体、生动、富有表现力和吸引力的材料。用这样的材料写出的文章能引起读者阅读的兴趣，取得较好的效果。

二、主旨

（一）什么是主旨

应用文的主旨就是文章所表达的基本思想，它包括文章的主要意向或中心内容。主旨贯穿在文章的始终，体现写作的意图，是文章的核心和统帅。文章所写的其他相关内容，都从属于它的主旨，或者是由主旨派生出来，为全面、深入地说明主旨，实现作者的写作目的服务。

以叙述为主的应用文章，其主旨表现为对人、对事的基本看法和处理意见，或是办理某些事项的要求与做法。以议论为主的应用文章，其主旨就是所表现的基本观点和主张。以抒情为主的应用文（如情书），其主旨就是通过情感的抒发而表现出的主要意向。以说明为主的应用文，其主旨就是它的中心内容，即通过对说明对象的解说，使人明白它的内涵、特性或成因等，从而理解它、掌握它，或者以便使用或制作。

应用文章是信息的载体。作者之所以要写作，就是为了向特定的读者传递某种信息，以便解决某些问题。不论作者写何种应用文章，总是有一定目的的，作者的写作意图和目的反映在文章的内容中，就构成了它的基本思想、主要意向或中心内容。

（二）主旨的形成与提炼

有的应用文章，所说事情十分简单，内容单纯，篇幅短小，主旨的形成也很容易，无须多谈。而比较复杂的应用文章，其主旨的形成大体要经过这样一个过程：

首先是调查、了解情况，查阅有关资料，详细地占有材料。比如对某项工作的进程、对事件的来龙去脉、对矛盾的发展变化及其结果、对事物周围的情况等等，都需进行周密的调查；对当前出现的新情况、新问题、新经验，对国家有关的方针、政策、指示、法规，以及本系统、本单位的有关规定等，更要注意掌握。总之，了解事情的历史，把握它的现状，预测未来的发展趋势，广泛、详细地占有材料，是写作应用文章的前提，是提炼文章主旨的基础，必须切实做好。

其次是深入地研究材料，形成正确的观点。在研究材料的过程中，面对当前情况，要善于有针对性地提出问题、分析问题，探讨解决问题的途径，提出正确的意见，订出切实的措施或办法。应用文章的主旨形成和提炼的过程，是认识的能动发展过程，是在掌握材料、了解情况的基础上，经过反复的酝酿、思索或讨论，使认识逐步深化的过程。在此期间，通过对材料的去粗取精、去伪存真、由此及彼、由表及里地分析研究，使写作客体的情况与写作主体的认识相互渗融，相互作用，进而达到主体认识与客观实际的高度统一，从而确立文章的主旨。这样，文章的主旨才能符合实际，才会正确、全面、深刻地反映客观事物的本质及其发展变化的规律。

文章的主旨都是在材料的基础上提炼出来的，而对材料的分析研究，只有在正确思想的指引下，运用科学的方法去进行探讨，才能有所发现，才会得出正确结论。所以，正确的观念、科学的理论，对提炼文章的主旨有着重要的指导意义。

（三）对主旨的要求

应用文的主旨起码要符合下列三点要求：

1．要正确　就是应用文的主旨要符合实际，符合科学，能揭示事物的本质，反映事物的内在联系和发展规律。有些应用文章的主旨，还必须同政府的方针、政策、法规相一致。主旨是否正确，直接关系着应用文章的价值和生命。正确的主旨，能提高人们的认识水平和实践能力，推动物质文明和精神文明的发展；错误的主旨，会把人们导入歧途，甚至在实践中造成严重后果。

2. 要集中　就是说应用文章的主旨要简明、单一。一般说来，一篇应用文只能有一个中心思想，所以写作时要一文一事，而不可内容纷繁，头绪混乱，中心多杂。宋朝就曾规定，群臣奏议，均要“直述事状，若名件不同，应分送所属，而非一宗者，不得同为一状”[①]。因为应用文章，尤其是行政公文，都有特定的受文对象，坚持一文一事，主旨集中、单一，能使文章中心突出，意思明确，目的清楚，也可防止行文关系的混乱，便于文件传递和处理，这对及时地解决问题，提高工作效率很有好处。

3. 要鲜明　就是观点明确，态度明朗。写应用文章，多用直笔，不用曲笔，不能用含蓄曲折的方法表现主旨，更不能模棱两可，含糊不清。东汉哲学家王充认为：“口则务在明言，笔则务在露文。高士之文雅，言无不可晓，指（即旨——引者注）无不可睹。观读之者，晓然若盲之开目，聆然若聋之通耳。”[②]王充的这一主张，对后世应用文的写作产生了积极的影响。应用文的主旨，只有鲜明、突出，提倡什么，反对什么，要做什么，不准做什么，应该怎么做，不能怎么做，都明确地写出，才便于受文者准确理解并付诸实施。

---

① 见《庆元条法事类·职制敕》。

② 见王充《论衡·自纪篇》。

第二节　形式的构成要素
——结构和语言

应用文章的形式是由结构、表达方式和语言构成的。标题、开头、结尾、层次、段落、过渡、照应等，是文章结构的有机组成部分。由于文章的内容和体裁各不相同，所以采用的结构形式、表达方式和语言也不一样。关于应用文章的表达方式，下边将用专章讲述，这一节只谈结构和语言的问题。

一、结构

（一）结构的实质

文章的结构就是它的组织与构造，是文章的部分与部分、部分与整体之间的内在联系及展开序列，也即作者组织、安排文章内容的具体方式。它是文章各部分之间的内在联系和外部形式的有机统一。

文章的结构要反映客观事物固有的形态、构造、联系、秩序等方面的特征，受客观事物的存在形式和变化规律的制约，但又不是对客观事物的形状及变化的简单、机械的复制。作者在谋篇布局时，还要根据表达内容和读者接受的要求，进行严密的构思，对所写的材料做出创造性的组织和安排，这样文章的结构必然又会表现出作者审视写作对象的独特视角，反映出作者分析、理解事物的步骤及认识发展的进程，体现其构思、谋篇的独特思路和创意匠心。所以，文章的结构实质上是客观事物的存在形式、构成特点及发展变化的逻辑顺序与作者观察、认识和表现客观事物的独特思路相结合、相统一的产物。

（二）应用文章的结构特点

应用文章的结构与普通文章相比，具有以下特点：

1. 程式性　应用文章的结构不像普通文章那样富于变化，构思奇特、巧妙，而是具有约定俗成的惯用格式，因此，它的结构就有了程式性、类型化的特点。同一种类的应用文章，有其相对定型的结构模式，这是它们的共性，人们掌握起来比较容易；而不同种类的应用文章，又有其不同的结构体制，这又是它们的个性所在。认识了不同种类应用文的结构特点，有助于我们掌握各种应用文的不同功用和写法。

2. 周全性　应用文章不论篇幅长短，都要严密周全，不得缺前少后，丢三落四。因为它有程式性、类型化的特点，所以它的每一个组成部分都不宜任意更改和省略。比如书信，前边的称呼、问候，后边的祝愿、致礼，以至署名、日期等，都要齐备无缺。行政公文、司法文书的要求更为严格，其结构中的任何一个部分，都应按照统一的格式和要求来写。章程、条例、合同、契约等，更要无懈可击，一应事项，都须考虑周到，稍有疏漏，就会给人留下可乘之隙。应用文章严密周全的特点，既表现在它的内容上，也表现在它的结构上，我们应当充分重视。

3. 单一性　应用文章的篇章结构单一、平直，没有曲径通幽式的曲折变化，也不用倒叙、补叙或插叙；没有奇峰突出的波澜起伏，更不设置悬念、误会和巧合；不采取复线的结构形式，更不用意识流、多角度、全方位、立体交叉等方法进行构建。它一是一，二是二，线索单纯，平铺直叙，如实道来，不以独出心裁的奇巧结构取胜。

4. 条理性　有许多应用文章都采用分条列项的写法，章节条款，眉目清晰，言之有序，层次分明。阅读起来，直观明了，易懂易记。

应用文结构的上述特点，都与它的实用性密切相关，这些特点是在长期的写作实践和实际应用中逐步形成的，它适应于表现内容的要求和应用的需要，便于读者接受，有利于提高办事效率。

（三）安排应用文章的结构应注意的问题

应用文章的结构比起普通文章来简单得多，掌握起来比较容易，但却不能因此而轻视。作者在写作中要有认真负责的精神，一丝不苟的态度，要有比较丰富的经验和较高的能力，应该做到思维清晰而缜密，文章简明而严整。在安排结构时，要注意下列问题：

1. 理清思路　思路是作者观察事物、思考问题、构思文章、表达内容时思维运行的路线。作者的思路同文章的结构有着密切的关系。这是因为，思路的走向，既受着客观事物的存在形式及发展规律的制约，也体现着作者观看事物、分析问题的独特角度，表现着作者对事物的独特感受和理解，反映着作者构想文章、组织材料的步骤和方法。作者的思路在文章中的表现形态就是文章的结构线索，即把文章的全部材料连结成一个有机整体的基本脉络。所以，作者的思想如何，直接影响着文章的结构，思路清晰，文章就贯通流畅；思路严密，文章就完整周全；思路富有条理性，文章就层次分明，井然有序。而思路混乱不清，则是文章结构出现毛病的重要原因。可见，要处理好文章的结构，作者必须首先理清思路。

对应用文章的结构来说，作者的思路要符合下列要求：

（1）思路要依照客观事物的结构形态逐次展开，按照事物的变化轨迹和相互之间的关系循序行进；

（2）思路要遵循人们思维的共同规律；

（3）思路要清晰严密，以便条分缕析或步步深入地阐述问题，并且无所疏漏。

（4）思路要从作者分析、理解事物的独特视角出发，沿着一定的逻辑路线向前思考、发展，体现出自己的创造性想法，以便写出精辟的见解。

2. 突出重点　虽然应用文章的结构单一、平直，但文章内容的主次和详略又是不能忽视的，所以，在处理、安排材料时就不能平均使用力量。对与主旨关系密切的重要内容和材料，要作为重点，安排在突出的位置，使用较多的笔墨，认真写好；对次要的内容和材料，可一笔带过，点到为止。对与主旨无关的材料，要毫不可惜的舍弃。有主有次剪裁得当，就可消除芜杂臃肿之累。

3. 符合规范　应用文章的结构具有程式性的特点，因此写作时要按照规范的格式构建自己的文章。应当写什么像什么，总不能把计划写成演说词的样子，把命令写成请示。如果违反了规范格式，轻则给人留下笑柄，重则贻误工作，造成不应有的损失。

二、语言

语言是思维的直接现实，是人类最重要的交际工具，也是进行写作，表达内容、构成文章的物质手段。离开语言，就不会有文章写作；语言文字的表达效果如何，直接关系着文章的质量。所以要充分认识语言对写作的重要作用。

（一）应用文章的语体要求

所谓语体是指在一定的语言环境中形成的具有一定的表达特点、风格和语感的语言体系。人们在运用语言进行交际的过程中，由于交际的目的、讲述的内容，以及对象、范围、方式的不同，使逐渐形成了各具特点的语言表达风格，这就有了各种不同的语体。

从语言的传播方式来分，有口头语和书面语两种语体。

从表达的内容和功能来分，有文艺语体、新闻语体、科技语体、政论语体、事务语体（也有的称为公文语体）等。

应用写作对语言有许多特殊的要求，而总的要求是必须得体，就是一定要根据各种应用文的写作目的、文章用途、受文对象、作者身份等情况，运用贴切的语言进行表述，使文章的语言符合一定的语体特点。应用文的语言不能失体，一失体就有伤大雅，甚至会令人啼笑皆非，其效果可想而知。

应用文章所用的语言主要属于事务语体。但也有的可以使用文艺语体，如文艺性的说明文、解说词等。还有的则会用到科技语体，如科学实验报告等。而大多数的应用文章都应使用事务语体的语言。

（二）应用文语言的主要特点

事物语体是机关、团体或个人之间用以处理政务或事务的语言形式，适用于应用文章。其主要特点和要求是：

1. 准确、严谨　其主要表现是概念清楚，判断恰当，推理严密；选词准确，语句符合语法规范，没有逻辑错误；所用引语和数据精确无误。

严谨就是句式完整，表达周密，内涵、外延清楚，富有科学性、分寸感，不会发生歧义。

2. 庄重、典雅　应用文的语言要庄重、得体，雅正不俗，决不信口开河，矫揉造作，扭捏作态，也不能油腔滑调，轻漫浮华，粗野不堪。

3. 质朴、平正　应用文章的语言质朴无华，信实可靠，稳妥自然，不过头、偏激、更不离奇、荒诞，不故作令人惊奇危惧之笔，也不追求词藻的华丽。叙事即原原本本，简明扼要的陈述；说理则中肯透彻，一语中的。

4. 简约、明白　就是语言精炼、干净，畅达易懂，力求用最简练的文字表达最大容量的内容，做到“文约事丰”，言简意明。

宋代的曾巩在《南齐书目录序》中说：“号令之所布，法度之所设，其言至约，其体至备，以为治天下之具。”他把公文语言的简约和体式的完备统一起来，同视为治理国家的重要条件，足见公文语言要做到简约的重要。

5. 鲜明、生动　表意要清楚，直截了当，要显示出坚持真理、是非分明的风格特点。

应用文章的语言也要生动活泼，这一要求当然也与普通文章不同。它主要是指从实际出发，根据不同文体的特点和需要，去陈言，脱俗套，出新意，富有创造性；作者要善于寻找新的语言形式，写出自己的语言特点，从而增强文章的新鲜感、说服力。要摈弃陈词滥调、空话和套话，力求写得活脱，使人爱读。

【写作训练题】

1. 材料可分为哪几种？
2. 应用文章的材料取向与文学创作相比有何不同？
3. 谈谈材料和主旨的关系。
4. 选择材料应注意哪些问题？
5. 写作为什么要选择典型的材料？
6. 什么是主旨？
7. 结合自己的写作实践，谈谈主旨的提炼和形成的过程。

8. 应用文章的主旨应符合哪些要求?

9. 结构的实质是什么?

10. 应用文章的结构有哪些特点?

11. 写应用文章，安排结构应注意哪些问题?

12. 谈谈思路与文章结构的关系？应用写作的思路应符合哪些要求?

13. 应用文章的语言为什么必须得体?

14. 应用文章的语言有哪些主要特点?

15. 在《写作例文选》中选一篇应用文章，分析它的主旨是什么？作者是如何表现主旨的？结构和语言有何优点和不足?

16. 结合自己所学的专业，写一篇《提高教学质量，培养合格人才的建议书》。

第三章　应用文章的表达特点

第一节　应用文章的表达方式

一、叙述

什么叫叙述？把人物的活动、经历，事情的发生、发展以及事物的变化过程表达出来就叫叙述。在应用文章中，叙述是一种最基本、最常用的表达方式。凡是需要交待过程、显示发展、反映变化的地方，都要用这种表达方式。

在应用文章的写作中，叙述的作用有三：介绍人物的事迹、经历；交代事情的前因后果，陈述事件发生、发展的过程；为议论提供事实论据。

（一）叙述的要素

叙述要交代清楚六个“什么”，即什么人、什么事、什么时间、什么地点、什么原因、什么结果。这六个“什么”也就是大家常说的叙述六要素。

为什么说这六个“什么”是叙述的六要素呢？这是因为，叙述时如果不交待清楚这六个问题，就叙述不清楚，叙述不明白。叙述总得有对象，叙述的对象主要是人物和事件，而人物和事件都占着一定的时间和空间。时间显示着人物、事件运动和发展的过程，空间规定着人物、事件存在与活动的场所，如果离开了时间和空间，人物、事件就无法被人认识。又因为人物的活动、事件的发展都有其前因后果、来龙去脉，所以，叙述时还应将原因、结果交待清楚。

在叙述中有时可以省去原因，有时可以省去结果，但是人、事、时、地这四个要素是无论如何也不能省的。

（二）叙述的人称

叙述的人称实际上是叙述的立足点，即作者站在什么位置、从哪个角度去叙述人物、事件，用什么身份、什么口气叙述的问题。对于人物的活动、事情的发展，如果没有一个确定的立足点和角度，是没法把它们叙述清楚的。

作者以参加人、见证者的身份出现，以“我”（或“我们”）的口气进行叙述，这就叫第一人称叙述。如：

自叙传略

鲁　迅

我于1881年生于浙江省绍兴府城里的一家姓周的家里。父亲是读书的；母亲姓鲁，乡下人，她以自修得到能够看书的学力。听人说，在我幼小的时候，家里还有四五十亩水田，并不愁生计。但到我13岁时，我家忽而遭了一场很大的变故，几乎什么也没有了；我寄居在一个亲戚家里，有时还被称为乞食者。我于是决心回家，而我的父亲又生了重病，约有三年多，死去了。我渐至于连极少的学费也无法可想；我的母亲便给我筹办一点旅费，教我去寻无需学费的学校去，因为我总不肯做幕友或商人，——这是我乡衰落了的读书人家子弟所常走的两条路。

其实我是 18 岁，便旅行到南京，考入水师学堂了，分在机关科，大约过了半年，我又出走，改进矿路学堂去学开矿，毕业之后，即被派往日本去留学。但待到东京的预备学校毕业，我已决意要学医了。原因之一是因为我确知道了新的医学对于日本的维新有很大的助力。我于是进了仙台（sendai）医学专门学校，学了两年。这时还值俄日战争，我偶然在电影上看见一个中国人因做侦探而被斩，因此又觉得在中国还应该先提倡新文艺。我便弃了学医，再到东京，和几个朋友立了些小计划，但都陆续失败了。我又想往德国去，也失败了。终于，因为我的母亲和几个别的人很希望我有经济上的帮助，我便回到中国来，这时我是 29 岁。

我一回国，就在浙江杭州的两级师范学堂做化学和生理学教员，第二年又走出 ，到绍兴中学堂去做教务长，第三年又走出，没有地方可去，想在一个书店去做编译员，到底被拒绝了。但革命也就发生，绍兴光复后，我做了师范学校的校长。革命政府在南京成立，教育部长招我去做部员，移入北京，一直到现在。近几年，我还兼做北京大学，师范大学，女子师范大学的国文讲师。

我在留学时候，只在杂志上登过几篇不好的文章。初做小说是 1918 年，因为一个朋友钱玄同的劝告，做来登在《新青年》上的。这时才用“鲁迅”的笔名（pennamè）；也常用别的名字做一点短论。现在汇印成书的只有一本短篇小说集《呐喊》，其余还散在几种杂志上。别的，除翻译不计外，印成的又一本《中国小说史略》。

第一人称叙述有三大优点，一是可以给读者以真实感、亲切感，增强文章的感染力；二是便于直接抒发自己的感情；三是便于揭示和剖析自己的内心活动。第一人称叙述的局限性在于，它要受时间、空间的限制，凡叙述人看不见、听不到的内容均不能写。

作者站在“局外”客观的立场，以第三者的口气叙述，这就是第三人称的叙述。因作者是叙述别人的事情，所以称文章中的人物为“他”（或“他们”）。第三人称叙述不受时间、空间的限制，灵活、自由，所以多数应用文章都用第三人称来叙述人物的活动、事情的发展经过。

（三）叙述的类型

根据叙述的详略情况，可以将叙述分为概括叙述和具体叙述。概括叙述又叫略述、简述，具体叙述又叫详述、细述。

在应用文章的写作中，作者常常是将概括叙述和具体叙述结合起来使用的。好的应用文章都能做到有详有略，详略得当。

一篇调查报告或一篇总结，往往先概述一般情况，然后再举典型事例加以说明。这“一般情况”就用概括叙述，内容要简明扼要，而这“典型事例”则用具体叙述，尽量做到具体、详细。在这里，概括叙述与具体叙述是互相配合，交错使用的。

在一篇需要用叙述这一表达方式表达的应用文章里，没有概括叙述行不行？不行，那样文章势必冗长，读者读了不得要领；没有具体叙述行不行？也不行，那样文章使会流于空泛，文章只有些条条、概念，而没有具体内容，读者便不爱读。因此，写文章时应围绕中心做到有详有略，详略得当才会有较好的表达效果。

（四）叙述方法

在应用文章的写作中，叙述的方法主要有顺叙、倒叙、插叙等几种。

1. 顺叙　按照客观事物发生、发展的先后次序进行叙述，就是顺叙。这是一种最基本的，最常用的叙述方法。《鲁迅自传》

就是用这种方式叙述的。

顺叙的特点是一贯而下，脉络清楚，井然有序。采用这种方法可以将人物的经历，事件的发展过程，有头有尾地叙述出来，来龙去脉十分清楚。

2. 倒叙　把事件的结局或事件中最突出的片断提在前边叙述，然后再按事件的发展顺序叙述，叫倒叙。倒叙实际是顺叙的变形用法，即把结局（或突出片断）提到开头，叙述结局（或突出片断）后依然是顺叙，按时间顺序从头至尾叙述，最后写到结局，与开头的结局相衔接，相呼应。

倒叙的作用有二：一是可以突出结局（或重要的片断）。而这样的结局或重要片断往往与主题有关，实际也就起到了突出主题的作用；二是可以造成悬念，抓住读者，引起读者强烈的阅读兴趣。

3. 插叙　在原来叙述的进行中，由于表达需要，在适当的地方插入另一段叙述，叫插叙。插叙的内容与中心事件的关系，一般是补充、注释、对比、说明的关系。恰当地运用插叙，可以丰富文章的内容，深化主题；可以使文章结构富于变化。

二、说明

什么是说明？说明就是以简洁的语言解说事物（实体事物）、剖析事理（抽象事物），对事物的形态、构造、成因、性质、种类、功能，或对事理的概念、特点、来源、演变、异同等，作明白的解说。

说明这种表达方式在应用文章写作中运用广泛。

说明的方法

说明的方法很多，下边介绍几种常用的方法。

1. 比较说明　什么叫比较说明？比较说明是将两种或两种以上的事物作比较，通过比较来说明事物的现象、本质、特征、规律。如，为了说明土星的位置、与太阳的距离、公转速度、“体重”、体积、比重等特性，可以用人们所熟悉的地球、木星、水、奶油等事物与之比较。通过比较人们便清楚了。请看下面这段文字：

太阳系的行星，从水星开始往外数，第六颗便是土星。200年前，还没有发现天王星，人们一直以为太阳系只有六大行星，把这个奶黄色的土星当作太阳系的边界。

土星到太阳的平均距离是14亿多公里，是地球到太阳距离的9.54倍。因此，从土星上看太阳就显得很小，面积只有在地球上看到的九十分之一。

土星的公转速度是每秒9.65公里，地球跑得比它快三倍多。由于公转轨道大，速度慢，土星要花29.5年才绕太阳转一圈，也就是说，我们在地球上欢度了29个春节，土星上才过一个“土星年”。

在太阳系所有的行星中，论“体重”，论个头，土星都是“老二”，仅次于木星。土星的体重是地球的95.2倍，体积更是大得惊人，750多个地球捏到一块儿才和土星一般大。所以，土星是个非常“虚胖”的大球，它每立方厘米只有0.7克重，比水轻得多，甚至比奶油还轻。假如有一个宽阔无边的巨海，土星摔到海里，它会像个橡皮球似的漂浮在水面上。

比较说明主要有两种方法，一种是同类事物相比，即将同类型的两种或多种事物加以比较，借以说明事物；一种是异类事物相比，即将不同种类的两种或多种事物加以比较，借以说明事物。

比较说明的优点是，能使说明的内容具体、生动、形象、突出，给人以鲜明、深刻的印象。

运用比较说明法说明事物要注意两点：一是用来相比的事物必须同所要说明的事物有某些相同或相似之处；二是拿来相比的事物应是人们熟悉的、容易理解的。

2. 举例说明　有的事物直接说明特点和本质不太容易，如果能举例说明，读者就容易明白。用实际事例来说明事物，这种说明方法叫举例说明。举例说明能够把抽象、复杂的事物和事理说得清楚、明白，把物态、物象说得具体、生动。请看下面这段文字：

地球上的生物，已知道的约有200多万种。这些生物，就大小来说，有的很大，例如巨杉，最高的可达142米，直径有12米；海洋里的鲸，最大的体长可达35米，体重有32万多斤。有的很小，只有用显微镜才能看到，例如结核杆菌，2000到4000个并排起来，能够同时穿过一个针眼。

这段文字通过举例，把“很大”，“很小”的生物，说得很具体、生动。

3. 分类说明　把被说明的事物按一定的标准分成若干类别，逐类加以说明的方法，叫分类说明。如《现代汉语语法》对词类的说明：

语法上的词类是依据词的意义和用法划分的。按照这个标准，可以把汉语的词分为实词和虚词两大类。一般把能够单独用来回答问题，有比较实在的意义的词叫实词；把不能单独用来回答问题也没有实在的意义，但具有帮助造句作用的词叫虚词。实词有：名词、动词、形容词、数词、量词、代词六类；虚词有：副词、介词、连词、助词、叹词五类。

给事物分类要坚持统一的标准，在一次分类中，既不能同时使用两个以上的标准，也不能中途变换标准，要自始至终坚持使用一个标准。再一个要求是，所列举的种类不能遗漏，也不能相互交叉。

4. 数字说明　用具体数字说明事物的情况、特点，这种说明方法叫数字说明。请看下面这段文字：

万人大礼堂是人民大会堂的重要组成部分。从外面看，它像一座十多层楼高的大厦。用数字计算里面宽 76 米，深 60 米，中部高 33 米，体积达 86000 立方米，等于 10 个天桥剧场。但是由于设计师们巧妙的处理，走进礼堂的人放眼一望，从房顶到地面，上下浑然一体，并不感到怎样空旷。房顶是穹隆形的，纵横密排着近 500 个灯孔，灯光齐明时，就像满天星斗。房顶的中心挂着红宝石般的五星灯，灯的周围是 70 条金光闪闪的光芒线和 40 瓣镏金的向日葵花瓣。在它的外围，有三环层次分明的水波形暗槽，和周围装贴的淡青色塑料板相映，形成“天水一色”和“天地浑然一体”的奇观。

5. 概括说明　用高度概括的语言对事物作概要的说明，这种说明方法叫概括说明。概括说明具有言简意赅的特点，即能以

简短的文字表达全面而深刻的内容。如，

《人民英雄纪念碑碑文》：

三年以来，在人民解放战争和人民革命中牺牲的人民英雄们永垂不朽！

三十年以来，在人民解放战争和人民革命中牺牲的人民英雄们永垂不朽！

由此上溯到一千八百四十年，从那时起，为了反对内外敌人，争取民族独立和人民自由幸福，在历次斗争中牺牲的人民英雄们永垂不朽！

这篇碑文言简意赅，概括了中华民族的英雄儿女为反对内外敌人，争取民族独立和人民自由幸福的109年的英勇斗争的光辉历史，是概括说明的典范。

三、议论

什么是议论？议论就是议事说理，就是作者对客观事物或问题进行分析、评论，发表自己的看法，表示自己的观点和态度，或者证明自己的观点和主张是正确的，或者驳斥别人的观点和主张，指出其是错误的。

议论是应用文章的最基本、最常用的表达方式，在应用文写作中使用十分广泛。

（一）议论的要素

论点、论据、论证是议论的三个基本要素。论点，是作者对所论述的问题提出的见解和主张，也就是作者对这一问题所持的基本观点，基本态度。一篇议论性的应用文章，如科技论文或毕业论文，只有一个中心论点。有些科技论文内容比较复杂，为了论述得更加严密、透彻，围绕中心论点再提出几个从属的分论点。这些分论点对所论述的部分来说是论点，而对中心论点来说，同时也起着论据作用，是为中心论点服务的。对论点的要求，首先是正确，其次是鲜明。

论据，是用来证明论点的材料。可作为论据的材料分为两类：一类是事实论据，它包括现实材料、历史事实、经验，以及统计数字；另一类是理论论据，它包括革命理论（主要指革命导师的言论）和科学道理（包括自然科学和社会科学的原理、定律，以及格言、警句、成语、谚语等）。这些都是从实践中总结出来，又被实践反复证明是正确的。此外有一些寓言、神话也可作论据材料。这些东西虽属虚构，但它们实质上是人们对社会现象的概括，在一定程度上是反映了生活的真理的。对论据的要求是：一要准确，二要典型。只有用准确而又典型的论据证明论点，才能使读者感到可信。

论证，是运用论据证明论点的过程和方法。它反映了论点和论据之间的逻辑关系。论证要合乎逻辑，就是要能体现论点和论据之间的内在联系，符合客观事物的发展规律。

（二）论证的方式

论证的方式不外乎两种：一种是以阐述正确论点为主，即以“立”为主的，叫“立论”，也叫“证明”；一种是以对反面论点的驳斥为主的，即以“破”为主的，叫“驳论”，也叫“反驳”。

1．立论　立论就是对某个问题正面提出自己的见解和主张，并且以确凿的事实和充足的理由，证明自己观点的正确。

证明，最基本的方法是归纳法、演绎法和类比法。

归纳法是由个别到一般的论证方法，即从许多个别事例的分析中，归纳出一个共同的结论。司马迁在《报任少卿书》中，举了8个历史事实：

盖西伯拘，而演《周易》；仲尼厄，而作《春秋》；屈原放逐，乃赋《离骚》；左丘失明，厥有《国语》；孙子膑脚，《兵法》修列；不韦迁蜀，世传《吕览》；韩非囚秦，《说难》《孤愤》。诗三百篇，大底圣贤发愤之所为作也。

然后归纳出“古者富贵而名磨灭”“唯倜傥非常人称焉”的结论。

演绎法是从一般到个别的论证方法，即根据已知的一般原理（或结论）来推导出个别结论。演绎法一般由三个判断组成，一个判断是指一般的理论、原则，叫大前提；另一个判断是指要论证的个别事物，又叫小前提；第三个判断是推出对个别事物的结论。如：

大前提　正义的事业是任何敌人也攻不破的

小前提　我们的事业是正义的

结论　　我们的事业是任何敌人也攻不破的

类比法是根据已知事物的某种特点，证明类似的另一事物也具有某种特点的论证方法。要正确运用类比论证，必须用同类事物或事理进行比较，而且要根据类比对象共有的本质属性来进行推理。否则，是不能得出正确结论的。

证明的方法除归纳、演绎、类比外，常用的还有例证法、引证法、因果论证法、反证法等。

2. 驳论　驳论就是驳斥错误的或反动的思想观点。反驳别人的错误的或反动的言论，就能从中表达自己正确的见解和主张。

反驳，可以反驳对方的论点、论据，或论证。

反驳论点，就是对对方的论点加以反驳，证明它是错误的或反动的。反驳论点的方法很多，常用的有两种：一种是举出对方论点，用事实和道理加以驳斥，把它驳倒；另一种是归谬法。归谬法是假设对方的论点是可以成立的，然后加以合理引申，得出荒谬的结论，使敌论不驳自倒。

反驳论据，就是对对方的论据加以反驳，用事实和道理证明它是虚假的、片面的或靠不住的。驳倒了论据，论点也就站不住了。

反驳论证，就是指出对方的论点与论据之间没有内在的逻辑联系，由论据推不出所要证明的论点。

以上介绍的几种反驳方法，在应用文章的写作中实际上往往是结合起来使用的。反驳论据和论证，最终还是为了驳倒对方的论点。

四、描写

描写就是用生动的语言对人物、事物、环境作具体、形象的描绘和刻画，把他（它）们的形貌、状态、特征活生生地再现出来，使读者如见其形，如闻其声，如临其境。

机关行政公文、机关事务文书、财经文书、司法文书、科技文书等应用文章的写作，要求叙述求实、说理严谨、说明平直，而忌用生动的描绘。这些文章写作时都不用描写这一表达方式。日记、书信、商品广告等应用文章，根据表达的需要有时要用到这一表达方法。请看冰心的一则日记：

1923年8月20日　神户

20日早晨就同许多人上岸去，远远地看见锚山上那个青草栽成的大锚，压在山半，青得非常的好看。

神户街市和中国的差不多，两旁的店铺，却比较的矮小。窗户间陈列的玩具和儿童的书，五光十色，极其夺目，许多小朋友围着看。日本小孩子的衣服，比我们的华灿，比较的引人注意。他们的圆白的小脸，乌黑的眼珠，浓厚的黑发，衬映的十分可爱。

几个山下的人家，十分幽雅，木墙竹窗，繁花伸出墙头，墙外有小桥流水。——我们本想上山去看雌雄两泷——是两处瀑布。往上走的时候，遇见奔走下山的船上的同伴，说时候已过了，我们恐怕船开，只得回到船上来。

上岸时大家纷纷到邮局买邮票寄信，神户邮局被中国学生塞满了。牵不断的离情！去国刚三日，便有这样多的话要同家人朋友说么？

回来有人戏笑着说："白话有什么好处，我们同日本人语言不通，说英文有的人又不懂，写字吧，问他们'那里最热闹'，他们瞠目莫知所答。问他们'何处最繁华'，却都恍然大悟，便指点我们以热闹的去处，你看！"我不觉笑了。

运用描写这一表达方式要注意两点：一是目的要明确，要为更好地表现主题、突出主题服务；二是要抓住特征进行描写。

五、抒情

抒情就是作者或文章中的人物的主观感受的表现和抒发，也就是抒发感情。

抒情的方法主要有两种：直接抒情与间接抒情。

直接抒情即感情的直接倾诉。间接抒情即依附于事、依附于理、依附于景的抒情。

在机关行政公文、法律文书、科技文书，以及财经文书等应用文章的写作中，是不用抒情这一表达方式的。有一些应用文章，如市场调查与预测、经济活动分析报告、调查报告，以及典型材料等有时会用到抒情这一表达方式，但也是间接抒情，即通过叙述抒情，通过议论抒情，而很少用直接抒情的方法抒情。只有在书信、日记、解说词这些应用文章中偶尔会用到直接抒情的方式。请看下面这篇解说词：

敬爱的周总理永远活在亿万人民心中

——彩色纪录片《敬爱的周总理永垂不朽》解说词（节选）

……

群山肃立，江河挥泪，辽阔的祖国大地沉浸在巨大的悲痛之中。

……

总理爱人民，人民爱总理。总理和人民共甘苦，人民和总理心连心。在这万分悲痛的日子里，全国的工人、农民、人民解放军指战员以及各界各族群众，是多么渴望再一次亲眼看看总理，来和敬爱的总理最后告别。

敬爱的周总理，您立场坚定，爱憎分明，您横眉冷对千夫指，俯首甘为孺子牛。阶级敌人怕您恨您陷害您，我们亿万人民对您更亲更爱更崇敬。

周总理呵，周总理，全国人民都在哀悼您，都在呼唤您，都在想念您。八亿双眼睛都想看一看您，八亿颗心哪，都在为您哭泣。人们手捧讣告热泪流，千言万语涌心头，哀思无限，难以诉说。

从首都到边疆，从北国到南方，从工厂、矿山到农村、营房，人民的眼泪流成了河。敬爱的总理啊，八亿人民都在您身旁。

敬爱的周总理，您为祖国山河添光辉，您为中华儿女振声威，您不朽的业绩永世长存，您光辉的名字青史永垂。

……

当首都人民得知周恩来同志的遗体于1月11日火化的时候，再也抑制不住积压在心中的哀伤。人们走出自己的家门，来到灵车将要经过的道路两旁。久久地肃立着，久久地等候着，忘记了时间，忘记了饥寒，多少人从清晨到傍晚一直等待着，等待着……

泪水模糊了我们的双眼，灵车隔断了我们的视线。敬爱的总理啊！我们多么想再看一看您，再看一看您哪！

周总理啊，您在天安门前停一步吧！在这里，您和我们一起欢度过多少个胜利的节日，此时此刻，您爽朗的笑声还回响在我们的耳边。您炯炯的目光还在亲切地看着我们。敬爱的周总理，我们多么想念您，我们多么需要您！

灵车队，万众心相随。哭别总理心欲碎，八亿神州泪纷飞。

红旗低垂，新华门前洒满泪。日理万机的总理啊，您今晚几时回？

敬爱的总理啊，您怎么走得这样急？有多少问题等着您去解决，有多少事情等着您去处理，总理呀，您怎么走得这样急！

长夜无言，天地同悲。只见总理去，不见总理归。……

敬爱的总理啊，您光辉的生命将和祖国山河一样万古长青。您永远和工人一起劳动，和农民一起耕耘，和战士一起站岗、放哨，您永远活在亿万人民心中。

敬爱的周总理，您全心全意地为中国人民和全世界人民服务，您勤勤恳恳，任劳任怨，毫不利己，专门利人。您永远是我们学习的榜样。

……

人们结队成群，人们扶老携幼。心为总理哀伤，泪为总理横流。

这些精心制作的花圈，是亿万人民的心意，是亿万人民的怀念，是亿万人民的决心，是亿万人民的誓言！

一滴滴热泪洒在天安门广场上，一朵朵白花系在天安门前的苍松翠柏上。这就是人民的悼念啊，人们已经把总理的丰碑建造在自己的心上。

看，高高举起的铁拳；听，发自肺腑的誓言。敬爱的周总理，您放心吧，革命事业后继有人。革命洪流，一浪高过一浪，谁也不能阻挡。

敬爱的周总理，始终和群众在一起，和亿万人民心心相连。

……

这篇解说词感情浓烈，读了催人泪下。作者在文章中既采用了直接抒情的方式，又采用了间接抒情的方式，两种抒情方式结合使用，将作者，也是人民，对周恩来同志的敬爱之情，怀念之情，悼念之情尽情地抒发出来了。在这篇解说词中情与景是融合在一起了。

第二节　应用文章的表达特点

一、叙述、议论、说明是应用文章的基本表达方式

叙述、描写、议论、说明、抒情，是文章的五种表达方式。对于应用文章来说，叙述、议论、说明是基本表达方式。

二、应用文章叙述、议论、说明的特点

（一）叙述的朴素、准确　应用文章的叙述与普通文章中记叙文的叙述是有区别的。在记叙文中，作者为了使文章写得生动些，叙述时可以运用多种修辞方法，使用丰富的形容词加以形容；而应用文章则不行，特别是在机关行政公文、机关事务文书、司法文书、科技文书书中，需要叙述事实时则要求朴朴素素地、准确地将事实叙述清楚，一般不用形容词，一般不用修辞手法。

（二）议论的鲜明、严肃　应用文章在议论、说理上也有自己的特点。在应用文章中要求旗帜鲜明地、严肃地、直截了当地表达自己的观点。应用文章应对所论述的问题进行认真地分析，阐述清楚客观事物的本质特征和内部规律。应用文章的议论、说理应是公正的。公正的说理，才能令人信服。抓住要害，公正地、直截了当地说理，是应用文章议论说理所具有的特点。应用文章的议论说理是据事说理，不作理论上的论证，这一点是与普通文章中的议论说理有所不同的。

（三）说明的平实、恰当　普通文章中的说明文，特别是文艺性说明文，有时为了收到更好的表达效果，常常使用渲染、夸张、拟人等手法；而应用文章中的说明则不行。应用文章中的说

明要求平实、恰当，有分寸。

【写作训练题】

1. 找一篇调查报告之类的文章来仔细研读，找出其中叙述议论和说明的部分，并认真分析这样表达是否恰当。好，好在什么地方；不恰当，不恰当在什么地方，为什么？

2. 公文的说理和一般论文的说理有明显不同，议论文说理可以有鼓动性，公文的说理则不需要鼓动性，它要求公平严正；议论文说理常常需要做理论上的论证，而公文的说理则不需要做理论上的论证，它的任务是表明观点。请你找一篇公文分析一下，看是不是这样？

3. 在机关行政公文、司法专用文字、科技专用文书的写作中常常用得着说明这种表达方式。在这些文体中的说明，应是对客观事物的形状、特征和性质作平实的说明，而忌生动的描绘。请研讨几篇这类文章，看是不是这样？

4. 到附近工厂、农村、学校去调查，学习写一篇调查报告，写时注意运用叙述、说明、议论这三种表达方式。

5. 在日记、书信中有时要用到描写、抒情这两种表达方式。请练习写一篇日记，写时注意运用描写、抒情这两种表达方式。

6. 请结合具体例子谈谈应用文章在表达上的特点。

第四章　应用文章的审美特征

第一节　实用与审美

一提到实用，有人便会感到不美。好像实用与美是矛盾的。这实在是一种误解。实际上实用和美并不矛盾。人们往往在追求实用的基础上进一步追求美。这种追求自古亦然。我们的祖先原始人，他们磨石刀、石斧，原是为狩猎用的，但他们在把石刀、石斧磨得锋利的同时，力求把石刀、石斧磨得光滑些、美观些，这就出现了审美问题。穿衣服也如此，人们做衣服、穿衣服，开始时是为遮羞、御寒，时至今日，人们做衣服恐怕更多的是考虑美了。在现实生活里，人们总是不以实用为满足，总是在满足实用的同时还追求美。尽可能将实用与审美统一起来，才是人们追求的目标。

人们对应用文章的要求也如此。他们并不以通过阅读应用文章获得了观点、意见、办法为满足，他们还希望通过阅读应用文章获得美感，获得美的享受，满足部分的审美欲求。因此，我们研究应用文章及应用文章的写作，既要注意到它的实用性，又要注意到它的审美性。

对于应用文章，大家都熟知它的实用性。正因为这样，大家都强调应用文章是传递信息的工具。其实，应用文章除具有工具作用外，还具有审美作用。它既具有实用性，又具有审美性，即它既能及时地传递信息，又能满足读者的部分审美要求。当人们写应用性文章，在传递信息的同时而又力求将文章写得美一点时，这时应用文章便具有了审美属性。

古往今来的优秀的应用文章，它是既具有实用价值，又具有审美价值的。如李斯的《谏逐客书》，在当时它的实用性是很明显的。时至今日，大家再阅读它时，除了从中可以了解当时的情况具有一定的认识意义外，恐怕更多的是从中可以获得美感，满足部分的审美欲求。在今天读者的心目中这类文章的审美价值是大于实用价值的。

应用文章内容与形式的美不美，直接影响着文章的质量。内容与形式是相互依存的。美的内容需要美的形式来表达，美的形式表现美的内容。写应用文章既要求内容美，又要求形式美。当然，二者之中内容是起决定作用的。研究应用文章及写应用文章首先要求内容美，内容不美形式再美也不行。我们要求的是美的内容与美的形式的统一。

第二节　应用文章的审美特征

写作的审美活动离不开创造主体和接受主体的审美理想的烛照和指引。应用文章的创造主体与接受主体的审美理想是一致的，那就是：社会主义一定会胜利，共产主义理想一定会实现。这种审美理想决定了，应用文章要真实反映人民，改造自然、改造社会的伟大斗争。在审美理想的引导下，应用文章的高度真实性、务实性、针对性、规范性和严谨的结构、简洁的语言，以及恰当的表现手法等等方面的融合就构成了应用文章的审美特征的基本内涵。

应用文章的文章美可以从内容和形式两个方面考察。

一、内容美

应用文章的内容是来源于生活的，来源于社会实践的。社会实践既包括人类改造自然的各种生产活动，又包括人类改造社会的各种社会活动。在这种社会实践中，人的本质力量不断得到发挥，从而创造出生活美。

文章美是生活美的反映。

应用文章的作者在生活里，目睹了工人农民按照自己的审美理想改造自然、改造社会的伟大创举，目睹了知识分子为把祖国建设得更美好而刻苦攻关、孜孜以求的场面，受到了感动，形成了观点，并用文字表现出来，将自己的感受物化为文章，这些文章的内容更是美的，能给人以向上的力量，能鼓舞人前进。这些文章的内容便具有审美价值。

生活中的人和事，既有美的，也有不美的和丑的，有些应用文章揭露生活中的丑恶现象，让人们认识丑，从而铲除它，这样的文章同样具有审美价值。这是因为作者通过对生活丑的否定，从而达到对美好理想的追求，对美好事物的歌颂，这就是化生活丑为文章美。

应用文章中有些文章，如行政公文，常常是“受命”写作，“遵命”写作，文章中反映的观点、意见和办法是否来源于生活、来源于社会实践？回答是肯定的。这些文章中反映的观点、意见和办法归根结底是来源于生活，来源于社会实践的。一些重要文件观点的形成大体要经过这样一个过程：首先是要作系统的、周密的调查，充分占有材料；其次对材料进行分析、综合，形成初步意见；然后提交领导机关集体研究，形成系统的观点、意见和办法、中央制发的重要文件，一般都要先发给各省市、自治区直接执行的领导同志，请他们提修改意见，或提出在执行过程中可能出现的问题；最后，经过认真修改才形成正式文件。这样的文章来源于社会实践，又指导人们更好地进行改造自然、改造社会的伟大斗争，具有重要的审美价值。因为它不仅能提高人们的审美认识，还能指导人们的审美行动。

二、形式美

应用文章的形式美表现在文章形式的各个方面。下边从结构、语言、文面三个方面简单谈谈。

（一）结构美

应用文章常常有惯用的格式，怎样开头，怎样展开，怎样结尾，都有约定俗成的写法。如书信，开头要写称谓，中间写你要传递给对方的信息，结尾写你的名字及写信时间。按照这个格式写信，对方就感到清楚、实用，同时又会感到亲切，从中获得美感，部分审美欲求得到了满足。不按照这个格式写，对方就会感到不清楚、不实用，当然更谈不上从中获得美感了。

其实，应用文章的这些格式就是人们在长期实践中，根据实用和美的原则创造的。正因为这样写实用、美，所以人们才约定俗成地这样写。

当然，应用文章的格式不是固定不变的。随着时代的前进，有些不适应现代生活、生产、工作需要的格式便逐渐被淘汰了，而另一些适应现代工作、生产、生活需要的新格式便逐渐形成了。这说明应用文章的格式也是在发展，在变化的。那些格式为什么会被淘汰，而这些格式为什么会形成？还不是人们在长期的实践中感到用那样的格式写作不实用、不美，而用这样的形式写作实用、美吗？正因为应用文章的格式是根据实用和美的原则创造出来的，所以用这些惯用格式写作不会束缚人们的思想，不会影响表达。当人们在实践中感到某种格式束缚思想和影响表达时，这种格式也就该淘汰了。

用既实用又美的惯用格式写应用文章大家便感到是美的。这便是应用文章的结构美。

应用文章的结构美还表现在有重点、有条理、有层次上。有重点、有条理地进行表达，层次清楚，也能给人以美感，使人获得美的享受。

（二）语言美

应用文章的语言美表现在朴实、精炼上。用朴实、精炼的语言进行表达就会使人感到是美的。相反，语言啰嗦、拉杂，词不达意，就会使人感到不快，感到不美。

用朴实、精炼、明快、准确的语言表达群众最关心的事情，这样的应用文章群众读起来便会感到痛快，从而获得美感，心理上感到满足。

应用文章的语言美是和应用文章这类文体对语言的要求是一致的。文学作品中那些描写形容的语言放在文学作品中是美的，但如果放在应用文章中便会使人感到不协调，不美。因为这样的语言不符合应用文章文体的要求。在应用文章中，特别是在机关行政公文、司法专用文书、财经专用文书、外交专用文书、军事专用文书中，是不用这类语言的，或者说是禁用这类语言的。

（三）文面美

试卷有卷面，文章有文面。文面美不美直接关系到应用文章作用的发挥。你写给别人一封信，字迹了草，结构紊乱，乱点标点符号，别人一看就头痛，哪还谈得上其他的问题，相反，如果文面整洁，字迹清楚，书写符合款式，别人看了不仅了解了内容，而且还获得了美感，这封信的功能和作用便发挥出来了。

应用文章的文面美表现在以下几个方面：

1. 行款美　行款格式正确就会使人感到美。

行款格式包括标题、署名、分段、引文、对话、行文中的强调和序码、页码等内容。

(1) 标题。标题要写在第二行的中间，上边要空一行，前后的空格要尽量相等。这样写既醒目又匀称，匀称也能给人以美感。相反，不匀称就会使人感到不美。两个字的标题，写时中间要空一格，这样写出来好看，能给人以美感。三个字以上的标题，书写时中间不必留空格。长标题可以转行，转行时既要从内容上考虑，保证词或词组的完整，又要从形式上考虑，字数要搭配匀称，搭配匀称就会使人感到美，搭配不匀称就会使人感到不美。

有些文章有副标题。副标题是对正标题的补充，要用破折号表明。副标题要紧挨正标题写，中间不空行。如

一个办得较好的外向型工业区

——蛇口经济发展调查

(2) 署名。作者的名字写在标题下面。名字要写在正中间，两个字的名字中间空一格，三个字的名字中间不空格。也有许多应用文，署名在文末右下方。

(3) 分段。这里说的是自然段。每段开头要空两格，段与段之间不空行。

（4）引文。段中引文，为了表明是引来的要加引号。成段的引文，可以独立出来书写，不再加引号。为了使引文与正文有所区别，书写时要缩两格（引文开头比正文开头缩两格，换行引文比换行正文缩两格）。出处可加括号紧跟在后边书写，也可另起一行，加括号，写在该行的后半行。通常是采用隔行注出处的办法，如一行写不下可写两行。

（5）对话。文章中的对话，甲说什么，乙说什么，要用引号标明。对话一般夹在段落中。重要的对话可以另起一行，以示强调。

（6）强调。在文章中作者感到特别重要的地方，可用着重号以示强调。

（7）页码和序码。写完一页要标明页码。在应用文章中常常要分条、分项，这就要用序码。序码的顺序一般是一、（一）、1、(1)、①。

2. 标点美　正确使用标点符号可以给人以美感。

标点符号包括标号和点号。标号是表示引用、注释、省略、着重，或表示人名、地名、书名的符号，包括引号、括号、省略号、破折号、连接号、书名号、着重号和间隔号。点号是表示语言中的停顿或说话时的语气的，包括逗号、句号、顿号、分号、冒号、问号和叹号。标点标号的表情达意作用很大，要注意用正确。

每一种标点符号都有规范的形体和约定俗成的在文章中书写的位置。如表示句中停顿的逗号（，）、顿号（、）、分号（；），表示句末停顿的句号（。）、问号（？）、叹号（！），形体各不相同，书写时要书写正确。书写得正确就能给人以美感。如书写得不正确，不仅不能给人以美感，还影响意思和情感的表达。一般人在写作中常将逗号和句号、冒号和分号写的让人难以分辨。他点一点，让你不知道他用的是句号还是逗号，他点两点，让你弄不清他是用的冒号还是分号。使用标点符号，首先是要将形体写正确，其次是要将标点符号写在稿纸格子里的位置写正确。标点符号的书写格式如下：

（1）顿号、逗号、分号、冒号、句号、问号、叹号，这七种符号书写每一符号占一空格，点在文字的右边偏下。如：

	文	、		文	，		文	；		文	：		文	。		文	？
	文	！															

（2）引号。引号的上引号要标在空格的右上侧，下引号标在空格的左上侧。如：

	“	引		文	”			

（3）括号、书名号。括号和书名号的前半边标在空格的靠右侧，后半边标在空格的靠左侧。如：

	《	书	名	》		（	注		释	）	

（4）破折号、省略号。破折号，省略号，书写时要占两格。如：

	文	——						文	……	

（5）间隔号、着重号。间隔号要点成圆点，地位居中、占一格。着重号要点在需要强调的文字下面。如：

	弗	拉	基	米	尔	·	伊	里	奇				
	写	文	章	要	注	意	提	炼	主	题	……		

在使用标点符号上有一些约定俗成的规矩，需要注意：

（1）顿号、逗号、分号、冒号、句号、问号、叹号不能放在一行的开头。如一句话恰好在一行的末尾结束，符号就点在最后一字的右下边；

（2）引号、括号和书名号的前半边，可放在一行的开头，不能放在一行的末尾；它们的后半边，不能放在一行的开头。如句子最末一个字恰好落在行末时，应紧靠前边的字，标在最末一格的右边。前半边也必须紧靠句子，与字同挤在最末一格，或与字一起移到下一行的开头。

（3）冒号、引号连用，书写时可各占格。如一行的末尾仅有一格时，可将冒号点在最后一格，而将引号移下一行的第一格。

（4）引号和句号、逗号的位置，凡是完整地引用他人的话，末了的句号要在引号内，凡是把引用的话作为作者整句话的一部分，末了的句号要在引号之外。

使用标点符号符合这些约定俗成的规矩，就使人感到美，否则就使人感到不美。

3. 字迹美　汉字的不同形状的笔画、间架结构，会给人不同的美感。字迹写得正确端正、美观，是应用文章形式美不可忽视的一个方面。

4. 整洁美　文面整洁可以给人以美感。乱涂乱抹会使人感到不快。需要修改时要正确使用修改符号。这些符号是在长期使用中约定俗成的。为了方便工作，修改文章使用的符号，最好和出版印刷业的校对符号一致。现把几种常用的符号介绍如下：

（1）改正号 

意义：表明需要改正错误的字、标点符号等。

用法：把需要改正的字句及标点加圈，引线划至版心外，与正确的字句及标点连接起来。引线不要交叉斜穿文字。

举例：

质

①提高产品产量。

、

②理解，学习市政府文件。

其他

③征求大家同志的意见。

(2) 删除号（删节号） 

意义：表明删除字句。

用法：文中一个字不要圈，两个或两个以上的字要加圈。字特别多的加框打叉。

举例：

①认真地完成作业。

②提高人们的认识觉悟。

③……它要用最简洁的语言，说明情况，寥寥数笔，显出精神。因此，……

(3) 增补号 

意义：表明增补字句。

用法：增补的字号一律加圈和引线，从版心外引至要增补的位置。

举例：

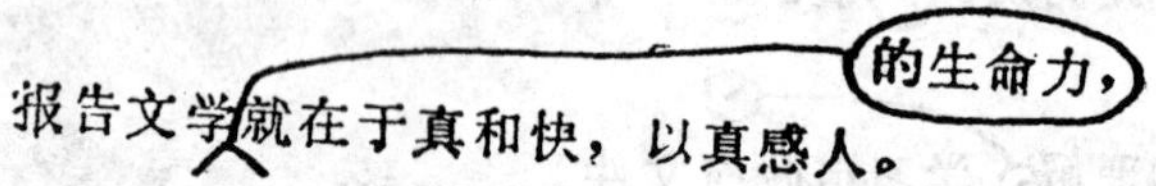

(4) 转正号 

意义：改正颠倒的字。

用法：用引线把倒字引至版心外，连接转正号。

举例：

(5) 换字号 

意义：表明对明显的坏字、模糊不清的字等需换上新字。

用法：用引线将坏字、模糊不清的字引到版心外，连接换字符号。

举例：

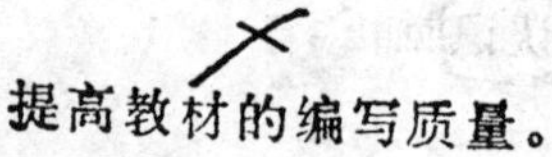

(6) 说明号 

意义：表明改换字体。

用法：把需改换字体的字圈起来，用引线引到版心之外，加以说明，并在说明文字下边加“◦◦◦◦”。

举例：

(7) 颠倒号 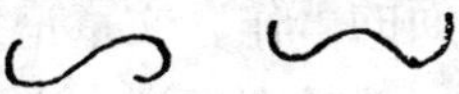

意义：表明左右文字互易位置或中间文字不动，只将其两旁的文字左右对调。

用法：左右文字互易，将  符号用在互易的文字中间。中间文字不动，左右文字需要互易的用 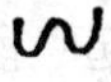 符号，把不动的文字置于中间空处。

举例：

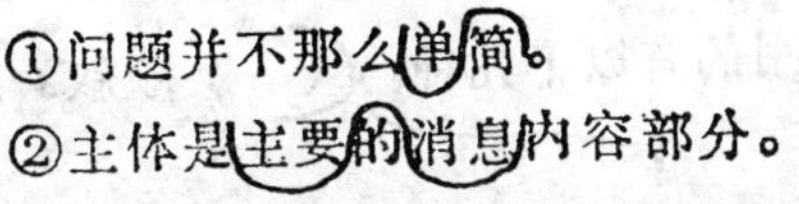

(8) 转移号 

意义：表明字句要转移到合适位置。

用法：将要移位的字句圈起，划出引线，引至合适的位置。

举例：

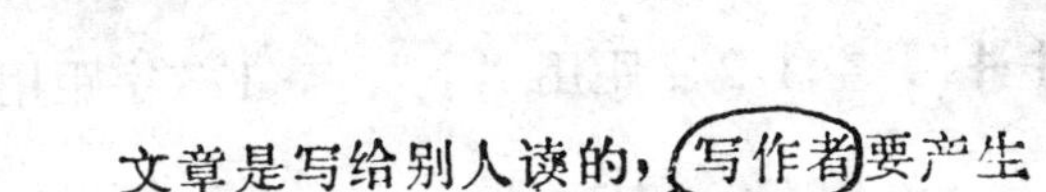

(9) 接排号 

意义：用在需要连接的地方，将两段文字接成一段文字。

用法：用一引线，将一段的开头引至另一段的结尾处。

举例：

文章是社会生活的反映，是时代的镜

子。

无论是社会科学方面的著作，还是自

然科学方面的著作，文章记载的事物、阐

述的道理，都是人类社会实践活动的反映。

（10）另起段号（分段号） 

意义：表示另起一段。

用法：在须另起一段的地方，用一引线，引至下行开头处。

举例：

叙述的方式、方法多种多样，常见、

常用的有以下几种：（一）顺叙。所谓顺叙

（11）离空号#　##（用于中文）　Y（用于拼音文字）

意义：字与字之间加大空白距离。

用法：用在须加空的两字间上方，空一字距用“#”，空二字距用“##”，空1/2字距用“ǂ”，空1/3字距用“丰”。

举例：

①第三节#材料的丰富与扩展

②电话：471214 710308 ##

③Пятый урок

(12) 复原号（保留号）△△△

意义：表示不应删改，现予复原保留原有字句。

用法：用在删错、改错的下方，并在删除符号的引线上，划上两根短线。

举例：

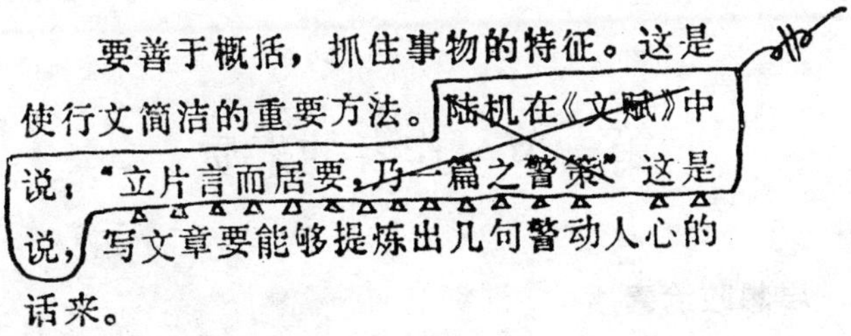

正确使用修改符号，会使人感到改而不乱，便于打字、排版和修版。乱涂乱抹既会让人感觉不美，又会给打字、排版造成困难。

【写作训练题】

1. 结合应用写作的实际，谈谈应用文章是否具有审美属性。

2. 为什么说实用和审美是不矛盾的，不仅不矛盾，在应用文章中实际上是辩证统一的，你能举出实例谈谈这个问题吗？

3. 从你以前写的应用文章中选出一篇，根据内容美、形式也美的要求认真地改一改，力求改得更美一点。

第五章　作者的素质和职责

第一节　作者的素质

一、思想政治素质

（一）加强理论修养提高政策水平

应用文章的撰写，特别是机关行政公文、机关事务文书、司法文书、财经文书等类应用文章的撰写，是政治性、机要性和实用性较强的工作。能否写好这些应用文章，作者是否具有较高的理论修养和思想政治水平是一个重要因素。因此，要写好应用文章，作者就必须加强政治理论修养，不断提高思想认识水平。

作者要认真学习辩证唯物主义和历史唯物主义乃政府的各项方针政策，加强理论修养提高政策水平。机关行政公文、机关事务文书、司法专用文书、财经专用文书，是政府方针、政策的体现。因此，具有较高的理论修养和政策水平是写好各类应用文章的重要条件。强调具有较高的理论、政策水平，是要求作者通过应用文章所体现出来的立场、观点和分析、处理问题的方法是正确的。作者理论水平越高，理论修养越深，认识、分析问题的能力就越强，理解和执行政策的能力就越强，因而在搜集材料、分析材料和运用材料时，就能得心应手。理论、政策水平越高，对新鲜事物反应就敏锐，同时对错误思想和各种有害的倾向也才能及时发现并进行坚决斗争。

（二）要有强烈的事业心

强烈的革命事业心和高度的政治责任感是搞好应用写作的关键之一。有的同志片面地认为，“文字工作就是简单的抄抄写写的工作，是受人指使的苦差事。”这种认识是不正确的。要充分认识撰写行政公文等应用文章的重要意义，还必须树立正确的服务观念，正确认识对组织负责与为人民服务的关系，二者是统一的。必须破除名利地位思想，甘做人民公仆，热爱本职工作，忠于职守。

应用写作是一项认真细致的工作，来不得半点马虎和草率。靠“想当然”或“凭空虚构”会贻误工作，造成严重损失。有时错写了一句话、一个数字甚至一个标点符号，会造成不堪设想的后果，给工作带来损失。应用文章的作者要有高度的责任感，须知，行政公文、机关事务文书、司法专用文书、财经专用文书等等应用文章，关系着政府的方针政策的贯彻执行，关系着群众的要求和利益，必须逐字、逐句推敲，力求准确、无误。

（三）要有高尚的职业道德

所谓职业道德，就是同人们的职业活动紧密联系、具有自身职业特征的行为规范。对应用文章作者的职业道德要求应该是：正确贯彻上级机关和领导的意图；实事求是、敢于坚持真理，修正错误；谦虚谨慎，密切联系群众，全心全意为人民服务；公道正派，有正确的权利利益观念；廉洁奉公，不徇私情；任劳任怨，顾全大局，热爱本职工作，不慕虚荣；调查研究，尊重科学。应用文章的作者只有按着这样的道德品质要求，不断通过自己的职业实践，认清自己对于社会，对于人民群众所肩负的责任，逐步形成自己与职业实践密切联系的道德心理、道德观念、道德标准、道德理想，最终形成自己对职业的道德责任感，才能写出对人民高度负责，有利于国家，有利于人民的应用文章。

二、文化业务素质

在文化业务素质方面，要求作者了解和掌握广博的知识，精通本行业的业务，具有一定的写作能力。这是搞好应用写作的必备条件。

（一）具有广博的知识

应用文章的作者要写到社会的各行各业，方方面面，涉及的人多、事多，职业特点决定了作者应具有广博的知识，否则，他便反映不好社会生活，写不出优秀的应用文章。

知识就是力量。这句话对应用文章的作者是完全适用的。作者应具有社会科学和自然科学两方面的知识。社会科学包括文、史、哲、经几大类，作者应尽可能多地阅读这方面的著作和论文，尽可能多地了解和掌握这方面的知识。自然科学的基础学科包括数、理、化、天文、地理、生物几大类，另外还有技术科学，以及门类众多的工程技术，这方面的书籍和论文也应尽可能多地阅读，做到博览群书，广泛涉猎。作者具有广博知识，写起文章来便会左右逢源。

（二）精通本行业的业务

作者对本部门、本行业的业务要精通，除了掌握传统的工作经验外，还应注意学习现代管理知识和现代科技知识。因为科学在发展，知识在更新，如果应用文章的作者不注意学习现代管理知识和现代科技知识，他就反映不好本部门、本行业的业务，抓不住关键，问题也提不到点子上。

应用文章的作者在本部门、本行业要对领导管理工作起协助作用。这就要求他对分工管辖的事项要“专”，要精通，而对围绕专门业务的各项有关事宜和工作也能掌握，是“多面手”，能兼做并能搞好多项业务活动。

应用文章实际上是对领导意图、指示和管理活动的综合反映，是在管理活动中提出问题、分析问题和解决问题的重要手段。所以应用文作者对本部门、本行业的各种业务知识，都应熟练地掌握。

（三）学习写作知识，了解应用文章的格式，掌握写作的基本技能技巧

1. 要学会写应用文章，学习写作的有关理论知识是很有必要的。理论对实践的指导意义是不可忽视的。学习写作理论知识，了解写作的基本特点和规律，写起文章来便会自觉地按写作规律办事，写出的应用文章质量自然就高。

2. 了解应用文章的格式。应用文章是有惯用格式的，学习写应用文章自然应先了解应用文章的格式。对格式熟悉了，运用起来才会自如。

3. 掌握写作的基本技能技巧。写作的基本技能技巧以及运用语言的能力，是作者必须练好的基本功。写文学作品、写普通文章、写应用文章，概莫能外。应用文章的作者应下苦功练好这些基本功。

第二节　作者的职责

应用文章写作，是整个写作事业的重要组成部分。作者所写的应用文章，其显著特点是实用性和针对性，是传递信息，治理

国家，管理生产，沟通人际之间关系的工具。古人尚且知道这是"经国之大业，不朽之盛事"，何况我们生活在社会主义社会，更应明确我们的社会职责，写出无愧于我们的时代，无愧于我们的人民的优秀文章来，为推动党的路线、方针、政策的贯彻执行，为推动社会生产力和社会主义商品经济的发展，为扶持改革开放中的新生事物，发挥自己应有的作用。

一、以往历史时期作者的职责

通过应用文的变迁，较之通过文学的发展，更能看清其服务于治国安邦的直接功能来。应用文作为治理国家的基本工具之一，则是不同历史时期不同朝代统治者都很重视的。他们用文章来经邦济世，归根到底是为了巩固自己的统治地位。旧时在这种思想统治下，相当一部分应用文章的作者为封建统治阶级服务，成了统治阶级的御用工具。

但是，也还有一批应用文章的作者顺应历史潮流，为人民立言，揭露统治阶级的罪恶，揭示生活的真理，为先进的生产力鸣锣开道，为人民的正义行动呐喊。王安石的变法文章，司马迁为农民起义领袖作传，康有为的直言上书等，都是"据实而作"在历史上起了进步作用。这些作者都尽到了自己的社会责任。

二、新时期作者的职责

在改革开放的新时期，作者是为人民服务的精神劳动者，肩负着建设精神文明的重任，在领导和群众之间起着纽带作用。因此，作者要意识到自己责任的重大，兢兢业业地工作，要把上级的指示精神化作精美的应用文章交给群众，并进而使上级的指示精神变成群众的自觉行动；而又要把群众执行中的经验、教训，以及群众的愿望、要求，反映在应用文章里转达给组织，帮助领导改进工作，以便更好地指挥群众进行改造自然、改造社会的斗争。

应用文章的作者首先要对领导负责，对组织负责。应用文章的作者要根据组织的指示，经常作好调查研究工作，在系统周密调查的基础上，经过“去粗取精”、“去伪存真”、“由此及彼”、“由表及里”的分析、研究，形成对某项工作的初步意见，然后提供给领导研究工作时参考，经组织上集体研究、反复征求意见，形成系统的观点、意见和办法后，应用文章的作者便忠实地、准确地将这些观点、意见、办法写进文件里及时下达基层，回答、解决大家在工作里迫切需要回答和解决的问题，以推动工作向前发展。应用文章作者做的是“无名”的但是很有意义的工作。可以毫不夸张地说，在祖国建设大业所取得的各项成就里都有他们的奉献。

应用文章的作者还应对群众负责。在起草文章之前的调查中就应如实地向领导及上级机关反映群众的情况，反映群众的意见和呼声，帮助领导了解民情，以便下决心帮助群众解决问题，指导他们更好的工作、学习和生活。应用文章写成下达后，又要帮助群众更好领会上级机关的指示精神，将上级的精神变成自己自觉的行动，自觉地投入到伟大的改造自然、改造社会的斗争中去。群众在斗争中碰到什么问题，有什么实际问题需要解决，应用文章的作者应及时将群众对工作的反映及碰到的问题写成文章交上级机关研究，以帮助上级机关针对实际情况，提出新的意见和办法，将伟大的改造自然、改造社会的斗争引向深入。

对领导、对上级机关负责和对群众负责是一致的。应用文章的作者，对领导机关，是助手，是喉舌，又是执行者；对群众，是朋友，是代言人，又帮助群众领会上级精神，提高他们的认识，并进而指导他们的行动。由此可见，应用文章作者责任重大，他们要对时代负责，对工作负责，对组织负责，对群众负责。

【写作训练题】

1. 结合自己的亲身体会，谈谈提高作者思想政治素质与文化业务素质同写好应用文章的关系。

2. 结合应用写作的实践，谈谈应用文章作者的职责。

专题训练

第六章　调查、观察与检索

在应用文写作的准备阶段，调查、观察与检索是不可缺少的环节。调查与观察是认识客观事物的重要方法，是从生活中搜集材料的重要途径和手段。检索，即对文献、文件和档案材料的查找，是搜集有关文字材料的重要手段。只有通过调查、观察、检索，掌握了大量的材料，作者才能对材料进行分析、综合、概括与归纳，进而立意、谋篇，进入构思阶段。

第一节　调　　查

一、调查的含义及作用

（一）调查的含义

什么是调查？调查就是调查人围绕某个问题，深入实际进行考察并向有关人了解实际情况。在调查过程中，调查人可以看，也可以听。看客观实际情况，看有关的文字材料；听被调查人自述他身历目睹的种种情况和认识，或转述他人身历目睹的种种情况和认识，从而获取丰富的材料，为进一步分析研究打下基础。

以正确的观点作指导进行调查是了解客观实际情况的最基本的方法。如果对客观实际情况不调查、不了解，形成不了正确的认识，提不出解决问题的办法，就无法指导实际工作。调查对实际工作和写作都具有重要意义。

（二）调查的作用

1. 收集写作材料　写作要占有材料。调查的作用之一就是收集写作材料。写调查报告、市场调查报告、市场预测、计划、总结都要通过调查收集有关材料，否则，无法动笔。写公文也是一样。指令性、法规性的公文虽然不直接摄入具体的现实材料，然而却都是根据调查得来的大量的现实材料撰写的。这些公文中的意见、措施实际上就是现实材料的一种升华。

2. 核实已得的材料和已形成的观点　应用文的作者既要占有直接材料（第一手材料），又要占有间接材料（第二手、第三手材料）。占有的间接材料不一定全都真实，这就要通过调查去核实。如写某个单位的典型经验调查报告就不能只根据该单位的书面总结材料来写，还要深入下去调查，一方面验证书面材料，另一方面调查收集更多的新的真实材料，然后才能动笔。又如某单位领导从下属单位的汇报中了解到某个人的模范事迹，认为很典型，要在本系统内通报表扬。接受撰写通报任务的同志，为了慎重，也要进行调查核实，然后才能动笔。

再者，作者观察了解的范围总是有限的，由此得出的认识、形成的观点是否完全正确，也可以通过调查的手段去核实、印证。

3. 调查往往能使人产生新观点　在实际调查中，调查者与被调查者在思想交流中往往撞击。调查者在调查中，往往在他人认识的触发下，突破自己思维的局限，形成新的观点。当调查者以新的观点烛照材料时，材料就会内现出未曾显现过的光辉。

二、调查者应有的态度

(一) 热情、谦虚、真诚

向社会作调查，要有满腔的热忱，要有求知的渴望，要有虚心求教的精神，那种“钦差大臣”的官气、“好为人师”的傲气，是要不得的。向社会作调查需要的是：热情、谦虚、真诚，甘当群众的小学生，和被调查者一起探讨事实的真相与本质。只有这样，才能获得大量的真实材料，正确地认识客观事物。

(二) 实事求是

作调查必须实事求是。在调查中，调查者既不能“背鞋找鞋”，带着固有的观点去找材料，作一厢情愿的调查；也不能受某种舆论的左右，去作倾向性的调查。否则，就会对和自己的观点或舆论相左的材料视而不见、听而不闻，使所得的材料带有片面性，得出的结论也不正确。正确的态度应该是客观地实事求是地去调查事件的起因、经过、后果以及该事件与其他事物之间的联系，以取得客观的认识。同时还应该倾听各方面的意见，进而通过分析、研究，找到客观事物的规律性，得到合乎客观实际的认识和结论。

三、调查的方法与方式

作调查，要根据调查的课题、事项的实际需要，选择恰当的调查方法与方式。

(一) 调查方法

1. 普遍调查　就是在一定的调查范围里对所有的对象进行调查。这是一种一次性的全面调查。规模大的，如我国先后进行的四次全国人口普查。1990 年 7 月 1 日进行的第四次人口普查可谓是人类历史上规模最大的普查，仅参加这次普查的普查员和普查指导员就有700万人之多；规模小的，如工厂生产的一种新产品，请为数不很多的顾客试用，然后进行产品试用情况的普查。

2. 典型调查　就是从一定的调查范围内的全部调查对象中选择一个或几个有代表性的典型对象进行深入调查。这种调查方法，由于调查的对象比较少，既省人力、财力，又能够比较快地获得有典型意义的材料。但由于典型调查是一种凭主观选择调查对象的方法，故有较大的局限性。因此，典型调查的关键是要使所选择的典型具有代表性。否则，也就失去了通过个别了解一般的意义。

3. 重点调查　就是从一定的调查范围内的全部调查对象中选择一个或几个重点对象进行调查。重点对象虽然为数不多，但调查的标识（即统计调查总体中各单位所共同具有的特征）却在数量上占整个调查总体的绝大比重。通过对重点对象的调查，能够对总体有个基本的了解。例如，调查党的知识分子政策落实的问题，要调查某市高级知识分子政策的落实情况，重点调查该市高等院校和科研部门基本上也就了解了，因为高级知识分子大部分集中在这里。其他单位虽然有，但为数不多，在该市高级知识分子总量中所占的比重不大，在不要求十分精确的情况下，不调查也可以。

4. 抽样调查　抽样调查就是根据概率分布的随机原则，从总体调查对象中，按一定的规则抽取一部分调查对象作为调查样本进行调查，并以此来推断总体的特征。这是一种通过部分了解和掌握总体的比较可靠的调查方法。

抽样调查的特点是：（1）调查样本是按随机原则偶然地抽取的，调查总体中每个单位的机遇均等，都有被抽作样本的可能性，完全排除了人们主观的有意识的选择。这就能保证被抽中的样本在总体中是均等分布的，对总体而言，有代表性；（2）抽取的全部样本是作为一个“代表团”代表调查总体的。抽出的样本，个别看来，有高有低。但从抽出的全部样本来看，高低互相抵消，它的平均数是接近总体的平均数的；（2）抽查误差和调查总体各单位之间的差异程度成正比例，而和抽样的数目成反比例。因此，抽样调查的误差，可以根据调查总体中各单位的差异程度和抽取样本单位的数目，事先通过计算控制在一定的范围之内；（4）调查面广、深入，省时间、省人力、省财力，又可以得到推算调查总体的数字依据。因此，抽样调查为人们所广泛运用。

抽样调查的关键是恰当地抽取样本。抽样的具体方法很常用的有以下几种：

（1）等距随机抽样法，又称机械抽样法。这种方法是将所有的调查对象按照某一标志顺序排列，然后按相等的距离（即固定的机械间隔），每隔若干个抽取一个。例如要调查某大学 10000 名学生的思想、学习状况，预计抽取其中的 200 名作为样本，只要按学生的花名册每隔 50 名抽取一个样本就可以了，这种抽样方法简便易行，代表性强；

（2）分层随机抽样法，又称分类抽样法。这种方法是先根据调查的目的将调查总体按照特性分组（类），每一组（类）称为一层，然后在每一层中随机抽取一部分个体为样本，从而形成一个代表调查总体的样本“代表团”。例如要调查某个工厂青年的情况，可先按全厂青年的文化程度分为高小、初中、高中、大专四组（层），然后在每一层中随机抽取若干名作为样本。这种抽样方法的优点是代表性较强，误差较小。它是抽样调查中最重要的一种抽样法。

分层抽样时，要算出各层占母体（即调查总体）的比例，再按比例确定各层抽取的样本数。

计算各层占母体的比例的公式为：

$$W_i = \frac{N_i}{N}$$

计算每层应抽取样本数的公式为：

$$n_i = n \cdot W_i$$

其中，W_i 代表每层占母体的比重；

N 代表母体的单位数；

N_i 代表每层的单位数；

n_i 代表每层应抽取的样本数；

n 代表总样本数。

以上两种抽样法可以单独用，也可以结合起来用。1986 年团中央研究室、《中国青年》杂志社等单位联合组织的关于人们的价值观、行为和对改革的态度等问题的抽样调查，就是综合运用分层抽样和等距抽样两种方法，在全国 20 个城市 215 个单位中抽取了 3970 个样本（人）进行调查的。

（二）调查方式

作调查，在确定恰当的调查方法之后，还要根据具体情况采用合适的调查方式。调查方式除了实地察看和搜集有关的书面资料直接阅读之外，不外乎口头调查、书面调查两类。常用的口头、书面调查方式有以下几种：

1. 开调查会　这是进行社会调查的最基本的调查方式。开调查会要有明确的目的要求，要有调查纲目，以便有的放矢，收到预期的效果。每次参加调查会的人不必多，三五个或七八个即可，还要注意代表性。在调查会上，调查人要口问手写，要尽量让与会人发言，气氛要自然和谐。必要时，调查人还可以同到会人展开讨论；

2. 个别访问　有些情况在会议上是不好谈的，也有些事情只有个别知情人了解。这就需要采用个别访问的方式对个别对象进行调查。个别访问要有计划地进行。访问时，要先向被访者讲明访问他的目的，以消除对方的顾虑。在访问谈话时，要设法打破拘谨的气氛，进入诚挚的攀谈，切忌呆板生硬，这样才能获得真实的第一手材料。是否当场记录，要视被访者的反应而定，如记录不影响访问的正常进行就记，否则就事后补记。如果要录音，必须取得对方的同意。此外，对需要保密的谈话内容还应保密，以免造成不良影响；

3. 问卷　问卷是以卷面的形式提出若干固定问题来询问调查对象，让他们填写以收集材料的一种调查方式。这是一种书面调查，调查用的问卷实质上就是一种调查表。搞好问卷调查的关键是设计好问卷。设计问卷的一般要求是：

（1）要有周密的问卷构思。问卷的设计者要有合理的周密的问卷构思，要根据调查的目的要求，把有助于解决调查课题的各种因素充分考虑清楚，列出清单，在理论假设的基础上，建立起总体设计蓝图；

（2）要讲究问卷的结构。问卷由说明词、调查内容和统计表格组成。每一份问卷的开头必须有一段说明词，介绍调查的目的、意义及填写问卷应注意的事项和技术要求。说明词要写得中肯，语气温和亲切，以便消除被调查者的思想顾虑；调查内容由背景材料（指被调查人的性别、年龄、职业等）和实质性的内容（即要调查的问题）组成；统计表格要规范，要在每一项内容的前头编上号码，以便统计或用电脑处理；

（3）要制作好题器。问卷的提问与回答方式叫题器。制作题器是问卷设计的难关，直接关系到问卷的质量。题器一般有三种类型：

第一，限制型：又叫封闭型。就是设计一个问题，并把该问题的若干答案一一排列出来，让被调查人对赞成的答案画√号。如团中央研究室、《中国青年》杂志社等三单位联合举办的关于当今人们价值观等问题的抽样调查所用的问卷中的题器：①

㈠您和一位朋友约定了见面时间，他迟到了十分钟。您认为：

A. 没什么，这是常事儿（　　）

B. 这说明他的时间观念差（　　）

C. 再晚一会儿也算不了什么（　　）

㈡丈夫说：钱多不咬手，多多益善。妻子说：钱多没好处，徒增烦恼。孩子说：钱不能没有，但差不多就行了。您同意谁的看法？

A. 丈夫的（　　）

B. 妻子的（　　）

C. 孩子的（　　）

第二，半限制型：又叫半封闭型。就是在限制型题器的基础上，在每一个问题的规定答案后面再列出“其他”一项，供被调查人自由填写。

第三，开放型：又叫自由型。就是提出问题，给留出一定的空位，让被调查人去自由填写答案。这种题器的优点是能得到真实的情况；缺点是答案不统一，不便于归纳整理。

---

① 见《中国青年》1986年第9期。

（4）设计问卷还应注意以下几点：

①问卷不可设计得太长、太繁，也不要过短、过简。太长、太繁容易使被调查人感到厌倦，过短、过简又难以得到充分的材料。一般每份问卷应控制在半小时左右可以回答完的范围内；

②设计问卷应做到层次清楚，最好是把问卷合理地分成若干部分，使回答者有间歇的机会，消除紧张心理；

③问卷中实质性内容的安排要有时序性。一般是由近到远，由易到难，由不敏感的问题到敏感的问题。一般问题在前，专门问题在后；

④问题的提法和答案，应尽量具体化，应简明扼要，避免抽象含糊。一般要选用中性语言来表达问题，不用刺激性的语言。还要避免提人们忌讳的问题。

以上有详有略地介绍了三种调查方式。此外，还有通信调查、电话调查、追踪调查等方式。在实际调查中究竟应采用哪种调查方式，应根据调查的具体情况决定。一般地说，完成一项调查，往往要采用多种调查方式。

第二节 观　察

一、观察的含义及重要性

（一）观察的含义

观察是人们运用感官（有时还要借助某些科学仪器）对自然现象、社会现象进行考察的一种方法。具体地说，观察就是积极地启动人的感官，去摄取、储存各种有特征的、有表现力的表象。从心理学的角度讲，观察“是对周围世界对象和现象的有意的、有计划的知觉。”① 因此，我们讲的观察不是指漫不经心地随便地东瞅西望，而是指有计划、有目的、有意识地察看世界。它要求精力集中，全神贯注，做到凝视、思考、描述相结合，直到把被观察的对象看清楚、看明白。

观察以观察的目的为标准，可分为科学观察和艺术观察。科学观察是人们用科学的眼光、科学的态度对客观世界的观察。它着力于把握人对周围世界的科学认识关系和功利实践关系，以认识客观事物的特点与本质，认识自然界和社会的规律为主要目的。这种观察，主要为科学家、为从事理论写作和应用写作的人所采用；艺术观察是人们用审美的眼光对客观世界的观察。它着力于把握人对周围世界的审美关系（审美之中自然也包含着对功利关系的思考），以发现、体察自然现象和社会现象美的价值为目的。这种观察，主要为文学家、艺术家和其他从事文艺创作的人所采用。本节所讲的观察主要是指科学观察。

（二）观察的重要性

1. 观察是人们认识、发现客观事物的基础　人们的大量知识，是靠观察获得的。据科学家研究，“人对外界的感受，80%来自视觉。”人们通过对外界事物的观察、感受，获得大量的感性材料，发现各种各样的问题，在此基础上进行分析研究，才能找到事物内部的规律性而对客观事物有正确的认识，进而才能有所发现、有所创造。宋代画家郭熙、郭思在《林泉高致·山水训》中说：“真山水之烟岚，四时不同：春山澹冶而如笑，夏山苍翠而如滴，秋山明净而如妆，冬山惨淡而如睡。”② 老农民看到

① 〔苏〕彼得罗夫斯基主编：《普通心理学》。

② 转引自《中国历代画论采英》第195页，河南人民出版社1984年版。

"燕子趴地蛇过道，蚂蚁搬家山戴帽，水缸出汗蛤蟆叫"，就知道要下大雨。这些知识正是他们通过长期观察获得的。著名的"修氏理论"的创始人、我国医学科学家修瑞娟正是由于借助科学仪器对人体微血管循环运动进行了长期地观察、监测、研究，才发现了微血管循环的规律，即微血管的自律运动是以波浪形式进行的，而微血管对器官和组织的灌注却如同海涛的最后一搏，是一种强有力的跳跃与冲击。修瑞娟据此写出了科学报告《关于微血管自律运动的长期监测》，取得了突破性的研究成果。这些事实都说明了观察在认识、发现客观事物中具有特殊的意义。

2. 观察是发现和获取写作材料的重要途径　"巧妇难为无米之炊"，写作也必须有材料。要获得写作的第一手材料，就必须不断地对客观事物进行观察。恩格斯为了写作《英国工人阶级状况》，曾经用了21个月的时间，对英国工人进行观察、调查。他向英国工人说："我非常认真地研究过你们的状况，研究过我所能弄到的各种官方的和非官方的文件，但是我并不以此为满足。我寻求的并不仅仅是和这个题目有关的抽象知识，我愿意在你们的住宅中看到你们，观察你们的日常生活……"① 正是由于观察，恩格斯才占有了文献中所没有的丰富而生动的材料，为《英国工人阶级状况》的写作奠定了坚实的基础。著名的物候学家竺可桢在气象科学领域取得卓越的成就，是与他一生注重观察分不开的。他的《北京春季物候现象变化曲线图》，就是根据他多年的观察积累起来的物候资料绘制成的。写市场调查报告，则需要作者深入商店（商场）或参加展销会、订货会等，观察并记

---

① 《英国工人阶级状况》，《马克思恩格斯全集》第2卷第273页，人民出版社1957年版。

录商品的实际销售情况（包括顾客对商品品种、样式、规格、质量、价格的挑选，顾客在商店、在会上的活动情况等）作为写作材料。通报、报告等机关公文的写作，往往也需要通过观察获取写作材料。如一场重大火灾事故发生了，只有到现场实地观察、调查，收集到足够的第一手材料，才能把事故报告写好。

3. 观察是核实材料的重要手段　在应用写作中，常常要利用一些间接材料，为保证这些材料的真实、准确，就要通过观察加以核实。如公安局的立案报告、人民检察院的起诉书的起草，往往要利用侦察报告和人民群众的控告书、检举信中的一些材料，为了确保案件事实的真实、准确，就必须通过观察进行验证、核实。

二、观察的基本要求

（一）观察要全面细致

对事物进行全面细致的观察是发现和认识客观事物，产生独特感受的基础。所谓全面观察，就是对事物的全貌、对事物发展的全过程、对事物构成的各个部分以及事物与事物之间联系等等都要进行观察。作家老舍说得好："观察事物必须从头到尾，寻根究底，把它看全，找到它的底，……不知全貌，不会概括。"比如观察某一商品，不仅要观察它的外貌、形状，还要观察它的内部构造，了解它的性能等，这样才能写出符合实际的商品说明书或商品广告。又如调查某一事件，就要对该事件的全貌、发展过程以及它与其他事物之间的联系，进行深入地观察、了解，才能正确地认识这一事件，写好调查报告。

所谓细致观察是指观察时要从事物的细微末节着眼，发现事物之间的细微差异，真正抓住事物的本质特征，从而在文章中准确、具体地表现出来。例如公安人员要写出侦察报告，在现场勘察和整个侦察案件的过程中，对于和案件有关的一切都必须全面细致地察看，即便是一根短短的毛发、一个烟头都不能放过。如果在观察中有任何一点粗心、片面，就会给案件性质的判断和侦察范围的确立造成困难，甚至给侦破工作造成不应有的损失。

（二）观察要捕捉特征

观察事物的目的就是要捕捉事物的特征。所谓特征是指人的个性、物的差异和事的不同，即矛盾的特殊性。毛泽东在《同音乐工作者的谈话》中指出："一棵树的叶子，看上去是大体相同的，但仔细一看，每片叶子都不同。有共性也有个性，有相同的方面，也有相异的方面。这是自然法则，也是马克思主义的法则。"现实生活中的人和事都是既有共性又有个性的。因此，在观察过程中，必须努力捕捉观察对象的特征。如公安人员对罪犯的长相、肤色、口音、衣着、动作等等的观察，就必须准确地捕捉到他五官的特征、服装、肤色、说话和动作的特征，这才能为撰写有关司法文书奠定基础。

（三）观察要与思考相结合

观察是认识客观事物的起点、基础，但观察只能提供感性材料，要揭示事物本质的深刻的意义，就必须把观察与思考结合起来。著名记者柏生在《记者要有敏锐的观察力》一文中曾深有体会地说："只有一个善于思考的人，才能成为一个敏锐的观察者。""注意观察事物常常可以启发我们思考，另一方面，那些思考过的事物，反复求知的东西，当他们出现在我们眼前的时候，我们才能及时捉住它；那些从来没思考过的事物，我们漠不关心的东西，有时就是摆在我们的面前，也可能视而不见。观察和思考就是这样紧密地联系在一起。"可见，观察不能只停留在事物的外表上，而必须与思考相结合深入到深层，只有这样，才能对事物有真正的理解，从而揭示事物的本质与特点。

（四）写好观察笔记

观察所得，仅靠大脑记忆是有限的。心理研究的“遗忘曲线”表明，时间愈久，遗忘愈多。因此，观察之后要及时地写好观察笔记。勤奋的作家、学者大都不迷信自己的记忆力，而是持久地做笔记。果戈理一生孜孜不倦地记下他每天观察的印象和看到的各种事物的情况，以备写作之用。他把他的笔记本称为“手头百科全书”。我国著名的气象、地理学家竺可桢数十年如一日地写物候观察笔记，以备科研、写作之用，从事应用写作的人，也应该像他们那样，养成写观察笔记的习惯。坚持记观察笔记，便有了储存丰富的资料仓库。写作时便会有写不完的材料。

除了写观察笔记之外，在必要时，当然也可以利用现代技术，用摄影、录音录像的方法记录下有关的资料，以备写作之用。

三、观察的基本方法

（一）定点观察与移位观察

定点观察就是站在一定的位置上，从一定的角度去观察。用定点观察法观察事物，先要确定观察点。所谓观察点就是观察者所处的位置与所取的角度。观察事物，只有确立了恰当的观察点，才能收到好的观察效果。例如 1983 年 1 月北京某商业部门的同志为了调查北京女顾客对头上防寒用品的需求变化，就采用了定点观察法。一天下午 5 时，调查人选定北京繁华地段西单的盛锡福帽店门口作观察点，对从南往北来的一百多名妇女进行观察。结果，除了七名妇女头上什么都没戴之外，36 人戴的是围巾，10 人戴的是三用巾，其余的都是戴的毛线帽子。这些戴帽子的妇女既有衣着入时的青年，也有老人和十几岁的学生。调查人通过观察还发现当时流行的膨体纱、毛线帽子的式样很像1982年秋季上映的电影《三家巷》中女主角戴的那样，美观大方。[①] 通过这一成功的定点观察，调查人获得了详细的有价值的可靠的情报资料，明白了当时商店里拉毛围巾、三角巾滞销的缘由，也为市场调查报告的写作提供了材料。

各观事物都是立体的、多维的，同一个事物从不同的观察点、不同的角度观察，就会出现不同的景象。正如苏东坡诗云："横看成岭侧成峰，远近高低各不同。"然而，并不是每个观察点、每个角度都能发现事物的本质特点的。因此，运用定点观察法必须选择最佳观察点、最佳观察角度，以求抓住事物的本质特点。

选择最佳观察点、最佳角度进行定点观察，是发现事物本质特点的有效方法，但是，它只能看到事物的一个方面，要想多方面了解事物，得到事物的整体印象，就要运用移位观察法。移位观察就是移动观察点，不断地变换角度进行观察，即所谓"面面观"。如对人物的观察，由于人们在不同环境中往往表现出不同的性格侧面，这就需要采用移位观察法观察人物在不同环境中的不同表现。这样才能把握其丰富的性格，全面地了解一个人。

（二）分割观察与综合观察

分割观察就是把整体事物分割成若干部分分别观察。如考察某大学的校风校貌，就可以按该校系科的划分，一个系一个系地分别观察。应注意的是，分割观察不能不分主次地平均用力。观察者把观察对象分割成若干部分之后，对那些典型的富有特征的部分，应该多花点精力作认真细致的观察，以提高观察的质量。

分割观察可以保证观察的具体细致，但要获得对观察对象的

---

① 见1983年1月26日《北京日报》。

整体了解，还要作综合观察，即把分割开来的各个部分再合成起来，进行整体观察。事实上，在实际观察的过程中，分割观察与综合观察都是结合进行的。

（三）比较观察与连续观察

比较观察就是对不同的观察对象进行对比观察或对同一观察对象的不同部分（或不同阶段）进行对比观察。由于任何事物的特征在比较中更容易显现出来，因此比较观察是抓住事物特征的最基本方法。

在对客观事物进行比较观察的过程中，通过比较，就能发现其“异中之同”或“同中之异”，捕捉到他们的个性特征，从而在文章中鲜明的表现出来。如《同样两家服装店积累水平大不同——徐汇区新春、模范服装店的对比调查》① 一文的作者，通过对上海“条件基本相仿”、前两年的“销售额和利润水平都相差不多”的新春、模范两家服装店经营、管理情况的比较观察、调查，发现了它们的“同中之异”：新春店善于做生意、安排生产合理、经营制度健全、领导管理水平较高；而模范店不模范，恰恰在这四个方面有问题，与新春店相比有很大差距。因此，两店积累水平也大不相同，按同期相比，新春店上交利润增加38.4%，而模范店上交利润则下降26.5%还不到新春店的二分之一。作者把观察、调查获得的这些材料写到调查报告中，从而揭示了“商业部门要做到增销增收，关键是要把企业管理的经营水平大大提高一步”这一主旨。

比较观察既可以如上例那样，对不同的观察对象在同一时期或同一环境之下的不同表现情况进行横比观察，又可以对同一观

① 见1978年11月3日《解放日报》。

察对象的不同阶段的情况进行纵比观察，如对一个主动坦白交代自己违纪违法行为的干部，只有认真地比较观察他坦白交代前后的不同表现，才好研究、决定对他的处理意见。

连续观察就是对客观事物作连续性的反复观察。这对于观察某些事物来说是十分必要的。如搞市场调查，对市场上商品销售情况的观察，就必须进行连续观察。只有这样，才能搜集到丰富的第一手材料，为写市场调查报告打下基础。

第三节 检　索

一、检索的含义及重要性

检索是指从众多的文献、文件、档案中查找出符合特定需要的文献、文件和档案材料或某一问题的答案（数据、事实经过、结论等）。在应用写作中，检索是获取书面文字材料的重要手段。

在应用文章写作中，作者常常要参阅有关文献、参考以往的文件或其他有关的资料。如起草一些理论性较强的文件，往往要查阅权威理论家的有关论述和以往的有关文件；制定一项政策，起草有关文件，往往要参考近年的情况报告、调查材料、经验总结、工作意见和建议等；草拟法规性的文件，往往要参阅有关的法律条文和以往制定的有关的法规文件；筹备人民代表大会，起草几年来的工作报告，则需要查阅有关的一系列文件。又如平反冤假错案，落实干部政策、知识分子政策，起草新的有关文件，就必须查考过去形成的有关文件材料；审理某些新发生的案件，起草调解书或判决书，往往也要查找有关的历史文件作为依据；写科技论文则要查找有关的科技文献资料。缺少这些特定需要的材料，有些问题就很难解决，要撰写有关的应用文章也很困难。反之，通过检索，掌握了必要的文献、文件等材料，一些问题就会迎刃而解，撰写有关的应用文章也就会比较顺利。例如：在上海市中、高两级法院审结周璇遗产案、拟定判决书的过程中，法院有关人员从档案里检索获得的两份历史文件就起了关键性作用。周璇遗产案的当事人黄宗英及其养子周民（周伟之兄）始终不承认上诉人（原告）周伟是周璇的儿子。这个问题直接关系到周伟有无继承权的问题。因而确认周伟系周璇之子的身份是该案的第一要素。法院工作人员从上海有关单位的档案中先后检索到了 1958 年 11 月 20 日上海市公证处根据黄宗英的书面申请而出具的公证书、1959 年 11 月 26 日上海市高级人民法院出具的公证书。这两份历史文件都明文确认周民、周伟是周璇的儿子和合法继承人，黄宗英为周民、周伟的监护人和财产执管人。此外，法院还看到了 1985 年 5 月 6 日北京市公证处根据黄宗英提供周伟是周璇之子等材料为周伟出具的系周璇儿子的身份公证证明。据此，法院认定周伟是周璇之子，便受理了这一案件，虽因多方查证周璇遗产的数额而历时四年之久，但两级法院终于先后拟定了一审、终审判决书。1990 年 8 月 30 日上海市高级人民法院的终审判决书的宣布宣告了此案的终结：黄宗英返还周伟的钱款及赔偿利息两项计人民币 7.2 万余元。[①] 试想，如果法院检索不到那几份作为历史见证的文件，那么就很难审结此案，判决书也难以拟定。以上事实充分说明了检索的重要性。

二、文献、文件及档案的检索

从汗牛充栋的文献资料中、从大量的现行文件中、从堆积如

---

① 见 1990 年 10 月 25 日《文学报》。

山的档案材料中查找所需要的特定资料，就像在大海里捞针一样困难。不了解检索的途径、不掌握检索的方法是很难达到目的的。因此，从事应用写作的人必须了解、掌握检索资料的途径和方法。这里着重介绍的是马克思、列宁、毛泽东著作及其相关资料、现行文件和档案的检索途径与方法。

（一）马克思、列宁、毛泽东著作及相关资料的检索

马克思、列宁、毛泽东著作的检索，可利用的工具书主要有：

1.《马克思恩格斯全集目录》（第1～39卷）人民出版社1976年编辑出版。

全书分为“马克思恩格斯全集篇名目录”（按全集卷次顺序排列）与“马克思恩格斯全集篇目索引”两部分。按著作的发表时间或篇名首字汉语拼音音序，均可查到所需要的著作。

2.《马克思、恩格斯全集名目索引》（1～39卷）人民出版社1986年5月出版，上下册。

该书按汉语拼音音序，列举马、恩有关哲学、历史、军事等方面论述的主条目2100多条。大部分主条目还分列若干细目。大、小条目后注出可查的中文本的卷次及页码。书后附有“笔画检字表”。

3.《列宁全集目录》（第1～39卷）人民出版社1965年编辑出版。

该目录按全集卷次排列。使用时，可先查书后所附按笔画排列的“篇目索引”，由此可查到列宁的每篇著作、书信在《列宁全集》中的卷次与页次。

《毛泽东选集专题论述索引》（1～4卷和5卷）抚顺市图书馆1977年翻印。

该书是在《毛泽东选集索引》基础上增订而成。分1至4卷和第5卷两部分。1至4卷部分分为六大类；第5卷部分分为四大类。每类又分列一系列主题。查找也比较容易。

使用主题索引、专题分类索引、名目索引要正确判断所查资料应从哪一主题或名目着手检索。例如，要查找马克思、恩格斯关于“科学是生产力”有哪些具体论述，如果利用《马克思恩格斯全集名目索引》检索，就要先判定查找这些资料应从主题词“生产力”这一名目着手检索。然后按汉语拼音音序或按书后附的“笔画检字表”在下册1181页找到“生产力”这一主条目，在其下就可查到：

——科学是生产力——4，134；12，3-4；23，707-708；26Ⅰ，419-422；26Ⅱ；603-604。依此线索，就可以从《马克思恩格斯全集》中文本第4、12、23、26诸卷中，按提供的页码（如134等）查到论述“科学是生产力”的具体文字。

主题索引、专题分类索引、名目索引只能提供专题论述的出处，要找到专题论述的具体文字还要依据索引提供的线索进一步查找。要想直接查到专题论述的具体文字，可查阅有关的专题文摘汇编。

（二）法规文件的检索

检索我国国家权力机关和行政机关以往颁布的各种法规文件，最简便的途径是利用法规目录进行查找。能为我们提供检索所需法规文件线索的工具书主要有：

1.《中华人民共和国法规目录》（1949～1982）司法部法制局编。法律出版社1984年出版。

该书包括编入及未编入各种法令汇编、法规汇编的各种法律、法令及其他法规。目录按发布的时间顺序分类排列。每项法规都注明了发布（通过或批准）的机关、日期和材料出处。

2.《新中国五百个重要法规提要》浙江图书馆、浙江大学法律系1983年编印。

该书简介了1949年至1981年底发布的重要法规，分类编排，每类依时间为序。对各个法规均注明出处，兼有索引性质。

（三）现行文件的检索

现行文件就是具有现行效用的文件。在应用文写作中，尤其是在公文写作中，常常要查阅有关的现行文件。只知文件的标题，或只知文件的发文字号，或只知发文机关、发文时间和文件的大致内容，均可利用本机关文书部门的收（发）文登记簿（卡）来检索。收（发）文登记簿（卡）上有收（发）文日期、来文（发往）机关、文件标题、发文字号、承办单位、文书处理号（即文件、文稿和存本归入的卷宗号）等登记项目。由此可查到文件的线索，从而找到所需要的文件（收文）或文件的存本（发文）。

根据政府关于文书立卷、归档的有关规定，各级政府机关的文书处理部门要将当年已经处理完毕的、有查考利用价值的文件立卷（即将已经处理完毕的文件组合为各个案卷，以作为档案的基本保管单位。“案卷”则是有关某一个问题或某项工作活动的系统的有密切联系的文件组合体），于第二年上半年归档——移交档案室（馆）保存。因此，要查找已归档的现行文件，则要到档案室（馆）去检索。

（四）档案材料的检索

档案是机关、组织和著名人物在社会活动中形成的，作为原始记录保存起来以备查考的文字、图表、声像及其他各种方式和载体的文件材料。政府机关的档案主要来源于公务文书（公文）。档案是历史的真实凭据，历史学家称它是“第一手原始材料”。

郭沫若在《题赠档案馆》的诗中引用了一句成语："前事不忘后事师"。董必武在《题赠档案工作》的诗中也写道："创业扩基，前轨可迹"。这都说明了档案的重要作用。

查找档案材料，要充分利用档案室（馆）编制的档案检索工具。档案检索工具多种多样，但不论哪种检索工具，都具体记录或描述了每份文件或每个案卷的内容和形式特征，揭示其主要内容、科学价值，指明出处，区别相互之间的异同，有效地揭示室（馆）藏，帮助利用者准确迅速地检出所需要的档案材料。

常用的档案检索工具有：

1. 全宗文件卡片目录　全宗文件卡片目录是以全宗（即一个机关、组织和著名人物在执行职责活动中形成的档案的总称）为对象，将所有文件（指永久与长期保存的文件）的内容和形式特征记录在卡片上，按所反映的问题加以分类，并进行系统化排列而组成的目录。它是档案馆，特别是机关档案室最常用的一种基础性的检索工具。

这种目录的著录项目有题名（又称标题）、责任者（又称作者）、文件编号、文件形成时间、主题词、分类号、期限、档号（即全宗号、案卷目录号、案卷号、件号或页号的总称。它为查找档案材料提供出处）等，因而能具体揭示每份文件的内容和成分，具体指明文件的所属类目和出处。

2. 分类卡片目录　分类卡片目录是将档案室（馆）所保存的全部档案或部分档案，逐卷或逐份地将文件的内容和形式特征著录在一定格式的卡片上，采用分类体系组织起来的目录。它的主要特点是打破全宗的界限和全宗内分类排列的次序，把全部卡片依其内容和性质加以科学的分门别类（如分成综合类、组织人事类、纪律监察类、工业交通类、农林水利类等，大类之下又分若干小类)，组成特定的合理体系。这种目录按著录单位分，有案卷级和文件级两种，两者各有优缺点。但都具有系统性强、问题集中的优点，是档案室（馆）的一种综合性、主导性的检索工具。

3. 专题卡片目录与主题卡片目录　专题卡片目录是以卡片形式集中地、系统地揭示档案室（馆）有关某一专题档案的内容和成分的一种检索工具。它的特点是以专门题目为对象，不受全宗的限制，把同一属性的文件卡片组织在一起。

主题卡片目录就是对每份文件或案卷进行主题分析，用几个主题词（规范化的词、词组）揭示文件或案卷的主题内容，然后将同一主题的卡片集中在一起，按字顺序排列起来组成的目录。卡片著录项目除主题词外，还有责任者（作者)、标题、时间、期限、档号等。这种卡片目录不受全宗、类别、分类体系等的限制，把同一主题的档案材料信息集中起来，能向利用者提供其一主题的全部档案材料。

4. 人名卡片目录　人名卡片目录是将档案室（馆）所藏档案中涉及到的人名及其简要情况著录下来，向利用者提供所查人名线索的一种检索工具。一般按人物姓氏的汉语拼音音序排列(亦有按人物姓名末字的汉语拼音音序排列的，亦有按人物姓氏的四角号码排列的)。人名卡片目录著录的项目，主要由两部分组成：一是个人的自然情况：姓名、性别、出生年月、籍贯、文化程度、政治面目等；二是指引部分：材料出处的档号（全宗号、案卷目录号、案卷号、页号）以及附注等。有的还著录问题性质、处理机关、处理结果等。

人名卡片目录分综合性和专题性两种。综合性人名卡片目录是以档案室（馆）全部档案为对象，按单份文体所涉及到的人名分别著录在卡片上，再按一定规律排列而成的目录；专题性人名卡片目录是以室（馆）藏档案中涉及某一专门题目（如干部处分、干部任免、退职退休等）的有关人名著录在卡片上，然后排列组织成的目录。这两种目录，尤其是专题性的人名卡片目录对于迅速、准确地查出所需文件材料的出处，比较方便。

应指出的是，有些档案室（馆）把以上五种卡片目录分别抄录或排版印刷，便形成了相应的书本式检索工具："全宗文件目录"、"分类目录"、"专题目录"、"主题目录"和"人名目录"。书本式目录把一个卡片目录变成一个条目，并在每一条目前加上一个顺序号。由于书本式目录每页登记几个条目，编排紧凑，体积较小，查阅时可以一目十行，检索十分方便。

5. 案卷文件目录　案卷文件目录，亦称"卷内文件目录汇集"或"全引目录"，是一种书本式目录。它是将全宗或全宗内的某一部分案卷目录和卷内文件目录汇编而成的一种检索工具。它不仅以案卷为检索单位，还能以文件为检索单位，在揭示档案内容与成分上有具体　系统、准确的特点。但是，由于这种目录沿用了案卷的分类体系，问题不够集中，不便于按专题查找。查阅时必须对卷内文件目录逐条审阅，也影响检索速度，有一定的局限性。

以上档案检索工具只能提供档案材料的出处。如果要直接查阅已归档的上级政府机关下发的重要文件，可查阅"文件汇编"。这种"文件汇编"是将一定年度的文件分类装订而成的，每册均标明发文年度、发文机关、文件类别，并附有文件目录，查找也很方便。

【写作训练题】

一、请就某一调查研究课题设计一份问卷。

二、某市某区有居民 12 万户，按平均每人生活费收入分层，然后抽取其中的 1200 户作为样本进行调查，收入分层资料如下表，试计算各层应抽取的样本数。

项目 \ 数量 \ 分层	按平均每人生活费收入							合计
	40 元以下	40—50 元	50—60 元	60—70 元	70—80 元	80—90 元	90 元以上	
总户数	7000	13000	20000	28000	24000	16000	12000	120000
各层占总户数比重								100
应抽取户数								1200

三、认真观察某个人在不同场合的不同表现，然后写篇短文进行描述，以揭示其性格的不同侧面。

四、马克思所著《工资、价格和利润》收载在《马克思恩格斯全集》中文版何卷何页？

五、从何处可以找到 1980 年颁布的《中华人民共和国个人所得税法》及其细则？

六、到档案馆参观档案检索工具并检索两份文件。

第七章　记录与整理

记录与整理是采集、贮存材料的两种重要方法。作者借助记录把看到的听到的想到的东西及时地如实地记载下来，其目的是避免忘记，录以备用。好记性不如烂笔头。记录可以帮助回忆，弥补记忆的不足。在记录的基础上，作者借助整理，将记录的材料去芜存精，疏通成易懂的文字材料，使之集中、显要，分门别类，梳理在案，便于日后查找、使用。特定场合的规范性记录，有的只要稍加整理，就可以直接转化为具体的应用文章。如会议记录、会议纪要，司法文书中的讯问笔录，庭审笔录，勘查笔录，等等。下面主要从准备材料的角度，对记录与整理作简要介绍。

第一节　记　　录

一、记录的基本要求

（一）记录的内容必须准确

从记录的内容来看，不外乎两种：一种是全部的；一种是部分的。准确，对前者而言，就是记录者用速记，或借用录音机等现代化手段对记录对象的谈话作完整的客观的记录，内容从头至尾，一点不漏，符合原话；对后者而言，选择的部分内容是实有的，而不是臆想的；是原样的，而不是走样的；是真正的要点、重点，而不是随意记的。换句话说，对要点、重点要选得准，符合客观实际。既不能颠倒主次轻重，也不能漏记要点、重点。记录者如果用自己的话概述，必须判断准确，事实、数据必须与实际相符，而且要注明出处。

（二）记录的目的必须明确

记录什么，不记录什么，哪详记，哪略记，记录者判断、选择、取舍的依据，主要是记录的目的性，即记录者的意图。就作者来说，具体表现为准备写什么样的应用文章。或者即录即用；或者录以备用。不管哪种情况，都需要记录为制作应用文章准备适用的材料。作者要避免记录的盲目性，记非所用，就要明确写作意向，知道写什么样的应用文章需要什么样的材料，这样记录起来，才能目的明确，所记材料适合写作的需要。

（三）记录的格式必须适用

怎样记录？大致有两种情况：一种是按约定俗成的格式要求记录。如会议记录，就有一些规定的项目：会议名称、时间、地点、人数（其中分清应到、实到、缺席、列席人数）、主持人、记录人、会议内容（包括会议的议题，发言人及其发言、会议的结果）、散会。这些项目的规定，作为今后的一种档案资料，原始凭证是必要的，有利于今后查考、调用。还有各种司法笔录，也有一定的格式要求。这些格式要求是适应办案的需要的，记录人必须掌握，正确地运用。另一种是不拘一格，根据自己的习惯和实际需要灵活记录。可以是索引式的，也可以是集纳式的；可以是零散的，也可以是序列的；可以是要点，也可以是全篇……记录可以采用笔记本、采访本、会议记录本，也可采用卡片、活页纸。自己可以摸索、创造出一套分门别类的记录办法。总之，一切以适用、简便为宜。

二、记录的方法

口头语言的发音速度与文字书写的速度有很大的差距。人们书写汉字，一般每分钟只能写三四十个字；而平时说话，每分钟可以讲 120 字至 150 字左右。若是电台广播、电视广告、激烈争论，其发音速度每分钟可在 180 字至 300 字左右。要使文字书写的速度赶上口头语言的发音速度，就要考虑采用一些快速有效的记录方法。

记录书面语言，虽然不像记录口头语言那样急迫，但也有一个加速记录速度提高办事效率的问题。所以，它同样需要讲究一些相应的记录方法。

下面，介绍几种重要的记录方法：

(一) 速记

速记，是用一些特别简单的记音符号和词语略写符号，以快速记录语言文字或思维的一种书写方法。使用汉语速记，每分钟的书写速度不低于 160 字，是一般汉字记录速度的四倍至五倍，从而基本上解决了记录速度赶不上发音速度的矛盾。速记的这种作用，是各种现代化录音设备所不能代替的。录音机虽能录下声音，却不能把声音变成有形的可读的文字符号。而且在许多场合中，往往只可以使用速记，而不便于使用录音机。所以，即使是现代化技术比较发达的国家，如美国、英国、日本、德国、瑞士等等，都非常重视速记技术的推广和应用。

速记是一种实用性很强的书写手段。会议记录、司法记录、采访记录、观察记录、课堂笔记、摘抄资料、起草文稿等等，都可以采用速记的方法来提高记录的速度。狄更新、肖伯纳、托尔斯泰、陀思妥耶夫斯基、车尔尼雪夫斯基等世界著名文学家，都曾经利用速记来进行写作。近代史上许多重要会议，许多政治家、理论家的许多重要讲话，都是用速记方法记录下来。当前，随着经济建设的飞速发展，推广和普及速记已经成为人们的迫切需要。

我国现代速记的发展有近90年的历史，迄今为止已有数十种速记方式先后出现。蔡锡勇的《传音快字》、沈学的《盛世元音》是我国最早的现代速记专著。1979年全国政协教育组召开速记座谈会以后，速记教学活动得到了恢复和发展，各种速记专著也相继出版。速记流派不同，其速记符号也各不一样。不过，各种速记方案的基本符号一般都在300个左右。具有中等文化程度以上的人学习速记，半年时间可以全部掌握，一年时间可以熟练运用。因此，学习速记的周期还是比较短的，比起掌握几千个汉字来，算不得什么困难。只要刻苦努力，坚持不懈，一定能掌握速记这种书写手段，以减轻书写劳动，提高学习、工作的效率。

（二）简写

简写，就是把速记当中一些略写办法同简化汉字结合起来，从而快速记录语言的一种方法。有些人记笔记，常常简写一些常用词语，如把“问题”写“问”，把“图书馆”写成“囤”，这些简写，不一定是约定俗成的规范字体，不一定是社会认可的简称，只要记录人员形成自己一套简写的规则，方便自己书写和记忆，不至于混淆，那就可以在记录中使用。

采用简写，一般以常用词语为对象，同时注意避免与常用字体和常用词语混淆，便于自己联想和辨认。简写的办法大致有这样几种：

1. 使用简称　一些字数较多的专有名词和名词性的联合词

组，往往都有简称。在记录当中，记录人员可以使用社会已公认的简称，也可以自己临时“创造”一些简称。如

新疆维吾尔族自治区——疆（社会公认）

四项基本原则——四基（临时“创造”）

2.交叉简写　对比较长、比较固定的动词性词组和介词词组，可以间隔抽出其中关键的两个或两个以上的字，并在中间加上横线作标记，从而节缩相当多的文字和笔画。如：

保护珍贵稀有野生动物——保—动

民主评议领导干部——民—评—干

3.附属小字　有些常用词，往往成为一系列词组的中心词。这时可以用小字体简写这个中心词，用大字体简写出其他词语，并把小字体附在其他大字体词语的前头或后边。这也可以省去许多笔划和字数。如：

作风　工作作风　不良作风　思想作风

风　工风　不风　思风

调整　产业结构调整　价格调整　工资调整

调　业调　价调　工调

4.符号代替　根据汉字表意的特点，记录中可以使用一些形象的符号来代替词语。同时，也可以用少量特殊符号来代替常用的字词。这样，也能省时间，提高记录的速度。如：

立竿见影　弯弯曲曲　持续上升　因为　所以

|ww　~~~~　↖　∵　∴

总之，如何简写，主要是由记录人员根据一定的规律和习惯来决定。记录完毕后，要注意把简写的部分补齐补够，或整理成规范化的词语。

（三）摘要

摘要，就是提纲挈领地记录。它既适用于记录口头语言，也

适用于记录书面语言。有些讲话，有些资料，其内容和性质特别重要，必须详细记录，这可以用速记等方法来解决。而多数讲话、资料，采取摘要记录的方法就可以了。

摘要记录不必像录音机一样“有话必录”。它可以根据某些讲话、资料的内容、精神，采用简明的语言扼要地记下其中的基本问题、中心思想、事实依据以及结论。这就要求记录者在记录时具有相当强的分析判断能力，迅速确定哪些是重要的，哪些是次要的，哪些需要缩简，哪些需要概括，哪些非记不可，哪些可以略而不记，等等。只要抓住各种讲话的精神实质，抓住资料中的基本要点，那就可以达到摘要记录的目的。1990 年 11 月 11 日《文摘报》上刊登了一篇“摘要”，原文如下：

近期改革需要考虑的几个问题

薛暮桥撰文说，1990 年是治理整顿、深化改革的新阶段。近期的改革，要考虑治理整顿、调整产业结构和经济回升的需要。第一，随着物价趋向稳定，今后应当逐步进行调整，最后达到理顺价格（的目的——编者），在这个基础上改善市场秩序。第二，探索财政体制的改革，恢复和加强它的宏观调控功能（逐步过渡到分税制）。第三，在扩大地方和企业的自主权后，银行信贷成为比财政税收更重要的宏观调控工具。第四，在市场疲软中，应积极削价推销库存积压产品。第五，今后有必要建立社会保障制度，以解决企业如果破产，失业救济甚至退休职工的养老费用均无人负责的难题。

（《经济日报·理论探索》11 月 2 日）

这篇“摘要”，紧紧扣住薛暮桥论文的基本要点，不枝不蔓，可以说是这种记录方法的范例。

（四）摘录

摘录，就是从各种书面语言中摘取有关语句、段落的记录方法。平时阅读有关文件、档案或者图书报刊，可以把一些对自己工作、学习有用的论点、事例、典故、警句、数据等材料抄录下来，以便今后引用。

摘录有关材料，目的是为了把分散在各种文件、档案和书刊中的有关资料集中起来，通过分类、比较、归纳、概括，从而总结出有规律的东西，形成新的观点和认识，促进自己的工作和学习。摘录时要注意：

1. 必须忠于原文　必须忠于原文精神，关键的字、词和句子都不能错漏更易。

2. 要注明出处　注明出处，能方便日后查对，保持资料的真实性，可靠性。所谓出处，就是指资料的作者、书名、刊名、篇名、页码、版本（出版单位、出版日期）等等。

3. 采用划一的记录格式　资料的类别、编号、引文、出处等

资料卡片规格及其摘录示例：

类　别	经　　济	编　号	105
题　目	企业家要重视广告宣传	著（译）者	龙熙辑
书刊名称	《企业家概论》	页　码	119
版　本	广西师范大学出版社 1987 年 10 月第一版	收藏地点	资料室
内容：据国外有关机构的调查分析，主要商品的推销费用在商品价格中的比重大致为：机电产品为 4%，化妆品为 40%，药品为 15～35%，酒类为 10%，食品为 4～8%，服装类为 2%，金属器具为 6%，家具类为 2%。企业家要改变陈旧观念，要保证广告费用的合理开支。			

等，都应在固定的位置书写，而且一条资料占用一张卡片或一页纸。以便日后分类保存、利用。为了达到这个要求，最好采用规格统一的卡片、活页本或笔记本来记录。

第二节　整　理

各种类型的记录经过记录人员的辛勤劳动之后，还必须继续下一番整理的工夫。记录口头语言，需要现场记录。而现场记录十分匆忙，书写不可能很整洁，语言不可能很完善，内容上难免出现错漏；另一方面，口头表达的语言往往是临时组织起来的，即使是思维敏捷、口齿伶俐的人，也难于达到“出口成章”的境界，其条理性也尚待记录之后加以梳理，不加以整理是很难利用的。如果使用速记，还需要将速记符号转译为人们可读的文字。如果使用录音机，也需要将有声语言加工转化为有形的书面文字。至于记录书面语言，也要对记下来的资料进行分析、综合、归纳、概括，否则也没有多大的利用价值。因此，对原始记录如何整理，又是一个很重要的问题。

对各种记录所做的整理，一般有“删除”、“增补”、“改动”、“保留”、“归总”、“送审”等六个方面的工作。

一、删除

“删除”，就是删去口头语言中存在的各种“杂质”，删去书面语言中没有利用价值的部分。一般地说，口头语言，尤其是临场发挥的口头语言不够简洁、严密。有时，既受特定环境、气氛的干扰和影响，又得在很短的时间里一边思索一边表达，因此，难免带上芜杂的成分。即使是能说会道的演说家，如果没有经过充分的准备，也不易达到无可挑剔的表达效果。这样一来，删除口语中的“杂质”，就是整理记录时势在必行的工作了。

口语表达中的“杂质”，主要是指：（一）与中心无关的开场白和结尾；（二）与基本意思无关的口头禅（嗯、啊、这个、那个、反正之类）；（三）说话中表示修正的那些部分；（四）因旁人插话、影响而引起的题外话；（五）为使听众明白而有意重复解释的话；（六）不宜对外扩散的“机密”等等。例如下面一段话，是某人在一次座谈会上的发言，现照录音一字不漏地记下来——

呃　今天这个精神文明建设座谈会　开得真好　大家都热烈发言　我很受启发　本来　本来我的水平很低　不打算作什么发言的　现在受大家的鼓舞　我也来谈谈一点不成熟的意见　这个这个　我认为新时期的精神文明的建设　也要注意从古代社会的精神文明中吸取一些积极的因素　大家知道　我国素称文明古国礼义之邦有精神文明的传统　嗯　比如说吧　孔子提倡仁爱　孟子呢　他说得更具体　他提倡事亲　爱人　尊贤　这个事　就是事情的那个事　亲　是指父母双亲　事亲就是侍奉父母　爱人就是爱别人　尊贤　就是尊重贤才　哎　哎　不用茶　不用茶谢谢　呃　这样看来　这里面就有些值得借鉴的东西

这段临时组织起来的口头语言，相信在场的人都能听出它的基本意思。可是把它原封不动地转变为书面语言，那就难于卒读了。所以，必须进行一番“删除”的功夫。假如把这段口头语言的杂质去掉，再加上标点，其面貌就大为改观了——

我认为，新时期的精神文明建设，也要注意从古代社会的精神文明中吸取一些积极的因素。我国素称“文明古国”、“礼义之邦”，有精神文明的传统。孔子提倡“仁爱”，孟子提倡“事亲”、“爱人”、“尊贤”，这里面就有些值得借鉴的东西。

在记录下来的各种书面语言中，可能也存在一些“杂质”——即没有利用价值的部分。因为，记录书面语言，需要手眼并用，一般不可能仔细琢磨，难免鱼龙混杂，所以，在整理阶段，必须严格把关。那些真实而准确的资料、那些有利于解决问题的资料，需要保留。相反，那些错误虚假的资料，那些与学习、工作无关紧要的资料，就应删除。要把好这个关，需要认真细致的态度和科学的方法。

二、增补

“增补”，不是把自己的意思强加到原始记录之中，而是根据原始记录的具体情况，结合现场发言的特定环境，增补一些必要的标题、标点符号以及必要的句子成分，等等。

增补一些必要的标题。除非发言人按照早已准备的讲稿来宣读，或者经过考虑事先说出题目，一般地说，发言人的讲话往往没有现成的标题。所以，在整理过程中要注意补上切合实际的标题。如果讲话的内容较多，还可以补上一些小标题。特别是整理录音，整理多种书面语言，更为必要。所增补的标题一般要求简明、扼要、直接、具体，不必像文学作品的标题那样含蓄，讲究什么形象性。例如：《××同志在××座谈会上的讲话》、《在×××届××次××会议上的讲话》等等。如果所增补的题目能概括出全文的精神实质，那就更好。

增补必要的标点符号。口头讲话，一个语段与一个语段之间，这个意思与那个意思之间，不可能带上什么标点符号，这是起码的常识。整理记录，是要把口头语言变为书面文章的。若不增补标点符号，那就无法读下去；若是标点点得不合适，也可能产生歧义。因此，整理中需要根据讲话语气、语意细细斟酌，在适当的地方正确地增补标点符号。

增补必要的句子成分。口头表达的语言，其句子成分有很多是不完备的。或是省略有关成分，或是残缺某些成分。因为，口头语言是在特定的环境、场合之下表达的，省略一些句子成分在现场的人都能听得懂；说话人临时组织语言，思维速度赶不上表达速度，难免丢三落四、上句不接下句，于是就有了句子成分残缺的问题。另外，为了赶上口头语言的速度，记录时也有可能省去一些句子成分。所以，在整理过程中，要根据特定的语言环境对原始记录增补必要的句子成分，从而使思路连贯，内容完整。否则，时过境迁，就是记录人员也可能摸不着头脑，何况当时未在现场的人呢！

三、改动

“改动”，就是改正、调整原始记录中一切不恰当的因素。知识方面的差错，逻辑层次的混乱，都必须加以改正或调整。根据记录的内容恰当地划分段落，也属于改动的工作。

知识方面的差错，逻辑层次的混乱，都是口头语言中经常出现的问题。我们已经说过，口头语言的表达，往往是在外界的干扰和没有充分准备的条件下进行的，因此除可能出现语言的“杂质”之外，还可能出现知识性的差错，可能导致逻辑层次的混乱。知识性的差错，包括措辞不当，语法毛病、引文不准等问题。逻辑层次的混乱，则表现为说话中意思交叉回复，说到中间，又突然回头补充；前边按顺序排列了几个方面，后边的阐述却失去了这种条理，等等，下面一段口头语言就是如此——

嗯 同志们 我准备讲两点意见 很不成熟 第一 就是扫盲问题 这几年我县抓紧抓好扫盲 工作成绩显著 经过市教育局 县政府联合验收核查 我县15岁至40岁的非文盲率已达到85.3% 这是了不起的成绩啊 同志们 不过 我们的工作还有不足的地方 今后 这个工作还要进一步抓紧 要注意表彰先进 宣传典型 带动一般 把工作推向深入 第二点意见就是要抓好科技兴农的工作 这个工作要求加强领导 增加投入 推广科技 推广科技嘛 首先要提高广大农民的文化水平 农民的文化水平提高了 科学技术才能广泛传播和运用 对了 南山乡有个李家村 那个村的扫盲工作就是个典型 他们把扫盲对象的年龄提到15岁至45岁 扫盲率达到90.1% 超额完成了县政府下达的年度扫盲任务 我们应该总结总结他们经验 宣传宣传他们的经验 这个 嗯 所谓增加投入 不仅仅是财政物质的投入 还有智力的投入 农民的文化水平提高了 科技兴农就有了坚实的条件 所谓加强领导 不是坐在办公室里发号施令 而是深入基层 多多了解情况 帮助农民想办法 拿主意 所谓推广科技 从我县的情况来说目前要大力推广杂交水稻 推广养猪 养鱼的先进技术 推广木薯 黄红麻 茶叶的先进生产技术 争取农牧渔业的全面丰收 好 我就说到这里

这段口头语言，其“杂质”并不算多，稍加“删除”即可。可是，其中知识性的错误，逻辑层次的混乱，则需要进行一番推敲、改正。它有两处知识性的错误。“我县抓紧抓好扫盲，工作成绩显著”，意思有所重复，拖拉杂沓，不如改为“我县扫盲工作成绩显著”；“坚实的条件”属于词语搭配不当，可改为“良好的条件”或“坚实的基础”。另外，它还有两处逻辑层次的混乱。南山乡李家村的典型事例，是发言人谈第二个问题时忽然想起的，是对第一个问题的补充，应该向前调整，移到扫盲工作部分。发言人谈到科技兴农的工作，先后强调了“加强领导”、“增加投入”、“推广科技”三个措施。后来却没有按其先后次序来阐述，因此也需要相应地代为调整，使之井然有序。

根据记录的内容划分段落，要注意每段意思的单一性和完整性。

四、保留

“保留”，就是在整理记录的过程中，要注意保留讲话人特有的语言风格，保留会场和谈话时的气氛，保留内容的相对完整。

要注意保留讲话人特有的语言风格。由于年龄、性别、文化、职业、身份、地域、时代以及性格的不同，人们的口头语言（甚至书面语言）便形成了各自不同的风格。作家的讲话，可能比较形象而风趣；哲学家的讲话，一般显得严密而富有哲理；农民出身的人讲话，往往带有浓郁的泥土气息；工人出身的人讲话，难免夹着机器轰隆的声响。细细品味，可以发现男子与女子的讲话不一样，青年与老人的讲话不一样，南方人与北方人的讲话也不一样，口头语与书面语也不一样，等等。为了使记录真实、准确，除了在现场记录时注意反映讲话人的语言风格之外，在整理记录时最好不要磨去这些“棱角”。如下面一段文字① 是

① 碧野《与时代紧密结合，与人民血肉相连》，载《写作》1990 年第 10 期第 3 页。

根据录音整理出来的：

……另外，我们读过马克思、恩格斯的经典著作，你看马克思的文章，像汪洋大海，波涛滚滚，容量很大，感情也很生动。恩格斯写的东西像长江、大河，舒舒畅畅，“哗、哗”地流过去，都有各自的风格。伟大的导师，也有感情啊，你看马克思给燕妮写的诗，一首又一首，他没有那种真挚的感情，能写得出来吗？写不出来的。他能写光辉的巨著，同时，也能写抒情的诗，人是多面的，是有感情的。我相信，我们的经济学家，科学家也是有丰富感情的。文章应该以情动人，真实感人。我提倡自己写自己，这样最准确、最可信。你用你的笔，通过你的心血，从你笔尖上流出来的是真东西，一点含假的东西都没有，这种文章最可贵。

上边引的文章片断，多用短语，简洁通俗，看得出来是发言人在会上的临时口头表达，绝不是照发言稿宣读的；文中涉及到比较高深的学问，可知发言人的治学功底颇为深厚；所谈的理论能深入浅出，又可知发言人是富有写作实践经验的作家。像这样整理下来的记录，可谓保留了讲话人特有的语言风格。

要注意保留会场中或说话时的气氛。会场中某个阶段出现的掌声、笑声、说话人的手势、姿态、语气以及面部表情等，在现场记录时千万不要忽视。到了整理阶段，更要在适当的地方注明“大笑”、“掌声”之类的字眼，从而点明会场中或说话时的气氛。当然，这是详细记录应该做的工作。若是摘要记录，一般没有这种必要。

要注意保留内容的相对完整。这里所说的内容的相对完整，不是句句照搬，字字不漏，而是考虑到发言人讲话的整体内容，考虑到书面资料的整体内容。只记录讲话某一方面的内容，而忽略了另外一些方面的内容，那就显得不完整；只摘取资料其中的一个观点，而不顾其他一些意思，那就使资料的内容支离破碎。至于摘录的文句残缺不全，更是不符合要求。因此，在整理过程中，要注意原始记录是否存在上述毛病。如果出现上述毛病，那就采取相应的措施，给予补救。

五、归总

“归总”，就是对原始记录进行分门别类的综合性整理。要求从中理出头绪，把庞杂零乱的内容归并到相应的类目之下，使之变成纲目清楚的序列资料或文章。

对原始记录进行归总，要求整理者具有一定的分析、综合、归纳、概括的能力。因为，原始记录的内容往往十分庞杂。某一个议题，可能出现重复交叉的意见，出现几种互不相同的看法。即使是个别谈话、报告，也往往涉及多方面的问题。因此，众多的观点有何异同之外，一个人的言论涉及了什么问题，在归总之前，首先要深入分析，把握好。在这个基础上，才能进行归纳、概括，抓住事物的实质，将不同类型的问题归并起来，置于某一个类目（即拟出的小标题）之下。倘若不能很好归总，原始记录就是一盘“散沙”，查找、引用记录材料时就会感到很不方便。

相对来说，对原始记录的归总有两种类型：

（一）详细型

详细型的归总，它一般保留人们的详细言论，保留发表言论者的姓名，不对原始记录进行浓缩，而注重把不同性质的内容归并到相应的类目之下。《写作学科建设六人谈》[①] 就是如此。1989

---

① 载于《写作》1990 年第 2 期，第 1 页。

年10月29日，有六位写作学界的专家、学者在福州市召开了“写作学科建设”座谈会，对当前写作学科建设中的一些重大问题交换了看法。整理者把这个座谈会的发言记录归总为三大部分，分别归附在三个小标题之下：“宏观与微观”部分，归并有关写作学科目前是重理论探讨还是重写作实践的发言；“素养与文风”部分，归并有关如何提高写作理论素养和改正文风的发言；“教材与教学”部分，归并有关加强教材建设和改进写作教学的发言。每一段发言，都冠以谈话者的姓名。这样，不仅各种零散杂乱的材料有了归属，而且各人所持的观点历历在目，十分清晰。

（二）浓缩型

浓缩型的归总需要对原始记录进行大量的浓缩，不再保留人们的详细言论，而且隐去言论者的姓名，最后在分析、综合、归纳、概括的基础上，将各种不同的言论归并到一处，从而整理成内容十分精要的文章。我们在报刊上看到的一些问题讨论综述，有不少是对大量言论进行浓缩之后归总成文的。《城市经济理论研究综述》[①] 就是如此。这篇文章分为“城市经济社会发展战略问题”、“中国式城市化道路问题”、“城市房地产经济问题”三个部分。因篇幅太长，只引其中的一个部分为例：

城市经济社会发展战略问题

1987年，在总结前几年研究、制订、实施单个城市经济社会发展战略的经验基础上，提出了深入研究宏观城市经济社会发展战略的有关问题。专家们对于如何划分城市经济社会发展战略

---

① 《中国城市经济社会年鉴》(1988)，中国城市经济社会出版社1988年12月第1版，第1241页。

的层次，主要有两种意见：一种意见，认为应按特大城市、大城市、中小城市、城镇（县城和建制镇）四个层次，来划分城市经济社会发展战略类型；另一种意见，认为应按全国、地区（省、自治区和经济区）、各种类型的城市和单个城市四个层次来划分和制定城市经济社会发展战略。

关于宏观城市经济社会发展战略的重点，有两种截然不同的观点：

一种观点，认为重点是要积极发展小城市，促进乡村城市化，其理由有三：(1) 小城市是联系广大乡村和大城市的纽带与桥梁。小城市的现代化及其发展是促进乡村和整个国民经济现代化的传感器，小城市的发展和现代化是我国城市化的难点和关键所在。(2) 小城市是容纳农村剩余劳动力的主要阵地，由小到大是城市发展的必由之路。不重视占城市总数一大半的小城市的发展，将不利于广大乡村和大中城市及整个国民经济的发展，而且，中国的城市化亦将因其缺少这一广袤领域而受影响。(3) 大城市和特大城市的人口膨胀，交通、住房、副食供应都已相当紧张，污染严重、生态恶化，其发展重点应放在调整结构、提高效益和加强功能的内涵提高上，而不宜搞外延膨胀性发展。

另一种观点，认为重点应放在大城市和特大城市。其理由有四：(1) 大城市的聚集规模效益远优于小城市，不仅劳动生产率高出小城市很多，就是按人口平均计算的总产值也远远高于小城市。据统计，人口在200万以上的特大城市其人均生产总值要高出小城市80%。(2) 大城市的投资环境和投资效益也远优于小城市。(3) 大城市对全国经济辐射、带动的中心作用比小城市强得多。(4) 在社会主义初级阶段走集中型城市化道路是不可违抗的客观规律。

关于宏观城市经济社会发展战略的目标主要有两种意见：一种意见认为以提高经济效益为主的城市综合效益为中心，另一种意见认为以提高生产力水平和生产力合理布局为中心。

这不足一千字的篇幅，却为政府研究城市经济发展的战略决策时提供了参考资料，它不知融会了多少篇论文的精华，也不知凝聚着多少经济专家的智慧，而整理这个资料，整理者当然也付出了巨大的劳动。

六、送审

“送审”，就是将记录整理稿交送有关讲话人或会议主持人过目、审阅。这是整理记录工作的最后一道工序。完成了审阅的工作，各种记录便可以作为真实的原始资料保存，或者形成正式的应用文章。

将整理稿送交审阅，是对工作负责的表现。经过审阅，可以纠正记录和整理过程中的不妥之处，特别是把歪曲原意之处及时消灭在萌芽状态之中；经过审阅，可以使讲话人的讲话得到进一步修改和提高的机会；经过审阅，才能最后决定整理稿是否生效，是否可以编印成简报之类的文件，是否可以公开发表，等等。

将整理稿送交审阅，不仅是应该的，有时还是必要的手续。特别是会议记录、司法记录、采访记录之类的整理稿，一般都要经过审阅这一关。否则，出了问题，讲话人还可能承担责任。审阅完毕，可以请讲话人或会议主持人签字，记录整理者也要签字，有时还写上“本稿已经审阅”之类的话。

当然，并不是所有的记录整理稿都要经过审阅不可。一些宣传性的、学术性的记录整理稿，如果无法送审，那就只好免除了。不过一般要注明“根据录音整理”、“未经本人审阅”之类的话，以示负责。

【写作训练题】

一、自己围绕某一个问题发表口头讲话，用录音机录音，然后用“简写”或“摘要”的方法把它记录下来，并加以整理。

二、利用参加座谈会、听报告或调查采访的机会，采取相应的记录方法进行记录，并把它们整理成相应的应用文章。

三、下面是一段录音文字，请根据有关知识对它加以整理。

嗯 同志们 我们的研讨会开过两天了 大家不辞辛苦 冒着高温 我很感动 哎 这两天我认识了一位女同志 叫 叫 呃 叫小龙 龙王的龙 她更使我感动呵 上星期 她的丈夫出差了 现在还没回来 这可把她忙坏了 上有老 下有小 她可忙坏了 就是前一天 她送小孩上学 不幸摔伤了腿 可是我们的研讨会开过以后 她可没有迟到 也不早退 她真是值得我们学习啊 嗯 这个 这个 还是言归正传吧 今天我准备就我市产业结构的发展战略问题 谈谈我个人的意见 还不代表集体领导的意见 啊 我认为 当前我市调整产业结构 有三个问题是要重点注意的 一个 一个是加速五个商品基地建设的问题 一个是 是 就是工业生产结构的新格局问题 哎 再一个是 是优化企业群体的问题 报告马市长 什么问题 李副市长从医院打来电话怎么啦 刚才路上发生一起恶性交通事故 他赶忙组织人员抢救 看来今天下午的研讨会就来不了 啦 唔 朱秘书 赶忙给李市长打电话叫他负责组织抢救 散会后我也去 好 嗯 同志们 我现在继续讲 讲刚才的几个问题 关于工业生产结构的新格局 我认为 轻工业要以食品 造纸 丝绸为主 重工业 重工业嘛 要以能源 化工机械 电子为主 这个 这个 就是我市工业生产结

构新格局的设想　看来　我们要充分发挥现有工业基础的作用　大力发展　大力发展与战略重点产业相配套的工业门类　唔　发挥传统和原料的优势　增加对外加工的吸引范围　关于优化企业群体结构依我看　要继续以名　优　特新产品为核心　哎　刚才忘了说轻工业发展的战略问题　我认为　轻工业发展的重点是　食品饮料工业　要逐渐形成以名酒　优质酒为龙头的饮料酒产业群体　发展食品深度加工　好　现在说关于优化企业群体结构的问题　我认为　必须以名　特　优新产品为核心　这个　以骨干企业为依托　嗯　组织和深化企业群体　搞好分工和配套　加工发展工商　农商　农工商　技贸联合体　从优化组织结构中出效益　哦　还有一个问题　就是那个　那个　加速五个商品基地建设的问题　稳定粮食生产　这当然是基础　同志们　粮食　粮食在整个农业中起着重要地位啊　我们不能放松　但是　我们还要搞好　搞好开发性的商品农业　给农村注入新的活力　这五个商品基地的建设方案　设想　大家早已知道　有的同志还提出了修改的意见　提出了建设性的意见　很好　希望大家进一步讨论　我的讲话完了　谢谢

四、从1990年7月中旬起，人民日报开辟《实现我国工业从粗放经营到集约经营的转变》的专栏讨论，引起了国内外有关人士的关注。请你查找这个时期（《人民日报》7月—9月）发表的一系列的讨论文章，先作资料记录，然后练习写一篇综述文章。

第八章　抽象与概括

抽象与概括是人们思维活动的重要过程。抽象是概括的基础，概括是抽象的归结。没有抽象，概括就失去思想内容，就抓不住本质，把握不住特征；没有概括，抽象就没有归缩，就不能形成对事物普遍的整体性认识，抽象的对象无法上升到相应的理论高度。因此，抽象与概括在思维过程中是紧密联系的。作者进入写作思维时，不能将两者机械地割裂开来，要注意两者相辅相成的关系，做到有机结合、自然成文。为叙述方便，下面分开来讲。

第一节　抽　　象

一、抽象的含义及重要性

抽象一词，有多种含义。这里依据心理学的解释，指人脑的一种思维过程，即人脑从具体的事物中抽取一般的、本质的属性，并将非本质属性分离开来的过程。

抽象不是孤立地进行的，它既与概括相辅相成，又以分析、比较为基础。它靠分析，分解出具体事物方方面面的属性或特征；靠比较，见出事物间的异同；抽象则在思想上把某种事物的本质属性和非本质属性区分清楚，并且抽取出本质属性，舍弃非本质属性，使认识跃入理性阶段。

善于抽象，是作者必备的一种能力。写政策性、逻辑性很强的应用文章，需要作者有这种思维抽象力。这样，作者才有可能将感性认识上升到理性认识，使应用文章纲目清楚，符合客观实际，反映事物的本质属性。

二、抽象的对象

就写作而言，抽象的对象，就是选入文章的材料。

材料分为两类：一类是事实材料，包括具体事例，具体形象，统计数字。在文章中，这些材料的物化形态，就是用文字反映的感觉、知觉、表象。它们是作者思维的基础，是抽象的主要材料。另一类是理论材料，包括理性思维的各种产物，如原理、公理、法则、定律、结论等等。理论材料主要表现为概念。理论材料一旦作为再抽象的对象，就会形成新的概念，经过新的判断、推理，得出新的思维结果。

从事实材料与理论材料的关系来看，两者虽有区别，但更有联系。彼此之间，往往你中有我，我中有你，各自融合着对方某些因素。两种材料往往集结在一起，构成思维的基础。抽象要正确，必须据有相当数量的材料，特别是事实材料。请看下文：

由于国际市场电话机的需求上升。我国厂商纷纷拓展国外市场。据了解，惠阳 TCC 公司和深圳南宝公司每年外销电话机达二百万部以上；厦门宏太公司去年出口量亦达七十万部；估计去年（指 1988 年）我国出口的电话机创汇近一亿美元。我国电话机的出口，只要在质量上不断提高，款式上不断创新，能适应国外不同地区、不同国家的要求，其出口前景将更为可观。

这是市场分析《我国电话机出口前景乐观》中的一段。第一句的概述和后文列举的三家公司、估计的创汇数，都是事实材料；关于对电话机的质量、款式要求，就是间接分析出的理性材料。两种材料集结在一起，形成抽象概括的基础，得出必然性预测结论，即“其出口前景将更为可观”。

材料是抽象的依据和基础。首先必须真实。具体地说，列举的事例，必须符合客观实际，不允许虚构臆造，弄虚作假，概述的情况，必须符合全貌，防止主观片面，主次颠倒；采用的数字，必须准确无误，有案可稽；理性材料必须经得起实践的检验。第二，必须具体。事物的构成要素必须具体，必须有它的数和量的规定性；需要交待的时间、地点、人物、事件、原因、结果必须具体；有关的问题、矛盾、条件、关系必须清楚。材料具体，有利于作者从感性的具体入手，达到最终解决问题的目的，以免空对空，使抽象流于形式。第三，必须典型。列举的材料必须具有代表性。作者能从材料所包含的属性中发现必然性的内在联系，由特殊论及一般。

三、抽象在应用文章中的具体表现

前面已经说过，抽象与概括是紧密联系的。下面只是偏重于从抽象的角度谈几种常见的表现。

（一）表现为科学的理论

作者从感性的具体入手，凭借自己积累的知识和经验，在分析和综合的基础上，抽出规律性的东西，得出科学的理论。正如列宁说的，“当思维从具体的东西上升到抽象的东西时，它不是离开——如果它是正确的——真理，而是接近真理。物质的抽象，自然规律的抽象，价值的抽象及其他等等，一句话，那一切科学的（正确的、郑重的、不是荒唐的）抽象，都更深刻、更正确、更完全地反映着自然”。[①]

（二）表现为文章的纲目

作者在选材炼意的过程中，采用取类的方法，集中许多同属或同种的具体事物，抽象归纳出共同点，用中心句、题旨句、段旨句表现出来。这在总结，调查报告，通报，请示，报告，会议纪要中见得最多。例如：调查报告《扬长避短，发展地方工业—湖北省沙市工业的调查》。就是这样写的，请看其中一段。

第四，重视培养和使用技术人员，除了千方百计地招贤纳才，邀请外地的技术人员、技术工人支援沙市外，还采用办技工学校、业余大学、电视大学等办法提高他们的科学技术水平。这个小小的市，去年竟办了100多个职工业余学校和文化技术学习班，职工入学率达20%。电子工业还创办了一种国家补助，统一招考的自办大学，明年即将有40人毕业。

第一句：“重视培养和使用技术人员”就是段旨句。它是从段落中许多具体事实中抽象归纳出来的。有经验的作者，在选材炼意的时候，段旨往往在选材过程中就形成了。段旨形成后，又往往引导作者对材料进行进一步的增删，从而使观点与材料达到统一。

（三）表现为解决问题的办法、措施

从具体到抽象，再由抽象到具体，这是人类的认识过程。在应用文章中，就表现为提出问题，解决问题的过程。要把握客观事物的内部联系，提出符合实际的问题，就需要对大量的具体事实进行抽象概括；要抓住实质，有针对性地解决问题，就要将抽

① 《列宁全集》第38卷第181页。

象概括的思想认识，自觉地转化为具体的行动方案，切实可行的办法、措施。例如：调查报告《远山的呼唤——关于土家族聚居的樟木村人口素质调查》，文中提出了樟木村人口素质下降的三条原因，接着，与之相应，提出了解决问题的三条措施。首条措施是这样写的："一是进一步贯彻宣传'婚姻法'，杜绝近亲通婚，大力提倡优生优育。樟木村由于长期以来人员缺乏流动，婚姻关系相当紊乱，有些人看来虽无亲缘关系，实际却有血缘关系。村党支部的同志说，这些年来我们比较重视某些动植物的品种更新，讲究杂交优势，而对于人的后代繁衍却常常听之任之。大家认识到这是一种缺乏远见的表现。今后要加强宣传优生优育的教育，使农民群众真正认识到近亲通婚的危害。"这条措施是针对"特殊的地理环境所造成的近亲通婚"提出的。近亲通婚是樟木村人口素质下降的一个原因，这是从许多材料中抽象出的一个结论，怎么解决？这既是个理论问题，更是个实践问题，作者将自己对这个问题的理性认识转化成具体的措施。这种理性的具体，正是凭借抽象进行思维的一种表现。

第二节　概　　括

一、概括的含义及重要性

所谓概括，就是在思想上将具有某些相同属性、特征的许多事物，或将某种事物已分出来的一般的、共同的属性、特征归结总括起来，上升为理性认识。

《关于进一步开展学习宣传张海迪活动的报告》，就是在抽象的基础上进行概括的。文中对张海迪是这样概括的："她具有八十年代青年共产主义者的特征；是有理想，有道德，有文化，守纪律的一代新人的光荣代表”。

从人类认识过程来看，概括的过程，就是由特殊到一般的过程。学会概括，能使我们一语中的，抓住本质，能使我们正确、全面、深刻地认识事物，帮助我们在认识领域有所发现、有所提高。

二、概括与概念

谈概括与概念的紧密联系，是离不开抽象的，因此，下面偏重谈概括的时候，还是结合抽象来谈。

（一）抽象概括是形成概念的基础

概念是反映客观事物的本质属性的思维形态。它是人们在社会实践中认识活动逐步深入发展的结果。在概念形成过程中，人们要凭借抽象，从客观事物中抽出共同的本质属性，要凭借概括，把若干相同的本质属性联结起来，形成总的认识，可见概念的形成是离不开抽象概括的，是以抽象概括为基础的。

在写作中，概念是用书面词语表述的。如：知识密集型经济、系统工程、小气候、京剧、四小龙，就是一个个的概念。词语是概念的物化形式，概念是词语的思想内容。对作者来说，将头脑中的概念传达出来，有一个由内语言转化为外语言，并进而用恰当的书面词语表达出来的问题。为此，作者在实践中，在抽象概括的过程中，一方面要弄清概念的内涵与外延，把握概念的有关特征，如矛盾性、系统性、确定性、灵活性等等；另一方面要努力学习语言，积累词汇，弄清词义。这样，才有条件将所想的概念与所选用的词语统一起来。用词语表述头脑中的概念，最基本的要求是用词准确，切忌用词不当，或词不达意。

（二）概念是抽象概括的起码条件

概念是思维活动的“细胞”，是抽象概括的必要条件。如果没有概念，思维活动就不可能进行，抽象概括也就无从谈起。因此，明确认识和正确使用概念是非常重要的。

在应用文章中，常常采用形式逻辑中的方法，明确概念的内涵和外延。

明确概念内涵的方法主要是下定义。具体地说，常见的有两种定义：

1. 真实定义　即揭示事物的本质属性的定义。例如：《国务院关于贯彻保护侨汇政策的命令》中就是采用的真实定义。原文是：“侨汇是我国外华侨从事劳动和各种职业所得，用以赡养国内家属的汇款，是我国外华侨的切身利益和广大侨眷的生活依靠，是侨胞、侨眷的正当权益之一。同时侨汇对国家建设有积极的作用，对全国人民是有利的。特别是侨眷集中地区，侨汇对于繁荣地方经济，发展文化公益事业，均有显著作用。因此，各级干部，特别是县、区、乡干部，应深刻认识侨汇的作用，予以应有的重视。”

文中首句着眼于事物本身，概括了侨汇的本质属性，即内涵。因此这是真实定义。

2. 语词定义　即规定或说明语词的意义的定义。例如：首都钢铁公司的经验总结《从落实责任制入手　加强企业管理的基础工作》，其中有这样一段：“我们对全公司劳动管理和岗位责任制的现状进行调查，摸清情况，然后根据各厂赶超国内外先进水平的目标和多快好省的要求，制定了工人的岗位考核标准和干部的办事细则，要求做到‘全、细、严’的要求。所谓‘全’，就是工人的标准要有七项内容，即：产量、质量、消耗指标；技术操作标准；事故控制标准；设备维护标准；文明生产标准；限额领料金额和劳动纪律规定。干部办事细则必须有四个方面，即：分管的指标必须完成；分管的基础工作必须健全；专业分析必须及时、准确；业务工作必须取得成效。所谓‘细’，就是按工人岗位确定标准，每个岗位都要订出几条标准；每个干部都要把承担的业务，一项一项地订出办事程序、协作关系、时限与完成程度。所谓‘严’，就是制定岗位标准与办事细则，不能迁就现状，而是按照创水平，攀高峰的要求来制订，不仅要有‘定向’的要求，而且要有明确的数量、质量、时间的要求，要能够据以考核。”

文中对“全、细、严”的解释，就是采用的语词定义。“全、细、严”是现成的三个单字，作者根据反映新经验的需要，没有重复这三个字已确立的含义，而是将三个字作为三个新的概念，规定新的意义。在考核标准和办事细则的内容较复杂的情况下，利用现有的三个单字对标准和细则中的内容加以浓缩、概括，或者说，将繁多的内容概括为三个单一的概念，这样，便于记忆，有利于加快和加深思维。这种方法在报告、总结中常常采用。

明确概念外延的主要方法有两种：

1. 划分　当概念的外延反映许多事物时，可以按一定标准把一个概念的外延分为若干小类，从而明确外延。例如《产品税问题解答》：

问：“绸缎”和“其他机织丝织品”的征税范围应如何掌握？

答：“绸缎”包括多种丝织品。根据传统名称，并结合织品的组织结构，外观特征分类，其范围大致上包括：①绸类；②缎类；③纺类（如电力纺、无光纺）；④绉类（如双绉）；⑤绢类；⑥绫类（如花、素广绫）；⑦罗类；⑧纱类（如乔其纱）；⑨绡类

(如头巾绡)；⑩葛类；⑪绨类（如素绨、线绨被面)；⑫绒类（如乔其绒、金丝绒)；⑬呢类（如用蚕丝加捻线生产的大伟呢)；⑭哔叽类（如绢丝哔叽）等。

根据所用原料种类，“绸缎”一般地包括：①真丝绸缎（即纯桑蚕丝绸缎)；②柞丝绸缎；③绢丝绸缎；④人丝绸缎；⑤合纤绸缎；⑥交织绸缎，即蚕丝与化学纤维长丝交织的绸缎、丝与棉纱交织的绸缎等。

至于“其他机织丝织品”，是指既无属于绸缎，也不属于丝织针织品或复制品的那一部分丝织品，如合成长丝帘布、机织涤纶蚊帐布、机织合成长丝布，等等。

2. 列举　这是明确概念部分外延的一种方法。为了说明某个问题，需要举出一类事物中的部分对象。或者，当我们将某个大类分成若干小类之后，尚不足以明确其中的某些对象，就需要作些列举。

比如《中华人民共和国公民出境入境管理法实施细则》第一章第二条：本实施细则适用于中国公民因私事出境、入境。所称“私事”，是指：定居、探亲、访友、继承财产、自费留学、就业、旅游和其他私人事务。

总之，明确认识和正确使用概念，是抽象概括的必要条件，是写好文章的前提。在应用文章中，明确概念的过程，也是使用概念的过程，这两者是相依相生的。

三、概括在应用文章中的运用

根据概括的内容上的不同，可以将概括分为一般概括和特殊概括。

（一）一般概括

一般概括，又叫科学概括。它是对抽象出来的事物间共同的本质属性的一种概括，即理性阶段的概括。

例如：对“雷锋精神”的概括。人们通过事实的抽象，知道雷锋有多方面的本质特征。如对待人民，满腔热情，助人为乐；对待敌人，无比憎恨；对待集体，公而忘私；对待工作，干一行爱一行，全心全意为人民服务；对待生活，艰苦奋斗，不图享受；对待生死，奋不顾自，舍己为人，等等。“雷锋精神”就是在这些本质特征的基础上，即事实的抽象的基础上概括出来的。这种概括就是科学概括。

概括要做到准确、严密，除了要求抽象正确之外，还必须注意选用合适的限制词，必须对概念进行必要的限制。

注意选用限制词是非常重要的。在应用写作中，使用频率较高的限制词有：

程度限制。如：很大、显著、非常、十分、更加、尤其，等等。

范围限制。如：都、总、共、基本上、小部分、部分、大部分、绝大部分、全部、一律、一概，等等。

时间限制。如：自三中全会以来，迄今为止、从目前来看、在现阶段、始终，等等。

条件限制。如：据不完全统计、根据上述情况、在某种意义上、除………之外，等等。

数的限制。如：少数、极少数、多数、大多数、绝大多数、所有，等等。此外，常用近、多、来、上下、左右表概数。

要使概括准确、严密，不出现过与不及的毛病，必须学会使用限制词。

（二）特殊概括

特殊概括，又叫经验概括。它是对事物一般外部特征的概括。即知觉和表象阶段的概括。例如：某学生学习《应用写作学》，一个学期，一次练习也不做，我们就可以做出某学生“学习不刻苦”的结论。这就是一种常见的特殊概括。

这种概括由于范围有限，很可能出现偏差。就上面的例子而言，由于概括的对象还有特殊原因存在的可能性，因此，概括也就有片面性存在的可能。为了保证概括的正确性，首先，被用来概括的特殊事物必须典型、具有一定的代表性；其次，事物由特殊到一般，必须有概括的共同点。为了说明问题，先看下面的实例《白瓷砖转畅》：

曾一度受到冷落的白瓷砖，已由冷变热，市场全面复苏。据去年景德镇建筑陶瓷订货会信息，全国25个省市自治区的客户要货量为600万平方米，而可供量仅能满足需求的70.8%，白瓷砖由于货源紧缺，致使价格不断上涨，在最近结束的全国日用杂品交流会上，白瓷砖一级品每片成交价由去年的0.27元上升到0.37元。预计近年来瓷砖仍将供不应求。

这是一篇简短的市场分析。它由一个理性材料、两个事实材料和一个结论构成。首句是作者在实践经验基础上抽象出的理性材料。第二句提供了两个具体材料：一个是景德镇建筑陶瓷订货会的产销信息；一个是全国日用杂品交流会上的价格信息。因为会议具有全国性质，会上产销互利，供需见面，行情确实，所以会议具有代表性，信息具有权威性。因此，它们作为白瓷砖市场预测的材料是典型的。最后一句是结论。上述三个材料能不能得出后面的结论，关键就看材料与结论之间，有没有共同点，有没有必然的联系。从材料与结论的关系来看是肯定的。三个材料所包含的实质分别是：白瓷砖市场“已由冷变热”、白瓷砖“货源紧缺”、白瓷砖价格上涨幅度较大。三者的关系是：“热”是“货源紧缺”的原因，“涨”是“货源紧缺”的结果。中心问题是“货源紧缺”。它们的共同点是白瓷砖市场需大于供，因此“预计近年来白瓷砖仍然供不应求”，得出这个结论是必然的，概括是正确的。

【写作训练题】

1. 分析与综合的能力、抽象与概括的能力、归纳与演绎的能力，是写好应用文章必不可少的能力。在《普通写作学教程》(高等教育出版社）设专章介绍了“分析与综合”，本书就不再重复了。请把《普通写作学教程》找来，认真学习“分析与综合”这一章，然后想一想分析与综合在应用文章的写作中有何作用。

2. 什么是公文？1981 年 2 月国务院办公厅发布的《国家行政机关公文处理暂行办法》和 1987 年 2 月正式公布的《国家行政机关公文处理办法》对公文都下了个定义，下面引文里加点的字是正式公布的办法里添加的，删除号里的字是正式公布的办法里删减的，说一说这种修改有何必要？

国家行政机关的公文（包括电报，下同），是传达贯彻党和国家的方针、政策，发布行政法规和规章，请示和答复问题，指导和商洽工作，报告情况，交流经验的一种重要工具。各级国家行政机关必须认真做好公文处理工作，为社会主义现代化建设服务。

3. 下面是对“外汇”的三种解说，请比较其抽象概括的着眼点。

（1）外汇（辞海）

原意指外国货币。现在通常指以外国货币表示的、用于国际结算的支付凭证。

包括银行支票和汇票（电汇和邮汇）、期票、信用证、息票、中签或到期的外国债券和其他可以在国外兑现的凭证。

在对外贸易中，出口物资可以换得外汇，进口物资需要支付外汇。

外汇的买卖分“即期外汇”和“远期外汇”：

“即期外汇”指买入外汇现货或卖出外汇现货，在成交后两天内进行收付；

“远期外汇”指预先按商定的汇价订立买进或卖出外汇的合约，到约定日期才进行实际收付。

实际收付的期限通称为交割期限。交割期限一般为1到6个月。买卖远期外汇的目的，是为了避免或减轻由于货币汇价动荡所造成的风险。

（2）外汇（《外汇管理暂行条例》名词解释）以外国货币表示的用于国际结算的支付手段，包括外币现钞、外币汇票、外币支票和其他可以在国外兑现的凭证。来华旅游者携带的美元、英镑，华侨从国外汇给国内家眷的汇款，是我们生活中常能碰到的外汇。

（3）外汇（《中华人民共和国外汇管理暂行条例》）

本条例所称外汇系指：

一、外国货币：包括钞票、铸币等；

二、外币有价证券：包括政府公债、国库券、公司债券、股票、息票等；

三、外币支付凭证：包括票据、银行存款凭证、邮政储蓄凭证等；

四、其他外汇资金。

4．“内耗”一词的原意为：

固体内的振动，即使去除外部摩擦和损耗，其振幅亦随时间而减小，这是因为振动能量转变为热能而消失，这种能量消耗的效应称为“内耗”，亦称“消振”。消振性是材料的一项物理性能。

在现实生活中，“内耗”已经变成了政治术语，请就你的理解释，概括其含义。

5. 什么是抽象？什么是概括？两者有什么关系？举例说明。

6. 根据下文的内容，用精当的词语做出抽象概括。

今后发生特大自然灾害，抗灾救灾所需的资金、物资主要由各行署和州、市、县人民政府以及发动灾区干部、群众自力更生解决，中央和省酌情给予适当补助。发生特大自然灾害后，省直有关部门要及时掌握情况，深入灾区实地调查，指导、协助灾区搞好抗灾救灾工作，对于各地州市向省申请补助的资金、物资应量力尽快研究解决。省、地、州、市、县要在年度计划中安排一定数额的资金、物资用于抗灾救灾。

7. 根据你所掌握的有关情况，在下面的空格里填上合适的限制词，并谈谈你填这些词的理由。

我省水利电力排灌设施，不仅为夺取农业的____丰收做出了____的贡献，而且在提供工矿生产和城乡人民生活用水、用电等方面都发挥了____的作用。保护和利用现有水利电力排灌设施，是直接关系到加强农业基础，增强农业发展后劲的事，必须把它作为稳定社会、稳定经济的一项____工作来抓。省水利厅、省公安厅联合报告中提出的措施意见，____针对性，望各地结合实际，认真研究落实。

第九章　归纳与演绎

第一节　归　纳

应用文章是偏重抽象思维的，面对着复杂的客观事物，为要反映作者对客观事物的见解、主张和态度，只用判断显然是不够的，还必须借助于归纳演绎等等手段。一篇文章，就是一个复杂的思维过程及结果，包含着一系列的推理论证。因此，讲究逻辑是写好文章的诸条件之一。

在调查研究中，把了解到的具体材料概括出一般结论，在案件侦破中把侦察到的各方面情况加以综合作出判断等等，都需要归纳。

归纳推理是在已知为真的个别事实判断基础上的推断，主要用作论证的工具。归纳方法是从个别的特殊的事实出发，得出有关事物的一般性结论的推演方法，主要用作认识的工具。

一、归纳推理

人们在科学研究、实际工作和日常生活中，对问题的说明论证，都离不开推理这种思维形式。社会现象错综复杂，但是可以认识的。应用文章要反映出认识的科学性、准确性、必然性，就要自觉运用各种推理。从应用文章本身来讲，由于它是以科学的语言诉诸理智的，所以推理就成了这种文体中思想联系的主要方式。所谓推理，就是从已有的判断按一定的逻辑规则推导出新的判断结论的思维形式，一种重要的认识方法。推理的过程就是从已知去认识未知，从而帮助人们认识客观事物，获得新知识。推理可以帮助人们把握现在、预测未来。推理也是一种重要的论证手段，证明和反驳都是借助推理进行的。

比如我们论证经济特区是否具有强大的生命力，就要从已为实践证明了的经验、已有的历史知识、种种科学判断以及它们之间的联系进行合乎规律的推导，从而得出必须发展经济特区的认识。

归纳推理是由一系列具体的事实概括出一般原理，以个别或特殊性认识为前提推出一般性认识为结论的推理。同演绎推理相对，通称归纳法。它有完全归纳法和不完全归纳法两种形式。

（一）完全归纳推理

完全归纳推理是根据一类事物中每一个对象都具有（或不具有）某种属性，推出该类事物全体都具有（或不具有）某种属性的归纳推理。

比如，我们对某工厂第一季度生产情况的调查表明：1 月份超额完成计划，2 月份超额完成计划，3 月份也超额完成了计划，从而得出结论："某工厂第一季度每月都超额完成了计划。"

完全归纳推理的优点在于它的结论是在考察了一类事物的全部对象之后得出的，具有必然性，是一种确实性推理，是一种很有说服力的分析和论证方法。在应用写作中，表现为列举调查所得的全部事实来说明某个结论的过程。但是客观现实中许多事物的全部情况是难于全部考察到的。因此，只有当被考察的对象是有限的，为数不多的情况下，而工作上又确实需要对全部情况都了解时才使用它。

因此，在使用完全归纳推理时，前提中所列举的对象必须穷尽一类事物的所有对象，注意防止遗漏，否则就会影响结论的必然性。此外，前提中的每一个判断都必须是真实的，如果有一个判断是虚假的，整个推理就不能成立。

（二）不完全归纳推理

不完全归纳推理是根据某类事物的部分对象具有（或不具有）某一属性，而没有遇到相反的情况之下推出该类全体都具有（或不具有）某一属性的归纳推理。

在应用文章写作中，引用少数或个别典型事例来说明某个观点就是不完全归纳法的应用。

不完全归纳法有简易归纳法和科学归纳法两种：

1. 简易归纳法　由观察、研究某类中的一些事物具有某种属性，并且从未发现与此相矛盾的情况，从而推出该类的所有事物都具有该属性的归纳推理。或称“简单枚举法”。

在应用文章写作中，采用简易归纳法，主要有两种情况：一是因为某类事物繁多，不可能全部开列出来，只选取有代表性的部分事物加以归纳；二是因具体事物的属性显而易见，虽然能够将所要归纳的某类事物全部开列出来，但这样做没有必要，为简明起见，也只选择部分有代表性的事物进行归纳。在科学研究中，简易归纳法是一种具有初始意义的归纳方法，许多科学家都是通过大量观察事实，取得个别经验材料，然后进行初步概括的。

简易归纳法在归纳过程中主要的根据是事物情况的多次重复，并未分析事物所以具有某种属性的原因，而且未对一类事物的全部对象进行考察，因而不能证明与其结论相矛盾的事例是不存在的，所以它的结论是或然性的。如果有所遗漏或者存在特殊的情况，那么结论就是不可靠的。有些报告和工作总结，由于用来说明某个论点的材料带有很大的不完全性，材料和结论之间又没有内在的联系，这就难免做出违反客观实际的结论。提高简易归纳法结论的可靠程度，一是列举的数量要多，考察的范围要广，考察的对象越多结论就越可靠。二是要注意是否存在相反的情况，如果有一个反例结论就是错误的。

2. 科学归纳法　在简易归纳法的基础上，分析某类事物中的一部分事物所以具有某种属性的原因，然后推出该类的所有事物都具有该属性的归纳推理，就叫科学归纳法。其结论具有必然性。

在应用文章写作中，根据少量或典型事例的因果联系或内在必然性的分析，从而做出结论的写法就是科学归纳法的应用。

简易归纳法是从部分对象的考察概括出带有普遍性结论的推理。如果对于简易归纳法所考察的部分对象进行内在本质或因果联系的分析，就转化成科学归纳法。比如人们在观察到铁受热膨胀、铜受热膨胀等现象后即可得出结论："金属受热即膨胀"。这是简易归纳。人们在一些金属受热即膨胀的事实基础上，进一步研究分析其原因是分子凝聚力的减弱，从而推出"所有金属受热即膨胀"的结论时，就是科学归纳法的结论。科学归纳法与简易归纳法的不同之处在于，它不是简单列举若干现象，而是通过观察、实验、分析，揭示出事物之间的因果关系及其必然性联系，使人们对于所考察的对象可以获得本质的知识，并以这种知识为根据，做出科学的概括。

归纳推理是用来组织事实判断论证论题的重要工具。在以事实为依据而概括出结论的时候，必须从实际出发，事实必须客观、全面、充足、确凿，结论与事实之间要有必然的联系，结论必须符合事实，既不夸大，也不缩小。不能根据某些偶然出现的事例就做出轻率概括，也不能根据个别性的事实以偏概全。

推理是客观事物的联系通过人们的实践在意识中的反映。由推理得到的知识是间接的知识，要使推理的结论真实、正确，前提必须真实，而且要注意推理的形式正确。

二、归纳方法

归纳方法是指对通过观察和实验所得感性材料进行加工整理使用的各种方法，是归纳推理在各种文章中的扩展应用。一般情况下，个别的特殊的事实推演证明一般原理、一般性结论，是总结经验材料的方法，主要用作认识的工具。在应用文章写作中，凡需列举具体事例、情况、问题以论证说明观点的多用归纳方法。当我们要从事实材料中找出一般本质规律，亦即形成文章的中心思想时，也要用到这种逻辑方法。比如，我们在对解放以来各个年代的经济工作分别进行考察之后，就可以明确地认识到，只有按照经济规律办事，我国的经济才能得到发展。

一般总是存在于个别之中，因此，我们在比较、观察、实验的基础上，通过大量的原始材料，采用一定的逻辑方法，就可以从个别上升到一般。常用的归纳方法有：

（一）将某一问题、某类事物的所有情况、所有因素全部列举出来，论证说明论点结论

在应用文章写作中，对于材料的不加选择，不忍割舍是不可取的，那就会出现罗列现象、主次不分、喧宾夺主等等弊病。但是，如果实际情况必要（即有助于说明论点），而且可能（客观上完全可以办得到）的话，那么列举出有关问题的全部情况来说明论点或结论，就极富有说服力。

比如我们对某工厂的某种情况进行调查时，如果我们对其所

有的车间都能进行考察，那么得出的结论就是完全可靠的。

（二）从较多的材料里择其具有典型意义的材料来说明论点，可使论点更为鲜明突出。

有些问题将全部事例都罗列出来完全没有必要，而只要举出具有说服力的典型事例就行了。因为典型事实是最能反映事物的本质、事物的内部联系及事物的全体的，因而具有极大的代表性。总结、汇报之类的文章，尤需抓住要点，这样不仅能节省文字，缩短篇幅，而且极富说服力。

（三）选用若干具有代表性的事例进行科学分析来论证论点

这种写法，虽然例证不多，但是因为进行了科学分析和深入论证，使我们能把握住材料与观点的内在联系，因而对于问题的说明不会因为例证少而减弱说服力，反而更使人信服。比如对于工作的调查研究之类的文章，重点在于研究分析，而不在罗列大量事实。

应用归纳方法同应用归纳推理一样，要防止以个别代替一般，以局部代替整体。如果一类事物中，只有个别的或部分的事物具有某种属性或关系，我们就不能简单地得出这类事物都具有这种属性或关系的结论，这是需要注意的。

三、归纳与写作

文章是反映事物规律的，文章的立意、选材、结构、语言的远用都有逻辑问题。

（一）归纳与立意

如何鉴别材料形成主题，以及围绕中心选择材料，这是写任何一篇应用文章都要考虑的问题。归纳法是形成主旨、深化论点的手段。

正确的主旨是对材料的正确归纳、演绎、概括的结果。材料与观点有必然的逻辑联系，是主客观相一致的产物，否则，就会出现论点与材料相背离的矛盾。如果全部材料都是真实的，那么结论的正确与否就在于能否准确地对材料进行归纳概括了。当然，这不完全是方法问题，其中有分析者的立场、观点和政策水平问题。这是文章能否具有深刻意义的关键所在。

(二) 归纳与谋篇

每篇文章都是一个反映一定事理的思想体系，客观事物是错综复杂的，又是相互联系的。当文章提出一种观点并对其进行步步深入的论证说明的时候，就牵涉到谋篇布局问题。按照推理的过程安排文章结构，结构便是谨严的。

第二节　演　绎

应用写作离不开演绎。比如司法文书的撰写。在司法文书中常常需要引用必要的法律材料（法律条款），以为处理案件或定罪量刑的根据，就离不开演绎法。

演绎推理是由一般推到特殊的一种推理，主要用作论证的工具。演绎方法是把对一般本质或规律的认识引申到对个别事物的认识的一种推演方法，是一种认识方法。

一、演绎推理

在应用文中，以一般性的原理为前提，推出关于特殊情况下的结论的思维过程就是演绎推理，通称演绎法。它的前提反映的是一般性原理，带有普遍性，其结论反映的是特殊性的东西，前提和结论之间的联系是必然的，是一种确定性推理。演绎推理的方向与归纳推理正相反。

演绎推理主要有直言推理、假言推理和选言推理三种形式。

(一) 直言推理

又名直言三段论。是由两个直言判断为前提，推出一个新的直言判断结论的推理。比如，凡犯罪行为都具有社会危害性，某人的行为是犯罪行为，所以某人的行为具有社会危害性。

三段论的客观依据是通过三段论的公理所反映的客观联系。

要想从前提得出必然的结论，要注意前提和形式两方面的问题。首先，前提必须真实。要注意，两个否定前提不能得出结论。前提中如有一个是否定的，则结论必是否定的；如结论是否定的，则前提中必有一个是否定的。两个特称前提不能得出结论。前提中如果有一个是特称的，那么结论必是特称的。此外，形式要正确。三段论中只能有三个不同的概念。中词在前提中至少要周延一次。前提中不周延的名词，在结论中也不得周延。

三段论有四种形式，又称四种格。

第一格的特点是对一类事物的全部做出断定（肯定或否定），并指出某个或某小类事物属于该类事物，即可对某个或某小类事物做出肯定或否定的断定。被称为“公理格”。如：

我国《刑法》第134条规定，故意伤害他人身体的，处三年以下有期徒刑或者拘役。某人故意伤害他人身体，所以，某人应处三年以下有期徒刑或者拘役。

在司法工作中，凡根据法律条款和某人的犯罪事实做出判决的过程，都要运用这一格式。由于在审判工作中总要应用第一格推理形式，所以第一格也被称为“审判格”。

第二格的特点是如果大前提对一类事物断定具有某种属性，而小前提对另一类事物断定不具有某种属性，就可推断出另一类事物不属于大前提中的一类事物。或者，如果大前提对一类事物断定不具有某种属性，而小前提对另一类事物断定具有某种属性，就可推断另一类事物不属于大前提中的一类事物。所以第二格被称为“区别格”。如：

宪法是国家根本法，刑法不是国家根本法，所以，刑法不是宪法。

第三格的特点是通过一个具有中介作用的事物（例证）推断出某类事物中的部分与另一类事物具有肯定或否定的联系，因此第三格被称为“例证格”。如：

张三是无罪的，张三是被告，所以，被告是无罪的。

第四格的特点是根据某事物属于某一类，而某一类又属于另一类，则可推断另一类中必包含某事物。也可以根据某事物属于某一类，而某一类都不属于另一类，就可推断另一类与某事物无关。如：

先进个人都是有工作成绩的，有工作成绩的不是工作态度不好的，所以，工作态度不好的不是先进个人。

直言推理在应用写作中，在法庭的辩护和平常的争论中，应用十分广泛。

（二）假言推理

假言推理是以反映事物的条件关系的假言判断为大前提，一个直言判断作小前提，推出一个直言判断结论的推理。比如：

如果有犯罪行为，就会对社会造成危害，张某有犯罪行为，所以，张某对社会造成危害。

假言推理因为是依据事物的条件关系进行的推理，因而在涉及事物条件关系推断的文章中，特别是分析案情、分析某一事物产生条件之类的文章里应用甚为普遍。

（三）选言推理

选言推理是以一个选言判断作大前提，直言判断为小前提，推出一个直言或联言判断结论的推理。

二、演绎方法

演绎方法是演绎推理在文章中的拓展运用。它以各种理论原理（公理、定理、定义、规律等）直接论证主题。一般情况下，凡是引用一般性的理论原理来论证说明特殊事实的，多用演绎方法。

（一）选用各门科学中的一般性原理进行直接论证或说明。为论证某一论题，先引入一般性原理，以这一般性原理的实质性要求为标准进行论证。

（二）选用科学著作中的某些具体的科学观点来直接论证证明。这一点和上一点的区别在于，普遍原理，即带根本性质的观点，适用范围较大。而具体真理（相对真理），适用范围小，只在一定的范围内才有真理的性质，往往是前者的具体引申。

三、演绎与写作

（一）材料与论据

如果要使自己的读者同意你的观点，那就必须拿出充足的理由来。比如公文写作中有断语而缺少必要的情况，或缺少细致的分析推导，这些都属于错漏的毛病。比如民事判决书的理由是为判决提供道理上和法律上的依据的，因而要准确地理解和引用法律条文，判决理由的论述一定要实事求是，做到以理服人。简单生硬、无限上纲等就难以以法服人。理由的陈述推断还要有针对性，针对案件的特点和双方争执的焦点，具体阐明判决所持的观点和理由，做到是非清楚，责任分明，要避免概念化、一般化，说理不够，甚至理由千篇一律，缺乏针对性和说服力。

演绎法是由普遍性原则为前提而推出特殊性结论的思维形式，所以一般按照政策、法令、制度来处理个别情况的文件多用演绎法来结构文章。

我们以一份关于对粮食企业实行大豆等差价补贴的通知为例，该文有三项内容，实际上是一个直言三段论：

①凡销售大豆，每百斤可补贴差价 5 元 5 角；销售豆油，每百斤可补贴差价 10 元。(大前提)

②××县粮食局商业系统 12 月份销售大豆 347251 斤，销售豆油 87369 斤。(小前提)

③所以应补贴大豆差价 19098 元 8 角 1 分，补贴豆油差价 8736 元 9 角。

(二) 演绎与方法

演绎与归纳虽然有密切联系，但二者在应用时，针对具体问题还有个顺序问题。王力先生在论写作论文时指出：

“我们搞科研，要先用归纳，再用演绎，不能反过来，反过来就坏了。比如逻辑上的三段论法，大前提、小前提、结论。‘凡人皆有死，你是人，你也有死。’这是演绎法，从大前提推出结论。结论对不对，关键在于大前提对不对，主要是‘凡’字。‘凡’是归纳出来的，我们做研究工作，就是要研究这个‘凡’。怎么研究呢？就是要从大量具体的材料中去归纳，从个别到一般，结论是在归纳的末尾，而不在它的开头。所谓分析，是要以归纳为基础的，如果没有归纳就作分析，那么结论常常是错误的。凡是先立结论，然后去找例证，往往都靠不住。因为你往往是主观的，找一些为你所用的例证，不为你所用就不要，那自然就错误了。归纳的重要也就证明充分占有材料的重要。因为归纳是从个别到一般，个别的东西越多，就越能证明你的结论是可靠的。也会有例外，少倒不怕，多了就不行了。例外多了，你的结论就得推翻”。[①]

（三）演绎与语言

应用文章的语言大多要求严密。带有论证性的公文，如请示、指示、决定、报告等，要讲清因果，即事物的客观规律，使人一目了然。文章语言的顺序要按事理的顺序安排，顺理才能成章。违背事物内在的联系和规律，就必然杂乱无章。

演绎证明一般表现为判断句群，因为各种演绎推理都有鲜明的典型的判断句群的结构式，但是同时它也可以寓于说明和叙述之中。

四、演绎与归纳

列宁对个别与一般的辩证法论述道：“个别一定与一般相联系而存在。一般只能在个别中存在，只能通过个别而存在。任何个别（不论怎样）都是一般。任何一般都是个别的（一部分，或一方面，或本质）。任何一般只是大致地包括一切个别事物。任何个别都不能完全地包括在一般之中等等。任何个别经过千万次的转化而与另一类的个别（事物、现象、过程）相联系。”[②]

归纳和演绎是人类认识世界的重要思维方法之一。从人的认识过程来说，人们对世界认识的发展是由个别到一般，再由一般来更深刻地把握个别。再由个别到一般的认识过程中以归纳为主，在一般到个别的认识过程中以演绎为主。整个认识过程必须

① 王力《谈谈写论文》（《怎样写学术论文》北京大学出版社，1981 年版）。
② 《列宁全集》第 38 卷第 409—410 页。

是二者对立统一、相辅相成的。

从归纳与演绎的相互关系来说，归纳从大量的个别事实中概括出带有普遍性意义的结论，就为演绎提供了正确的前提。否则，演绎就失去了观察、经验、实验等基础。

其次，演绎指导着归纳的方向，弥补归纳的局限，使归纳成为有目的、有选择的，否则，归纳就会是盲目的。

在改革开放的实践中，在新事物大量地涌现出来的同时，泥沙俱下，也有旧的东西在改头换面……。如果我们忽视归纳，就会对新事物缺乏扶植、总结和提高。如果我们忽视演绎，也会把假的当真的，或者在偶然性、表面性上做文章。所以，我们必须辩证统一地运用归纳与演绎的方法，把握时代脉搏。

应用写作，对事物的认识过程总是由感性而理性，即由材料而观点。观点是作者对于思想材料的逻辑概括，它制约着全文思路的发展。只有当我们深思熟虑之后，才能用准确明白的语言把它表达出来。观点的形成过程亦即归纳的过程。当我们的认识从感觉、表象上升为本质、规律的认识以后，要把这种认识形诸文字表达出来，还有一个由观点到材料的过程，即选择典型材料去解说论证它。典型材料即意味着从众多的原始材料中筛选出最能反映事物的本质及其内在联系的材料，对于典型材料的认识、挑选，亦即演绎的过程。这样，写作中不断归纳演绎的过程，即表现为由材料而观点、由观点而材料的螺旋式上升的不断认识的过程。

由于归纳和演绎的密不可分，所以它们在文章中是综合运用的。比如通过演绎法提出论点然后再对事实进行归纳，即证明论点并加深论点。再如以归纳法引出论点，以类比法加以补充，再以演绎法引向深化，等等。

【写作训练题】

1. 指出下列语句的推理形式

(1) 如果要早日实现“四化”，就要控制人口；如果要控制人口，就要实行计划生育；所以，如果不实行计划生育，就不能早日实现“四化”。

(2) 只有提高生产，才能发展商品经济；只有发展商品经济，才能满足人民生活所需；所以，如果不提高生产，就不能满足人民生活所需。

(3) 只有生产发展了，才能更好地安排就业、就学，增加社会福利设施，从各个方面改善人民群众的生活条件。只有办好这些事情，大量的人民内部矛盾才能比较顺利地得到解决。如果生产长期搞不上去，人民内部的各种矛盾就将越积越多，经济问题就会发展成政治问题。

2. 指出下列语句的逻辑错误

(1) 一种商品畅销，不是因为它价廉，就是因为它物美。火星牌洗衣机畅销是因为价廉，所以，火星牌洗衣机畅销不是因为物美。

(2) 只有作好会前准备，会议才能顺利进行，这次会议没有能顺利进行，所以，这次会议没有做好会前准备。

3. 把下列三段论的省略形式恢复为完整式

(1) 企业都应讲求经济效益，区县工厂也不例外。

(2) 问：“管理干部参加不参加考核?”

答：“所有干部都应参加考核。”

4. 请运用演绎推理证明“价值规律是客观规律”这一判断是真实的。

5. 结合下面这篇对当代大学生现状的调查材料，写两篇短文。

（1）以归纳法对当代大学生给以评价；

（2）以演绎法对当代大学生给以指导。

大学生现状

北京社会经济科学研究所“当代大学生现状研究”

课题组

对改革的评价

在用“贫富分化严重、利益冲突激烈、不正之风盛行、道德水准下降、竞争机会不均、劳动和报酬不等、文化知识贬值、市场物价飞涨、生产压力太大”等9个方面的问题对学生进行调查。结果如下：

1．63.2%和61%的学生分别认为“贫富分化严重”和“利益冲突激烈”是改革中不可避免的现象。选择其他答案的都不足35%。而两个问题在其他社会群体的心理承受力都较弱。这说明大学生的心理承受力有一定的趋前性，这是与改革的要求相吻合的。

2．72.5%、39.4%和36.9%的学生分别认为“不正之风盛行”、“道德水准下降”和“文化知识贬值”是必须根除的弊端。选择其他答案的都不足35%。对不正之风的认识程度远远超过其他方面，在他们看来，“不正之风”是万恶之源。

3．35.9%和27.4%的学生分别认为“文化知识贬值”和“道德水准下降”言过其实。选择其他答案的都在20.3%以下。他们认为，文化知识贬值并不在于社会不重视知识和文化，而在于我们现在培养出来的学生所具有的知识和文化不适应社会的需要。至于道德水准下降，那是用传统道德观得出的结论，而道德是发展的。

4．36.9%和22.6%的学生分别认为“市场物价飞涨”和“文化知识贬值”对自己影响不大。选择其他答案的都在20.7%以下。

综合分析以上4个问题，可以看出，大学生对改革的评价是积极的，其心理承受力是较强的。

大学生的价值观与追求

1. 在衡量人生价值的7个选择答案中，选择“整个生活经历是否愉快充实”的占84.5%，“所赢得的社会声誉、名望的高低”占58.8%，“为社会创造的物质和精神财富的多少”占57.6%，“社会地位的高低、权力的大小”占30.5%，“为他人所做好事的多少”占20.6%“拥有金钱财富的多少”占19.9%，“创造了人间奇迹”占14.6%。

2. 当问及在真、善、美、爱、德、财、力（权力、地位）7个方面，你最追求什么时，选择答案如下：爱占74.1%，善占56.0%，真占43%，美占42.2%，德占35.3%，财占20.7%，力占20.6%。

当问及这7个方面在现实中最引起作用的因素时，选择答案如下：力占71%，财占31.3%，真占28.5%，德占26.3%，善占21.9%，美占18.4%。可见“理想”与“现实”在大学生看来“反差”较大。

3. 当问及对奋斗途径的选择时，81.4%和65.7%的同学把“个人奋斗”和“机遇”视为主要途径，认为“社会客观条件不能忽视”的占34.3%，把“集体智慧”和“他人帮助”视为主要途径的占7.1%和6%。

大学生的择业倾向

1. 在地区选择上，27.3%的学生选择沿海开放地区，20.8%选择大城市，18.6%选择中小城市，12.2%选择经济特区，8.3%选择国外，2%选择小城镇，1.8%选择农村，1.2%选择老少边区。

2. 在单位选择上，选择中外合资企业的占19.4%，文化卫生系统占13.8%，科研机关占12.6%，党政群机关占11.5%，外国独资企业占5.7%，国有企业占5.6%，大中学校占4.8%，私营企业占2.4%，乡镇企业占1.5%，集体企业占0.7%。

3. 选择职业的标准，把经济地位视为第一的占36.2%，社会地位占30.5%，工作舒适占13.3%，能发挥能力占12.7%，政治地位占7.2%。

伦理道德观念

1. 对问题“在所有事情中，个人在追求一个合情目标时，必不可免地因而也就合法地引起他人的痛苦和损失或截去他人有理由有希望得到的好处”的回答。①63%的同学同意这种观点，37%的同学不同意这种观点；②35.9%的同学认为这对个人来说是合乎道理的，34.1%的同学认为这不合道理；③79%的同学认为今后社会中能允许这种事情存在，21%的同学认为不能。

2. 对问题“当私人的合法利益和集体利益发生冲突时，你认为怎样解决较为合适”的回答，9.3%的同学认为应“维护私人利益”，9.4%的同学认为应“牺牲私人利益”，81.3%的同学认为应“求得通融”。

3. 对问题“利己主义和自我牺牲的关系”的回答。22.4%的同学认为利己主义更重要，18.1%的同学认为自我牺牲更重要，59.5%的同学认为利己主义和自我牺牲互为条件。

4. 对一些传统的道德观念。59.2%的同学认为“父慈子孝”可取，6%的同学认为应该抛弃；59.2%和67.9%的同学分别认为“勤俭节约”和“艰苦奋斗”可取，6.4%和5.3%的同学认为应该抛弃；9.9%的同学认为“顺从尊长”可取，37.6%的同学认为应该抛弃。

自我评价

1. 关于能力的评价。认为“自学能力”较好的占62%，“逻辑思维能力”较好的占44.8%，“表达能力”较好的占41.6%，“想像能力”较好的占71.6%，“审美能力”较好的占69.6%。认为“运用工具能力”较差的同学占35.6%，“综合利用知识能力”较差的占37.6%，“自我鉴别能力”较差的占35.5%，“组织管理能力”较差的占45.6%，“适应社会环境能力”较差的占43.1%，“处理人际关系能力”较差的占38.9%，“生活自立能力”较差的占38.3%。

2. 对知识结构的评价。认为“知识深度”较好的同学占34.4%，“知识广度”较好的占36%，“更新速度”较好的占36.7%，认为“实用价值”较差的同学占55.7%，“创造潜力”较差的占30.5%。

3. 自我性格评价。把“文雅”、“幽默”和“善交际”放在前三位的，男同学分别为81.9%、85.5%、70.3%，女同学分别为80.3%、78.9%、70.6%。另外，55.1%的女同学和45.8%的男同学承认自己“固执”。

择偶标准

男同学的择偶标准，依次为：道德品质、性格风度、身材相貌、共同志趣、才华学识、职业专业、经济收入、家庭条件。

女同学的择偶标准，依次为：道德品质、才华学识、性格风度、共同志趣、身材相貌、职业专业、经济收入、家庭条件。

——1988年10月20日《中国教育报》

第十章　立意与谋篇

应用文章的立意、谋篇，是指充分发挥主体思维的能动作用，在动笔之前思考、运筹，琢磨中心内容，确立主旨要义，酝酿腹稿，立定格局的构思活动。其主要任务是孕育应用文的最佳机体，考虑、谋划如何立意取材，布局谋篇，如何做到观点与材料统一，内容与形式统一。应用文章立足于实际，着眼于应用，作者的构思，不能像文学创作那样“惨淡经营”，“精思附会、十年乃成”。它需要简捷明快、酝酿、孕育的时间不能拖得太长。要做到这样，就要掌握构思应用文章的特殊规律，这就需要解决好应用文的立意和谋篇这两个关键问题。

第一节　立　　意

立意，是构思应用文章的首要一环。这里说的“意”，内涵和外延较宽泛：或指行文的目的、意图；或指基本的思想、观点；或指主要问题、内容；或指解决问题的根本态度、办法、主张。概括地说，立意，就是确立行文的意图，即确立应用文章的主旨。它的任务就是寻求对具体事物或问题的正确认识，追求主旨和材料的统一，解决应用文章的思想内容问题。立意的过程，就是作者研究问题、认识事物内部联系的过程，就是由感性认识跃进到理性认识的过程。“意”是应用文章的灵魂。立意的好坏，直接关系到应用文章的成败。因此，作者精心立意，做到立意正确是至关重要的。

一、立意的条件

撰文者立意，既需要客观条件，也需要主观条件。下面两个基本条件是不可缺少的。

（一）注重实践，抓准问题

作者立意，首先要解决要立什么样的“意”？这个“意”从何而来？辩证唯物论的认识论告诉我们：人的正确思想只能从社会实践中来。同理，作者在应用文中确立的主旨，当然也只能从社会实践中来。文中的观点、主张、意见、要求、办法、措施、事项、条例、政策、法规等等，都是人们实践的结果。比如，实践中存在着围垦洞庭湖得不偿失的问题，是因为有从洞庭湖围垦出来的中洲垸这个地方的存在，作者才有具体的调查对象；是由于有了从实践中暴露出来的大量事实，作者才能据事而议，写出《建议不要围垦洞庭湖》这篇调查报告，经过分析研究得出了“退田还湖”，“旱路不通走水路”的结论。这说明，社会实践是作者立意的源泉。离开社会实践，不了解情况，不清楚问题，是谈不上“立意”的。接着而来的是立意的正确性问题。怎样使立意正确？单靠人的主观愿望行吗？不行。有一个大家熟知的事例：1980 年 6 月，邮电部发出公告：自 1980 年 7 月 1 日起在全国范围实行邮政编码。半年以后，1980 年 12 月 26 日《人民日报》报道：“邮电部经过研究，部领导作了自我批评，承认在推行编码中违背了实事求是的原则”，“操之过急，脱离实际”。这说明单凭主观愿望立意是行不通的。实践出真知。你要对某个反映对象有正确的认识，有真知灼见，就要深入实际，对反映对象作具体的调查研究，发现问题，分析问题，从而做到抓准问题，并提出解决问题的办法。这样立意行文才有可靠的客观依据。立意根源于实践，又应用于实践，从群众中来，又到群众中去，这样的立意经受过实践的检验，正确性才有保证。一般来说，应用文章的立意，能为群众所接受，能在实践中行得通，能达到行文的目的，就是正确的。否则，就是不正确的。强调作者注重实践，抓准问题，就是强调立意要从实践出发，实事求是，避免凭空想像，主观片面；避免纸上谈兵，华而不实。就是要求立意符合实际，符合客观规律。

（二）熟悉业务，掌握政策

应用文章，特别是通用公务文书和专用文书，都具有一定的业务性，政策性。立意，不仅要以客观事实作依据，还要符合有关的政策（法律、法规）。与此相应，作者就要熟悉业务，掌握政策，具有一定的业务水平和政策水平。不用说，制作像宪法、刑法、民法这样的法律文件，撰写像条例、章程、规则、决议这样的行政法规性文书，需要执笔者有很高的理论水平，具有很强的政策观念，以及相应的业务专长，就是写一般的应用文章，也不能缺少相应的专业知识和政策理论。例如，某省供销社接到下属生产资料公司报送的《关于化肥作价问题的请示》，提出是否可以实行化肥平、议综合作价的问题，对此，省供销社是同意，还是不同意，就不能想当然，必须根据有关鼓励粮食生产的政策，做出不同意实行化肥平、议综合作价的批复。而要拟写这样的批复，说明不同意的理由，就必须既懂政策，又懂业务和行情。否则就写不好。刘勰在《文心雕龙·议对》中说："郊祀必洞于礼，戎事必练于兵，田谷先晓于农，断讼务精于律。然后标以显义，约以正辞。"写驳议文章如此，撰拟应用文章也是一样。写什么样的应用文，就要熟悉、洞察或精通有关方面的专业知识，懂得有关的方针、政策、法律、法规，这样，撰文者立意，才有可能不闹笑话，不出错误，符合事理，符合政策或法律、法规。

二、立意的要求

立意首先要求正确，前文已谈到，这里不再重复，另外再谈三点：

（一）主旨单一

应用文章立足于实，立足于用，就要主旨单一。也就是说，一篇文章，只有一事一旨，不并列诸事，不丛生主旨。对一件事来说，其材料是丰富的，撰文者必须对占有的大量材料进行分析综合，从中提炼出主旨。主旨一旦确定，就要一贯到底，统摄全文。材料非主旨不从，章法变化不离其宗。主旨可以派生子系，子系是为了说明主旨，不能喧宾夺主。强调主旨单一，一是有利于消除文章繁杂的毛病。黄侃在《文心雕龙札记·熔裁》中说："意之患二：曰杂，曰竭。竭者不能自宣，杂者无复统序。"主旨单一，就可以解决因主旨杂乱而造成行文无序的问题。二是有利于发挥实际效益，便于受文者具体执行和处理。对于司法文书来说，主旨单一，解释就单一，"排他性"也就明显，实施起来就明确无误。

（二）主旨明确

应用文的主旨必须清晰明白，不含混，不模棱两可；内涵要确定，不游移，不生歧义。作者确立主旨，要字斟句酌。概念要清楚，判断要准确，推理要合乎逻辑。比如制作司法文书，下判词，作结论，就要明确，不能含糊。刑事判决书中，常用"目无国法"、"情节严重"、"性质恶劣"、"民愤极大"等等词语，这些都要按照法律规定来写，要合法。不作为量刑的必要条件就不要写。任意罗列与法定犯罪构成无关的内容，是不适当的，也是主旨不明确的表现。有的刑事判决书，叙述被告人的犯罪事实，用被告人×××与×××“行为不轨”，“不轨”就含混不清，所指不明确。“不轨”到什么程度，是罪，还是非罪（可能只是错误），是一般罪行，还是严重罪行，都不清楚。又如：“×××的行为对社会秩序造成了影响”，“影响”也是模糊用语，什么影响？有多大？都令人费解。制作刑事判决书，如果涉及到“罪”与“非罪”；“犯罪中止”与“犯罪未遂”；“正当防卫”与“故意伤害他人”等等问题的界限，定罪量刑，就要严格区分清楚，不能含混，不能颠倒。写行政处分的通报，不能将“解职”说成“免职”。凡此种种，都说明撰文者提炼、确定主旨时，要字斟句酌，做到主旨清晰明白而确定不移。这样贯彻执行起来，才不会发生疑问，出现错误。

（三）主旨要新

应用文章作为人们的一种交际工具，要与人们日新月异的生活相适应，与人们的实际需要相适应，主旨必须新。撰文者必须站在生活的前头，站在时代的高度，调查研究新事物，新情况，新变化，新问题，做出新的反应，提出新的意见、主张、办法、对策……。譬如：作指示，下指令，总要指导受文者解决面临的新问题；作纪要，发简报，总要给人以新的信息；写总结，写报告，总要给人介绍新经验，提供新情况；写演说词，拟发言稿，也不能老是人云亦云，而应有新的见解，新的观点；写科技论文，更不能抄袭现成的结论，而要反映科学研究的新成果。总之，主旨新，就是要求作者必须根据实际需要，用新的意图行文，为受文者适应新的情况，新的变化，认识新的事物，解决新的问题，采取新的行动提供新的思想、新的方法。1979年4月13日《人民日报》曾发表过“一束读者来信”，其中有一封来信指出：“很多文件前后重复，小题大作”。“仅举如何发放职工节、假日加班工资一事为例：早在去年四月和九月，省经委、劳动局、计委和分行就先后发文做出明确规定，各县属单位几乎家喻户晓。今年1月21日，我们又收到县经委、劳动局、总工会发的同一问题的文件。没过三天，又收到县计委、总工会转发的省劳动局、地区行政公署等单位发出的同一文件各一份。”应用文章的主旨要新，就必须改变这种不顾实际需要，惯于照抄照发的作风。要尽量避免重复，要注重实效，解决新的问题。

三、立意的方式

应用文章的立意方式，归纳起来，大致有两种：

(一) 受命于机关、领导

立意，就是贯彻、反映有关会议的精神和领导的意图、体现集体的意志。如制作各种公文、法律文书就是如此。这种“意”既来自领导，也来自群众，是两者辩证的统一。这种“意”，对领导、对集体来说，是实践的产物，是真知。对执笔者来说，可能有这方面的实践经验，也可能没有；与授意者的“意”，可能“英雄所见略同”，比较接近或一致，也可能事先知之不多，知之甚浅，或者只有一些间接的知识。作为执笔者，不论处于那种情况，都有一个化被动为主动，化他“意”为己“意”的问题。执笔者代人立言，代机关行文，必须消除自己与授意者之间的差距，忠于职守，完全站在机关或领导集体的立场立意行文，不能夹杂与机关或领导集体之“意”不相容的东西。其主要方法：一是认真听取有关会议的讨论、发言，善于集思广益，分析综合；

善于领会、把握领导的意图，会议的精神。这是最关键的一条。二是必须以有关的方针、政策为依据，认清原则、方向。三是注重材料的分析研究。材料有真假、主次、正反、直接与间接，典型与非典型之分，执笔者就是要着意于选择材料，运用材料说明主旨，追求主旨与材料的统一。四是立意要字斟句酌，认真讨论，推敲、修改，直到无懈可击为止。

（二）直接来自亲身实践

如，写请示，是因为撰文者在实际工作中遇到了难题，需要向领导请求指示；写经验总结，是因为撰文者工作有了成绩，在实践中悟出了事理，明确了纲目；写发言稿，是因为撰文者接受会议宗旨，有所想，有所感，明确了议论的中心观点。总之，实践的各个环节，都可能引人生“意”，令人行文。这种立意，实际上是直接表现撰文者的思想成果。立意因实践的内容而异：有的是对自己科研成果的概括；有的是对个人工作情况的汇报；有的是对自己工作经验的总结；有的是亲自对具体问题进行调查研究的结果；有的是自己在公务或个人事务活动中所得到的感知。凡此种种，都说明立意源于实践。实践是立意的关键。如果拟文者有相应的政策水平和文字功夫，勤于实践，善于实践，对某项工作或某件事情，能了解全过程，抓住主要矛盾，把握问题的实质，获得了丰富的材料，实现了由感性认识到理性认识的飞跃，那么，以此项工作或事情为内容，行文立意，就会水到渠成。因此，对具备一定的思想理论素质和文化素质的拟文者来说，实践是他们行文立意的源头活水。

四、“意”的表现

撰文者立的意，内涵比较宽泛。因文种不同，其表现形式也不相同，归纳起来，大致有三：

(一) 表现为行文的目的和与之相应的行动主张

命令、指令、通知、通告、条例、规定、办法等文种中常常在行文的开头，用介词“为了”或“为”表示目的，然后承接目的、提出相应的行动主张。这些文种常常用条款的形式表现。用第一条统帅以下各条。

(二) 表现为文中的中心论点或结论

写决定、决议、纪要、公报、声明、总结、调查报告、开幕词、闭幕词、公诉词、辩护词等等，撰文者立意，就是根据事实，针对具体问题，提出基本观点。这观点，或以中心论点的形式出现，或以结论的形式出现。

例如，1980 年发表的调查报告《扬长避短，发展地方工业——湖北省沙市工业的调查》，它的基本观点就是开头的第三个自然段：“沙市工业是怎样发展的？用几句话来说，就是从当地实际情况出发，发挥资源优势，建立合理的工业结构；发展有自己风格和特点的产品，发挥技术特长；千方百计地提高生产能力，变劣势为优势。”实际上，这是全文的结论，把它放在开头部分，就会显得更加突出、鲜明。下文就是依照结论中的两个分号所列示的层次，分三大部分进行具体叙述与说明的。

据理论事的应用文章，有时不仅有中心论点，还有分论点。分论点是从属于中心论点的。分论点实际上是论据，是从不同的角度证明中心证点的。例如《郑××非法行医案的辩护词》，辩护人依照法律程序，在开头部分，就明确地摆出自己的基本观点，即中心论点：“我认为：公诉人认定被告郑××犯有非法行医，骗取钱财，致人死亡的罪名，不能成立。”接着分四个问题讲述理由。每讲一个问题，即是提出一个分论点，它们依次是：

被告人为他人治病，不是非法行医；被告人没有骗取钱财的行为；对王××的死亡被告人无任何责任；被告人无罪。这四个分论点，是从四个方面说明、证明中心论点的，分论点成立，中心论点也就成立。

（三）表现为文中所表明的态度，或文中所说明的中心内容

像复函、批复，批转或转发式通知，撰文者立意，就是表现为对事物的态度。在请示、报告和实用性说明文中，表现为文中的中心内容。像批复这类文种，一般都在开头，明确地表示态度：同意，还是不同意。然后概述理由。批转或转发式公文，则在开头明示作法，常用“请贯彻执行”，“请依照试行”等语。这种立意的表现形式，看似简单，程式化，但政策性、指导性很强，须谨慎立意行文。

下面再看实用性说明文的立意。

“黑 风 暴”

“黑风暴”是由于森林、草原等天然植被遭到严重破坏造成土壤裸露，气候异常而引起的破坏性极大的陆上风暴。由于风暴起后，刮起大量土壤，尘沙飞扬，遮天蔽日，故称“黑风暴”。

世界上许多国家都受到过“黑风暴”的破坏。1934 年，美国一场风暴从西部干旱区起，横扫全国三分之二的大陆，刮走 3 亿多吨土壤，人畜遭灾，当年全国冬小麦减产 102 亿斤。

苏联 1954 至 1963 年在哈萨克、西伯利亚等地区滥伐森林，盲目垦荒，引起多次黑风暴的灾难。每年春季，经常尘沙飞扬，天昏地暗。仅 1960 年 3、4 月间，“黑风暴”使垦区受灾面积即达 4 万公顷以上。

在上面这篇对“黑风暴”作解释的说明文中，立意就表现为文中所说明的中心内容。这中心内容因文而异、有的指事物的特征；有的指事物的性能用途；有的指事物的本质。本文主要指“黑风暴”的特征。撰文者在文中确立了中心内容，也就确立了文章的主旨。

应用文章中的“意”有其特殊性。它与文艺作品不同。应用文章贵在务实，重在指导行动，它要求立意直接明确；而文艺作品则要求立意深邃、含蓄，“理不可直指，情不可显出”，“蓄意为工”，观点愈隐蔽愈好。应用文章用于交际，讲究实效，它往往一事一意，主旨单一；而文艺作品则要求意蕴丰富，主题具有复杂性，或者说多元性。就像《红楼梦》那样，“单是命意，就因为读者的眼光而有种种：经学家看见《易》，道学家看见淫，才子看见缠绵，革命家看见排满，流言家看见宫闱秘事”。应用文章是一种以说明为主的论说文体，它的“意”，常以论事的形式出现，常与具体的背景、情由、办法、措施、事项连在一起；文艺作品则借助形象，讲究“意”与“境”的融合。总之，应用文章与文艺作品，在立意上有明显的不同，两者不能混淆。

五、立意的作用

立意的作用可以从三个方面看：

（一）对作者写作起提纲作用

制作应用文章，跟写其他种类的文章一样，讲究先立意。“意”就是写作的纲领。作者能够先立意，就能提纲挈领，举纲张目，掌握写作的主动权。主旨确定，辞从意生，撰文者思路就有了头绪，行文就有了中心，取舍材料，安排结构，运用语言就有了定夺的标准，写起来就顺手。杜牧在《答庄充书》中说：

"苟不先立意，止以文采词句，绕前捧后，是言愈多而理愈乱；如入阛阓，纷然莫知其谁，暮散而已。"这是说的不先立意的坏处。先立意，就是动笔之前作者要先对材料进行分析与把握，对自己的思想进行整理与提高。不先立意，自然就缺少这道工序，提笔展纸，胸中必定无数。或漫无头绪，不得要领；或言繁理乱，越说越糊涂；或盲目堆砌材料，不知用意。刘熙载在《艺概·文概》中说："古人意在笔先，故得举止闲暇；后人意在笔后，故至手脚忙乱。"刘熙载说的两种情况是确实存在的。作者要进入"举止闲暇"，即从容行文，顺理成章的境界，就要做到"意在笔先"，先立好"意"。

（二）对文章实体起统帅作用

"意"是统帅，是灵魂。应用文章写作，必须"以意为主"。王夫之在《夕堂永日绪论·内编》中说："无论诗歌与长行文字，俱以意为主，意犹帅也；无帅之兵，谓之乌合。"以意为主，就是要求应用文章的主旨确定之后，能够一以贯之。文中可以有多个分论点，但分论点必须统属于主旨之内。或者说分论点从属于中心论点，百鸟朝凤，鳞次栉比，不能出现喧宾夺主的情况。文中所有的材料，必须为主旨服务。主旨不能被材料淹没或否定。不能说明主旨的材料必须舍去。文中可以有许多条款，段落，但不能处于零乱分散状态，必须集结于主旨之下，形成一定的内部联系。主旨如血脉贯通全文，使文章的各个部分凝结成一个有机的整体。范晔在《狱中与诸甥侄书》中说："以意为主，则其旨必见；以文传意，则其词不流。"应用文章的主旨清楚、明确，不使人感到流散杂乱，就是立意对文章实体起统帅作用的具体表现。

（三）对受文者起务实作用

立意要起到务实作用，本身必须具体、正确，文字传达必须准确。否则，务实就可能落空。1983年国务院办公厅发出的“关于严格控制外出参观和制止公费旅游的通知”，1987年国务院办公厅发出的“坚决制止用公款印制并互赠挂历的通知”，标题事由，用词准确，通知的主旨得到准确的传达，受文者一目了然，不会发生误解，执行不会出现偏差。可是有的地方重申上文主旨时，在标题中省掉“用公款”三个字，只标出“不准大量印制、赠送挂历”，这样标，原主旨就走样了，其务实作用不但不能正确地发挥出来，反而在这个问题上，有可能引起混乱。因此，制作应用文章，撰文者必须注意立意的正确性和传达的准确性。无论是公文，还是日常应用文，凡是通报情况、传递信息的，立意必须具有确指性，让人知道是什么，怎么样；凡是要人去做的，立意必须具体清楚，让人实施起来心中有数，明确应该怎么做，不能怎么做，达到什么目的。只有这样，立意的务实作用才能有效地发挥出来。

第二节　谋　　篇

谋篇，就是谋划文章的篇章结构。刘勰在《文心雕龙·章句》中说：“夫人之立言，因字而生句，积句而成章，积章成篇。”章即段，它是应用文成篇的基本单位。“篇之彪炳，章无疵也”，章没有毛病，篇才可能有光彩。谋划篇章结构，实质上是解决应用文章的整体性形式，即解决怎样表现的问题，或者说，怎样将内容外化的问题。谋篇，是构思的重要一环。应用文章有了主旨和材料，作者就要谋划如何围绕主旨，将材料安排、组织成一个统一的有机整体，有效地表现主旨。具体来说，就是要从整体上来谋划应用文的标题，开头、层次、段落、过渡、照应、结尾等问题，使篇章结构清晰、完整、严谨、统一。

一、谋篇的原则

（一）谋划的篇章结构要反映事物的内部联系

篇章结构是由内容决定的，有什么样的内容，就要求与之相应的篇章结构。客观事实本身有它的存在形式，有它的自然状态，有它的特点，有它的运动规律，作者谋划结构，就要考虑如何与这些内容相适应。如写总结，就要根据总结对象自身的存在形式、特点，找出其内在的因果联系。取得的经验或存在的问题，总是要反映一定的因果关系的。有果必有因，有成绩，必有取得这些成绩的原因（即经验）；有问题，必有出现这种问题的原因（即教训）。作者就要根据这些具体情况，考虑它的标题，安排它的段落、层次，处理好开头、结尾、过渡、照应，让接受者从篇章结构中看出必然的因果联系。又如写通报，无论是用于传达情况，还是用于表扬或批评，都必须把事实叙述清楚。与此相应，作者就要依据事实发生发展的过程，事物的特征，安排篇章结构，让受文者从篇章结构中看到事物的运动规律。总之，作者必须注意研究客观事物自身存在的内部联系，把握材料与材料之间的自然顺序，主次关系，找出理由与理由、理由与事实、事实与事实、现象与本质之间的逻辑联系。这样，谋划篇章结构，就能得心应手，合乎规律，顺乎事物发展变化的内部联系。

（二）谋划的篇章结构要服从表现主旨的需要

谋划篇章结构，就是要把主旨和材料安排组合成一个统一的有机整体。这样就要根据主旨的需要，“以意运法”，详写能充分说明、表现主旨的材料，略写那些只起辅助说明作用的材料。舍弃那些与主旨无关，甚至有碍于表现主旨的材料。以主旨论轻重、分大小。以主旨为纲，安排层次、统摄材料。以主旨为中心，纵横拓展，处理远近、点面、正反、因果等等关系。思路畅通，有条不紊。

（三）谋划的篇章结构要切合体裁的要求

应用文章的体裁繁多。体裁不同，它的篇章结构的要求也就不同。一般来说，应用文章的体裁从组织构造来看，大体可分为两大类：一类是有惯用格式。这已是约定俗成，相沿成习。如果没有必要，是不能轻易改变的。另一类即王若虚所说的："定体则无，大体须有"。与前一类相比，它没有惯用格式，有较大的灵活性。作者一旦选定体裁，就要根据具体体裁要求、思考、谋划。不能脱离实际需要，标新立异，别出心裁。要把求新、变与求合体辩证地统一起来。应该指出的是，应用文章写作与文艺创作相比，一般来说，更讲究文体的程式性、规范性。如果不注重这一点，谋篇的结果，很可能画虎不成反类犬，或者就成非驴非马的东西。撰拟公文，除把握正文的表述特点之外，还要注意合乎标题、编号、秘密等级、紧急程度、主送机关、附件、印章、发文时间、抄送机关、附注等部分的格式要求；撰写科技论文，要考虑绪论、材料与方法、观察与结果、讨论、总结、图片与说明、参考文献、外文摘要等部分的结合；制作司法文书，要把握首部、事实理由、主文、尾部等构成部分的要求；写作总结、调查报告，要考虑情况概述、基本做法、主要经验、存在的问题、今后的打算等内容的安排。总之，篇章结构要合体，就要研究、把握已被人们的实践证明是合理的体裁样式。

（四）谋划的篇章结构要适合受文者的需要

谋划篇章结构，要讲究可接受性。应用文章的篇章结构要与主旨的单一性和内容的可行性相适应。比如标题要明确，特别是标题中的事由，即内容摘要，要简明扼要，让人一目了然；线索要单一，让人从行文脉络上简捷明了地把握事实的要点，不能让人迷惑不解；开头要开门见山，首先提出要点，即于开端处，先用极简要文句说明全文的目的或结论，唤起阅者注意，使阅者脑子里先得一个总概念，不得不继续看下去。还有，材料的详略、取舍要视受文对象而定，要认清对象，对不同的对象要采取不同的写法。例如：上行文书是写给领导看的，要多写事实，少讲道理；下行文书则要既摆事实又讲道理；平行文书则要尊重对方，采取平等协商的态度；发给内行看的文书可以多用'行话'和'术语'，发给外行看的文书则必须通俗易懂。总之，行文的各个环节都要注意适合受文者的需要。

二、谋篇的内容与方法

谋篇的内容主要有：标题、开头、层次、段落、过渡、照应、结尾。如何处理、安排这些内容，不同的体式有不同的要求，同一体式容载不同的内容又呈现出不同的特点，这里只能将谋篇中经常采用的一些方法，举隅式地分述如下：

（一）标题

标题是应用文章的重要组成部分。制作应用文章的标题，大致有两种情况：

一种是规格式的标题。它由发文机关、公文事由和文种名称组成。例如："国务院关于加强处理人民来信和接待人民来访工作的指示"；"国家档案局关于文书档案保管期限的规定。"这种标题清楚，受文者一看就知道发自什么机关，解决什么问题，属于什么文种，便于贯彻执行，归档处理。制作公文，一般采用这种标法。有时根据公文的整体需要，也采用简省的标法。或省略发文机关，例如："关于加强发展林业工作的情况报告"，"关于表彰一批先进团支部和先进团员的决定"。或省略事由，例如："××市人民政府布告"，"××公园通告"。或者省略发文机关和公文事由，只标文种，如："布告"、"公告"、"通知"等等。总之，采用什么标题法，要从实际出发，让人明白，不能含混不清。

另一种是自由式的标题。即从实际出发，不拘一格，自由选择拟定切合主旨的标题。这种标题，实际上是对事由部分加工。一般要求突出主要事实、问题或主旨，尽量出新，不落俗套。例如：调查报告的标题："两家饭店规模相同，经营效果大不一样"；"释放高校活力的突破口在哪里？——关于北京大学人才使用情况的调查报告"。经验总结的标题："欲叫马快跑 先将马儿喂个饱"；"'堡垒'筑得牢 农村'奇事'多"。实用说明文的标题："请君多用茶漱口"；"农作物抗病品种的培育"，等等。这类标题比较灵活，它使应用文章的标题样式呈现多样性，生动性。

（二）开头

应用文章的开头，一般要求开门见山。常见的方法有：

1. 从说明目的入手　一般用介词"为了"或"为"引出行文的目的，然后叙述说明为实现这一目的所采取的行动主张。这是一种常见的开头。

2. 从概述成绩（或基本情况）入手　先简明扼要地叙述成绩或基本情况，然后根据因果关系，分层介绍经验、作法等等。这是总结、调查报告常用的一种开头形式。例如经验总结《让企业之舟永航在群众之水上》：

近几年来，在企业面临资金短缺、原燃材料涨价、减利因素逐年增多的情况下，湘潭钢铁公司党政领导坚持依靠群众决策，依靠群众渡过难关，经济效益逐年提高，实现利税由1984年的7882万元上升到1989年的19294万元。今年一季度，工业总产值和实现利税又比去年的同期分别增长7.72%和23.15%，企业生产经营呈现持续稳定协调发展的兴旺景象。

3.从提出问题入手　先根据全文的主旨，提出问题，然后沿着问题所拓开的思路，针对问题所涉及的方方面面逐一作答。例如：《打开宝岛的“金钥匙”在哪里?》：

有着3.3万多平方公里面积的海南岛，是我国发展热带种植业、养殖业和热带经济作物的一个宝岛。党的三中全会以后，海南岛540万人民要求更快的富裕起来，让宝岛在四化建设中像“明珠”一样闪闪发光。怎样实现这个目标？打开宝岛富裕之门的“金钥匙”究竟在哪里？

4.从说明题目入手　先诠释说明题目的内涵，然后紧扣题目叙述有关事实。这是实用说明文常用的一种开头。例如：《秦汉瓦当》：

在中华民族的历史艺术宝库中，有一项极为珍贵而又少为人知的瑰宝——秦汉瓦当。它是古代建筑物上的一种装饰品，也是实物的美术工艺品。

5.从援引根据入手　根据有关文件或会议精神，直接说明行文的主旨、作法。

（三）层次

层次，又叫“意义段”，它是应用文章思想内容的表现次序，是撰文者表现主旨的思维轨迹。它的主要形式有：

1. 并列式　即层次之间是并列关系。

2. 主从式　即层次之间是主从关系。例如《建议不要围垦洞庭湖——岳阳中洲垸的调查》，其中列举“中洲垸的难题”：“（1）地势低洼，六面水袭，祸水难堵”；“（2）堤长、时长，汛难防”；“（3）排渍抗旱费用多，农作物收入稳产难”；“（4）涝渍频繁，七年三淹，移民难安”。这四难，即四个层次，其中第一难是主要的，祸水难堵，即水患难治就带来了后面的三难。因此第一个层次与后面三个层次的关系是主从关系。

3. 递进式　即层次之间是递进关系。前后层次是递进关系。

4. 总分式　即层次之间是总分关系。或先总后分，即第一个层次与后边的几个层次是总分关系；或先分后总，即前边几个层次与最后一个层次是分总关系。

（四）段落

段落又叫自然段。它是构成篇章的基本单位，是拟文者的思维步骤的物化形式。它以行文提行为外在标志。应用文章的段落有两种结构形式：

1. 条款式　以序数分条标项，纲目清楚，次序分明。这种分段法，主要用于法规性文件的制作。一是国家立法机关依照一定的法律程序制定的各种法律：如宪法、刑法、刑事诉讼法、民事诉讼法、婚姻法、经济合同法等等。一是国家机关颁布的各种条例、规定、办法、章程、布告、公告、通告等等。除此之外，日常应用文章，如计划、总结、公约、制度、规则、守则、须知等等，一般也采用这种分段法。

2. 提行式　即靠提行的办法来显示自然段。每段的开头，一般用段旨句，统领下文。每段有相对独立的内容或段意。篇幅短小的应用文章，一般是篇段合一，是段也是篇。

（五）过渡

过渡是承上启下，衔接、转换上下文的一种手段。一般来说，篇幅较长，内容转换较多的应用文章，常常采用过渡段、过渡句，或一个词进行过渡。

1. 用词过渡

应用文章的内容转换，段与段之间常用序数词或相同的动词过渡。序数词如："第一"、"第二"……；动词如："定任务"、"定职责"、"定奖罚"中的"定"字；"抓设施"、"抓队伍"、"抓内容"、"抓质量"、"抓制度"中的"抓"字，就把不同内容的段落很紧密地衔接起来了。

2. 用句子过渡

调查报告《两家饭店规模相同　经营效果大不一样》，其中有两处都是用句子过渡。

第一处是开头介绍了两家饭店（即天桥饭店和第二食堂）规模相同的基本情况后，指出天桥饭店大大落后于第二食堂，随后用了一个过渡句："请看今年头五个月两者经营情况的对比"，从而引起下文，即对列两家饭店在经营效果上的差距。

第二处是对列差距之后，用过渡句："怎么会造成这么大的差距呢？"又引出下面找原因的文字。

3. 用段落过渡

经验总结《"堡垒"筑得牢　农村"奇事"多》，其中列举三件奇事："结扎'开后门'"、"拦车送公粮"、"不要500元，硬要第一名"，转到谈原因，这个转换，就是用这样一个过渡段落实现的，即"宝三乡之所以会出现这些'奇事'，关键就在于乡党委狠抓村党支部建设，使之成了坚强的战斗堡垒。"接着就谈建设村党支部的具体经验。

（六）照应

照应是使文章前后关照、呼应、结构严谨的一种手段。应用文章的照应主要有三种形式：

1. 开头或结尾与标题照应　例如：关于北京大学人才使用情况的调查报告《释放高校活力的突破口在哪里?》，开头就引用他人的话与标题照应　原话是"改变重点大学人才积压状况，是释放高校活力的突破口"与标题形成一问一答，彼呼此应，篇章结构显得紧凑。《请君多用茶漱口》是结尾与标题照应的例子，不赘述。

2. 同类照应　如果文中有几处谈同一类型的问题，为避免彼此冲突，常采用照应的办法，使谈同一类型问题的不同条款互相补充、参照、内容完整。

3. 首尾照应　例如：湖北省沙市工业的调查《扬长避短，发展地方工业》，开头是这样写的："地方工业，特别是中小城市工业，怎样扬长避短，发挥优势？湖北省沙市创出了一条自己的路子。"结尾则采用大体相同的写法："扬长避短，劣势可以转化成优势，这就是沙市发展工业的结论"。首尾照应，使篇章结构显得完整、合乎逻辑。

（七）结尾

应用文章的结尾是内容的自然延伸与归结。一般要求简洁有力，有鲜明的实用效果。应用文章的结尾大致有两种情况：一种是有一定的格式，一种是不拘一格。前者要求规范，不要随便突破一定的格式；后者讲究变化，求新。就总体来说，应用文章的结尾是千变万化、多种多样的。下面介绍几种常见的结尾：

1. 祈请式　这是一种规格式结尾，常用祈请词：请、特请、恳请、敬请、希望等。常根据内容选用现成的套语，如报告的结尾：以上报告，请审查（审阅）；以上报告，如无不当，请批转……执行。又如请示的结尾：以上意见妥否（当否），请批示（批复）；上述意见如无不妥，请批转……执行。还有指示、通知的结尾常用：希研究执行、希遵照办理、希贯彻执行等等。

2. 庄重式　这是一种规格式结尾。公文中常见的，如命令、令的结尾用：此令。批复、函的结尾用：此复、特此函复等。通知、通告、布告、公告的结尾多用：特此通知、特此通告、此布等等。

3. 祝颂式　这基本上也是一种规格式结尾。祝语虽繁，但套路差不多。这在信、函、贺电、贺词、开幕词中常见。如一般书信中，尽管可以因人因事而异，选用合适的祝贺用语，但是“此致”、“敬礼”却是用得比较多的。贺电结尾用“谨电”；贺信结尾用“谨启”；开幕词的结尾用“祝大会圆满成功”，这是常见的祝颂式结尾。

4. 总结式　撰文者在结尾用简明扼要的语言对全文内容进行归纳、概括，或突出要点，或揭示主旨。

5. 鼓励式　撰文者依据主要事实或大会的中心议题，或号召、或要求、或赞扬、或勉励，使文章结尾具有很强的鼓动性、号召力。这在开幕词、闭幕词、贺信、贺电、贺词、慰问信、嘉奖令、表扬性的通报等文章中最为常见。

6. 展望式　撰文者立足现实、着眼未来，对今后的工作或提出打算、设想、或做出预测，展示新的前景。例如《味精产销情况预测》的结尾：“试制新产品。目前味精一般是粉状和结晶两种。1979 年上海天厨味精厂试制成功‘特鲜味精’，是一种启发，但从品种来看，仍嫌单调，因为现在的味精还未超越肉类鲜味范围。如能生产出具有‘鸡味’、‘鸭味’、‘火腿味’等复合味精，一定会受到广大群众的欢迎，这样味精生产将会出现一个崭新的局面”。

三、谋篇的整体形式

形式为内容服务。谋篇的最终目的，是将前文说的各个内容组合为一，为主旨和材料找到有机统一的整体形式。有人将标题、正文、结尾合称三段式，视为应用文章的整体性结构模式，其实，这种作法，抹煞了应用文章中不同文种之间的区别，没有突出主要矛盾，没有抓住主要问题。正文是应用文章的实体、核心。它集中突出地体现文体的特征、个性。一篇应用文章，有时在一定条件下，可以没有标题和结尾，但不能没有正文。因此，标题、正文、结尾三者不能等量齐观。当然不是说标题、结尾不重要。在一般情况下，标题、结尾是整体形式不可分割的部分，缺少或者处理不当，也会破坏应用文章的整体形式。这里只是说首先要抓主要矛盾、主要问题。正文难度最大，关系最复杂，正文撰写好了，其他问题就好办了。因此下面主要从正文入手，谈谋篇的整体形式。

（一）篇段整合的形式

这种形式，分不出篇和段，篇和段是合一的。其语言表达是直述式的，或论断性的；结构是平面的，线条是单一的。所载内容，主要回答是什么，或怎么做、怎么办。这种形式常用于命令、令、通知、批复、信、日记等等。

（二）小标题分部的形式

这种形式，用小标题将部分与部分之间连接起来。每个小标题之下，有相对独立的内容。小标题与小标题之间，相应相对，互为补充，共同说明主旨。语言表达，有叙述、有说明；有分析、有综合。头绪多而不乱，内容繁而不杂。结构常采用横式，或纵式，或纵横交错式。例如湘潭钢铁公司依靠群众决策办好企业的经验总结：《“让企业之舟永航在群众之水上”》，全文围绕主旨：“湘钢兴旺景象从何而来？他们说得好：靠企业之舟永航在群众之水上！”分三个小标题：即“广开言路　为群众参与决策创造条件”、“健全机制　使决策充分体现群众的根本意志”、“从长计议　让实现决策目标成为广大群众的自觉行动”。每个小标题都具有相对独立的内容，都有自己说明主旨的角度。提出主旨的开头部分与三个小标题形成总分关系。三个小标题如三个环节，成并列关系。依靠群众决策的阶段性，由三个小标题体现。即分为“参与”、“体现”、“实现”三个阶段，思维向纵深发展。全篇上下贯通，构成一个有机整体。

（三）分条标项的形式

这种形式，以数字分段，排列成一个有序整体。应用文章一般只分条分项。有的文件，因内容繁多，分列要求精细，还在条项之前分编分章。分条标项的形式采用很普遍。它主要采用论断性语言，条贯式结构。层次与层次之间常呈现总分、主次、并列、递进等关系。下面这篇例文，是常见的分条标项形式，可作参考。

××市政府办公室

关于防止年终滥开表彰会的通知

（不 另 行 文）

为保持和发扬勤俭节约、艰苦奋斗的优良传统和作风，切实加强廉政建设，集中精力抓好经济工作，促进全市政治、经济社会的稳定和发展，现将有关事项通知如下：

一、各单位要组织干部、职工认真学习增强廉政意识和纪律观念，防止年终滥开表彰会、用公款请客送礼、私分乱发钱物等不正之风的发生。做到令行禁止。

二、不要滥开表彰会。市直机关、行政事业单位必须召开的表彰会，要报请上级主管部门批准；企业的年终总结表彰也要坚持勤俭节约的原则。任何表彰会议，都要从简，以精神鼓励为主。不准借召开表彰会之机请客送礼，大吃大喝，铺张浪费，私分滥发。

三、各部门、各单位不准搞名目繁多的检查验收。除市政府和上级决定要搞的检查、验收外，其余的一律不搞，以便集中精力抓好经济。

四、任何单位和个人，不准借元旦、春节来临之机，弄虚作假、乱发钱物；不准用公款请客送礼、游山玩水；不准接收下属单位、个人及外单位赠送的红包、礼品。

五、各级领导机关和领导干部要模范带头，严守纪律、廉洁自律。在管好自己的同时，还要管好下级和所属单位。

上述规定，希各单位认真遵照执行。

1990 年 11 月 1 日

（四）自然段整合的形式

这种形式以自然段为整合的最小单位。各自然段排列组合成有机整体，一靠内部联系，具体表现为内在线索连缀。线索因内容不同而不同：或以时间为线索；或以事件为线索；或以问题为线索；或以事理逻辑为线索；或以材料的性质为线索。二靠外在的起承转合，如前文所述，拟文者根据表达内容、主旨的需要，采用相应的过渡、照应手法，使各段之间有条不紊，衔接紧密，自然成体。我们可以从鲁迅先生写的《柔石小传》受到启发。原文是：

柔石小传

柔石，原名平复，姓赵，于1901年生于浙江省台州宁海县的市门头。前几代都是读书的，到他的父亲，家景已不能支，只好去营小小的商业，所以他直到10岁，这才能入小学。1917年赴杭州，入第一师范学校；一面为杭州晨光社之一员，从事新学运动。毕业后，在慈溪等处为小学教师，且从事创作，有短篇小说集《疯人》一本，即在宁波出版，是为柔石作品印行之始。1923年赴北京，为北京大学旁听生。

回乡后，于1925年春，为镇海中学校务主任，抵抗北洋军阀的压迫甚力。秋，咯血，但仍力助宁海青年，创办宁海中学，至次年，竟得募集款项，造成校舍；一面又任教育局局长，改革全县的教育。

1928年4月，乡村发生暴动。失败后，到处活动，较新的全被摧毁，宁海中学既遭解散，柔石也单身出走，寓居上海，研究文艺。12月为《语丝》编辑，又与友人设立朝华社，于创作之外，并致力于介绍外国文艺，尤其是北欧、东欧的文学与版画，出版的有《朝华》周刊20期，旬刊12期，及《艺苑朝华》五本。后因代售者不付书价，力不能支，遂中止。

1930年夏，自由运动大同盟发动，柔石为发起人之一；不久，左翼作家联盟成立，他也是成员之一，尽力于普罗文学运动。先被选为执行委员，次任常务委员编辑部主任，五月间，以左联代表的资格，参加全国苏维埃区域代表大会，毕后，作《一个伟大的印象》一篇。

1931年1月17日被捕，由巡捕房经特别法庭移交龙华警备司令部，2月7日晚，被秘密枪决，身中十弹。

柔石有子二人，女一人，皆幼。文学上的成绩，创作有诗剧《人间的喜剧》，未印，小说《旧时代之死》，《三姐妹》，《二月》，《希望》，翻译有卢那卡尔斯基的《浮士德与城》，戈理基的《阿尔泰莫诺夫氏之事业》及《丹麦短篇小说集》等。

【写作训练题】

1. 请从报刊上选择一篇“报告”，先认真阅读，然后做如下练习。

（1）邀集几位同学结合《报告》的内容讨论：立意的条件是什么？文中的“意”是怎样产生、形成的？这份《报告》的主旨是什么？有什么特点？如果现在某某省农业厅授权你们代向某某省人民政府拟写一份《关于进一步办好农村能源新技术基（试）点县的报告》，你们想用什么办法完成这项任务，谈谈你们的设想。

（2）分析这份《报告》的谋篇形式、特点。指明全文的线索和结尾样式。

（3）针对《报告》立意，模拟省人民政府行文，写一个转发通知。要求主旨明确，要点清楚，指示具体。

2. 请从报刊上自选一份《通知》，然后讨论，回答下列问题：

（1）应用文，特别是公文，拟文者掌握政策（法律、法规），是正确立意的一个重要条件。请结合《通知》所指示的内容，谈谈你们对这个问题的认识；说说如何提高自己的政策水平。

（2）学习《通知》后，对立意要新，有些什么认识？

（3）《通知》的主旨是什么？项与项之间是什么关系；一项之内，目与目之间又是什么关系？

3. 根据自己的实际情况，或深入工厂、农村，调查研究，着意立意谋篇，写一篇调查报告或经验总结；或到某机关秘书科实习，主动接受拟写公文的任务。实习结束后，写一篇谈立意谋篇的体会文章。

第十一章　起草与修改

第一节　起　　草

起草，又称拟稿、拟文。《史记·屈原贾生列传》中记载："怀王使屈原造为宪令，屈平属草稾未定"。这说明起草这一环节早就为古人所重视。起草是撰文者根据领导的意图或自己在实践中产生的写作意图执笔为文的过程。在通常情况下，起草的最初形态是草稿，即初稿。将稍加修改后交有关人员讨论的稿子，就是讨论稿。无论是初稿还是讨论稿，都是不成熟的稿子，它们往往需要进一步修改、润色，需要撰文者将写作引向深入。撰文者不能因为起草有后续阶段，就对初稿马马虎虎、草率成文，要力争初稿有一个较高的起点，有一个比较好的基础。当然，初稿能做到瓜熟蒂落，一挥而就那更好。现就起草应注意的几个问题分述如下：

一、拟草稿提纲

起草篇幅比较长、内容比较复杂的应用文章，有的撰文者注重先拟提纲，这是个好办法。一般来说，撰文者明确了行文意图、文章主旨，并且熟悉了有关情况，掌握了有关材料，在此基础上，先拟提纲，将构思物化成具体条目，这有利于具体行文。

提纲即纲目。纲明目细，撰文者执笔为文，分几层来写，先写什么，后写什么，就胸中有数，有纲可依；选用、安排材料，哪是主要的，哪是次要的，孰重孰轻，思想上就明确，写起来就能条理清楚、主次分明，就能避免盲目性，避免重复和可能出现的混乱现象。

在多人合作撰稿时，编写提纲不仅可以起到统一思想、统一认识的作用，同时便于具体分工，分头执笔，且使每个执笔者能了解全文概况及自己执笔部分与整体的关系。对内容简单的应用文章，当然可以不列写作提纲，但在头脑中理出个简明的纲目，写起来就会顺当一些。

二、力求一气呵成、文气贯通

起草初稿，各人的方式、习惯不同，有人喜欢字斟句酌，从头到尾往下写；有人喜欢把文章分成几块，拣考虑成熟的先写，全部写成后再进行总装，重写一遍；有人喜欢先粗粗地打一个草稿，再二稿、三稿，边修改边完善。上述写作方法、习惯，很难说哪一种就一定好，每人都可以根据自己的习惯，选择适宜的方法。不过为了保持全文的文气贯通，避免文章出现上气不接下气等等情况，一般来说，起草应该集中一整段时间，一气呵成。写初稿时，在文字上可以粗一些，起草过程中，如果一个字不会写，或一时找不到适当的词来表达，就不妨将这些字、词先放一放，继续写下去。全篇完成以后，再来斟酌、推敲这些卡壳的字词。以免因之折断整体思路。起草应在做好充分准备的基础上，从头到尾，一气呵成，写作时间不宜拖得太长，以免思路中断。

在起草中，撰文者如遇到写不下去，或不得要领的情况，就要回过头看看准备工作哪些方面做得还不够，是领导意图未真正领会，还是缺乏某些材料；是提纲中文章结构层次安排不清，还是多人合作起草分工不明。找出问题后，再集中精力，扫除行文过程中的障碍，争取出色地完成起草任务。

三、如果集体起草，撰文者必须协调、合作

对一些非常重要的应用文稿，有时需要成立起草小组，多人合作起草。《论语·宪问》载曰：“子曰：‘为命，裨谌（bì-chén）草创之，世叔讨论之，行人子羽修饰之，东里子产润色之’。”意指郑国制发国家的政令，由裨谌起草，世叔提意见，外交官子羽加以修饰，由子产再作最后的修改润色。宋人朱熹对此注曰：“郑国之为辞命，必更此四贤之手而成，详审精密，各尽所长，是以应对诸侯，鲜有败事”。这说明多人合作起草有其优越性。要扬其所长，充分发挥集体的智慧和力量，多人起草，就要相互协调、合作。一般来说，重要的公文，那些负有签发职责的领导同志应亲自动手，或亲自指导、主持起草工作。在有关领导人不能直接参加起草的情况下，须指定起草人员中职务较高、经验较丰富的同志主持起草工作。一般说来，合作起草的形式，大体有如下几种：

（一）集体边议边写，按照共同酝酿的写作提纲，由一人为主口述，一人笔录，其他人补充、斟酌。这一形式有利于集体智慧的发挥。如果起草班子中新手多，采用这一形式较为适宜。

（二）先由一位经验较丰富的同志起草成文，其他人再据此推敲、斟酌，最后由主持起草的同志作最后的修饰。它要求起草班子中有精通不同业务知识的人员，能从不同的角度对“草创”之稿，或是“讨论”，或是“修饰”，或是“润色”。这种形式能广泛博取众长、保证起草文稿的质量。

（三）集体议论，分头拟写，最后由主持起草的同志统稿合成。采用这种形式必须注意：写作提纲必须经过充分讨论，每一个执笔起草者不仅了解自己所写的内容，同时也了解别人所写的内容，要避免内容重叠，给统稿造成困难。在起草任务较急，时间较紧的情况下，采用这种形式较为适宜。

第二节　修　　改

草稿完成后，直至定稿，这一阶段往复进行的工作就是修改。

一、修改的重要性

修改是应用文章写作必不可少的环节。

应用文的实用性很强，我们必须讲究应用文章的社会效果，认真负责地修改草稿，不能把有错误的草稿投入社会，否则，就会给实际工作造成损失。例如，一份经济合同中有“违约一方须承担违约责任及违约金×万元”的条文，它表达的是违约一方要承担由于违约给对方造成的政治、经济（如停工、窝工等）等责任，包括经济损失，同时还须承担合同法中有明确规定的一定比例的违约金。由于合同签订人员用词欠准确，结果写成“违约一方须承担违约责任即违约金×万元”“及”与“即”，一字之差，两笔账并成了一笔，结果引起了一场官司，受损失的一方官司也未打赢。毛泽东在修改1956年国家预算报告中，把“稳妥可靠”改为“充分可靠”，指出：稳妥和可靠，意思是重复的。用稳妥形容可靠，没有增加什么，也没有限制什么。形容词一面是修饰语，一面是限制词。说充分可靠，这就在程度上限制了它，不是普通可靠，是充分可靠。正反事例说明，撰文者要对领导、对群众、对工作负责，使应用文章发挥最佳的社会功用，必须注重修改，把应用文章起草中存在的偏差、错误消灭在定稿之前。

二、修改的范围与方法

应用文章修改的范围包括两个方面：内容和形式。从内容看：如果主旨欠妥或不正确，就要修改，使之符合事理，符合党和政府的路线、方针、政策、法规；如果材料不真实或不准确，就要增删、纠正，使之符合客观实际；如果措施、办法欠妥，就要补充、修正，使之切实可行，符合事物发展的规律，符合人民的根本利益。从形式看：凡是语言、结构、格式、标点符号等方面有毛病、有错误，都要修改。这里不一一举例赘述。下面就修改的原则和方法谈三点：

（一）修改要从全局着眼

当我们处理一篇已经草就的应用文章时，应当先从全局着眼，从统率全文的基本思想这一带有指导性和全局性的方面考虑，然后再考虑局部问题，否则，一上来就推敲一些小的问题，那就难免事倍功半，甚至白费功夫。这是因为，应用文章的基本思想制约着具体问题、影响着枝节问题。比如，一个段落的材料再好，语言再好，如果从全局看显得多余，最后还得删掉，不能因局部影响整体。

（二）修改，有时要借助再调查

应用文章草就后，从整体到局部，再从局部到整体进行往复修改时，往往会出现这样的情况：某些观点、意见、办法的根据不十分清楚，也吃不透这些观点、意见、办法能否经受得住实践的检验，或者是使用的某些材料，不尽然确切，等等，以致出现改不下去的情形。在这种情况下，修改的最好办法就是带着问题再到下面去跑一跑、看一看，将修改和再调查有机地结合起来。

再调查既是对应用文章整个基本思想，以致观点、意见、办法等在实践中的一次检验，又是对应用文章所要表达的基本思想以及文中的观点、意见、办法的又一次充实。

（三）修改，撰文者注意广泛听取意见，采纳群众的合理建议

一些内容重要、涉及重大问题以及某些法规性的应用文章，草稿草就后，为了听取有关各方面的意见，可以在适当范围内，召开座谈会、讨论会，广泛征求意见。有的还可将草稿进行修改后，印发给有关人员讨论，注意听取不同意见，甚至是反对的意见。在这个基础上，再将搜集到的各方面意见加以综合、研究，取其所长，补文中之所短，进行修改。

对一些处理日常事务的应用文章，由于要写完就改，迅速成文，为了防止偏颇和认识上的片面性，起草人员应不耻下问，持稿主动征求其他同志、特别是长期从事文秘工作的同志的意见，集思广益，使文中存在的问题得到及时的解决，修改得又快又好。

【写作训练题】

一、修改下列广告的语病

1. 我厂是太原市第一家引进北京先进技术的活动房屋生产厂家之一。（引自《太原日报》1987 年 7 月 13 日）

2. 这套钢琴曲对 15 岁以下儿童钢琴演奏技巧、增强乐感具有重大的作用。（引自《文汇报》1987 年 8 月 9 日）

3. 它（指该广告介绍的“电子视力矫正器”——编者注）有正确掌握穴位，能自动、均匀、持久地按摩，以达到视力提高的效果。（引自《体育报》1987 年 8 月 5 日）

4.“二素”（两种药品的简称——编者注）在国际市场是紧俏商品，需求量供不应求。……是一项投资少、见效快、收益高的致富门路。……其技术标准保证达到国家收购价格的标准。（引自《体育报》1987 年 7 月 25 日）

5. 本品具有洗发、护发，易于梳理、使用方便。微酸性、无毒、无刺激、不伤发质、泡沫丰富。用后，发质光亮，蓬松自然柔软。（引自天津市轻工业化学研究所试验工厂生产的洁丝发蜜使用说明）

6. 为了解决雷雨天气看电视不受影响，新乡市磁疗器械厂新研制生产的“KB2”型电视机避雷器，经过一千五百瓦到二千瓦的高压电对装有避雷器的电视机进行试验，电视机毫无损坏，图像正常。（引自《广播电视之友》1987 年 8 月 13 日）

7. 我厂采用名贵中药羚羊角、珍珠、金银花等经科学提炼而成，具有……（引自《羊城晚报》1987 年 6 月 2 日）

8. 我厂生产多种平板硫化机已有多年历史，销售全国 28 个省市的 500 多家工厂。（引自《人民日报》1987 年 6 月 4 日）

9. 本品气味芬芳，使用方便，效果显著，无副作用等优点。（引自《南方周末》1985 年 11 月 9 日）

10. 本产品具有效容积大、保温性能好、噪音小、耗电少、重量轻。采用 220 伏电源，使用方便……（引自《经济日报》1985 年 10 月 17 日）

11.（电控窗帘机）……适用于各大宾馆、实验室、会议室、家庭使用。（引自《中国青年报》1987 年 6 月 2 日）

12. 本香露对根除暗疮、青春疮、红鼻、毛囊虫皮炎、热气面疮，无论是新发的，旧发的、顽固不愈的，用过其他药物化妆品无效或复发的，使用本品都有奇效。（引自《羊城晚报》1987年6月2日）

13. 我校17期黑白、彩色电视机原理与维修培训班，6月30日开课，为期二个月，普通语教学，男女兼收……（引自《广东电视周报》1987年6月4日）

二、评点下列某厂家生产的“火龙牌电热褥”所附的产品使用说明书。

1. 将电热褥子放在褥子下面，铺平展好盖被子保好温，睡前30分钟接通电源，温度逐渐升高，达到恒温可连续12小时。

2. 电褥子可以折叠，但禁止揉搓以防损坏发热元件。

3. 禁止折叠后接通电源，以防温度集中损坏棉织物。

4. 起床后应切断电源，以免毯上垫物过厚烧毁棉织物。

5. 电褥子放在被子下面铺平铺展用针线将四角及中间固定，以免滑动、皱折卷曲，损坏发热元件。

三、结合自己的写作实践谈谈修改的重要性。

文体写作训练

第十二章　机关行政公文的写作

第一节　行政公文的种类、特点和作用

公文是公务文书的简称，是和私人文书相对而言的。公文有广义和狭义之分。广义的公文（公务文书）是指政府机关、群众团体、企事业单位在处理公务的活动中，按一定的程序和要求制作和使用的内容系统、体式完备的各种文书，包括行政公文、事务文书等它体现着制作单位的意志和意图；狭义的公文，指的是国家行政机关为了实现对各方面的政务和事务的管理，在行施职权、进行管理的工作中制作、使用的公务文书，即国务院办公厅于 1987 年 2 月 18 日发布的《国家行政机关公文处理办法》（国办发〔1987〕9 号）（本书以下简称“办法”）中规定的“国家行政机关的公文（包括电报）”，共有 10 类 15 种。“办法”总则第二条指出：国家行政机关的公文（包括电报，下同），是传达贯彻党和国家的方针、政策，发布行政法规和规章，请示和答复问题，指导和商洽工作，报告情况，交流经验的一种重要工具。这条规定，从实用的角度说明了公文的性质、特点、范围和作用。

一、行政公文的种类

从不同的角度为公文分类，可以把公文划分为不同的种类：

（一）按公文来源分，凡是其他机关送来的公文，对于受文机关来说都叫收文；本机关发出去的公文叫发文。发给本机关内部的公文，叫内部公文；发给其他机关的公文，叫对外公文；

（二）按行文关系分，下级机关向上级领导机关的发文，叫上行文；领导机关向下级机关的发文，叫下行文；平级机关或不相隶属的机关之间来往的公文叫平行文；

（三）按内容特点和作用分，用来领导和指挥工作，并具有一定指示性、法规性和约束力的公文，叫指挥性公文；用来通知事项、通报情况、公布要求的公文，叫知照性公文；用来报告工作、请求批准、答复要求的公文，叫报告批复性公文；用来联系商洽工作、记录传达会议精神的公文叫商洽传达性公文；

（四）按公文密级分，可以分为一般公文、秘密公文、机密公文和绝密公文；

（五）按紧急程度分，可分为平件公文、急性公文和特急件公文。

国务院办公厅的《办法》把我们现行的公文分为十类十五种，即：（一）命令（令）、指令；（二）决定、决议；（三）指示；（四）布告、公告、通告；（五）通知；（六）通报；（七）报告、请示；（八）批复；（九）函；（十）会议纪要。

二、行政公文的特点

行政公文作为施政管理的工具，其特点主要有以下四点：

（一）政策性

行政公文的政策性，是指它直接传达贯彻国家的方针、政策，直接传达政府的法令，担负着其他任何文体所不能担负的特殊使命。

公文的政策性，是由它的政治内容和作用决定的。行政机关的公文，体现着政府的施政方针、管理意图，体现人民的根本利益。政府以公文形式发布政策、法令，直接、明白地告诉人们，该做什么，不该做什么；该支持什么，该反对什么。政府机关，通过公文的发布和实施，规范人们的言行，确保对国家的管理。这是公文政策性的突出表现。

我国政府颁发的公文，体现了广大人民群众的意志和根本利益。这就要求我们撰写公文时，必须以符合广大人民的意志和根本利益为出发点，必须保证政府的方针、政策及政府的各项法令的贯彻和落实。

（二）权威性

公文的权威性，首先表现在法定作者的权威性上。公文的作者，不同于一般文章的作者。个人署名的文章，可以各抒已见，互相争鸣，不要求人们服从照办。而公文的作者是指发文机关，即依法行使权利和义务的机关及其法定的负责人，所以，公文是代表依法成立的机关讲话的，具有制发机关的法定权威性。

从公文政治内容的权威性来说，公文都是根据宪法、法律，以及有关的方针政策、决定、决议而制作的，所有下行公文都是政府方针政策的具体化，是上级精神的体现。各级政府发布的公文，代表政府依照权限行使职权，传达领导工作的意图，实施行政领导和指挥，具有法定效力，要求所属下级机关和有关群众必须服从和遵照执行，违者则以相应的纪律和行政措施来处理。

（三）严肃性

公文的严肃性，体现在两个方面：

1. 内容的严肃性。公文的内容具有政策性和权威性，这就决定了拟制公文的严肃性。公文的内容关系到国家和各级行政机关的施政意图和业务目的，关系到人民群众的根本利益，所以，内容本身就是严肃的。

2. 格调的严肃性。首先，公文拟制的态度是严肃的。撰文者必须依据发文机关的职权范围，以对国家对人民高度负责的精神拟制公文，因此要严肃认真，一丝不苟。在拟制公文时，应从以下五个方面严格要求自己：

（1）正确领会领导意图，明确制作目的；

（2）熟悉有关政策、法规的要求；

（3）了解实际情况；

（4）熟悉公文的体式规范要求；

（5）语言表达准确、庄重、简明、朴实、可信。

其次，公文制发过程是严密的。公文的拟制过程是有一定程序的，虽然有群体性合作拟制、领导人述职拟制或指定政策研究人员代拟之分，但由拟稿、核稿、签发、编号、登记、缮印、校对、盖章、封发、立卷归档等环节组成的程序系列，都是必须遵守的。重要的公文需要会签，法规性公文，还要经过立法机关审议、通过，其程序就更加严格。所谓“一字入公文，九牛拔不出”，正说明拟制、发布公文必须严肃认真。

再次，执行的态度是严肃的。行政管理系统有严格的职权分工，公文以特有的严密程式和行文规则体现国家各级行政机关的权限和隶属关系，因此，下级机关必须认真地、全面地理解上级公文的精神，积极贯彻上级公文中表达的主要意图，并要根据本地区、本部门的实际，创造性执行各项政策，这是实现有效地管理所需要的。决不允许用自由主义的态度，主观主义的态度和不负责任的态度对待上级的条件。上级对下级上报的公文，同样也要以认真负责的态度及时处理。

（四）规定性

从《办法》中，可以看到公文在三方面有严格规定：

首先从内容到形式的规定。在公文中表达什么内容，取什么形式，采用什么文种，《办法》都有明确规定。如：下级机关"向上级机关汇报工作、反映情况、提出意见或者建议、答复上级机关的询问"，只能用"报告"，而不能用"请示"；下级机关"向上级机关请求指示、批准"，只能用"请示"，而不能用"报告"，更不能用"请示报告"这种不伦不类的写法。其他文种的规定要求，也不能违背，否则，公文的规范化就是一句空话。

其次是行文关系的规定。收、发文机关之间的组织关系，从公文运行的方向来说，就是行文关系，这在《办法》中也有明确要求。上下级是领导与被领导的关系（其中有隶属、非隶属关系两种）；同级机关是平行关系。上下级之间的上行文与下行文，一般不得越级行文，也不得随意扩大发放范围。"因特殊情况，必须越级请示时，应当抄送被越过的上级机关"，除这一"特殊情况"外，越级行文在行政公文中均不符合《办法》规定的行文规则。

再次，公文格式的规定。《国家行政机关公文处理办法》第三章、《国家机关公文格式》（中华人民共和国国家标准GB9704—88）对公文的格式作了统一规定，对公文用纸的尺寸与规格、书写排版形式、公文各组成部分的排列顺序、装订规格、数字的使用等，都有统一的要求。如：

1. 公文用纸的尺寸规格　国家机关公文用纸幅面尺寸当前国内一般用16开型：260毫米×184毫米（长×宽），有条件的机关和涉外部门，可推荐采用国际标准 A_4 型 297 毫米×210 毫米（长×宽）。

布告、公告、通告等公布性的公文用纸幅面尺寸，可根据实际需要确定。《国家机关公文格式》推荐使用国际标准 A 系列或国内通用的以 2 的几何级数裁切开本的纸张幅面尺寸。

公文用纸的上下左右四边留空，规定公差值为 0.5 毫米。页边（空白处）与图文区的尺寸为：

公文用纸上白边（天头）宽 20 毫米±0.5 毫米；

公文用纸下白边（地脚）宽 7 毫米±0.5 毫米；

公文用纸左白边（订口）宽 20 毫米±0.5 毫米；

公文用纸右白边（翻口）宽 15 毫米±0.5 毫米。

国内通用的 16 开型纸图文区尺寸为：233 毫米×149 毫米（长×宽）；国际标准 A_4 型纸图文区尺寸为：270 毫米×175 毫米（长×宽）。

2. 书写、排版形式与装订规格　使用汉字的公文，文字一律从左至右横写、横排（汉字的使用按国家规定的标准方案执行）。少数民族文字按其习惯书写、排版。（公文中的计量单位，采用国家法定计量单位）：公文文本左侧装订，订口宽约 20 毫米。

3. 数字的使用　公文中的数字，除成文时间、部分结构层次序数和词、词组、惯用语、缩略语、具有修辞色彩语句中作为词素的数字必须使用汉字外，应当使用阿拉伯数码。

以上等等规定也是公文严肃性、规范化的体现。

三、公文的作用

公文能够跨越时间和空间有效传递公务信息，是治理国家的重要工具之一，它的现实作用就是：能有效传达贯彻党和国家的方针政策；发布法律、行政法规和规章施行行政措施；请示和答复问题；指导、布置和商洽工作；报告情况和交流经验。概括起来讲有以下四点：

（一）强制贯彻执行作用

法律、法令和行政法规性公文是人们行为的规范，这些法规文件对于维护正常的社会秩序、安定社会生活、保障人民的合法权益有极其重要的作用。例如《宪法》是国家的根本大法，依据《宪法》又制定与颁布了民法、刑法、刑事诉讼法、民事诉讼法、行政诉讼法、婚姻法、经济合同法、著作权法等基本法，还有逮捕拘留条例、治安管理处罚条例、森林保护条例、价格管理条例、中外合资经营企业劳动管理规定等等。法规文件是进行各项工作和各种活动的规范和准绳，一经制定和颁布生效以后，就具有强制贯彻执行作用，各级机关和相关人员在它的有效期和实施范围内，必须坚决执行，严格遵守，不得违反，国家以强制力保证它的实行。如果违反，就要受到批评或处罚或行政处分，严重的还要受到法律制裁。

（二）书面领导与指导作用

下行公文是上级机关对下级机关的工作进行领导与指导的一种工具，它具有明显的书面领导与指导作用。上级领导机关可以经常通过发文来部署工作、传达自己的意见和决策，对所属下级的工作进行具体的领导与指导。例如，政府的最高领导机关通过它所制发的各项指示、决定、通知等重要文件，阐明重大的方针政策、战略措施与工作步骤，领导各条战线、各个地区的工作。政府机关的上级领导机关和业务主管机关，也经常通过发出指示、决定、通知等文件，对下级机关和下级业务部门的工作，进行具体的领导与指导。

（三）沟通和商洽作用

政府行政机关，从上到下是一部严密、庞大的联动机，各级政府机关之间、部门之间、单位之间，为使公务活动和管理工作有序地进行，需要经常不断地互相联系，传递信息，协调行动。下级机关时常须用请示、报告等公文向它的上级领导机关请示问题、报告情况、申请需要经过批准的事项；上级领导机关既要通过批复或批转性公文对下级机关的来文及时给予答复，又要根据工作需要，通过指示、决定、通知等公文，发布方针政策，下达领导意图和指导精神，以保证下级机关按正常导向开展工作；平行机关及不相隶属的机关之间又往往通过“函”或“抄送”形式，直接沟通情况，联系公务，交流信息，商洽工作。总之，公文在同一系统的上下级机关之间，在平级机关之间和不同系统的机关之间，都可以起沟通情况、交流信息、联系公务、商洽工作、处理工作问题的作用。

（四）宣传、教育作用

为了动员、组织广大干部和人民群众自觉贯彻执行法律法规和方针政策，为了调动人们建设四化和深化改革的积极性，政府要采取多种方式，对干部和群众进行宣传和教育，发布公文就是非常重要的一种方式。通过公文，来提高人们的认识，统一人们的思想，协调人们的行动。公文在宣传教育方面起着主导的作用。

（五）依据、凭证作用

公文作为传达行政机关的意图和指导业务的工具，对于公务活动的开展或某些实际问题的解决，都起着依据、凭证作用。上级机关制发的公文，是下级机关据以执行的依据和凭证；下级机关所制作的上行文，有的是上级机关批复的依据，有的则是上级机关进行决策的依据。它们在失去现实执行效用而归档之后，是可供查考和印证行政机关工作历史的宝贵凭证，这一依据、凭证作用，会在长期历史发展中发挥它的作用。

第二节　行政公文的结构与格式

行政公文的结构指的是公文的各个组成部分。按照传统的看法，人们习惯于把一份正式公文划分为三大块，即文头部分、中间部分和文尾部分。这三个部分共包括公文版头（又称文件名称）、发文字号、印刷顺序号（又称份数序号）、秘密等级、紧急程度、签发人、标题、主送机关、正文、附件、发文机关、成文时间、印章（或签署）、附注、主题词、抄送（报）机关、印制版记（又称印发标记，包括印发机关和时间等）等项目。其中公文版头（文件名称）、发文字号、标题、主送机关、正文、发文机关、成文时间、印章（或签署）、主题词、印制版记（印发标记）是一份正式公文的基本组成部分，其他项目常常可以酌情省略。基层机关的公文还往往省略主题词、印发标记。

行政公文的格式，指的是公文的规格、样式，是公文的外部结构形态。为了准确、清楚地表现严肃的内容，以便受文者理解、办理、执行，从而有效地提高办文速度和工作效率；为了使公文的外部结构形态适应完整的运转、处理程序，做到准确、及时、安全；为了便于立卷、归档和以后查询、使用，行政公文必须有完备的规范的统一的格式。

行政公文的格式包括公文用纸幅面尺寸与图文区尺寸，装订、规格，书写、排版形式，公文各组成部分（项目）在公文图文区上的安排，字体、字号的选用，数字的使用等。对此，国家有关部门都有明文规定。这里应特别指出的是：为了适应现代化管理工作需要，提高公文处理效率，建立和健全我国国家机关公文格式系统，简化和统一公文格式，有效地撰制、收集、传递和存贮公文信息，国家技术监督局于1988年9月5日发布了《国家机关公文格式》（中华人民共和国国家标准GB 9704—88），并从1989年3月1日起试行。这一国家标准适用于我国各级政府机关正式发布的公文，即《国家行政机关公文处理办法》所规定的十二类十三种公文，其他公文也可参照执行。

下面根据有关文件的规定，把公文的各个组成部分（项目）划归公文各大部分，也就是按各个组成部分（项目）在当前国内通用的16开型纸的图文区上的排列顺序，把它们的写作要求和书写、排版的规格分别加以介绍。

一、文头部分

机关的正式公文通常均有文头。文头居文件首页图文区上端，占图文区的四分之一左右，下面划一条不长于140毫米的实线作为与中间部分的分界线，即间隔线。文头部分通常由公文版头（文件名称）、发文字号、印刷顺序号、秘密等级、紧急程度、签发人诸项目构成。在实际写作中，某些项目可酌情省略。

（一）公文版头（文件名称）

公文版头又称文件名称，或文件的制发机关名称。它由发文机关全称或规范化简称加“文件”二字（或加括弧标注文种名称）组成，用大号长方体字居中排印在文头上端，如“国务院文件”“××市人民政府文件”、“××部办公厅文件”、“中华人民共和国商业部（　）”、“××市财政局（　）”（该形式也可不要括号，只标明发文机关名称）。这几种文件发布形式的用途有所不同。几个机关联合行文可用文件主办机关一家版头（文件名称），也可并用几家版头。在民族区域自治地区，版头（文件名称）可用自治民族的文字和汉字两种文字印刷，将自治民族文字放在上面（或前面）。

版头（文件名称）文字及文头下面的间隔线一般用红色套印，有的还在红间隔线正中点缀一颗红五星，鲜明美观而又朴素大方。使用这种套红文头的文件，通常叫"红头文件"，表示是很郑重的发文。相对来说不用套红大字的叫"白头文件"，上面的发文机关等用的都是黑体字。白头文件多用于份数较少的打印文件。

（二）发文字号

发文字号简称发文号、文号，它是发文机关编排的文件代号。发文字号的作用：一是统计发文的数量，便于管理；二是在查找和引用文件时可以作为文件的代号使用。

发文字号由发文机关代字、年份（书写时要加方括号）和发文顺序号组成。如"国发〔1993〕3号"代表国务院1993年发出的第3号文。"国办发〔1993〕8号"代表国务院办公厅1994年发出的第8号文。"国"、"国办"分别是国务院、国务院办公厅的代字，〔1993〕、〔1994〕是发文年号，"3号"、"8号"则分别是同一年度的发文顺序号。发文机关和机关内各部门的代字，应由机关的秘书部门统一编排，从机关和部门名称中选取一个或两三个最有代表性的字，并须注意不要与其他机关和单位的代字重复。几个机关联合发文，只标明主办机关的发文字号。

发文字号的书写、排印位置：在有文头的公文中，发文字号要书写、排印在版头（文件名称）之下、间隔横线之上，居中。在没有文头的公文中，发文字号一般标在标题的右下方。

（三）印刷顺序号

印刷顺序号又称印制编号，即文件的份数序号。它是对根据同一文稿印制的若干份正本，逐份所给予的编号。编印份数序号主要用于秘密公文，目的是为了便于统计份数，便于收发登记和控制管理，以利收回、查寻或销毁。《办法》规定：“‘绝密’、‘机密’公文应当标明份数序号。”

印刷顺序号（份数序号）标注在文件首页图文区的左上角（即公文文头的左上角），排印形式是“№00101”。

（四）秘密等级

除一般不需保密的公文以外，凡属秘密公文应根据其秘密程度划分秘密等级，并分别标明“绝密”、“机密”、“秘密”三种级别。划分秘密等级是很重要的，这是由于公文内容涉及了党和国家的秘密，需要在一定时间里限制在一定范围内阅读而不能公开。在公文的办理和运转过程中，一向存在着保密与窃密的斗争，因此秘密公文注明密级有着重要的政治意义。秘密等级由发文机关根据实际需要决定。在认定和划分密级时要注意准确，划分过严，提高了密级，会妨碍公文精神的贯彻；划分过宽，又容易造成泄密，会给党和国家造成不应有的损失，所以要认真对待。

秘密等级标注在文件首页图文区的左上角、印刷顺序号下方位置。

（五）紧急程度

紧急程度又称缓急时限。这是对公文送达和办理时限的要求，除普通公文之外，紧急公文应根据紧急程度分别标明“特急”、“急件”紧急电报应当分别标明“特急”、“加急”、“平急”。有时也可在文件标题上表现出来，如“紧急通知”、“特急电报”等。也有的在封皮上写明“限×月×日×时前送达”。标明紧急程度，是为了确保公文电报的时效，使紧急事项得到及时处理。

紧急程度由公文签发人根据实际需要确定，既不要贻误紧急工作的及时处理，该“急”则“急”，也不要滥标急件。紧急程度标注在文件首页图文区的左上角、密级下方位置。

（六）签发人

在发往上级机关的上行文中，还有签发人一项，写明核准并签发公文的机关领导人姓名。《办法》中明文规定：“上报的公文，应当在首页注明签发人姓名。”签发人姓名标注在发文字号右侧适当位置。除上面提到的上报的公文之外，其他公文的签发人只在同意发出的文稿上签字，并不要求标注在文件的正本上。（正本是根据领导人签发后的定稿印制的作为向外发出用的正式文本。它具有标准的格式，上面有发文机关印章或有关领导人的签署。正本是收文机关处理工作的依据，具有法定的实际效用。）

二、中间部分

公文的中间部分又称行文部分。中间部分通常是由标题、主送机关、正文、附件、发文机关、发文时间、印章（或签署）诸项目构成的。

（一）标题

公文标题应当准确简要地概括公文的主要内容，一般应当标明发文机关，并准确标明公文种类（文种）。因此，完整的公文标题应当由发文机关、事由和文种三部分组成。其中“事由”是概括公文主要内容的部分，一般用介词“关于”、“对于”等和表达公文主要内容的词语构成介词词组（或称介词短语），作文种的定语。一个完整的公文标题能够清楚地告诉人们，这是哪个机关为了什么事情制发的哪种公文。

如：《全国人民代表大会常务委员会关于加强法制教育维护安定

团结的决定》(1987年1月22日六届全国人大常委会第十九次会议通过),其中“全国人民代表大会常务委员会”是发文机关,也可以说是这篇公文的法定的作者;“关于加强法制教育维护安定团结”是事由,是对本文基本内容的简要概括;“决定”是文种。

写作时,发文机关可用全称,也可以用规范化的简称。“事由”部分必须简明扼要,选词精当,突出主旨,力求用最精炼的文字准确概括出全文的主要内容或精神实质。文种的使用也要恰当。公文的标题十分重要,要让阅文者一看标题就能了解其基本内容或主要精神,就可感到其重要程度,并确定如何办理和落实。因此,标题一定要鲜明,要充分注意它的科学性、政策性。

在实际写作中,标题拟制也可根据实际情况灵活变通,将发文机关、发文事由酌情省略其一个或两个部分。大致有三种省略形式:其一是由事由和文种两部分构成的公文标题。这种标题在冠有红色版头的文件中最为常见,如在套红的“国家教委办公厅文件”的版头下,公文的标题为《关于印发〈教育类公文主题词表〉的通知》(“教厅文〔1991〕3号”);其二是由发文机关和文种两部分构成的公文标题。这种标题在公开发布的公文中比较常见,如《国务院紧急通知》;其三是只有文种的公文标题,这种标题也多见于公开发布的公文,如《通告》、《公告》等等。

批转、转发文件的标题一般有两种写法:其一是发文机关加上“批转”(“转发”)字样,后面再加上被批转(转发)文件的标题。为醒目起见将被批转(转发)文件的标题的事由和文种部分加上书名号,将原发文机关写在书名号之前。如:国务院批转林业部等部门《关于加强鸟类保护执行中日候鸟保护协定的请示》;其二是在前一种标题之后再加一个文种,如:国务院办公厅转发财政部《关于控制行政费问题的报告》的通知。

公文标题放在文件正文上面。标题字数不多，可以居中排成一行；如果字数较多，宜分开排成两行或三行。分行时不要将两个字以上的词分割开，各行的字数可以相等也可以不等，但要排列得整齐美观而又醒目。

有些法规性文件或经会议讨论通过的文件，在标题之下，还有题注一项，用以说明文件产生的法定程序和批准或通过的时间。题注的内容要写在圆括弧中。

（二）主送机关

主送机关是行文的对象，即发文机关要求贯彻执行或研究答复该文的受文机关。除“公告”、“通告”等面向公众的公布性公文不写主送机关以外，一般行政公文都要标明主送机关，并且顶格写在标题之下、正文之上的左前方。准确地确定主送机关，是公文发出后能否得到及时处理的关键，主送机关写错，必然会贻误工作。为了确定好主送机关，撰稿人一定要懂得行文规则，了解各部门的职能和权限。

一般说来，上级向下级机关行文，有四种情况：一是普发性的文件，即上级机关对所属各个下级机关普遍发送的指示、通知、通报等，要求所有下属机关、单位都要了解和执行。这种文件的主送机关有许多个，为使行文简洁，可用泛称泛指受文机关，甚至可以不写主送机关；二是专发性文件，它是专门向某一个机关下发的文件，这种文件的主送机关是特指的，只能有一个。如对某一下级机关的批复，主送机关只能是批复的对象。如有关的机关单位也需了解批复内容，则应以抄送的形式标明；三是上级机关向受双重领导的下级机关行文时，在确定主送机关之后，应同时抄送该机关的另一上级机关；四是向下级机关的重要行文，应抄报直接上级机关。

下级向上级机关行文，主送机关一般只有一个。除领导直接交办的事项外，请示不要直接送领导者个人，也不要同时抄送同级或下级机关。受双重领导的机关上报公文，应根据内容写明主报机关和抄报机关，由主报机关负责答复请示的问题。

在确定主送机关时，应贯彻党政分开的原则，要注意防止以下两种情况：一是多头主送。如请示性的公文，假若不按隶属关系而多头主送，就会造成责任不明，互相推诿或互相等待等问题，势必延误工作。如果确实需要同时报送其他机关，则应用抄报的形式；二是越级主送。报告或请示性的公文，在通常情况下均应主送直接主管的上级机关，各级国家行政机关不得越级请示。如因特殊情况，必须越级行文时，应抄报被越过的上级机关，也可采取“并转”（或“并呈”）的方式。

例如，属省商业厅管辖的公司，不能将上报公文的主送机关写成“××省商业厅、××省政府”；也不能只写“××省政府”。如因特殊情况，确实需要越级行文时，可以写“××省政府”，但必须在抄报栏内标明“抄报：××省商业厅”；也可写成“××省商业厅并转（或并呈）省政府”。

（三）正文

公文的正文，是文件的主体，是公文陈述的基本内容，公文的撰写水平主要表现在这一部分中。每一种公文都有自己的写作特点，这里不便一一详述，只就其共同性的问题作一概括介绍。

对正文写作总的要求是情况确实，观点明确，条理清楚，层次分明，文字精炼，篇幅力求简短等。必要时，可用序号标明层次或条款。从正文的结构上看，一般都由引言（开头）、主体、结语三部分组成。

正文的引言（开头）宜开门见山，简短捷说，不要陈陈相因，套话连篇。不同的文种有不同的开头方法，即使是同一文种，由于内容要求不同，开头方法也不应刻板划一。公文都有特定的发文对象、目的和作用，所要解决的问题有大小重轻之别，篇幅也有长有短，所有这些因素，都会影响到引言的写法。撰稿人要善于根据上述种种不同情况，写出相应的引言，以求得良好效果。

主体部分是公文的中心环节，撰写时要注意以下几点：

1. 主旨明确单一

主旨是公文的中心意思，一篇公文应有一个明确的主旨，撰稿人要善于集中本单位领导的集体智慧，善于听取各种有益的意见，认真提炼、精心表达公文主旨。如果主旨含糊不清，中心不突出，不明确，就会使阅文者捉摸不定，难以把握，无法办理和落实，这样，行文的目的、要求就难以达到。

2. 实事求是，内容准确

公文中所用的材料，必须准确无误，符合实际；所持的观点，必须正确、鲜明。公文所表达的内容，要符合政府的方针、政策。无论是提出问题，分析问题，解决问题，还是提出要求、建议或批评，都要有根有据，所提办法和措施，要切实可行，要善于把中央和上级的指示精神与本部门、本单位的具体实践结合起来，解决自己的实际问题，开创本单位各项工作的新局面，以求取得最佳效益。

3. 逻辑严密，语言简明

一篇公文，特别是重要的具有指导意义的公文，篇章结构，材料安排，分析论证，都要讲究逻辑性，要恰当地反映事物内部的逻辑关系，深刻揭示事物发展变化的规律。对于重要的问题，不能只是罗列一些表面现象，就事论事，而要透过现象抓住事物的本质，做出令人信服的论断。公文写得逻辑严密，无懈可击，才有强大的号召力和感召力。

公文的语言有严格的要求，它要求运用规范化的书面语言，不但要准确、鲜明、生动，而且要庄重、朴实，得体、简练，通俗易懂。我国有许多出色的公文，不仅思想深刻，语言也很有特色，真是深入浅出，雅俗共赏，为广大人民群众所喜闻乐见，在经济建设中，发挥了巨大的作用。

公文语言的句式，完整句多，常式句多，复句多，介词结构多，带有限制性附加成分的长句多；其词语的运用，多用特定的惯用语(诸如称谓语、起首语、期请语、表态语、征询期复语、过渡语、结尾语等)、行业语，这是公文语言比较突出的两个特点。

正文的结语因行文关系、目的、要求及文种的不同，应采用不同的语气。比如，有的上行文常用“以上妥否，请批示”、“以上请示，请批复”、“如无不妥，请批转”、“特此报告，请审阅”等。平行文的结语常用“特此函达”、“特此函请查明”、“特此函复”等。下行文中的命令多用“此令”；批复可用“此复”。也有的对受文者提出要求，如“以上各点希认真贯彻执行”、“希即遵照办理”、“希即研究执行，并将执行情况及时上报”等。也有许多公文，正文结束，自然收笔，不再写结语。

（四）附件

附件是对主件而言，是附属于正文的文字材料，也是公文的重要组成部分。附件不是每份公文都有，它是根据需要作为正文的补充说明或参考材料而附加在正文后边的材料。凡带有附件的公文，应在正文之后、成文时间之前的左上侧注明附件顺序、名称和份数，并要顶格书写，如“附:《××××》×份”。

常见的附件一般有两类：一类是正文只起批准、发布、转发、批发的作用，而附件，实际上倒是公文的主要内容。这类附件的名称都在正文中说明，无需再在正文之后注明；另一类是用于补充说明主件的某些内容的附件，如有关的图表、统计数字，及其他说明主体中提及的事件、数字等材料。这类附件应当在正文之后、成文时间之前注明其顺序名称和份数。

（五）发文机关

发文机关是公文的法定作者，要写在正文末尾的右下侧，所以又称落款、下款。发文机关一般要写全称，以表示严肃负责，也可用规范化的简称，但不得滥用不够严肃，容易造成歧义和混乱的简称。发文机关与正文之间要留出一定的空白，以显得美观、大方。几个机关联合发文，应将主办机关排列在前。

一份文件应当以什么名义落款，需视文件的内容、性质和发文机关的职权范围而定。一般属于方针政策性的、全面性的、重要的文件，应以法定机关的名义行文；而属于具体业务问题和一般的工作联系，有的也可用法定机关的某个部门的名义行文。还有些文件根据职权适宜用机关领导人的名义行文，则要在落款处签署领导人的姓名，并在姓名之前冠以领导人的职务名称，以表明文件是领导人以法定机关的法定负责人的身份，而不是以私人身份制发的。在这里，机关领导人即是公文的法定作者。

（六）成文时间

公文必须注明成文时间，以表明公文从何时开始生效。成文时间，以领导人签发的日期为准；联合行文，以最后签发机关领导人的签发日期为准（电报，以发出日期为准）；会议通过的文件，应以会议通过日期为准，并在标题正下方用括号注明会议的名称和通过时间，还要在最后的印发标记中注明实际发出日期；法规性文件，应以批准日期为准，或者在正文最后专列条文规定具体生效和开始执行的日期。

成文时间必须完整、具体地写出某年某月某日，不能省略，而且必须用汉字小写数码，如一九九五年三月十八日。成文时间一般写在正文末偏右处发文机关之下。有的公文发文机关在标题中出现，而落款处省略，其成文时间与正文之间，应适当预留空行，以便加盖发文机关的印章。也有的公文成文时间写在标题之下的正中间。

（七）印章或签署

加盖发文机关印章或签署是公文生效、取信的凭证，是证实公文效力的一种标志。印章又叫印信，是代表机关职权的一种标志。正式公文除会议纪要外，都应当加盖机关印章（有特定版头的普发文件除外）。用印位置在成文时间的上侧，要求上不压正文，下要骑年盖月，而且要盖得端正、清晰。联合上报的非法规性文件，由主办单位加盖印章。联合下发的公文，联合发文机关都应当加盖公章。

签署是用机关领导人名义发文时，由领导人亲笔在要发出的正式文本的落款处、职务名称之后（空一个字）签署自己的姓名或者使用签名章（即按他本人签字刻制的印章）。

（八）附注

公文的附注包括两方面的内容：

一是对公文中出现的词语、人物、事件、数字等，有必要加以注释、说明的，可在文后加以注释。格式同一般著作的文末注释同。

二是注明阅读（传达）范围。根据工作需要和公文的秘密程度，有些公文需要限定阅读（传达）的对象，这就应当在文件中标明阅读（传达）的范围。阅读（传达）范围，标注在成文时间的左下方、主题词之上，并用圆括弧括入。如：“（此件发至省军级)”、“(此件发至县、团级)”、“(此件传达到群众)”等。也有的机密性文件在正文的开头或结尾部分写明阅读(传达)范围，则不必另外作标注。行政性、事务性的非秘密公文，下级机关对上级机关行文，都不必标定阅读(传达)范围。

三、文尾部分

公文的文尾部分位于文件末页图文区的下端，它通常由主题词、抄送(报)机关和印制版记诸项目构成。

(一) 主题词

公文的主题词是从公文内容中概括出的相应的主题概念，是标示公文内容特征和归属类别的关键性词语。所有正式文件，均应标注主题词；上报的文件，应当按照上级机关的要求标注主题词。主题词的标注，会为各类公文的计算机存储、检索及管理工作提供方便，是文书档案管理自动化的需要，是办公现代化的需要。

主题词由反映文件主要内容的规范化名词或名词性词组组成。各《公文主题词表》中的主题词都是在实践中总结出来的能表达文件基本内容并经过规范化处理的词汇，都是规范化的名词或名词性词组，如计划、指标、改革、开放、开发、投资、公司、企业、商品化、开发区、第三产业、乡镇企业等，按照一定规则进行编码，能为计算机所识别。主题词的标用也属公文写作的内容。

国务院办公厅秘书局 1994 年 4 月 23 日发出通知，印发了 1994 年 4 月修订的《国务院公文主题表》，列出 15 类 1000 个主题词(通常被称作固定码区主题词)。该词表主要用于标引国务院、国务院办公厅印发的文件和各地区、各部门报送的文件。此外，国务院直属部委按国务院办公厅的要求，还相继制定了各自行业的《××类公文主题词表》（通常被称作自由码区主题词）作为补充，并要求所属单位上报公文时，在《国务院公文主题词表》和《××类公文主题词表》的范围内选用主题词。如教育系统的各个单位上报公文标注主题词，就要根据上报公文的内容，在《国务院公文主题词表》和《教育类公文主题词表》（计11类222个主题词，见“教厅文〔1991〕3号”文附件二）的范围之内选用能准确反映文件主要内容的若干主题词加以标引。

现就《国务院公文主题词表》谈谈标引主题词应注意的事项和标引的方法：

《国务院公文主题词表》共由15类1000个主题词组成，分为主表和附表两大部分，主表有13类715个主题词，附表有2类285个主题词。词表分为三个层次。第一层是对主题词区域的分类，如“综合经济”、“财政、金融”类等。第二层是类别词，即对主题词的具体分类，如“工交、能源、邮电”类中的“工业”、“交通”、“能源”和“邮电”等。第三层是类属词。第二层和第三层统称为主题词，用于文件的标引。

标引的方法是：

1. 一份文件的标引，最多不超过5个主题词。主题词标在文件的抄送栏之上，顶格写。（先顶格印写“主题词”三个字并加冒号，然后依次序标引主题词，每个主题词之间空一个字。）

2. 标引顺序是先标类别词，再标类属词。在标类属词时，先标反映文件内容的词，最后标反映文件形式的词。如《国务院关于加强水土保持工作的通知》，先标类别词“农业”，再标类属词“水土保持”，最后标上“通知”。

3. 一份文件如有两个以上的主题内容，先集中对一个主题内容进行标引，再对第二个主题内容进行标引。如会议纪要《听取全国财政工作会议情况和全国打击走私工作会议准备情况的汇报》，先标反映第一个主题内容的类别词“财政”，再标类属词“税收”；然后标反映第二个主题内容的类别词“公安”，再标类属词“缉私”；最后标“会议纪要”。

4. 根据需要，可将不同类的主题词进行组配标引。如《国务院关于加强农业生产资料价格以及对其主要品种实行最高限价的通知》，可标“农业、物资、物价、管理”。

5. 当词表中找不出准确反映文件主题内容的类属词时，可只在类别词中选择适当的词标引。

（二）抄送（报）机关

抄送或抄报机关指的是需要了解、掌握此文内容，或者需要协助承办的机关单位。送往单位如属上级机关（或领导人），应列入抄报；如属平级或下级机关，则列入抄送。抄送（抄报）机关（或领导人）的范围、数量，既要严加控制，又要防止漏报漏送。如果范围过大，滥报滥送，就会造成人力、物力、财力的浪费，影响工作效率，也显得不够严肃。如果漏报漏送，则会被动，或使工作脱节，不利于协调一致。

抄送（抄报）机关的名称或领导人姓名，应排在主题词的下方。为了整齐美观，在公文的末页下端可设计一个抄送（抄报）栏，用两条等宽的平行细实线作为界栏线将其分别与上边的主题词及下边的印制版记（印发标记）隔开，以显得清晰、醒目。第一条界栏下首行空一个字标注“抄报”（或“抄送”）二字，后面依机关性质、职权、隶属关系及其他逻辑关系依次标注抄送（抄报）机关的全称或规范化简称。移行时与上一行平行书写。

（三）印制版记

印制版记又称印发标记，包括印发机关、印发时间和印制份数。印发机关和时间分别置于抄送（报）栏之下左、右两侧（行首行尾均应空一个字，时间要年月日俱全，后面要注明“印发”字样），并用一条与图文区等宽的细实线作为下间隔线，印制份数置于下间隔线右下方。

除以上介绍的诸项目之外，有些文件尚有“此页无正文”的标记。无正文是指由于篇幅所限，使发文机关、发文时间、印章（或签署）等生效标志与正文不能同处一页纸上而出现的分离情况。出现这类情况，为了维护公文的完整，应对其加以说明，标写“此页无正文”，外用圆括弧括入。“（此页无正文）”应标注在正文末页的下一页图文区的上端左侧（如有“附件”，则标注在其下），下面留出一定的空白，再在该图文区上半部分的右下部位书写、排印发文机关、成文时间及加盖印章（或签署）。

以上我们就公文的结构及其组成部分（项目）的写作要求，以及当前国内通用十六开型纸的公文格式（格式图样见下二页）做了介绍。《国家机关公文格式》（GB 9704—88）推荐采用的国际标准 A_4 型纸的公文格式与上一格式基本相同，只是它把公文各个组成部分（项目）的区域按 A_4 型纸图文区尺寸及坐标规定的更详尽、更准确而已。〔可参见《国家机关公文格式》（GB 9704—88）及所附有关格式图样。〕

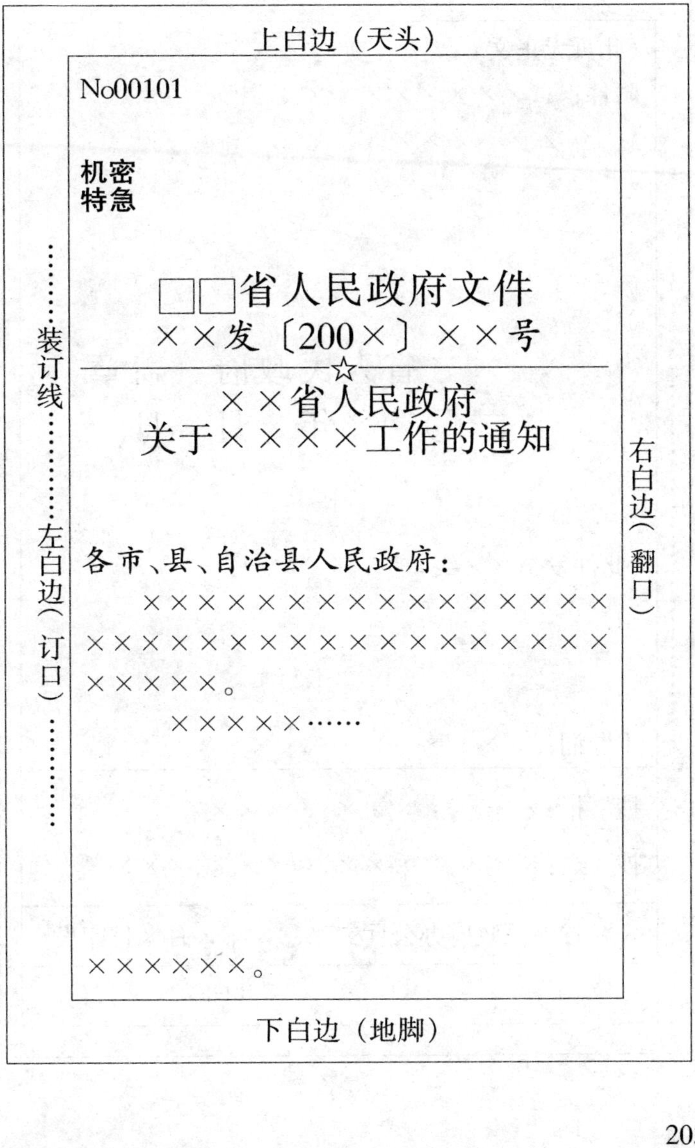
上白边（天头）
No00101
机密
特急
□□省人民政府文件
××发〔200×〕××号
☆
××省人民政府
关于××××工作的通知
各市、县、自治县人民政府：
××××××××××××××××
××××××××××××××××××
××××××。
×××××……
××××××。
装订线
左白边（订口）
右白边（翻口）
下白边（地脚）

（此页无正文）

附件：1.×××××××××

2.×××××××××

××省人民政府（盖章）

二〇〇×年×月×日

（此件发至××级）

主题词：××××　××　××××

抄　报：×××，××××，××××

抄　送：×××，××××，××××，××××

××省人民政府办公厅二〇〇×年×月×日印发

共印××××份

第三节　命令（令）指示

一、命令（令）

（一）命令（令）的性质、特点和运用

命令和令同属于一个文种，令是命令的简称。命令（令）是国家领导机关用来颁布重要法规、采取重大行政措施、任免、奖惩有关人员的一种具有强制性或奖惩性的公文。它通常以机关负责人的名义颁发。

《国家行政机关公文处理办法》指出：命令（令）适用于依照有关法律规定发布行政法规和规章；宣布施行重大强制性行政措施；奖惩有关人员；撤销下级机关不适当的决定等。

根据这一规定，“命令（令）”属于指挥性文书，具有权威性和约束力，并且在某种情况下具有法律效力。因此，“命令（令）”具有权威性、强制性、严肃性的特点。

命令（令）是指挥性的下行公文，因此发布命令和令有着严格的权限规定：命令（令）一般由国家领导机关和国家领导人发布，党的机关和领导人，一般不用命令（令），多用指示或通知，其余国家机关及其首长一般不能发布命令（令）。

命令（令）可在内部行使，也可在报刊公布。

（二）命令（令）的类别、结构和写法

命令（令）包括任免令、公布令、行政令、嘉奖令、惩戒令、戒严令、特赦令等等。因为内容简要，所以结构也简单。在使用上，分单体命令和复体命令。单体命令不带附件，正文部分以简明的文字讲清发布此项命令的理由；复体命令带有附件，用

于公布法律、法规、规章时使用，正文不需阐述理由，只起履行其法定权力加以公布的作用。下面，就我国常用的几种命令（令）的结构、写法作具体说明。

1. 任免令

任免令是用于发布人事任免事宜的单体令，一般由具有人事权的领导机关及领导人使用。正文比较简单，由命令的根据和内容两部分组成。全文结构有五部分：

（1）标题。由发文机关名称（或领导人姓名）和文种两部分组成。

（2）编号。任免令的编号与其他命令不同，它不按年度编号，而是从行政最高领导人任职开始编为流水号，一直到任职期满为止；下届新的领导人上任重新编号。编号的位置在标题的正下方。

（3）正文。写明任免的根据和被任免者的姓名、职务。

（4）签署。写明发文机关名称或领导人的职务、姓名，并加盖印章。

（5）日期。指签发的年月日。

在工作实践中，有时任免人员用“任免名单”、“任免人员”、“任命人员”的形式行文，这只是任免令的发展变化，一般在人数较多而需要同时一纸发布时才用。企业承包后应该用“聘书”，而不能用其他文种行文。

2. 公布令

公布令是用于发布重要法律、规定、条例、规章及其他重要法规的复体令。它的标题、编号、发文权力机关或领导人的署名和签发日期都与任免令相同，只是正文有所不同。正文虽说比较简短，但对发布法规的根据、所发布法规的文件名称、生效与执行的日期这三个要素，必须表述清楚，缺一不可。公布令一般都有附件，这也和任免令不同。需要说明的是，有时公布令的生效时间与执行时间不一致，原因是需要给下级机关留出充分准备的时间。所以，这种公布令在正文末尾都要写："现予公布，自×年×月×日起施行。"

3. 行政令

行政令是发布重大紧急的强制性行政规定措施使用的单体令。这种令，县级人民政府和县级以上行政领导机关及领导人均可使用，某些负有特殊使命或具有指挥权力的机关也可以用，如"防震指挥部"。行政令的结构，标题、署名、日期和印章与任免令的写法相同，编号和正文有别。行政令的编号是按年度编排顺序的。正文分两部分：前面写发令的原因、根据和目的；后面写所采取的重大强制性措施的规定和执行要求。前半部分必须开门见山，简明严谨，少发议论，给读者以紧迫感；同时要注意与下文的衔接、过渡，常用"为此，特发布命令如下"，"为……特命令："等语句承上启下。后半部分的内容要明确、具体，条理清晰，语气肯定。尤其是行动要求、时间限制、地区范围、力量的调集、协同的办法、达到的目的等，更要准确明了。为便于表述，利于理解和执行，一般都采用分条列项的方法书写。

4. 嘉奖令

嘉奖令是行政领导机关或领导人用来表彰有重大贡献或突出功绩的人员或集体的文种。如 1982 年 8 月 12 日国务院对胜利粉碎劫机事件的民航杨继海机组所发布的嘉奖令，就是典型一例。但这种令，省、自治区、直辖市以下行政领导机关不用。嘉奖令的标题可以省略事由，有时可用文种作标题。发令时间和文号写在标题正下方。正文一般分四个层次：第一，介绍嘉奖对象的先进事迹和情况；第二，简要评述其性质和意义；第三，写明嘉奖内容；第四，提出号召。因为嘉奖令的内容较多，行文带有浓厚的褒扬感情色彩，语言比较生动活泼，所以篇幅较长，而且能给读者以强烈感染，具有很强的说服力和感染力。

需要注意的是，嘉奖令拟写的关键在于正文的第一个层次，事实一定要确凿，具有典型性、代表性，事迹要十分突出，有宣传价值。否则，便会失去嘉奖令的作用和意义。

综上所述，命令（令）具有法定权威性和约束力，具有号召群众、统一行动的作用，要求强制执行。凡是令，其内容自然有“令行禁止”的要求，令的对立面是禁，命令做什么，就意味着反面的要禁止。这种文体短小精悍，就是用直白明确、坚决干脆的语言，突出要怎么做的一面，而将要禁止做的一面作为潜台词暗示给受命者，这是“命令”能指挥千军万马的威力所需要的。

二、指示

（一）指示的性质和用途

指示，是上级领导机关对下级机关布置工作，阐明工作活动的指导原则时使用的一种指导性的公文文种，属下行文。“指示”在“布置工作、阐明工作活动的指导原则”的同时，一般还要提出基本要求，指出完成任务的步骤、方法和措施。

指示一般是针对现实中带有普遍性、全局性的问题而发的；也有对某项具体工作而发的；也有对下级机关在执行方针政策、重要决议时，提出指导性意见的；也有针对下级机关在工作进程中所产生的新情况、新问题，提出指导意见的；有时也针对局部性的专门问题而制发。

（二）指示的结构和写法

指示的结构包括标题、主送机关（或个人）、正文、署名和发文时间。

指示的标题一般要完整地写出发文机关、事由和文种。如果是几个单位共同发出或事情紧迫，则应分别在“指示”前加“联合”或“紧急”字样。

指示的正文，由引言、主体、结语三部分构成。

1. 引言要对发文的原因和目的进行阐述，使下级明确意义，以提高认识，统一行动。但，有些简短指示，引言可以省略。

2. 主体这部分，主要是讲情况，摆问题，作指示。具体内容应阐明完成任务的基本原则，具体步骤和应注意的事项。为清晰起见，最好分项写出，语言要简练明确，有针对性，方法措施应具体可行。

3. 指示的结语比较简单，惯用“以上各点，希望认真执行”、“以上各点，希根据当地情况，组织实施”等语句结束全文。

（三）指示和命令的区别

指示提出的原则、步骤和方法既具体，又有很强的针对性；而命令的指挥是原则性的。

指示是指导性公文，执行有一定灵活性；命令则是强制性的指挥公文，一经发布便产生法律效力，下级必须一丝不苟地遵照执行。

指示的发文机关，凡与下级有隶属关系的都可以发指示；命令则不同，只有宪法和组织法规定的上级机关或人员才可以发布。

第四节 议　　案

一、议案的概念和性质

议案的概念有广义、狭义之分。

广义的议案是指具有法定议案权的机关或个人，依照法定程序向国家权力机关提出的属于该级国家权力机关职权范围需要提交会议审议的议事原案（或称议事方案）。它是法定议案提出机关或个人行使职权的一种法律文书。

《中华人民共和国全国人民代表大会组织法》九、十两条规定："全国人民代表大会主席团、全国人大常委会、全国人大各专门委员会、国务院、中央军事委员会、最高人民法院、最高人民检察院，可以向全国人民代表大会提出属于全国人民代表大会职权范围的议案，……一个代表团或者三十名以上的代表，可以向全国人民代表大会提出属于全国人民代表大会职权范围内的议案。"

《中华人民共和国地方各级人民代表大会和地方各级人民政府组织法》第十七条规定："地方各级人民代表大会举行会议的时候，主席团、常务委员会、各专门委员会、本级人民政府，可以向本级人民代表大会提出属于本级人大职权范围内的议案，……县级以上的地方各级人大代表十人以上联名，乡、民族乡、镇的人大代表五人以上联名，可以向本级人大提出属于本级人大职权范围内的议案。"

从以上两个组织法的规定中可以知道哪些机关和个人（人大代表）具有法定议案提出权，亦可知议案是向全国人民代表大会和地方各级人民代表大会提出的议事原案。

狭义的议案是专指《国家行政机关公文处理办法》中规定的议案。这种议案是各级人民政府按照法律程序向同级人民代表大会或人民代表大会常务委员会提出审议事项时使用的一种公文文种。它是法定议案提出机关——各级人民政府行使职权用的一种法定文种。本节讲述的就是这种议案，即作为行政公文的一个法定文种的议案。这种议案与人大代表提交的议案、其他机关提交的议案，或政协会议、职代会、工会和其他重要会议上提交的议案，在内容与形式都不相同。

二、议案的特点

议案作为一种公文文种，除了具有其他法定文种共有的特点外，其本身还具有鲜明的法律性和法律效力性。

（一）议案程序的法律性

从议案的提出到对议案处理的每一个环节，都必须依照法定程序进行。按照法律规定：议案的制作主体只能是各级人民政府，政府各部门和党群机关无权提出议案；议案的主送机关只能是同级的人民代表大会或人大常委会；议案的内容只限于人民代表大会或人大常委会职权范围内的重要事项。人民代表大会或人大常委会审议确认的议案，必须依法作出决议或决定，并依法监督贯彻执行。

（二）议案本身的法律效力性

议案经同级人民代表大会或人大常委会讨论通过后即具有法律效力，有关部门必须执行。

三、议案的种类

国家行政机关（各级人民政府）向国家权力机关（人民代表大会或人大常委会）提请审议的议案，主要有以下五种：

（一）立法案

国家行政机关制定的行政法规需要提请国家权力机关审议或请求国家权力机关制定某项法规提出的议案。

（二）重大事项决议决定案

国家行政机关就本行政区域内某项重大事项（诸如政治、经济、文化教育、科技、卫生、体育等方面工作的重大事项），提请国家权力机关进行审议，并请求作出决议或决定的议案。

（三）任免案

人民代表大会闭幕期间，国家行政机关向国家权力机关提请。审议任免国家机关工作人员的议案。

（四）撤职案

国家行政机关向国家权力机关提请撤销该级国家权力机关选举或任命的国家工作人员职务的议案。

（五）授予荣誉称号案

国家行政机关向国家权力机关提请授予有关单位或个人荣誉称号的议案。

此外，还有机构变动案等。

四、议案的格式和写法

议案的格式，包括版头、标题、主送机关、正文、签署和成文时间等六部分。

（一）版头

议案的版头一般是使用“×××人民政府”，或“×××人民政府（　　）”，在（　　）内填写“议案”二字。发文机关后不加“文体”字样。版头下要加间隔横线。发文字号一般使用“×政［19××］××号”，其位置在文体版头横线下、标题的右下方。

（二）标题

议案的标题一般由“议案提出机关”（发文机关）、“提请审议的事项”（事由）与“议案”（文种）三部分组成。如《××市人民政府关于提请任命×××为××市副市长的议案》。有版头的议案，因版头中已印有提出议案的机关名称，标题中也可以省略，只写事由和文种。“事由”之前一般写“关于提请”、“关于请求”、“关于建议”等词语。

（三）主送机关

写负责审议该议案的全国人大或地方各级人大及其常委会。

（四）正文

这是议案的主体部分，用以陈述提出议案的根据、理由与请求审议的具体事项。要求说明充分的政策依据、法规依据与事实依据。对所提审议事项，应提出具体的措施、办法或建议。一般分三个层次：第一是说明审议事项的意义或缘由等，第二是要求审议的事项，第三是提出请求，如“现提请审议”或“请审议决定”等。

（五）签署

各级人民政府向同级人民代表大会或者人大常委会提出议案，一般由各级行政首长签署，而不落政府机关名称。如国务院提请全国人大常委会审议《中华人民共和国消费者权益保护法（草案）》的议案，就是由国务院总理李鹏签署的。

首长的签署应在职务名称之后空一格，如“省长×××”、“市长×××”、“乡长×××”。如果使用的是首长签名章，则可不再盖政府机关印章。如无首长签名章，则除盖首长一般名章外，还需加盖政府机关印章。

（六）成文时间：

成文时间以行政首长签发的日期为准。日期必须用汉字小写数码写明具体的年、月、日。

五、议案写作应注意的事项

（一）一事一案

为便于审议与处理，在一般情况下，一份议案只写一个中心内容，即阐述一个事项，要求解决一个问题。

（二）依据事实，案由合理充分

撰写议案除了要符合国家的政策法规之外，还需事先进行深入细致的调查研究，对所提事项认真分析研究，掌握全面准确的情况，经过周密的思考，使所提议案依据可靠的事实，案由既要合理又要充分，措施方案要切实可行。

（三）文字表述要庄重、准确、简明、严密、规范，事由清楚，条理分明

（四）要重视附件的写作

提出议事原案时，必须有充分的事实和政策、法律作为依据，并进行必要的科学论证。但由于议案正文写作要求所限，不可能把各方面的依据都写进正文。为使国家权力机关在审议议案时充分地了解和理解案由，必须搞好议案附件的写作。议案附件主要有：1. 书表。如任免案附的党委或党派、团体的推荐书、国家行政机关的拟任、拟免呈报表等；2. 有关材料。如授予荣

誉称号案附的单位、个人事迹材料、撤职案附的被撤职人员的有关材料；3. 有关的法律法规和说明。如立法案附的与议案有关的法律、法规及原制定的法规草案及有关说明等。这些附件对于审议议案有着很重要的作用，必须写好。

第五节　决　　定

一、决定的性质和分类

对重要事项或重大行动做出安排，用“决定”。既是会议讨论通过，又是对重大行动做出安排的，也可用“决定”。决定是一种具有领导性和规定性的下行公文，凡上级做出的决定作为公文下发，下级机关和个人必须认真贯彻执行。

根据性质和内容，决定分为两类：第一类是关于重要事项的处理和安排的决定；第二类是对重大行动做出安排的决定。

第一类包括四种情况：一是关于某一重要事项处理的决定，如 1988 年 3 月 5 日发布的《国务院关于 80 次特快旅客列车颠覆事故的处理决定》。表彰性的决定、授予性的决定、处分性的决定，都可归于此类；二是纲领性的决定；三是对某一重要事项做出安排的决定，如《国务院关于加强粮食管理稳定粮食市场的决定》；四是法规性的决定，如 1983 年 9 月 6 日第六届全国人民代表大会常务委员会第二次会议通过的《关于严惩严重危害社会治安的犯罪分子的决定》。

第二类包括两种情况：一是对某些重大工作做出具体安排的决定，如《中共中央、国务院关于打击经济领域中严重犯罪活动的决定》；二是关于机构设置、人事安排的决定，如《关于设立海南省的决定》(1988 年 4 月 13 日)、《北京市人大常委会任命名单的决定》(1988 年 5 月 14 日)、《关于成立中华人民共和国澳门特别行政区基本法起草委员会的决定》。

二、决定的写法

决定的格式，由标题、日期和正文三部分组成。

（一）标题　标题要完整，发文机关、事由、文种三要素要齐全。

（二）日期　日期是指公布的年、月、日，写在标题之下用括号括住；如果是会议通过的决定，需要在标题下的括号内写明在什么时间、由什么会议通过的。其形式如：

第七届全国人民代表大会
关于设立海南省的决定

(1988 年 4 月 13 日第七届全国人民代表大会第一次会议通过)

有的决定，通过日期与发布日期不一致，目的是为下级机关执行决定留一段准备时间，要在小括号内分别写明。如：

中华人民共和国关于
公布继承法的决定

（1985 年 4 月 10 日第六届全国人民代表大会第三次会议通过，1985 年 4 月 10 日中华人民共和国主席令第 24 号公布，1985 年 10 月 1 日起施行）

（三）正文　决定的正文结构有两种：一种是篇段合一式；

一种是三段式。内容单一的决定，一段到底；有的只用一两句便能表达清楚，如《全国人民代表大会常务委员会关于教师节的决定》(1985年1月21日通过)，只有一句话，46个字。有关重大事项的决定，内容多，篇幅较长，多采用三段式写法：开头写做出决定的原因、目的和意义；中间写决定的内容，这是正文的主体；结尾写希望和要求。如1988年10月6日发布的《国务院关于从严控制社会集团购买力的决定》，开头以两个“有利于”一个“实现”说明“重大意义”，紧接着以“为了……”的主旨语点明目的；中间是决定的8条内容：结尾一条是对各地区、各部门提出的要求。同时，以附件形式列出了专控商品目录。

三、决定写作的注意事项

写作决定，要有政策或法律的依据，观点要明确；要了解问题或事项的具体内容，以便对决定的内容做出切合实际的判断、概括；要结合所属单位的具体情况，保证在实践中能行得通，做得到；决定的语言要准确贴切，不致引起异义；表达应以叙述为主，必要的议论可有一些，但不可过多。

第六节　公告　通告

公告、通告都是公开发表的周知性公文，但因都没有具体告知对象，所以一般不写受文单位。公开发布，一体周知，是它们的共同特点。

一、公告

（一）公告的性质和分类

向国内外宣布重要事项或者法定事项，用“公告”。依法向群众公布特定重要事项时也可使用的这一文种。公告比布告宣布的事项重要，告知的范围广，发文机关的级别较高，法定的职权范围也大。公告宣布的又是公众关心的、须知的、应知的和欲知的重大事项或者法定事项，所以具有公证性、庄重性、新闻性的特点。

公告按用途可分为三类：一类是政府机关面向国内外发布的公告，如公布宪法的实施，公布国家领导人选举结果，公布国家领导人出访，公布重大科研成果，公布运载火箭试验的时间和达到的地域、海域、空域等等。一类是公布重大事项的公告，大多由政府的有关职能部门按程序发布，如涉外部门的专项公告；或由政府依法公布的专业性公告，如依据专利法公布的申请专利的公告。还有一类是向特定对象发布的公告。如依民事诉讼法规定，法院送交的诉讼文书无法送达本人时，可以发布公告；法院公开审理案件时，可事先发布公告，将当事人姓名、案由、开庭日期、地点等公告于众。此类公告可归入司法文书。

（二）公告的写法

公告格式比较简单。标题一般不写事由，有时只用文种代题。标题下是文号，但是只能用单独编的顺序号。正文写发布公告的依据和公告事项。依据什么会议或规定，发布什么内容的事项；根据要有权威性。事项多时可分条写出。最后必须用“特此公告”、“现予公告”等文种规范语作结。写作时要直陈其事件，直述其意向，要就实避虚，不发议论，不加说明，更不能抒情。

必要时可扼要交待宣布事件的根据和原因，但不具体阐述事件的意见，不具体表现事件的情节和细节。语言郑重严肃，平实无华，简洁明快。

（三）公告写作应注意的事项

1. 公告是相当庄重的文告，因此要求内容准确无误，不能有丝毫失真，在用词、语气等方面也要十分讲究，要字斟句酌。

2. 一般基层单位要宣布一些很具体的事项，不宜使用公告，用通告或通知比较合适。

二、通告

（一）通告的性质和分类

在一定范围内公布应当遵守或周知的事项，用“通告”。通告的使用不限于政府机关，一般单位或有一定指挥权的临时机构也可以用。但必须依法发布，限定范围不能超过发文机关的权限。正因为它是各级机关、团体常用的具有一定约束力和周知性的文种，所以，内容具有专门性、政策性和法规性的特点，使用具有直接生效的法规作用、执行作用、教育作用和公布周知的作用。

通告一般分为两类：一类是公布周知性事项的通告，如停电、停水时所发布的通告；一类是公布一定范围有关人员或单位应遵守的通告，如维护城市交通秩序的通告、施工单位发布的通告、行政机关针对某些不法行为、错误行动而发的通告等等。

（二）通告的写法

通告由标题、正文、结语和署名、日期组成。

1. 标题　标题要根据内容而定：对重要事项或政府发布，标题的三要素必须齐备；一般性通告的标题可省略事由，有时只写文种“通告”二字。

2. 正文和结语　正文一般分三个层次。第一层次阐明通告的依据和目的；第二层次将通告的事项分项写出；第三层次是结语，多用“此告”、“特此通告”等习惯用语结尾。这是篇段结合式通告的结构方式。

事项庄重的政府通告，可分为三个段落，但内容和上面的三个层次基本相同。第一段用简明扼要的语言写明政策、法律依据，或理论、事实依据；也可以用主旨语直接讲明通告的目的。这都是为了让单位内或一定范围的群众周知其意义所需要的。接着用过渡语“特此通告如下”转入事项部分。第二段事项部分是重点，要写得明确、具体，有条理。第三段结语，可以写希望或要求，也可以说明执行期限和有效范围。如果没有这些内容，结尾与篇段结合式相同。

总之，无论采用哪种格式，都要做到下列几条要求：

（1）要突出中心。因为通告常常需要明确规定“允许做什么和不允许做什么”，所以，不管通告的“规定”有多少条，条条都要紧紧围绕主旨这一中心。

（2）要体现法律、法规和方针、政策。

（3）语言要通俗易懂。

（4）根据通告内容的专门性质，恰当使用专门术语。

三、公告、通告的区别

（一）从使用范围看，公告范围大，面向“国内外”；通告范围小，“在一定范围内”。

（二）从发文机关看，公告由省级以上高级领导机关或授权的专门职能机关发布；通告则一般机关、单位、社会团体、临时指挥机构均能发布。

（三）从发布形式看，公告主要采用登报、电台、电视台播发的形式公布，很少用书面张贴形式；而通告既可张贴，又可登报和广播。

（四）从性质特点看，虽然都有周知性，但也有区别。公告有庄严性、新闻性的特点；通告具有专门性和规定性的特点。

第七节　通知　通报

一、通知

（一）通知的性质、用途和分类

批转下级机关的公文，转发上级机关和不相隶属机关的公文；发布规章；传达要求下级机关和有关单位需要周知或共同执行的事项；任免和聘用干部，用“通知”。通知用得最为广泛，因而使用频率很高。但也并不是什么事项都可以用通知行文的。根据《国家行政机关公文处理办法》的规定，通知是上级机关向下级机关传达指示、布置工作与周知事项时所用的一种下行文。这样理解才是比较正确的。

根据性质和用途，通知可分为五类：

1. 发布性通知　指发布规章的通知。

2. 批转、转发性通知　批转性通知是指对下级机关的上行公文加按语批转给所属单位、部门，要求贯彻执行或参照执行的通知。按语只是通知的变化形式。所以，下级机关的公文一旦被上级机关批转，就有了上级机关的意图，就与上级机关所制发的公文一样，有了同等的效力。转发性通知是对上级机关和不相隶属的机关的公文，加上按语做出评价或提出参照执行的意见，转发给隶属下级机关的通知。

这两种通知的区别是：

(1) 从性质上看，批转性通知具有批准转发的性质；转发性通知则是借鉴、参照的性质。

(2) 从所加按语看，批转性通知的按语，不仅要对批转的公文表明态度，做出评价，而且要提出执行要求和注意事项；转发性通知只作出评价，指出可资借鉴的方面即可。

(3) 从执行要求看，批转性通知有指令性，下级机关及有关人员必须遵守执行；转发性通知仅要求参照执行。

3. 贯彻、周知性通知　即要求下级机关办理事项的通知、周知事项的通知和执行事项的通知。这都是行政公务方面的关于一般性工作的通知，强制力和行政约束力没有前两类大。如会议通知等。

4. 指示规定性通知

此外，还有的通知具有命令性和指示性，对一些带有政策性、倾向性的问题，不适于用命令、指示发文，就可用具有指示性规定性的通知，写作时不仅要提出指示性、强制性的要求，还要指出怎么执行，交代具体的措施和方法。如《国务院关于坚决制止乱砍滥伐森林的紧急通知》(1980 年 12 月 5 日)。

5. 任免聘用通知：主要用于任免和聘用干部。

(二) 通知的一般写法

1. 标题　重要通知的标题，必须发文机关、事由、文种“三要素”俱全。事由要概括通知的主要内容。颁发（公布、发布、印发)、批转、转发性通知，应在标题中明确表示出它的性质。一般性通知，标题可以把发文机关或事由省略。

2. 正文　由于通知的种类不同，使用范围各异，正文的写法也有区别：

（1）发布规章的通知，正文由通知的根据和通知的规定事项两部分组成；

（2）批转、转发性通知的正文，就是一则按语，批转按语有批示性，转发按语仅有说明性；

（3）周知性通知的正文分两部分：先写通知的意义，目的和根据，后写通知的事项；

（4）贯彻性通知的正文，要结合本单位的情况，下达贯彻上级精神的指导原则，并要写出对下级的具体要求，特别是要提出贯彻落实的意见。

3. 写通知（包括按语）时应当注意：（1）必须体现出公务特点，要有针对性；（2）通知事项必须具体明确，不能含混不清；（3）语言表达要准确、简明。

二、通报

（一）通报的性质和种类

表彰先进，批评错误，传达重要精神或者情况，用“通报”。从作用上可分为表彰性通报、批评性通报和情况通报三种。

1. 表彰性通报　主要是对先进个人、先进集体的事迹和经验进行表彰。

2. 批评性通报　对错误行为尤其是坏典型进行通报批评，告诫和教育人们从中吸取教训。大多在各机关、各企业、事业、团体内部使用。

3. 情况通报　是向干部和群众传达重要精神或者情况的，大都在机关内部使用，目的在于使下级机关和有关人员了解上级精神或了解全面情况，及时掌握新情况、新问题、新经验，通过信息的交流和传达，推动工作的展开。

（二）通报的一般写法

1. 标题　发文机关、事由和文种要俱全。一般事项的通报，可以只写“通报”二字。

2. 正文　三种通报的正文有所不同：

（1）表彰性通报的正文包括事实、评议、决定和要求三部分。介绍事实，所写事件、情节、数字要准确，要抓住主要情况和特点，把最有典型意义的部分写深写透；评议，即分析评论分析其典型意义或概括其主要经验时，文字要简洁明白，分寸恰当，不歪曲、不拔高，又要使人得到教育和启发。最后表明领导机关对表彰对象所作的嘉奖决定，并引申一步对被表彰者和全体下属提出要求。

（2）批评性通报的正文包括事件的经过情况、原因分析、处理决定及防止办法。批评坏典型的通报，情况介绍要清楚，因果分析要科学，所得结论要符合实际，合情合理，处理决定要恰如其分，有根有据。文后有附件的，情况介绍应确凿、简洁。

（3）情况通报的正文，先开门见山写明通报的原因和目的；接下来围绕某一问题列举典型材料，分别说明各种情况；最后写出具体要求。

3. 结尾　多数通报不加结尾，习惯写法是以“希望引起大家的注意”或“特此通报”来结束全文。

4. 署名和日期　在正文右下方署发文机关名称，署名下是发文的年月日。

无论哪种通报的写作，都必须做到事实可靠，用词造句严谨、慎重，讲究分寸，不能称善过其美，言恶过其极。否则，通报就起不到应起的作用。

第八节　报告　请示　批复

一、报告

(一) 报告的性质和分类

向上级机关汇报工作、反映情况、提出意见或者建议，答复上级机关的询问，用“报告”。报告是一种上行文，它是上级机关了解下情、制定方针政策、指导工作的重要依据之一；也是下级机关及时反映情况，取得上级对工作的支持、指导的重要途径之一。可见，下级机关及时向上级机关、主管部门呈送报告，是完全必要的，按照报告制度的要求下级机关定期向上级写出报告，也是必须遵守的。

报告的种类，有两种分法：

1. 按性质分，可分为呈转性报告和呈报性报告两种

呈转性报告是下级机关把工作情况、意见和建议呈报上级机关，要求批转有关单位、部门参考或执行的报告。如国家体委《关于调整优秀运动员、专职教练员及部分体育事业人员工资的报告》，就是呈请国务院批转各省、自治区、直辖市执行的。

呈报性报告是只向上级报送信息而不要求批转的报告。如《铁道部关于 193 次旅客快车发生重大颠覆事故的报告》，就是向国务院汇报事故的严重后果、抢救情况、造成事故的原因、应当吸取的教训，以及处理意见的，无须给予批示或批转。

2. 按内容分，可分为例行工作报告、综合报告、专题报告三种　例行工作报告是下级机关因工作需要，定期向上级领导机

关或业务主管部门写的例行报告，如财经方面的日报、周报、旬报、月报、季报等。

综合报告是反映本单位全面情况，以便上级机关全面指导的报告。这种报告可将计划或总结作为附件上报。

专题报告是下级机关为把某项专题工作或某一方面的情况，呈送上级了解而写的报告。这种报告，上级机关可以直接要求下级机关写，下级机关也可以主动写，但都要求迅速、及时，一事一报。因为这种专题报告使用频率高，而且大多需要上级领导机关批转。

（二）报告的写作

报告的结构，由标题、报送机关、正文、署名和日期、附件、抄报单位等构成。

标题　由报告单位、报告事由和文种组成，有时报告单位可以省略。如：《林业部关于抢救大熊猫的紧急报告》、《关于西藏干部、工人离休、退休、退职工作中有关问题处理意见的报告》。

报送机关或个人要写出收报机关的全称或领导人姓名（多用姓名和职务合称）。

正文　呈报性报告与呈转性报告，在正文写作上略有区别：

呈报性报告的正文，有情况、存在问题、要求三个层次；呈转性报告的正文，由情况、意见、要求三部分组成。

两种报告的区别主要在正文的中间部分，二者的侧重点不同。呈报性报告常常以陈述存在问题为主；而呈转性报告多以具体意见为主，一经上级批转就有了指导性，所以，这是取得上级支持、帮助、指导工作的有效方式。

结束语　多半要用一个独立的自然段来表达，语义要明确肯定，文字简短，也有惯用格式。如例行工作报告，写“以上报告，请审阅”；内容涉及财经物资的，常写“以上报告，请审核”；有关方针政策的，多写“请审查”；有关送物送文的，写“请查收”；有关呈转的，写“以上报告，如无不妥，请批转……参照执行”等。

署名和日期　写在文尾右下角，并加盖公章。

附件　如有附件，另起行顶格写附件名称和件数。

抄报单位　受双重领导的单位，除上级主管机关外，还需抄报另一领导机关。

报告的写作要求：

1. 情况要属实　汇报工作、反映情况，不允许有半点虚假，必须真实。

2. 要求要明确　尤其是呈转性报告，结束语的观点要鲜明，便于上级处理。

3. 结构要清晰　内容较复杂的，要围绕一个中心，分项分条表述；突出重点，详略得当；避免内容重复和交叉。

此外，还要注意：“‘报告’中不得夹带请示事项。”

二、请示

(一) 请示的性质

向上级机关请求指示、批准，用“请示”。这是下级机关就某项工作或事情向上级请求指示或批准，要求上级答复时使用的上行文。为了便于处理和答复，“请示”的内容要单一，只能“一事一文”。工作中，凡上级已有明文规定，在自己职权范围内能够解决的事项，都不必再向上级请示。

在什么情况下才需要请示呢？

1. 上级规定必须请示　待批准后才能实施的事项，如管辖区域变更、机构的设置等。

2. 对上级现行方针、政策、法规、制度不甚了解　有待上级明确答复才能办理的事项，要请示。

3. 工作中发生了新的情况而又无章可循，有待上级明确指示后才能办理的事项，需请示。

4. 在经济、物资问题上请求上级审核批拨或调配使用时，需请示。

5. 由于“条条不能对块块下命令”的行文原则限制，下级所拟制的指挥性文件，需要上级批转下达各有关单位执行时，需请示。

当前在改革开放中，有关机构编制、人事安排、资金使用、材料调拨等方面都需请示，这一文种使用的频率很高。

（二）请示的写作

请示由标题、主送机关、正文、制发机关、抄报单位、附件等项组成。

标题　包括制发机关、事由、文种。有时制发机关可以省略。

主送机关　即收文和办文的上级主管机关。请示的主送机关只能写一个，不能多头主送。

正文　由请示缘由、意见、要求三个层次组成。首先是请示缘由，落笔直书请示的问题，并紧紧围绕所请示的问题，用叙议结合，简洁明白的语言，表明请示的理由；要防止堆砌材料，繁琐冗长；更不能用争辩、要挟的语气行文。然后陈述自己的意见，就是经过分析向上级提出自己对解决问题的看法，供上级参考。意见要中肯、可行，必须做到“两符合”；一是符合政府的法律、法规和方针、政策；二是符合实际，有针对性。最后写明要求，即在结语时明确提出请示要求，多以请求语表达。如：“以上意见妥否，请批示”、“妥否，请批示”、“以上意见如无不妥，请批转……执行”等等。

制发机关　即请示单位，写在正文末尾右下方，署名下写签发日期，然后加盖公章。

抄报单位　请示单位有双重领导，除主送主管领导机关外，要抄报另一上级领导机关。

拟写请示应注意的问题：

1. 要“一文一事”单一明确，意见中肯，切实可行。这和批复的“一请示一批复”的行文规则是相适应的。

2. 不要“多头”请示　以防多头批示的内容口径不一致；也防止上级之间互相推诿，谁也不批。

3. 坚持逐级请示　按隶属关系逐级请示，一般情况不越级。因特殊情况需要越级请示，必须同时抄报被越过的上级机关。

(三) 请示和报告的区别

请示和报告虽然都属于报请性的上行文，但二者是两个不同的文种，在实际使用中要把它们区别开来，不能混同乱用，也不能把“请示”写成“请示报告”。两者的主要区别是：

1. 行文目的不同　请示是为解决具体问题，请求上级指示或审核批准的，必须批复、回答；报告多为上级了解和掌握情况，沟通上下级联系，大多不需要回复 (对有些报告也可批复或批转)。

2. 写作性质不同　请示是请求性公文；报告是陈述性公文。

3. 行文时限不同　请示必须在事前，得到上级批示后才能行动；而报告在事前、事中、事后均可。

4. 内容及其含量不同　请示必须写明请求上级批准的事项，而报告中不得夹带请示事项；请示只能“一事一文”，“一事一请示”；报告一事、数事均可。

5. 正文构成不同　请示由请求缘由、请求事项和请求要求构成；而报告由报告目的、报告内容和结束语构成。

三、批复

（一）批复的性质

答复下级机关请示事项，用“批复”。这是和下级机关的请示相对应的下行文，其内容是针对下级机关所请示的事项而做的答复。

（二）批复的写法

批复的格式包括标题、发文日期、发文字号、收文机关、正文、发文机关。

1. 标题　写明发文机关、下级请示的事项、文种。如《国务院关于同意安徽省设立滁州市、巢湖市给安徽省人民政府的批复》。

2. 发文日期和发文字号　重要事项或高级领导机关的批复日期写在标题下方，并用括号括住，发文字号写在日期的右侧。但一般批复日期写在文后。

3. 收文机关　即来文或来电请示的单位。

4. 正文　先引述下级机关的“请示”文日期、文号，必要时还要引述请示题目或要点，作为批复的依据。中间根据党的方针、政策和实际情况，对请示中提出的事项或问题做出明确答复。有的还写出批复希望或执行要求，以利贯彻执行批答的精神。批复要简短明了。结语常用“此复”、“特此批复”等惯用语。简短的批复，可以省略结语。

5. 署名和日期　标题中无发文机关时，文尾右下方要署名，日期写在署名下方。

有的批复带有普遍性，可以根据管辖权限抄送有关的下级单位。

（三）写批复的要求

1. 找出要领，有见而发写好批复，重要的是透过公务中的各种表层现象之间的关系，对照来文提出的事项和问题，找出带关键性的问题，有针对性地给予批复。虽只三言两语，短小精悍，但属有感而发，有见而发，有为而发，其政见分量、政治敏锐性、鲜明的政策思想，不仅对行政管理效益起主导作用，而且对其他公文文体也有积极影响。

2. 着手于评，落脚于行　拟写批复总离不开评，就是要对下级的请示事项和意见，毫不回避地加以品评。但评是为了行，是为了解决怎么做的问题。这才是批复的落脚点。否则，语同“闲话”，起不到作用。当然，评应当有理有据，语气平正缓和，可明确指出批复事项的重要意义，以提高贯彻执行批复精神的自觉性。在文末提出希望和要求时，要与上文的批复内容组成有机的整体。要直陈直叙，不空发议论，不借题发挥，不节外生枝。

第九节　函　会议纪要

一、函

（一）函的性质和类型

相互商洽工作，询问和答复问题，向有关主管部门请示批准等，用“函”。这里说的函是特指公函而言的。公函既有公文的特点，以机关或机关主要领导人署名后具有代表发出机关的职权的作用，又具有一般函件的写作特征。

函按作用可分为三种类型：

1. 商洽函　指用于平行机关之间互相商洽工作或事项所使

用的函。这种函多用于商调干部、联系参观学习、查询或了解有关人员或事情等等。这种函，在工作中去函和复函相对应，如人员调动事宜，去函提出商洽，复函有针对性地给予答复。

2. 询问、答复函　指下级机关向上级机关询问政策性和业务性的问题及其他事宜，上级机关向下级机关答复事项所使用的函。询问函和答复函互相对应，询问要明确，答复要清楚。

3. 请求批准函　这是下级机关向上级机关请示事宜，并要求批准所使用的函。但只能用于公务中的较小事宜和一般事项的请示。而有关重要事项请求上级指示、批准，必须用“请示”。

（二）函的写作格式

1. 标题和发文字号　去函的标题包括发文机关、事由、文种。如：《××市档案馆关于请求分配应届毕业生来馆工作的函》。发文字号写在标题下方偏右。上例的发文字号是：“×档字［1986］4号”；国务院发函，字号都在标题正下方。

2. 函的正文　去函分两部分：第一部分叙述事项；第二部分说明希望和要求。写作时要注意把去函的起因、情况和要求表述清楚，语言要明确具体，简短扼要，语气谦和。并要事由单一，切忌混杂不清。

复函也分两部分：第一部分引述来函事项；第二部分是说明情况，表明态度，提出处理事项的基本意见或方案。

3. 函的习惯结尾用语　去函多用“为荷”、“为盼”、“为要”、“是荷”、“敬请函复”等。复函常用“此复”、“特此函复”、“特此函告”等等。

4. 发函单位、日期　写在正文尾部右下方，并加盖公章。

（三）函的写作要求

1. 开门见山，目的明确　写函，要把商量的事项和询问的问题，开门见山地直接提出，并要主动爽快地把问题症结和自己的处置意见，告诉对方，要清楚具体地表述自己的意见。不要漫无边际地东转西绕，也不委婉隐晦，闪烁其词，不说套话、空话、假话，不曲意逢迎，也不盛气凌人，不故作姿态、装腔作势。

2. 平等相待，以诚相商　要以诚恳、平易的态度，用恳切、朴实的语言与对方洽谈、协商有关事宜，不打官腔，不强加于人，上行函要表现出坦诚的品格，下行函要表现出谦逊的作风，平行函则要以礼相待，互相尊重，这是函应有的行文风格。如果在函中有一方不采取合作、平等态度，缺乏诚意，不仅会使商洽事项搁浅，而且会损害双方的团结协作关系。

二、会议纪要

（一）会议纪要的性质和分类

会议纪要是记载和传达会议情况和议定事项，要求与会单位共同遵守、执行的公文文种。因为这一文种能概括反映会议的主要情况和议定事项，所以具有纪实性和指导性。它既可以上呈有关领导部门，以汇报会议的情况和结果；又可以向平行单位发出，以传输会议精神、议定事项的信息；还可以下发与会所有单位，要求共同遵守、执行。

根据会议性质的不同，可把会议纪要分为公务性会议纪要、业务性会议纪要和专业性会议纪要三大类。

公务性会议纪要，是党政机关用于公务活动，传达会议议定事项、布置任务的，对与会议有关的单位和人员有约束力和指导作用。如《全国农村工作会议纪要》（1982 年 4 月），在当时就是农村改革的政策依据。

业务性会议纪要，指不同业务部门召开座谈会、研讨会、汇报会、经验交流会、工商协调会、购销洽谈会等等，起协调、交流、促进的作用。

专业性会议纪要，是科研、学术等学术性会议使用的，如《××物理学会学术交流会纪要》。

公文写作中的会议纪要，是特指公务性会议纪要而言的。它作为有公文权威的公文文种之一，既有庄重性、又有权威性和强制力。

（二）会议纪要的写法

会议纪要在格式上包括标题、正文、署名、日期。

1. 标题　在“纪要”前冠以会议名称即成。如《××省××地区纪检工作会议纪要》、《工程、农业技术职称考核评定业务工作会议纪要》。前一标题加上了会议主办单位名称。

2. 正文　正文包括开头、主体、结尾三部分。

开头，要求用简短的文字写出会议概况：召集会议的单位、会议的目的和中心议题、时间、地点、会期、参加人员、议程安排和进行情况、主要收获等。

主体部分，主要写明研究的问题，讨论的意见，议决的事项、今后的任务和要求等。常见的写法有三种：

（1）归纳式。所谓归纳式，就是把会议讨论、研究的内容归纳出几个问题来写的方式。尤其规模大、范围涉及较广的会议，将意见加以分析整理，归纳出主要之点，突出会议的中心和目的，多用这种方式。上面提到的《工程、农业技术职称考核评定业务工作会议纪要》，就采用这种写作方式。这一纪要的正文共两部分，前面是“一年多来技术职称晋升工作情况”，归纳了三条：成绩、体会、问题，每条又有几项。后面归纳出今后“对几个具体问题的意见”，共十条。中心突出，条理清楚。

（2）概述式。概述式就是把会议的发言内容、讨论的情况加以综合、提炼，概括地叙述出来，以反映会议的主要精神。这种写法多用于业务性会议和小型会议。

（3）发言记录式。发言记录式就是按照在会上发言的顺序，把每个发言人的主要观点和意见择要写出。这种写法的好处是，能如实反映会议进程和各种观点，便于如实反映发言人的不同看法和会议的原貌。这种方式，高级领导会议用得较多。

结尾部分，有的写出希望和号召；有的写出会议遗留的尚待解决的问题；也有的正文结束自然结尾。

3. 署名和日期　署名、日期一般写在正文的右下方。署名应写会议主办单位名称，日期写在署名之下，一般以会议结束日期为准。公开在报刊上发表的会议纪要，署名和日期却写在标题之下，居中排列，日期在上（加圆括弧），署名在下。

主送、抄送单位在文体末页的下部注明。

（三）会议纪要与决定、决议的区别

这三种公文都与会议有关，其性质和作用十分相似，都要求下级机关和有关人员贯彻执行。但是，它们也有区别。

从反映的内容看，决定、决议主要写重要事项及会议的结果，而会议纪要所记问题有轻有重，可轻可重。

决议反映的是每一权力机关的共同意见，是代表整个大会的观点；而会议纪要反映的是与会单位和人员不同观点，即使有议决性事项，但仍不能作为大会的共同意志。

决定、决议的观点意志单一集中；而会议纪要则较灵活，可以同时写几个毫无关联的观点。

决定、决议的形成过程有严格的程序；会议纪要只要经主管部门或主要领导审阅批准即可发布。

【例文与简评】

(12—1)

中央人民政府公布中华人民共和国国徽的命令

1950年9月20日

中国人民政治协商会议第一届全国委员会第二次会议所提出的中华人民共和国国徽图案及对该图案的说明，业经中央人民政府委员会第八次会议通过。特公布之。

此令

主席　毛泽东

(12—2)

中华人民共和国主席令

第四十三号

根据中华人民共和国第七届全国人民代表大会第四次会议的决定：

一、任命邹家华为国务院副总理，免去其国务委员职务。

二、任命朱镕基为国务院副总理。

三、任命钱其琛为国务委员。

中华人民共和国主席　杨尚昆

1991年4月8日

【简评】

以上两篇命令，头一篇是公布令，第二篇是任免令。两篇命令都写得十分规范，语言简洁，要言不烦。

(12—3)

国务院关于提请审议《中华人民共和国消费者权益保护法（草案)》的议案

国函［1993］116号

全国人民代表大会常务委员会：

为了保护消费者的合法权益，维护社会主义市场经济秩序，国家工商行政管理局在总结保护消费者权益经验的基础上，草拟了《中华人民共和国消费者权益保护法（草案)》。这个草案已经国务院同意，现提请审议。

国务院总理　李　鹏

1993年8月10日

（原载《国务院公报》1993年第26号）

【简评】

这篇议案的提出符合法定程序。在写作上，该议案一事一案，主题明确；语言庄重、准确、简明；格式正确，写得十分规范。

（12—4）

国务院关于授予赵春娥、罗健夫、蒋筑英全国劳动模范称号的决定

一九八三年二月十二日　　×发［19××］××号

河南省洛阳市老集煤厂工人赵春娥、航天工业部陕西骊山微电子公司工程师罗健夫、中国科学院长春光学精密机械研究所副研究员蒋筑英，是党和人民的好儿女，是工人阶级的杰出代表。他们在自己的工作岗位上，为我国社会主义现代化建设做出了卓越的贡献，是全体职工学习的榜样。为此，国务院决定：授予赵春娥、罗健夫、蒋筑英全国劳动模范的称号，并分别颁发全国劳动模范奖章和证书。

国务院号召：全国各条战线的职工，向赵春娥、罗健夫、蒋筑英同志学习，为实现党的十二大提出的宏伟目标，全面开创社会主义现代化建设新局面而努力奋斗。

【简评】

该决定写得十分规范。标题由发文机关、事由和文种组成。正文第一段先简明扼要地写明决定的依据、缘由，然后用“为此，国务院决定”，承上启下，引出决定的内容；第二段是国务院向全国各条战线的职工发出的号召。全文篇幅简短，层次清楚，语言简洁。

(12—5)

中华人民共和国国家安全部公告

根据《中华人民共和国国家安全法》（以下简称《国家安全法》）的有关规定，国家安全机关工作人员在执行国家安全工作任务时，依法使用由国家安全部统一制作、签发、全国通用的《中华人民共和国国家安全部侦察证》（以下简称《侦察证》）。现将有关事项公告如下：

一、《侦察证》为红色，封面印有“中华人民共和国国家安全部侦察证”字样和由盾牌、五星、国家安全、短剑组成的徽章图案。封里印有持证人的照片、姓名、性别、单位、职务、编号、签发机关及行使的职权。

二、国家安全机关工作人员依法执行国家安全工作任务时，出示《侦察证》，可以行使《国家安全法》规定的有关职权。

三、维护国家安全是全体公民的义务。国家安全机关工作人员持《侦察证》依法执行任务时，个人和组织应根据《国家安全法》的有关规定，积极提供便利条件和其他协助；不得以任何借口妨碍或者阻挠，违者依法处理。

四、严禁任何组织和个人非法使用《侦察证》，或者伪造《侦察证》，违者依法追究其刑事责任。

五、国家安全机关及其工作人员在国家安全工作中，应当严格依法办事，不得超越职权、滥用职权、不得侵犯组织和个人的合法权益。违者视其情节轻重，给予行政处分；构成犯罪的，依法追究刑事责任。

六、任何组织和个人，如发现国家安全机关及其工作人员有超越职权、滥用职权和其他违法违纪行为，应当检举、控告，我们将及时查清事实，严肃处理。国家安全部投诉电话为：8219617。

特此公告。

国家安全部

1994年2月20日

（原载《国务院公报》1994年第6号）

【简评】

这篇公告的标题由发文机关和文种构成；正文先写发布公告的因由，并用承启用语过渡，再分条列项地写公告事项，结尾以“特此公告”收束全文。条理清楚，语言简练；落款写明发文机关和成文时间。写得颇好。

（12—6）

关于维护学校秩序的通告

学校是建设社会主义精神文明的重要阵地，是为国家培养德、智、体全面发展的又红又专的社会主义建设人才的场所，必须有一个良好的教学环境。人民教师担负着培养后代的光荣任务，他们的劳动应该受到特别的尊重。为了维护学校的正常秩序，保障师生员工的人身安全，保证教学工作的顺利进行，特通告如下：

一、不经学校允许，无关人员不得随意进入学校。对那些寻衅滋事，殴打、侮辱师生员工，抢夺师生员工的财物，严重破坏学校秩序的犯罪分子，要坚决打击，依法惩处。

二、任何单位和个人不准侵占学校土地、校舍、操场以及附属设置，不准到校园内放牧、取土、采石、种植或占用学校场所搞其他活动。

三、任何单位和个人不准破坏校舍、教学设备和环境卫生。不准堵塞学校道路，污染学校水源，卡断学校电路，强行从学校通过。

四、禁止各种商贩进入学校或在学校门口摆摊叫卖。严禁翻印、出售、传抄、传阅反动淫秽书刊和播放反动、黄色歌曲。

本通告自公告之日起施行，凡违反本通告规定经教育无效者，视其情节轻重，依法分别给予处理。

××省教育厅、××省公安厅

1983年4月13日

【简评】

通告是在一定范围内向有关人员公布应当遵守或周知事项的文种，内容具有政策性、法规性和专门性的特点。

(12—7)

国务院办公厅转发建设部、公安部关于加强城市道路与交通管理工作报告的通知

国办发［1992］58号

各省、自治区、直辖市人民政府，国务院各部委、各直属机构：

建设部、公安部《关于加强城市道路与交通管理工作的报告》，已经国务院批准，现转发给你们，请贯彻执行。

国务院办公厅

1992年11月28日

（原载《国务院公报》1993年第12号）

(12—8)

国家计委印发关于商品和服务实行明码标价的规定实施细则的通知

计价检［1994］250号

各省、自治区、直辖市及计划单列市计委（计经委）、物价局(委员会)，国务院各部委、各直属机构：

我委《关于商品和服务实行明码标价的规定》已经国务院同意于今年3月1日起施行。为切实做好实施工作，现将我委制定的《关于商品和服务实行明码标价的规定实施细则》发给你们，

请认真贯彻执行。

国家计委

1994 年 3 月 3 日

（原载《国务院公报》1994 年第 7 号）

（12—9）

国务院办公厅关于调整全国爱国卫生运动委员会组成人员的通知

国办发［1994］8 号

各省、自治区、直辖市人民政府，国务院各部委、各直属机构：

根据工作需要和机构人事变动情况，国务院决定调整全国爱国卫生运动委员会组成人员。现将调整后的组成人员名单通知如下：

主　任：彭珮云（国务委员）

副主任：陈敏章（卫生部部长）［下略］

委　员：陈福今（中共中央办公厅副主任）［下略］

办公室主　任：陈敏章（兼）

国务院办公厅

1994 年 1 月 10 日

【简评】

以上三篇通知，头一篇是转发文件的通知，第二篇是印发文件的通知，第三篇是关于机构人事变动的周知性通知。这三篇通知都写得十分规范，语言简洁，格式正确。

（12—10）

关于××省××县红星玻璃钢厂擅自制作和出售国徽的通报

国办发［1983］23号

各省、自治区、直辖市人民政府办公厅：

据反映，××省××县红星玻璃钢厂1983年6月向各地函称：本厂采用玻璃钢材料制作中华人民共和国国徽，自去年生产直径为67厘米的国徽以来，已有25个省市自治区数百个单位订货。还根据一些单位的需要，试生产了直径一米的国徽，欢迎订购等等。国徽，是中华人民共和国的象征。国徽的制发是一件非常严肃的事件。前中央人民政府办公厅和国务院办公厅都曾规定，县以上各级人民政府悬挂的国徽由中央人民政府、国务院统一制发，并对悬挂国徽的机关和各级政府悬挂的国徽尺寸作了具体规定。××省××县红星玻璃钢厂未经授权，自定规格，擅自制作和出售国徽是错误的。请××省人民政府办公厅立即制止，对已售出和制出的不符合规格的国徽应当全部销毁。

请各省、自治区、直辖市人民政府办公厅认真检查一下本地区有关类似情况，一经发现，应立即纠正。

国务院办公厅

1983年3月31日

【简评】

通报要求事实必须可靠，用词造句严谨慎重，讲究分寸。

这篇通报属情况通报，是将新发现××省××县红星玻璃钢厂“擅自制作和出售国徽”的情况通报全国的，从政治意义上说，事情重大而又严肃，通报全国，以防这种“类似情况”发生，十分必要。

正文结构简单。第一段开头以引述红星玻璃钢厂所发函件的内容，表明已经存在的确凿事实。接着介绍国徽的象征意义和中央已有规定，说明这个厂的做法是“错误的”。然后责成“××省人民政府办公厅立即制止”，“全部销毁”这个厂制作的国徽。这一段用事实来说明发布通告的原因，为提出处理决定打下了基础。第二段是要求全国省级政府办公厅“认真检查”“类似情况”。

全文用词准确，语句简练通顺，朴实明白，结构也很完整，是一篇好通报。

（12—11）

××齿轮厂关于增加“六五”期间技术改造项目投资的请示

×齿发（1985）49号

××省机械工业厅：

我厂经国家批准的“六五”期间59万元技术改造项目，在执行过程中资金额突破了原计划，其原因如下：

一、原计划更新和增加设备11台，资金额13万元，因一些优质名牌设备提价，致使这项资金额达14.7万元，价差1.7万元（详见附表）。

二、原计划翻建锻造车间厂房1000平方米，资金额30万元。日前，我厂已与市铁西区建筑工程公司签订了施工任务书，经市建行审查定案后，工程预算为33.2万元。超出原计划的原因是：一部分计划外建筑材料议价，价差3.2万元。

上述两项共超出资金4.9万元。由于在59万元技术改造项目中，我厂自筹资金已达35万元，此次突破计划的资金4.9万元，我厂已无力解决。为了不致影响“六五”技术改造项目的实施，特请示予以办理调整计划、增加指标4.9万元。同时请求银行给予办理贷款，以解决资金问题。

妥否，请批示。

附：优质名牌设备价格调整前后对照表（略）

1985年5月25日（公章）

【简评】

这篇请示格式正确，正文请示原由写得充分，请示事项写得明确，请示结语也很规范，语言简洁，是一篇好请示。

（12—12）

国务院关于同意苏州市和徐州市为“较大的市”的批复

国函［1993］52号

江苏省人民政府：

你省《关于要求批准苏州、徐州两市为较大的市的请示》（苏政发［1992］160号）收悉。国务院同意苏州市和徐州市为“较大的市”，两市可以根据《中华人民共和国地方各级人民代表大会和地方各级人民政府组织法》的有关规定，制定地方性法规和规章。

国　务　院

1993年4月22日

（原载《国务院公报》1993年第15号）

【简评】

这篇批复是一段文（篇段合一式），先写批复根据，后写批复内容，最后写批复要求，语言简洁，要言不烦，写得十分规范。

(12—13)

××市档案馆关于请求分配应届毕业生来馆工作的函

×档案［1986］4号

××××大学：

为了充分挖掘档案信息资源，更好地为两个文明建设服务，我馆根据中央劳动人事部和国家档案局联合下达的×档联发(1985) 2号文件规定，人员缺额很大，编制将有所增加，为此，我们恳请贵校在今年分配应届毕业生时，在由学校掌握的机动名额内能给我馆分配历史系、中文系的毕业生各一至二人，敬请大力支持为盼。

此致

敬礼

××市档案馆（公章）

1986年3月1日

抄送：××××大学历史系、中文系

【简评】

这是一份商洽函，商洽的事项是“请求分配应届毕业生来馆工作”。两个不相隶属的机关之间商洽事项，用函这种形式，情通理顺，符合规定。

正文只一段，分两部分。“为此”之前是叙述事项，摆明情况：有正确的出发点，有确凿的文件根据，有实际存在的困难，前后联系紧密，语言简洁清晰。“为此”之后是希望和请求。请求提得具体、有针对性，语言恳切有礼。最后的“抄送”，也属必要，既给高校有关的基层单位提供了对毕业生需求的信息，也有益于它们协助办理相关的分配事宜。

总之，这份商洽函主旨明确，结构合理，语言精练，是一篇好公文。

（12—14）

国务院办公厅关于
公开发布天气预报有关问题的复函

国办函［1993］45号

中国气象局：

你局《关于加强发布公众天气预报归口管理的报告》（国气发［1993］13号）收悉。经国务院同意，现将有关问题函复如下：

一、为保证向社会公开发布天气预报和灾害性天气警报的准确性，更好地为国民经济建设和保障人民生命财产安全服务，国家对公开发布天气预报和灾害性天气警报实行统一发布制度。由中国气象局管辖的各级气象台（站）负责发布，其他部门、单位及个人未经省级或省级以上气象部门同意，均不得向社会公开发布各类天气预报和灾害性天气警报。

二、其他部门所属的气象台（站）或机构，只负责向本部门发布专业天气预报。

三、通过广播、电视、报刊、电话等手段向社会公开发布的天气预报和灾害性天气警报，一定要利用气象部门提供的适时气象信息。

国务院办公厅

1993年7月1日

（原载《国务院公报》1993年第16号）

【简评】

这篇复函格式正确。其正文采用总分式的写法，开头部分先写复函引语作为复函的依据，接着总写一句“经国务院同意，现将有关问题函复如下”作为过渡语引出下面的分述；以下主体部分则用分条标项的方法，条理分明地写出复函的内容，写完即告结束，不另加结语。全文层次清楚，语言简洁，是篇好复函。

（12—15）

部分高校科研处长会议纪要

1990年4月3日到4月6日，国家教委委科司在杭州召开了部分高校科研处长会议。出席会议的主要是承担国家重点实验室、专业实验室建设任务的高等学校和国家教委直属高等学校的科研处长。清华、哈工大、南大等部分高校主管科技工作的校长也应邀出席了会议。会议的主题是传达全国科技工作会议精神，总结交流经验，对高校科技工作中若干重大问题进行研讨。会议期间，国家教委科技司副司长×××同志传达了全国科技工作会议精神，对1989年全国高校科技工作进行了总结回顾，报告了今后五到十年发展科技工作的初步考虑和1990年要重点抓的工作；浙江大学副校长×××同志和建德农药厂、绍兴毛麻纺织总厂的负责同志介绍了国家教委和浙江省人民政府组织高校在杭嘉湖绍地区进行科技开发的情况；清华大学、兰州大学、四川大学等校代表介绍了完成“七五”攻关任务和组织“八五”科技攻关项目的经验。会议对办好国家重点实验室、召开全国高校科技工作会议，以及起草的有关文件进行了认真讨论，国家教委科技司副司长××同志在闭幕式上作了总结发言。现将会议讨论的意见综合记述如下。

一、关于科技兴农问题（略）

二、关于科技攻关问题（略）

三、关于办好国家重点实验室问题（略）

四、关于创办工程研究中心问题（略）

五、关于召开全国高校科技工作会议问题（略）

六、关于高校科技工作管理体制问题（略）

国家教委科技司

1990年4月6日

【简评】

这篇会议纪要写得较规范。正文开头部分用简洁的文字写出会议概况：会议的时间、地点，召开会议的单位，出席会议的人员，会议的主题以及会议期间的概况。末了用“现将会议讨论的意见综合记述如下”引出下文；立体部分采用综合归纳法，把会议讨论的意见综合归纳为六个问题，并分别以醒目的小标题（如

“关于科技兴农问题”）标出，逐个地展开记述。六个问题记述完了即告结束，没有单独的结尾部分。全文结构严谨，条理清晰，文字简洁。

【写作训练题】

1. 某大学要求建一座图书馆楼，写了一份请示，同时主送省委、省人民政府、省教委和省计委，原以为这样做万无一失，批复下达肯定快，但时过五个月，迟迟不见批复下来，请分析其中的原因可能有哪些？

2. 某专区的专员签发了一份嘉奖令，表彰嘉奖一名支农有成就的科技人员。请问，这样行文对不对？为什么？

3. 为什么指令要编两个号，既编公文号，又按专业性质不分年度编写流水号？

4. 某工厂一青年男职工，旷工达七个月零九天；因酒后打架斗殴五次，并无故打伤一名劝架的退休干部，三次被公安局派出所拘留。厂里为了严肃厂规，教育该厂青年职工和群众，按厂内规定“无故旷工两个月，给予除名处分”的制度，决定将这个职工除名。请你以此内容，代拟一份处分决定。

5. 决定和决议的区别是什么？

6. 第七届全国人民代表大会第一次会议，于1988年4月13日通过了关于建立海南经济特区的提案，决定海南岛为海南经济特区，并授权海南省人民代表大会及其常务委员会，根据国家有关法律、决定和行政法规，结合海南省的具体情况和实际需要，制定具体实施法规。请你根据上述内容，代拟一份决议文稿。

7. 找一篇国家行政机关发布的布告，从内容分析中说明它的周知性、宣传性和惩戒性特点。

8. 下面是某中学在校内公开发布的一份文告，请你读后指出其中存在的问题；然后进行修改。

公　告

关于高三（3）班学生许×的处分决定

9月14日中午，许×和校外的几名青年在一块儿喝酒（这本身就违犯了学校的纪律），另一部分校外青年用自行车将许×放在地上的衣服压了过去，引起争斗。这部分青年趁势跑了，许×等追赶，追到教学楼的北头看不见人影，恰好碰到刚从后操场踢球过来的我校初三年级学生杨××、车××、叶××3位同学，许×问这三位同学，“他们跑到哪里去了？”杨××回答说：“没有看见。”许×朝杨的头部就是一铁棒。将杨的头部打破约三厘米的一个裂口，杨的头部顿时流血不止，但许×没管，继续追赶那部分人去了。

更不能容忍的，在下午上课时，许×和王××到初三各班找人继续闹事，不听老师劝阻，扰乱正常教学秩序，引起老师们的愤怒！

事情发生后，教导室和班主任多次找其谈话，帮助许×提高认识，写出检查，但许×以不会写检查为由，拒绝检查，直至拖了一个多月仍没有交来一份检查。

许×对此事没有认识，目无校纪校规，目无组织纪律和法制观念。根据以上事实和态度，经9月27日校行政会议讨论，对该生应从严处分。

处理决定如下：

1. 给许×留校察（看）一年的处分，并责令许×在处分公布一周内交来检查，否则再加重处理。

2. 责令许×负担全部医疗费和营养费 20 元。

3. 协同者王××在全校点名批评。

××四中（印章）校长×××（印）

1990.10.27.

9. 某市为了总结本市中、小学贯彻《全国中小学勤工俭学暂行工作条例》的情况，总结交流经验，解决其中出现的问题，布置下一步勤工俭学事项，把勤工俭学活动提高到一个新水平，决定近期召开全市中小学勤工俭学总结表彰会议。请你代该市教委拟一份通知。

10. 分析下面的请示，在内容方面有什么问题？主送机关、请示事项是否合适？请对这篇请示加以修改，并代上级主管部门拟写一份批复。

××饭店安全保卫部关于购置防爆检验器材的请示

店党委：

通过看市公安局编印的 84 年×期《××公安情况反映》得知：××站为落实中央领导同志“对××站要做到不发生爆炸，不响枪、不死人”的指示，进一步提高防卫能力，在今年春运期间，在行李发送和小件寄存处安装试用了防爆检测器材三种四台，使用效果较好。从而联想到我店东楼大厅内也设有行李寄存处，据查寄存数，平均每天存包××件，一年多达×××××件，另外，行李组人员也不便于对外宾所存物品实行开包检查。

所以安全底数不大，是个大隐患。一旦发生爆炸事件，无论从人员伤亡、经济损失还是政治影响，都很难预料。

鉴于××饭店所处位置是市中心，又是今年国庆××周年大典活动的会场区，同时中央首长经常涉足，外宾居住、活动的场所。因此，防爆炸问题急需解决。为加强饭店的安全保卫工作，防止发生爆炸事故，我部意见购置公安部××所研制的防爆检测器材。

妥否，请批示。

19××年×月×日

11. 学校准备派两名教务人员，赴某大学了解、学习教务方面的经验，请你代学校写一份公函。

12. 指出下面会议纪要中的问题，并重写全文。

××县政府办公会议纪要

县政府于6月15日召开了办公会议，行署检查组的同志和县直有关部、室、委、办的负责同志列席了会议。会议对少数县直机关科局长以上领导干部动用公款建造个人住房问题进行了讨论，现将会议决定纪要如下：

一、赵××、李××动用公款为个人建造的住房，全部收交县政府行政科管理，产权属县政府行政科。这二位同志的住房由行政科按有关标准另行分配。

二、县文化局利用公款为个人建造的两处三家的住房，全部收交县政府行政科管理，产权属县政府行政科。

三、阎××、吴××的住房，原则上都要收交农行，安排给其他同志住。鉴于阎××同志目前病情较重，暂缓搬出。吴××同志要在规定期限内搬出。

四、要分工包干，各负其责。党群口由尹××同志负责，财口由谢××同志负责，政办口由刘××同志负责，农口及建委由许××同志负责，宣传口由刘×同志负责。

五、上述同志，凡决定搬出新房的一律限于7月5日前搬出。因房子安排不落实不能按期搬出的由有关组织负责，住房已经安排落实，本人在规定期限内不搬出的由本人负责。

六、对科局级干部利用职权为个人建造住房及少数区、乡干部在县城建房的问题，要在抓好对科局长以上干部住房问题处理的同时，认真地迅速查清处理。

××县人民政府办公室整理

1988年×月×日

第十三章　机关事务文书的写作

第一节　机关事务文书概述

一、机关事务文书的概念与类别

（一）什么是机关事务文书？

我们这里所讲的机关事务文书是相对于机关正式公文而言的。机关事务文书是政府机关、社会团体、企事业单位在日常公务活动中使用的一种具有很强的实用性、事务性和某种惯用体式的文书，是应用文章的一个大类。它一般不属于正式公文，但比正式公文的使用频率更高，应用范围更广。

（二）机关事务文书的类别

机关事务文书多种多样，它大致可分为以下七类：

1. 计划性文体：计划、安排、规划等；

2. 调查总结性文体：调查报告、总结、述职报告；

3. 会议用文体：开幕词、闭幕词、会议报告等；

4. 记录简报性文体：简报、签报、会议记录、大事记等；

5. 规章准则性文体：章程、条例、规定、办法、细则、规则、规程、制度、守则、公约等；

6. 告白性文体：声明、启事；

7. 礼仪性文体：请柬、聘书、迎送词、答谢词、贺电、贺词、祝词、讣告、悼词等。

本章着重讲述前六种事务文书中主要文体的写作，礼仪性文体的写作将在后面设专章介绍。

二、机关事务文书的特点

机关事务文书的特点与机关正式公文有许多相近之处，这主要表现在以下三个方面：

（一）事务文书要由一定的作者制发

这一特点与公文类似，只是事务文书作者的法定性不及公文那样严格。公文必须以法定的机关、组织或其法定领导人的名义制发，而事务文书可以以法定的机关、组织的名义制发，也可以以机关、组织的某个部门的名义制发，也可以以机关、组织的领导人或代表的名义制发。

（二）事务文书具有鲜明的政治性和很强的政策性

这一特点与公文比较一致。它们都担负着传达、贯彻政府的方针政策，处理机关公务的重要任务，它们的内容与政府的政治、政策密切相关，只是事务文书的这一特点不及公文那样显著而已。

（三）事务文书要按照长期以来“约定俗成”的惯用体式制作，并要按照机关、组织的隶属关系行文

这一特点也与公文类似，只是不像公文那样必须严格地按照固定的特定体式制式、按照规定的处理程序进行处理。

事务文书既有与公文相类似的特点，又有与公文不同的特点。事务文书区别于公文的特点是：事务文书不具有公文那样的法定的权威与效力。公文作为管理国家政务的工具，是法定的作

者在法定范围内行使职权而制发的，具有很大的权威性和效力。而事务文书作为处理机关日常事务的工具，一般不算正式公文，因而没有公文那样的法定权威性和效力。

计划、总结等事务文书只有附在一份正式公文后面作为附件去行文，才具有公文那样的法定权威性和效力。如《1985 年国民经济和社会发展计划（草案）要点》，就是作为国务院“国发〔1985〕1 号”文件（“通知”）的附件下达的。

条例、规定、办法、细则等法规性的事务文书也只有通过发布令、公告或附在通知这种正式公文之后行文，才具有公文那样的法定权威性和效力。如《中华人民共和国治安管理处罚条例》，就是 1986 年 9 月 5 日由当时的国家主席发布第四十三号令公布施行的。国务院发布和由国务院批准发布的行政法规，以往都是把它附在正式公文“通知”后面行文，即用文件形式发布。1988 年 5 月 31 日，国务院办公厅根据国务院的决定发出了《关于改进行政法规发布工作的通知》，对条例、规定、办法、细则等行政法规的发布又作出了新的规定。“通知”说：“为了提高行政法规的权威性，使行政法规能够及时为社会和公众知晓，便于国家机关、社会团体、企业事业单位及全体公民执行和遵守，国务院决定改变现行的用文体形式发布行政法规的办法。”“通知”规定：“从现在起，国务院发布行政法规，由国务院总理签署发布令；经国务院批准，部门（含部、委、行、署、直属机构、国家局）发布行政法规，由部门主要领导人签署发布令。”

应当指出，在我国有这样的惯例：在机关、单位、系统内部，计划、总结、规章制度等事务文书，往往不作为公文的附件发布，而由一定的领导班子会议通过发出或由机关、单位首长在一定的会议上讲出，它在机关、单位、系统内部也具有一定的权威性和行政约束力。

三、机关事务文书的作用

机关事务文书是处理机关日常公务的工具，使用频率很高，应用十分广泛。其主要作用是：

（一）部署、指导工作，总结经验教训

机关事务文书是因事制作的，为了正确地贯彻党和国家的方针政策和上级指示，组织广大干部群众完成工作、生产任务，需要制订工作计划、生产计划。为了总结一个时期或一个阶段的工作、生产情况，推广典型经验，吸取其中的教训，需要认真地写出工作、生产总结。这些事务文书起着部署、指导工作和总结经验教训的作用。

（二）宣传、教育、动员群众

为了及时讲解、宣传政府的方针、政策，布置、推动中心工作，各级政府机关的领导人常常利用会议文体在会议上讲话、作报告，明确任务、统一思想、统一行动，这对广大干部、群众能起到宣传、教育、鼓动的作用。

（三）沟通情况，留存备考

简报、调查报告在机关工作活动中，起着交流、沟通情况，便于上下左右联系的作用。会议记录、大事记等事务文书是机关活动的原始记录，有保存价值，可以作为检查工作的依据和凭证，也可以作为日后查考的资料。

（四）规范行为，约束行动

为了使全体公民或一定范围的人员共同遵守一定的行为准则，需要制定各种规章制度，如章程、条例、规定、办法、细则、规则、守则、公约等。这类具有法规性和约束力的文体能起到规范人们行为、约束人们行动的作用。

（五）告白事体，礼仪应酬

机关、单位要公开向大众说明某种重要事情或说明并请求群众予以协助办理的事情，要写声明、启事。在日常工作活动中，机关、单位时常需要进行某些礼仪性的交往活动，这就需要运用请柬、聘书、迎送词、答谢词、贺电、贺词、祝词等礼仪性文体。这两类事务文书就分别起着告白事体、礼仪应酬的作用。

第二节 计划与总结

一、计划

（一）计划的含义和意义

计划是对未来一定时期内的工作、生产、学习等拟定实现目标、内容、步骤、措施和完成期限的一种文书。其应用范围十分广泛。

计划是个总的名称，除了一般说的“××计划”之外，我们在日常工作中所常见的“安排”、“打算”、“规划”、“设想”、“意见”、“要点”、“方案”等，都是对今后所进行的工作或活动做出的部署和安排，因而均属于计划这个范畴。它们的区别主要体现在内容的详略和时限的长短上，大体说来，安排、打算是适用时间较短，内容较具体，并偏重于工作步骤和方法的计划；规划是带有全局性、长远性和方向性的计划；设想是初步的、粗线条的、不太成熟的、提供参考的计划；意见是原则性较强、内容较完整的计划；要点是只列工作任务中主要方面的计划；方案则是对某项工作，从目的要求、方式方法到具体步骤都做出全面部署与安排的计划。

古人云："凡事预则立，不预则废。"① 要完成某项工作和任务，事前制订一个周密的切实可行的计划，使行动有所遵循，就能避免盲目性、被动性，取得工作的主动权，提高工作效率。如果从现代管理科学的角度来看，计划是管理活动内容的决策、计划、组织和控制四个环节中不可缺少的一个环节。就一项具体的管理活动来看，一般总是领导机关、领导人先作出决策，再制订计划，然后组织实施，协调控制整个过程。计划介于其间，它既是决策的具体化，同时又是组织实施的纲领，并为控制提供依据。因而计划在现代科学管理活动中有着特殊的意义。因此，各级政府机关都负有制订计划的任务，分时期、分地区、分系统地制订国民经济计划和社会发展计划以及各种工作计划。各个企业、事业单位也按期制订本单位的生产、工作计划。而且都按预定计划进行工作、生产，并以完成计划为目的。

（二）计划的种类

计划的种类很多，按照不同标准划分，就有不同种类的计划。

1. 按内容分，有生产、工作、教学、财务、学习、科研计划等。

2. 按范围分，有国家、部门、单位、科室、班组、个人计划等。

3. 按时间分，有年度、季度、月份计划，或长期、短期计划等。

4. 按性质分，有综合性计划和专题性计划等。

5. 按效力分，有指令性计划和指导性计划。

---

① 见《礼记·中庸》。

（三）制订计划的基本要求

1. 要摆正整体与局部的利益关系　制订计划的目的，是为了执行和贯彻政府的方针政策，更好地完成各项工作任务。因此，在制订计划的时候，必须从整体利益出发，以政府的方针政策为指导，联系上级有关单位的指示精神，结合本单位或个人的具体实际，把小计划纳入大计划，正确处理好个人与集体，当前与长远，基层与整个部门的关系。这样，制订出来的计划，才能充分发挥调动各方面积极性的作用。

2. 要实事求是，留有余地　制订计划，必须考虑当时当地的实际情况和发展需要，既要先进，又要稳妥；既要积极，又要留有余地。这样，群众经过一番努力能完成计划，信心就会更高，劲头就会更足。反之，就会挫伤群众的积极性。所以制订计划时，千万不能犯主观主义，不要说大话，不要搞空指标、假指标，不要自我吹嘘，不要搞“一刀切”。脱离实际的、不能实行的计划，只能成为一纸空文，甚至会贻误工作。

3. 要具体、明确，突出中心和重点　所谓具体和明确，是指计划上的目的、任务、指标、措施、办法、步骤、负责单位或个人，都应写得具体、明确，切忌含糊不清，模棱两可，职责不明。所谓突出中心和重点，是指计划的内容，要根据每一个时期任务的主次、缓急来安排工作的程序，把其间的中心和重点工作任务突出出来。如果没有中心和重点，什么工作任务都齐头并进，结果必然是什么工作也做不好。

4. 要走群众路线　在制订计划的过程中，要依靠群众，集思广益，始终坚持群众路线。要在最大范围内让群众参与，集中群众智慧，以保证计划的合理性和可行性。计划草案写好后，应交群众讨论修改。有些重要的计划，还需再交有关人员对计划的可靠性和可能性进行论证。

5. 语言简明，文风朴实　计划的语言要简洁明了，以说明、叙述为主，要朴实自然，讲求实用，讲求实在。

(四) 计划的结构与写法

计划没有一成不变的格式，可以采用条款式、表格式，也可以既有条款又有表格。如果是大单位，时限长的计划，还可用文件形式发布。但不论采用哪种形式，一份计划，一般要由标题、正文、结尾这几个部分组成。

1. 标题　标题又叫计划名称，要表明制订计划的单位、期限和种类。如《××大学1991年度教学改革计划》，就包括了单位名称、计划期限和计划种类三项。如果单位名称放在结尾处写，标题就可只写《1990年度教学改革计划》。如果计划还未正式确定，是征求意见稿或讨论稿，要在标题后用括号注明“草案”、“初稿”、“未定稿”、“初步计划”、“供讨论用”等字样。

2. 正文　正文是计划的主体。这部分应写出为什么订这份计划，要做些什么，为什么去做，怎样去做，什么时候完成等，要求具体明确，主次分明，条理清晰，言简意明，以便执行。正文一般包括下列几项内容：

(1) 前言。简要地说明制订计划的依据，上级的要求，结合本单位实际，确定今后总的工作任务。这一项如无必要，也可以不写，直接就写计划的目的和任务。

(2) 目的和任务。明确地写出要达到的目标、指标和要求，包括做哪些事，数量上和质量上的要求等。

(3) 措施和步骤。详细地说明完成任务的具体措施，行动步骤，时间分配，人力物力财力安排等。为了眉目清楚，一般可分条分项写。

（4）其他事项。有应注意的问题，实施计划的措施，以及检查、评比、修改计划的办法等。这些内容可以分写在条文里，也可以单列条文或在末尾专写一段。

表格式计划中的表格实际上就是正文，只不过运用表格的形式表达出来。有些在表格前面写一段文字说明，交代制订计划的依据和实施计划的措施、办法，这两者是不可分割的整体，都属于计划的正文部分。

3. 结尾　一般包括在执行计划时应该注意的事项，需要说明的问题，或者提出希望或号召，以收束全文。最后是落款，即注明制订计划的单位名称和日期。如果在计划标题上已冠以单位名称，结尾就不必再重复了。上报或下达的计划，还要加盖公章。

此外，与计划有关的一些材料，在正文里不能一条条表达，可以在正文后面附表或附图说明。如果需到抄报、抄送某些单位，在正文之后应分别写明。

二、总结

（一）总结的概念及作用

总结是对前一个阶段或一定时期内的工作、生产、学习等进行全面、系统的回顾、检查、分析、研究和鉴定而写成的书面材料。总结与计划既有区别又有联系。它们的区别是：计划是在工作、生产等之前制定的；总结则是在工作、生产等到一定阶段或计划完成后进行的。计划的内容是为完成一定任务所作的具体步骤、方法、措施的安排，重在叙述说明；总结则是对一定阶段的工作、生产或计划执行情况的总回顾、总分析、总评价，重在引出有规律性的东西，做出理论概括。它们的联系是：计划是总结的依据，总结是对计划的检验。两者相辅相成、互相制约而又相互促进。

总结的作用是多方面的。人们通过总结，可以全面、系统地了解工作的情况，从成功中获得经验，从错误或失败中吸取教训，从而改进工作，把工作推进到一个新的更高的阶段。由于总结是对实际工作由感性到理性的再认识过程，因而通过总结还可以使人们提高认识，增长才干。有些总结，既要上报，又要下发，有的还在一定场合宣讲，因此总结又能起到互通情报、共同提高的作用。

（二）总结的种类

与计划大致相同，总结的种类亦可按其内容、范围、时间、性质等来划分。如按内容分，有工作总结、生产总结、学习总结等；按时间分，有年度总结、季度总结、月份总结等。总结的种类尽管繁多，但若按性质来分，不外综合性总结和专题性总结两大类。

1. 综合性总结　总结多方面情况的是综合性总结。这类总结，一般内容详细，涉及面广，时间较长，能够反映一定时期的整个工作的全貌。在写作上，要求内容比较全面，点面结合，但也要注意重点突出，防止面面俱到，该详则详，该略则略。

2. 专题性总结　只总结某一专门的工作情况的是专题性总结。这类总结，不仅在实际生活中运用得较普遍，而且其中内容也比较集中单纯，针对性强。写作时要求内容具体、单一，不要面面俱到，或经验，或教训，通过专题性总结，做到以点带面，推动整个工作。但多数专题性的总结，还是着重于经验和成绩的总结，对缺点、问题可以略带或省略不提，以免泛泛而谈、中心不突出。

（三）总结的结构及写法

总结一般由标题、正文、署名、日期四部分组成。

1．标题　总结的标题有三种写法：一种是由“单位名称、时间期限、总结种类”构成的。这种标题大部分用于工作总结。如《××市税务局1990年工作总结》。也有在标题中再加上“内容范围”的，如《××县1989年防汛工作总结》；也有在标题中省略单位名称，只写时间期限、内容范围、总结种类的；第二种是类似一般文章标题的写法。这类标题多用于经验总结。如《巩固责任制，发展新农业》；第三种是正副标题的写法，即用正题概括总结内容，用副标题标明单位名称、时间期限、总结种类等。这类标题多用于专题性总结。如《加速提高学生的读写能力——福建师大附中语文教改小结》。

2．正文　总结的正文一般包括以下内容：

（1）基本情况概述。它是总结的开头。这一部分要简要地介绍工作的基本情况、过程和结果，即交代在什么情况下，做了什么工作取得了哪些成效等，以给人一个总的印象。

（2）成绩和缺点。这是总结的一个主要内容，占据的篇幅比较多。写总结，总要肯定成绩，找出缺点。要具体写明成绩有多大，表现在哪些方面，是怎样取得的；缺点有多少，表现在哪些方面，是什么性质的，怎样产生的。

（3）经验和教训。这是总结的重点和中心，也是总结的主要目的之所在。总结的成功与否，往往取决于此，因此作者要花大力气写好。

（4）存在的问题和今后努力的方向。它是正文的结尾部分，一般文字较少，概括写出即可。在对前一阶段工作全面总结的基础上，弄清存在的问题，把它加以概括地提出，不必多加分析，既可以分条写，也可以不分条。今后努力的方向，是在总结经验教训的基础上，分析形势，提出任务，展望前景，表明决心。经验总结，一般不写这一部分。

就一篇总结而言，以上内容不一定面面俱到地都写上，可以有所侧重，或着重写成绩与经验，或着重写经验体会，或着重写缺点与教训，一切都要从实际出发。

正文的结构形式多种多样，常见的有三种：

（1）条文式。即将总结的内容按性质和主次轻重逐条排列，行文简要，眉目清晰。如 1946 年 10 月 1 日毛泽东的《三个月总结》，除标题外，共分 19 条，围绕军事问题，总结了 1946 年 7 月全国规模的内战爆发后三个月的政治形势，各阶级、阶层的思想状况，生产问题，地方武装力量等问题的一系列经验，提出了人民解放军的作战方针和作战任务，指出解放战争取得胜利的必然性，全文仅 2000 多字，思想内容却很深刻。

（2）小标题式。即将总结的内容归纳分为几部分，每部分以小标题标示，一部分一部分地写出。如 1984 年 5 月 19 日《光明日报》中的《锐意改革创新，不断开拓前进》，全文分两个部分，有两个小标题："面向经济建设，进行大胆改革"和"走改革之路，有利于科技工作搞活"。前者总结了改革科学研究工作的必要性；后者总结了改革科学工作带来的效果。这种形式及写法，条理清楚，一目了然。

（3）全文贯通式。是为了使行文前后相连，既不再列一、二、三条目，也不再分小标题，而是把总结的内容，按照事物的发展先后顺序，或事物的内部逻辑关系，分成几个部分，层次只用分段来表示，全文贯通，一气呵成，结构显得紧凑严谨。如 1986 年 2 月 4 日《人民日报》中空军纪委办公室的《查处一案，教育一片》。

3. 署名与日期　署名要写全称，写在正文右下方，也有写在标题之下的。如果标题中有了单位名称，可以不再署名。日期写在署名之下，另起一行。这个日期是指写总结时的日期。

（四）写总结的基本要求

1. 要有明确的指导思想　写总结最忌指导思想不明确，就事论事，上升不到应有的理论认识高度。只有以马列主义毛泽东思想为指导，回顾、分析、研究、检查、总结过去的工作，才能明辨是非，认清功过，才能使我们站得高些，看得深些、远些，透过事物的表面现象看到本质，从而找出客观存在的经验、教训，把握规律，得出科学的结论。

2. 要有实事求是的态度　写总结必须实事求是，一切从实际出发，要按照事物的本来面目反映事物。总结中涉及的人物、事件、时间、数据、成果等，一定要真实可靠。对成绩、问题的评价要恰当，不夸大，不缩小，要避免绝对化、片面化。概括总结出来的规律必须是事物固有的，而不是主观臆造的。

3. 要找出规律性的东西　总结的根本任务就在于总结经验，找出规律性的东西，不断把工作推向前进。所谓规律性的东西，就是在一定条件下具有本质联系和必然趋势的事物。这就要求作者从客观事实出发，从分析研究这些事实入手，发掘出事物的本质，找出事物的内在联系，找出取得成绩的原因，找出出现问题的根源，从而认识事物的本质规律。并由此提出符合客观实际的改进意见，明确今后的工作任务和努力的方向。这样总结出来的经验，才是“真经”，才有指导性。

4. 要写出“自己”的特色　这里所说的“自己”是指总结单位。总结所反映的对象，一般只限于本单位前一时期的工作实践，而且由本单位自己采用第一人称的叙述方法来写，因而要特别注意写出本单位的个性特点，写出本单位独具特色的新鲜经验教训，写出和别人、和别的单位不同的地方来，写出今年与去年不同的特点来，以使总结富有鲜明的个性特色。

5. 叙议结合，语言合体　从表达方法上讲，总结要摆情况，谈成绩，讲做法，这需要叙述；而分析原因，谈经验，记体会，又需要议论。因此，叙议结合，是总结写作的主要方法。在写作中，既可以先叙后议，又可以先议后叙，亦可以夹叙夹议。但不论怎样叙、议，都必须做到用观点统帅材料，用材料说明观点，使观点与材料统一。

总结的语言要准确、简明和朴实。所谓准确，就是要做到文如其事，恰如其分，有分寸感，一般不允许模棱两可，含糊其辞，以致产生歧义，导致失真。所谓简洁，就是简明扼要，不能拖泥带水，重复啰嗦，实话实说。至于朴实，这里主要是指语言要朴素平实，不能追求华丽，过分修饰，另外也指适当运用生动活泼的群众语言及形象化的口语。

第三节　述职报告

一、述职报告的概念、形成与作用

（一）述职报告的概念

顾名思义，述职报告就是陈述职守、报告职责内的工作。作为一种文体，述职报告是政府机关、企事业单位、人民团体的干部，向上级主管部门、组织人事部门或本单位的职工群众，陈述自己在一定任期内履行职责的工作实绩、问题和对今后工作的设想、意见的自我评述性的应用文体。它是机关事务文书的一种。

（二）述职报告的形式与作用

“述职”一词最早见于《孟子·梁惠王下》（在章句第4章，孟子引证晏子的话对齐宣王说：“诸侯朝于天子曰述职。述职者，述所职也。”），至今已有两千多年。可见，我国古代早已有述职的公务活动。中华人民共和国建立以后，亦有种种述职的公务活动，如我国驻外大使在外国任职一定时期之后，离任回国述职等，往往也写成书面的文字报告。这种书面报告实质上就是述职报告，但是一般却不称其为述职报告，而按习惯称之为工作总结、工作报告或工作汇报。因此，述职报告还没有形成一种独立的文体。当今，我们所说的述职报告，应该说是在我国改革开放的新形势下应运而生的一种新兴的文体。

近几年来，我国在深化政治、经济体制改革的过程中，进行了干部体制的改革，实行了岗位责任制和干部聘任制，受聘干部在试聘期满或任职一定时期之后，要向有关主管领导部门报告其在试聘期或任职期间的工作实绩、问题和对今后工作的设想、意见等，便恰当地借用了“述职”一词，形成了一种新的应用文体，谓之“述职报告”。

述职报告一出现，便广为应用。政府机关干部使用它，企事业单位乃至人民团体的干部也使用它。领导干部使用，一般干部也使用。总之，各级各类各个岗位上的干部，凡向上级领导机关、组织人事部门和本单位职工群众汇报其任职期间履行职责的情况时，往往都使用述职报告。这充分显示了它强大的生命力。

从广为应用的实际效果看，述职报告在我国干部体制改革中、在机关的廉政建设中、在造就一代新型的有为的干部中，都发挥着其他文体不可替代的重要作用。具体地说，写述职报告有利于促进、监督干部忠于职守，兢兢业业地工作，克勤克俭地进行廉政建设；有利于提高干部的政治思想水平、业务素质和领导水平，增长干部的才干；有利于组织人事部门考核、选拔和任用干部，造就革命和建设事业的接班人。

二、述职报告的类别与特点

（一）述职报告的类别

按照不同的分类标准，述职报告可划分为不同的种类。

1. 按表达形式分，可分为口头述职报告和书面述职报告两种。

2. 按时间划分，可分为试聘期述职报告、任期述职报告和年度述职报告三种。其中，任期述职报告是对一届任职期间的总体工作情况的汇报。

3. 按内容划分，可分为综合性的述职报告和专题性的述职报告两种。前者述职报告的内容是对一个时期所做的总体工作的综合反映，后者则是对某一个方面工作或某项具体工作的专题汇报。

（二）述职报告的特点

述职报告是总结、报告的一种特殊形式，它与工作总结、工作报告（“报告”的一种）在写法上有某些相似之处，但又与它们不同。工作总结、工作报告，一般是单位的、集体的，有时也可以是个人的，其写作的角度是全方位的，即重大的工作业绩、出现的问题、经验教训、今后工作的设想等都可以写。而述职报告则要求侧重写干部个人任职期间履行职责的有关情况，一般不与本单位的总体工作业绩、问题相掺杂。即使是很难将个人与单位情况截然分开的部门或单位的领导干部，也应力求写出个人的工作实绩来。因此，述职报告与其他文体不同的特点主要是：

1. 自我评述　自我评述是述职报告与一般的工作总结、工作报告相区别的一个显著特点。述职报告首要的是“述职”。“述职”就是述说自己在任职的一定时期内履行职责的情况，它既包括“述”，也包括“评”。所谓“述”，就是检查、总结和汇报自己的工作情况；所谓“评”，就是解剖、评价和鉴定自己的工作。但是，不论是“述”还是“评”，它总是以单数第一人称的口吻，用正确的立场、观点与方法，进行自我评述。既不是以复数第一人称的口吻检查、总结和评价本单位的总体工作情况，更不是以第三者的角度检查、总结和评价他人的工作情况。所以，写述职报告应该紧紧把握住它自我评述的特点。

2. 按标准评述　写述职报告，对自己在任职一定时期内所做工作进行评述，必须有个客观标准。这个标准就是自己所在岗位的职责和目标。岗位职责和目标是由国家、部门或单位统一制定的，它规定了每一工作岗位的职权范围和工作职责。写述职报告就应依据这个标准，去评价自己的工作。当然，写一般的工作总结、工作报告，也有个评价标准的问题，但它一般是不固定的，往往以上级领导部门的工作部署和基本要求为依据。所以，按照岗位责任与目标这个标准评价自己的工作，是述职报告的一个重要特点。

3. 呈现政绩　呈现政绩是述职报告的又一个重要特点。政绩如何是评价干部好坏的主要标志，因此，述职报告要充分地呈现述职人的工作政绩。所谓“政绩”，即干部在任职的一定时期内，按照岗位职责、目标的要求，为国家为人民做了哪些事情，完成了什么指标，取得了什么效益，有些什么成就和贡献，有些什么经验，工作责任心如何，工作效率怎样，等等，这些都应该实实在在地写出来。当然，“政绩”不仅包括成绩、经验，也应该包括失误和教训。总之，述职报告是干部工作实践活动的总结，应实事求是地把工作实绩写出来，既不要夸大其辞、自吹自擂，也勿需过于谦虚、羞羞答答。

三、述职报告的结构与写法

述职报告是一种新兴的文体，当前还没有十分固定的写作模式。它的篇章结构，一般由标题、署名、主送机关或称谓、正文和写作时间五项组成。

（一）标题

述职报告的标题，常见的有以下几种：一是只写文种名称，如“述职报告”；二是由聘期、文种组成。如“试聘期述职报告”；三是由任职时限、所任职务和文种组成。如《1988 年至 1990 年任文化局长职务的述职报告》；四是正副标题的写法。正标题一般写述职报告的主旨或基本观点、基本经验，副标题写何人、任何职务的述职报告。如《思想政治工作要结合经济工作一起抓——××××厂厂长×××的述职报告》。

（二）署名

述职人的姓名，一般应写在标题的右下方（往往还在姓名之前冠以职务名称），也可以写在正文之后的落款处。如果标题中已出现述职人的姓名，则不必再署名。

（三）主送机关或称谓

向上级领导机关呈送的书面述职报告，应按照公文写作的规范格式，在正文的上一行顶格写明主送机关。如“××组织部”、“×××人事处”等。如果是在一定的场合面对面地向领导或下属作口头述职报告，则应该用一般性的称谓。如“各位领导，同志们”。

（四）正文

述职报告的正文，一般由开头、主体和结语三部分组成。

开头，又称前言，写任职的自然情况（于何时至何时，由什么单位聘任何职）、岗位职责与目标及个人认识、对个人尽职尽责的总体评价等，末了用转接语领起下文，如：“现在我按照×××的要求，做××期间的述职报告。”开头部分的主要任务是交代必要的情况和确定述职的范围、基调。这部分应写得简要而明确，不可占过多的篇幅。

主体，即述职报告的中间部分，写任职期间的主要工作政绩，包括所做的主要工作，基本经验、体会，存在的缺点、问题、失误和教训；写对今后工作的设想、意见、建议等。这部分，尤其是工作政绩，要写得具体、充实，有理有据，条理清晰。

结语，这是述职报告的结束部分，一般写习惯用语，如“以上报告请指示”、“以上报告，请批评指正”。这类习惯用语既显示了对上级领导或下属的尊重，又表现了自己的谦恭，是必须写的。

（五）时间

在正文下面的落款处写明成文或述职的时间，要年月日俱全。如果落款处有署名，时间则应写在姓名之下。

四、写述职报告应注意的问题

（一）庄重严肃，实事求是

写述职报告是述职人向上级领导机关或业务主管部门或本单位的职工群众正式地、严肃地、庄重地汇报自己任职期间的工作，其主要目的是让领导、组织或群众了解自己，对自己有个正确的评价。因此，写述职报告必须持严肃、认真的态度，行文应庄重、严肃，陈述政绩应实事求是。不论是对政绩的表述，还是对问题的阐发，对整个工作的评价，都要以客观事实为依据，有一说一，有二说二，既不夸大，也不缩小。要准确恰当，有分寸，留有余地，不要说过头话，更不能说大话，说假话。也不能只报喜不报忧。

（二）抓住重点，以精取胜

一个干部在任职的某一时期内，无疑要做很多工作，但不能把所做的一切工作不分巨细地都写进述职报告。这就要求述职者对自己一个时期的工作进行认真的梳理，抓住那些最重要、足以充分显示自己政绩和水平的大事写进述职报告之中。对重要的工作、经验、体会、问题等，应详写，要写得充实具体、有理有据；而对不太重要的一般性的事务性工作，则应略写，或加以概括的说明，或一笔带过，或干脆不提。切不要“胡子眉毛一把抓”或者“拣了芝麻，丢了西瓜”。述职报告的篇幅也不宜过长，要从实际出发，力求做到少而精，以精取胜。

（三）叙议结合，语言合体

从表达方法上讲，述职报告要谈情况，摆材料，述政绩，就需要叙述；而谈经验，说体会，分析问题，做评价，就需要议论。因此，叙议结合，是述职报告写作的主要方法。在这一点上，它与工作总结是相同的。在实际写作中，既可以先叙后议，又可以先议后叙，亦可以夹叙夹议。但不论怎样叙、议，都必须做到用观点统帅材料，用材料说明观点，使观点与材料统一。

述职报告的语言要准确、简明和朴实。这与工作总结的语言要求也是相同的。只是述职报告的语言比一般工作总结的语言更显得庄重。

（四）写出个性，写出特色

我国干部的岗位职务众多，遍布全国各地各条战线上上下下的大小单位，真可谓是星罗棋布，就是同一职务，因战线、专业、单位的不同，其工作职责也多种多样。而述职报告所写的内容，只限于述职者在其岗位任期内的工作实绩，而且是述职者本人用第一人称口吻来评述的。因此，述职人在写述职报告时，一定要从自己的实际出发，注意写出自己的特点，突出与别人不同的、自己独有的气质，独有的风格，独有的政绩、经验、贡献等，从而写出富有个性、富有特色的述职报告来。不同的述职人则应从各自的实际出发，实现各自的特点，写出内容各异、表达有别、各具特色的述职报告来。切忌把它写得“千篇一律”。

第四节　调查报告

一、调查报告的含义和作用

调查报告，顾名思义，一是调查，二是报告。因此，调查报告是对社会生活中的客观事物或问题进行深入细致地调查研究之后，将获得的成果写成的书面报告。它是调查研究成果的概括和总结，是反映调查研究成果的一种应用文体。调查报告既是机关事务文书中的重要文体，又是在报刊上常见的新闻体裁之一。不论是在机关工作中还是新闻报道中，它都发挥着重要作用。

调查报告的重要作用，具体表现在以下几个方面：

（一）调查报告通过调查反映社会情况和问题，可为政府制定方针、政策提供依据；

（二）调查报告通过调查反映政府的方针政策在具体单位执

行和贯彻的情况和问题，可起到为贯彻政府的方针政策，提供具体经验教训和办法的作用；

（三）调查报告通过介绍典型、总结经验，能起到表彰先进，推广经验，指导“面”上工作的作用；

（四）调查报告通过对新生事物内在规律的揭示，可以起到扶植新生事物的作用；

（五）调查报告通过揭露社会生活中某些丑恶现象、不良现象，引起社会注意，可以起到打击敌人和坏人、端正社会风气、教育广大人民群众的作用。

当前我国正处在进一步改革开放的新时期，随着改革开放的深入发展，新事物、新问题不断涌现，更需要深入进行调查研究，发挥调查报告的作用。

二、调查报告的性质和特点

调查报告兼有通讯和评论文章的特点，但又与它们很不相同。在写法上，调查报告和通讯一样，都要求以事实为根据，用事实说话，但它又不像通讯那样比较注意故事性、形象性；调查报告和评论文章一样，都要求具有鲜明正确的观点和充足的材料，但它又不像评论文章那样用周密的逻辑推理去多方论证观点。调查报告要如实地报告调查了解到的实际情况，选用事实材料比较全面、系统、完整，还要准确地表明分析研究事实材料所得出的结论。它偏重于用事实说明问题，通过典型材料的介绍、分析，上升到理论，找出规律性的东西，提出经验和办法。也就是说，它必须在叙述事实的基础上提出鲜明的观点、明确的结论，它是叙述与议论的紧密结合。因此，调查报告是一种论述性的应用性文体。

调查报告有以下四个主要特点：

1. 严格的真实性　调查报告必须准确无误地反映调查对象的真实情况，选用的事实材料不能有丝毫的虚假成分，更不能歪曲事实真相。调查报告的写作也不能带着事先定好的框框或调子去写，而要在对事实材料进行科学的实事求是的分析研究的基础上加以概括总结，得出某些规律性的认识和符合客观实际的结论。如果调查报告失去了真实性，也就失去了它赖以存在的科学价值和应用价值。可以说，真实性是调查报告的生命。不真实的调查报告是毫无意义、毫无价值的。

2. 明确的针对性　调查报告具有明确的针对性。从调查报告的写作实践来看，一般是选择以下几种情况进行调查研究和写作：一是选择贯彻政府的方针政策和上级指示中出现的新情况、新经验、新问题，进行调查研究探讨规律，指导工作；二是选择社会上有典型意义的事件和问题进行调查研究，弄清真相，揭示本质，推动工作；三是针对某个现实问题或历史事件进行调查研究，查清事情的来龙去脉，分析事物的因果关系，得出个合乎实际的结论。此外，还根据实际需要，选择若干地区或单位进行综合性的社会调查，研究其政治、经济、文化等方面的历史和现状，找出事物的特点和规律，了解群众的意见和愿望，作为上级领导制定方针政策和计划的依据和参考。针对性都很明确。调查报告的针对性越强，它的指导性也就越强，也就越能发挥它的积极作用。

3. 以事明理，用事实说话　这是调查报告的又一显著特点。调查报告是一种以事实材料为基础的文章，它的说服力主要来自真实充分的事实材料。它不像报告文学那样用形象说话，而是用事实说话，以事明理。它通过调查得来的事实材料说明问题，运用事实材料阐明观点，通过系统、完整的事实材料，揭示出规律性的东西，引出符合客观实际的结论。调查报告的独特作用和独特价值也就在这里。

4. 以叙为主，叙议结合　这是调查报告写作上的一个显著特点。调查报告的大部分篇幅是叙述事实、说明情况，叙事是它的主要内容，但它又是在明确的观点支配下叙述事实材料的。在叙述事实、说明情况中又有恰当的分析、议论，形成夹叙夹议，或以叙为主、以议为辅的局面。议论虽不占主要篇幅，但却起着统帅作用。调查报告就是要用鲜明的观点统帅事实材料，使观点与材料有机统一，叙述、说明、议论紧密结合。当然，"以叙为主，叙、说、议结合"并不意味着调查报告不能运用描写、对话。事实上，在叙事之中、在夹叙夹议之中，适当、灵活地穿插一些生动的描写、对话，可以把调查报告写得生动、活泼、感人。刊于《瞭望》第36期的调查报告《加快知识传播的进程——书籍出版印刷发行追踪采访记》就是典型的例子。在当前多数调查报告存在着枯燥乏味通病的情况下，提倡在叙事之中、在夹叙夹议之中适当、灵活地穿插一些必要的描写，对话，把调查报告写得生动、活泼、吸引人是十分必要的。

三、调查报告的种类

按照不同的标准划分，调查报告可以有不同的分类。

调查报告按其反映内容的范围、广度，可以分为综合性调查报告和专题性调查报告两种。

调查报告按其反映的内容，可分为以下五种类型：

（一）基本情况的调查报告

这类调查报告比较系统地、深入地反映社会某一方面、某一地区、某一系统、某一单位的基本情况，使人们了解其各个侧面的情况、变化发展的过程和值得注意的倾向。

（二）典型经验的调查报告

这类调查报告以各条战线上成绩突出的单位或个人工作中所取得的典型经验为内容，着重介绍他们的具体做法和体会，并把它上升到理论的高度来认识。它往往把经验概括为若干点，有做法，有实效，有心得。

（三）新生事物的调查报告

这类调查报告以反映现实生活中的新事物为己任，它要写出新事物的情况、特点，完整地阐述它产生、发展的过程，揭示它成长的规律，说明它的意义和作用，达到促进新生事物健康成长的目的。

（四）查明事件真相的调查报告

这是一种查明事件真相，予以披露，解除人们疑问的调查报告。它主要是公开披露社会生活中一些重大的或引人注目的事件的真相。它通过确凿的事实、原始的材料，还事件的本来面目，达到弄清是非，教育群众的目的。它的基本内容除了列举事实、分析原因、说明结果外，还往往从政策和理论上进行归纳概括，从而启发、教育群众、提高群众的认识水平。《一个欺世盗名的骗局——关于通讯〈“他没有沾临漳半点光”〉严重失实的调查》① 就是这种调查报告。

（五）揭露问题的调查报告

这类调查报告主要是揭露社会生活中某些丑恶现象、行径和社会弊端。它在确凿事实的基础上，分析其产生的原因，指出其危害性，以引起广大群众和有关部门的注意。对于人民内部矛盾

---

① 1983年12月22日《人民日报》。

性质的问题，它的作用是批评、教育、促其改正；对于敌我矛盾性质的问题，它的作用在于打击鞭挞。同时，通过对真相、弊病的揭露、展示，它对广大人民群众还具有启人深思、引以为戒的教育作用。因此，揭露性、鞭挞性、批评性、警诫性是这类调查报告的显著特点。《耕地减少，“经验”何在》[①] 就属于这类调查报告。它揭露了湖南省新宁县部分干部目无法纪，利用职权大肆占用耕地建私房的恶劣作法以及他们在全国宣传、贯彻土地管理法经验交流会上弄虚作假、自欺欺人地介绍经验的无耻行径，也批评了指定该县介绍经验的上级部门的官僚主义作风。

四、调查报告的写作要求

（一）深入调查，充分占有材料

调查报告是调查研究的产物，没有调查就无以报告。因此，深入实际进行深入细致的调查，充分地占有材料，是写好调查报告的前提和基础。

怎样进行调查呢？首先要有正确的指导思想和严肃认真的态度。要根据典型性的原则选好调查对象，以正确的思想观点为指导，抱着虚心向群众学习的态度进行调查；其次，要做好调查的准备工作，要明确调查的目的，确定调查的内容、范围，拟出调查提纲和工作步骤；第三，要采用适当的调查方法和方式。常用的调查方法有：普遍调查、典型调查、重点调查、抽样调查、追踪调查等；常用的调查方式有：开调查会、现场观察采访、个别访问、问卷（表格调查）、查阅资料等。采用哪种方法，视具体情况而定。调查时要注意及时记录、整理材料。

① 1987年9月9日《人民日报》。

材料以“多”为佳，多多益善。既要占有概括的一般的材料，又要占有具体的、典型的材料；既要占有直接材料，又要占有间接材料。材料充分、全面，才有助于正确地分析情况，做出正确的判断，找出带规律性的东西。

（二）分析材料，提炼出观点

调查报告不但要有事实的报告，还要有观点、结论的报告。因此，有了材料，还必须对它们进行分析研究，从中提炼出观点。具体说来，就是要运用正确的思想观点和方法对材料进行一番去粗取精，去伪存真，由此及彼，由表及里的深入认识工作，进行一番剖析、综合、归纳的工作，从而发现事物内在的联系和本质特征，找出规律性的东西，以形成概括性的观点。

（三）精心布局，安排好结构

怎样精心布局，安排好调查报告的结构，要视内容而定。调查报告的布局、结构将在后面具体讲述。

（四）叙议结合，观点与材料统一

调查报告以叙述、说明、议论为主要表达方式，而且以叙述为主。陈述调查经过、调查对象的基本情况、事实材料，都要用叙述，并辅之以说明；而对情况、事实材料进行剖析、归纳结论、总结经验，则要用议论。写调查报告就是要做到叙议结合、夹叙夹议，并辅之以说明。当然，也应该根据需要适当地穿插一些描写与对话，以求生动、活泼、吸引人。

叙述是摆材料，议论就材料而发。叙议结合表现在材料与观点的关系上，就是观点与材料的结合和统一。写调查报告，一定要用观点统帅材料，用材料说明观点，把观点与材料统一起来，做到虚实紧密结合，事理有机统一。

正确的观点是从调查得来的材料中提炼出来的，观点与材料本来就有着内在的必然联系，问题在于如何恰当地、有效地运用材料鲜明地突出观点，把观点与材料的必然联系反映出来。常用的方法有：用典型事例说明观点，用正反两方面的材料对比说明观点，用一组材料从不同的角度来说明一个观点，用精确的统计数字证明观点，通过综合材料与典型的结合运用说明观点。

（五）语言简洁明了，朴实无华

调查报告是实用性很强的应用文体，它要求真实具体，用事实说话。因此，它不要求强烈的渲染，细致的描写，而要求用简洁明了、朴实无华的语言，准确通俗地把事实与观点表达出来。同时它也十分注意吸取人民群众生动、活泼、富有表现力的语言和通俗形象的比喻，以增强文章的生动性。我们写调查报告，在语言运用上就要达到这些要求。

五、调查报告的结构及写法

调查报告由标题、正文两部分组成，而正文一般又分为开头、主体、结尾三部分。

（一）标题

调查报告的标题有单行标题、双行标题（即正副两个标题）两种形式。

单行标题一般有两种写法：一种是类似公文标题的写法，如：《关于黑龙江省国有林情况的调查》；另一种是一般文章标题的写法：如《英国工人阶级状况》、《川北农村怎样翻身致富》、《耕地减少，“经验”何在》、《访北京印染厂》。

双行标题都由正题、副题组成，一般是正题揭示调查报告的主旨或思想意义，副题标明调查的事项、范围，对正题起补充说明作用。如《不要让子孙后代埋怨我们——关于北京河流污染情况的调查》[1]。

标题下面要署名，写出调查单位的名称或个人姓名。

（二）开头

又称前言。这部分要简明扼要地介绍调查的基本情况（诸如调查的缘由、目的、时间、地点、对象、范围、方法、经过等）提出要解决的中心问题，或点出调查报告的主要内容。就一篇调查报告的开头而言，以上内容不要求面面俱到。开头的具体写法灵活多样，可以概括地交代调查的目的、时间、地点、方法、经过和要报告的问题；可以概括地介绍调查对象的基本情况，引出调查的结论；可以用设问的方法点出全文的内容或中心；也可以用提问的方法说明调查的目的；也可以运用群众的议论，引出所要调查解决的问题等等。前两种是新闻导语式的写法，多为工作中的调查报告所采用，要求写得简明扼要，文字简约；后几种开头法多为新闻性的调查报告所采用，要求写得既简明扼要，又新颖活泼。

（三）主体

这是全篇的主干部分。这部分内容包括作者所要报告的主要事实和观点。这部分的结构安排可以采用列小标题的形式或标出“一”、“二”、“三”等序码的形式，也可以不列小标题、不标序码，将全部内容逐层展开，一贯而下。主体的结构形式多种多样，常见的有以下几种：

1. 叙述式　又称纵式结构。即按事件、问题发生、发展、结局的先后顺序安排材料，把事件问题的来龙去脉夹叙夹议地叙述清楚。这种形式多用于内容较单一的调查报告。

---

① 1980年9月12日《人民日报》。

2. 并列式　又称横式结构。即按性质把内容分成几个部分，并列地组织材料和观点。这种结构形式常为总结经验做法的调查报告和反映、分析情况的调查报告所采用。

3. 递进式　即按分析问题逐步深入的思维顺序安排材料。《党内外群众是反腐败斗争的基本力量——大连市反腐败情况调查》就采用了这种结构形式。

4. 对比式　它用对比的方式组织材料。例如：《同样两家服装店，积累水平大不同——徐汇区新春、模范服装店的对比调查》[1]。

此外，还有因果式、交错式等结构形式，所谓交错式就是从纵横两个方面交错地组织材料阐明观点的结构形式，它适用于涉及面比较广、内容比较复杂的调查报告。

不论采用何种结构形式，主体部分都要写得充实具体；中心突出，层次分明，条理清楚。

（四）结尾

调查报告的结尾以自然收束为上品。可以总结全文，得出结论；可以精辟地议论，深化主旨；可以指出不足或存在问题；也可以提供有益的建议；更可以提出发人深思的问题等等。不论如何结尾，都应写得简洁、凝练，干净利索，不能拖泥带水，更不能画蛇添足。应该指出的是，有些调查报告主体部分写完即告结束，没有单独的结尾。

---

① 1978年11月3日《解放日报》。

第五节　开幕词与闭幕词

一、开幕词

开幕词是在庄重、严肃的重要会议开始时，由有关领导人向大会所作的讲话的文稿。它是一种具有提示性、方向性和指导性的讲话稿。它对会议的进行有重要的指导作用，是会议的重要文件之一。

（一）开幕词的结构与写法

1. 标题　开幕词的标题一般是在“开幕词”三字之前冠以会议的名称。也有在开幕词发表时把标题写成“×××同志在×××会议上的开幕词”的。

2. 正文　（1）开头部分。抬头第一行顶格写称呼，如“各位代表，各位同志”、“同志们”等。在称呼之后，另起一行宣布会议开幕，要说明什么会议开幕。这是最常见的写法。有的还在开头部分简要地说明会议是在什么形势下召开的、有什么意义。会议的筹备情况和出席会议的人员情况等。

（2）中间部分。写正文的主要内容，其中包括：①高度概括地讲明整个国家的形势和同会议有关的形势；②写明会议的指导思想、主要议程或主要任务。有的还写出会议的开法；③对与会者提出希望与要求。

（3）结尾部分。一般用凝练的富有鼓动性的语言发出号召或表明祝愿，最后往往用“预祝大会圆满成功”等词语煞尾。

（二）写开幕词要注意的事项

1. 撰写者要对大会的全面情况（如会议的指导思想和主要

议程、参加会议的人员情况、会议的有关文件等等）有深入细致的了解，这是写好开幕词的基础。

2. 开幕词的篇幅不宜过长，语言要简洁明快。

二、闭幕词

闭幕词是在庄重、严肃的重要会议行将结束时由有关领导人向大会所作的结束性讲话的文稿。它要对开幕词中提出的会议任务完成得如何有个明确的回答。好的闭幕词不仅能表达出会议的组织、领导者对大会成果的正确总结和评价，而且能起到鼓舞与会人员的斗志、增强他们完成大会提出的战斗任务的信心的作用。闭幕词也是会议的重要文件之一。

（一）闭幕词的结构与写法

1. 标题　闭幕词标题的写法与开幕词类似，一般是在“闭幕词”三字之前冠以会议名称。也有在闭幕词发表时把标题写成“×××同志在××××会议上的闭幕词”的。

2. 正文　（1）开头部分。抬头第一行写称呼。在称呼之后，另起一行，用简短的文字说明会议在什么情况下圆满结束或“胜利闭幕”。有的还在开头部分先概括地对会议作一总的评价。

（2）中间部分。着重写两项内容：①总结会议取得的重要成果和会议讨论通过的重要事项。如这项内容较多，可分段写，语言要简洁明了，条理要清晰；②向与会人员提出如何贯彻会议决议、精神的需求。语言要简洁明快，有号召力、鼓动性。

（3）结尾部分。一般用一句话郑重宣布大会胜利闭幕。有的用对与会者的希望和祝愿的话结束。

（二）写闭幕词要注意的事项

1. 要写好闭幕词，撰写者除了要掌握闭幕词的结构、写法之外，动笔前也要熟悉会议的全面情况、掌握会议的主要精神、搜集会议的文字材料，以便为写作打好基础。

2. 闭幕词的篇幅不宜过长，语言要简洁。

第六节　会议报告

一、会议报告的概念和种类

会议报告的概念相当宽泛，我们这里所说的会议报告是指有关领导人在一定的庄重严肃会议上讲话的文稿。它是一种议论性的讲话稿。在日常的工作、生活中，会议报告能起宣传群众、教育群众、动员群众、号召群众、指导推动工作的作用。因此，它为各级党政机关和企、事业单位所广泛运用。

会议报告从内容上分，有工作报告、形势报告、传达报告、动员报告、纪念报告等；从作用上分，有指导性报告、总结汇报性报告、号召性报告等。从范围上分，有面向全局的报告和针对某一专题的专题性报告。

二、会议报告的写法

会议报告由于会议的性质、目的、任务的不同，其内容也不同，因而其结构、写法也不尽相同。但是，从众多的会议报告中却可以归纳出它的一般写法。

（一）标题

会议报告的标题有三种写法：1. 直接写明某人在某个会议上的报告。有时，也可只写“在××会议上的报告（讲话）”，而把报告人的姓名写在标题之下。2. 文章标题式的写法，即上边有个标题，标题下署讲话者的姓名。3. 正副标题的写法，正题揭示主旨，副题标明“在××会议上的报告”。

（二）正文

正文由开头、主体、结尾三部分组成。

1. 开头　工作报告的开头，一般在称呼之后先写明作报告的依据，如在法定的代表大会上的工作报告就应写明受何机构的委托，作什么方面的报告。汇报性报告的开头，一般是直接写明向什么会议提交什么机关的工作报告。领导人作的专题性的报告的开头，一般多用简洁的语言讲出报告的主旨，或讲明报告的问题。

2. 主体　这是会议报告的核心部分。要继开头之后逐步展开论述。工作报告的主体部分的内容，一般包括形势分析、取得的成绩、存在的问题及解决的办法、今后的任务及采取的政策、措施、方法等；专题性报告主体部分的内容则因谈论问题的不同而各异。

会议报告主体部分的结构方式一般有两种：一种是递进式，即围绕中心问题，层层深入地展开论述；另一种是并列式，即就一个问题的并列的几个方面或围绕中心就并列的若干问题分别进行论述。内容丰富的长篇会议报告的主体部分，往往综合运用以上两种结构方式，形成一种并列、递进交错式的结构。

3. 结尾　会议报告结尾的写法一般有两种：一种是概括全文的内容，并展示光辉的前景，鼓舞号召人们去奋斗。采用这种写法，要运用充满激情的富有鼓动性、感召力的语言，而且要写得十分简练。这样的结尾不仅给人以胜利的信心而且给人以巨大的鼓舞。另一种结尾法是以报告所谈的最后一个问题的末段作为全文的结尾。内容讲完了，自然结束。

三、写会议报告应注意的问题

（一）要做好充分准备

撰文者在动笔写会议报告之前，应学文件、看材料、搞研究、拟提纲，做好写作前的准备工作。要通过对有关文件的学习，掌握政府的方针、政策和上级的指示精神。看材料，既要看反映现实情况的材料，以了解工作中的成绩、问题及群众的意见；又要看以往有关的文件材料和国外的有关材料，以作参照有时还要深入群众搞些调查。在此基础上还应作深入地研究，找出需要解决的问题以及解决问题的方法、措施。最后拟出写作提纲。这些工作做得好，就为会议报告的写作奠定了坚实的基础。

（二）用生动的、口语化的语言撰写

会议报告的语言要生动、口语化、富有个性特色。会议报告都是报告人在会场上面对听众讲出来的，这就要求它的语言既要“上口”（利于讲）又要“入耳”（利于听），而要做到这一点，会议报告的语言就必须生动、口语化。因此，撰文者要用生动、活泼的口语化的语言，把报告写得深入浅出、上口入耳，决不可用那些晦涩难懂的语言。正如列宁在《社会民主党和选举协议》一文中所说：要“善于用简单、明了，群众易懂的语言讲话，应当坚决抛弃晦涩难懂的术语和外来字眼，抛弃记得烂熟的、现成的但是群众还不懂的、不熟悉的口号、决定和结论”。此外，会议报告的语言还应富有鲜明的个性特色。要做到这一点，最好的办法是领导人遵照中央的指示自己亲自动手写会议报告稿而不要秘书代劳。如果确有必要让秘书或其他同志起草，起草人也应努力写出富有特色的语言来。

（三）篇幅不宜过长

会议报告由于论述的问题重要，内容较多，写长一些是必要的。但是，决不宜过长。在珍惜时间、讲究效率的今天，人们不欢迎过长的会议报告，尤其是不欢迎那种空洞乏味、对人们没有任何启示和帮助的长篇的会议报告。

第七节 简　报

一、简报的概念与作用

（一）什么是简报

简报是政府机关、企事业单位、人民团体用来汇报、反映、沟通情况和交流经验的一种事务文书。它简短、灵活，应用广泛，常常作为机关的内部刊物或会议期间的一种临时性的不定期刊物在内部发行。

“简报”是个统称，实际上它的名称多种多样，如“××简报”、“××会议简报”；有的名称虽没有“简报”字样，如“情况交流”、“××动态”、“内部参考”等，也都属于简报的范畴。

简报与公文文体中的“工作报告”都是下情上达，真实而具体地反映下面的情况。但二者又有区别，“工作报告”是正式公文，它反映下面的情况比较全面，一般是对某一时期或某一阶段的工作进行总的回顾与全面总结，或对某一重大问题进行全面的汇报。而简报不是正式公文，它只是当前情况的一个侧面或一个横断面的反映。因此，简报不能代替“工作报告”，下级机关有正式需要报告的事项，必须另写公文“报告”。

简报与新闻（消息）有相同之处，都要求迅速、简明、准确地报道新情况、新经验、新问题。但二者又有区别，新闻报道的面广，报道的是具有新闻价值的事实，而且是公开发表的；而简报只反映本单位、本部门、本系统、本地区的情况和问题，而且更注意总结有普遍意义的经验或问题，不公开发表，只在有限的范围内发送，有的还要保密。

（二）简报的作用

简报是具有汇报性、交流性和指导性的事务文书。它在政府机关、企事业单位和人民团体的工作中发挥着重要的作用。其作用是：

1. 汇报作用　简报虽然不是公文，但可以通过它向上级机关汇报本单位、本部门、本系统、本地区的工作情况和重要动态，使上级机关及时了解下情，既便于领导有针对性地指导下面的工作，又便于领导决策时作参考。

2. 交流作用　通过简报可以向平级单位传递信息，交流工作中的新情况、新问题、新经验、新成绩，促进相互了解、相互学习，推动工作。

3. 指导作用　简报可以向下级机关宣传政府的方针、政策，传达有关文件的精神。简报也可以交流推广典型经验，倡导、表彰好人好事；揭露坏人坏事，批评不良倾向，指出应该注意的问题。这就能起到一定的指导、教育作用。

由此可见，简报是开展工作、推动工作的重要工具。

二、简报的种类与特点

（一）简报的种类

从内容上划分，简报大体上可分为以下四种：

1. 情况简报　又称工作简报，它主要用来反映各个单位、各个部门和各个地区的工作与生产情况。这类简报因写作方法和内容的不同又可分为两种：（1）综合性情况简报。它是在明确的主题贯穿下，综合反映一个部门、一条战线或一个地区的工作或生产发展变化的情况和问题。既有广度，又有深度；（2）专题性情况简报。它着重反映贯彻执行某一政策、完成某项工作或开展某项重要活动的具体情况和问题。

2. 动态简报　它迅速及时、简明扼要地反映新近发生的事情、新近出现的新情况、新动态。它内容新，动态性、时效性强。动态简报又分两种：（1）工作动态简报。它主要反映本部门、本系统内部工作的正反方面情况和动向。如“文艺动态”、“金融动态”等；（2）思想动态简报。它主要反映群众对政府重大方针政策的反应和认识、社会上的某种思潮或思想倾向、各行各业各阶层群众的思想状况等。如有关单位编发的“内部参考”。这两种动态简报都具有内部参考性和保密性，其阅读范围有较严格的限定。

3. 会议简报　这是在会议期间用来报道会议进行情况和讨论内容的简报。它的作用，主要在于及时反映会议动态、交流信息和经验。

4. 专业简报　它是适应某种专业工作而编发的简报。如公安简报，主要反映公安系统的内部情况和动态；监察简报，主要反映监察系统的内部情况；信访简报，主要反映在信访接待工作中收集到的情况和人民群众的意见和呼声。

（二）简报的特点

简报有以下五个特点：

1. 准确　即准确地反映情况。所谓“准确”，是指：（1）抓准问题。要选择确有价值、值得重视的情况和问题；（2）材料准确可靠。简报的内容要经过调查研究，仔细核实，不能夸大或缩小，更不能以假乱真，要确保其真实性；（3）简报使用的语言要准确。有时，用词用语不当也会造成内容失实，这是要注意防止的。

2. 新鲜　即报道新情况、新经验、新动向。新鲜的事物往往具有必然性、普遍性，包含着事物发展趋势，具有很大的参考价值。如果简报反映的都是人所共知的旧闻，那就失去了它的作用和意义。

3. 迅速　简报总是迅速及时地反映情况，讲究一个“快”字，强调时效性。因此，简报要写得快、编得快、印得快、发得快，以便及时地向领导和有关人员提供情况，使领导不失时机地处理问题，制订政策，指导工作。如果简报报道不及时，失去时效，也就失去了它的作用和意义。

4. 简明　简报的内容简练，篇幅短小。一份简报一般只报告一件事（综合性的简报例外），内容也力求简明，文字平实，不搞艺术描述、理论阐述，只将“什么情况”、“怎么回事”写清即可。简报的字数一般是千字左右，最多不过2000字，过长就不是“简报”了。如果内容实在多，可以分几期编发。

5. 连续　简报有定期和不定期两种，但不论是定期的还是不定期的，都有一定的连续性，即使在会议期间临时出刊的简报也不是只出一期就完，往往要出多期。

以上这些特点也可以说是简报的写作要求，简报只有达到了这些要求，才能算是一份名实相符的简报。

三、简报的格式

简报有约定俗成的统一格式。它有报头、正文、结尾三个部分。

（一）报头

报头设在第一页的上方，约占全页三分之一的位置，下边用横线与正文部分隔开。报头有如下内容：

1. 简报名称　用大号字写在报头正中部位，如“××简报”、“××动态”。可以套红，也可以不套红。用印刷体或书写体，一般不用美术字。简报名称宜相对固定。

2. 期号　在简报名称下面居中写明期号并用括号括起来，一般写成“第×期”的形式，亦可写成序数形式，如（10）。

3. 主编单位　在期号之下、间隔横线之上的左侧，顶格写主编单位的名称，如“××局编”或“大会秘书处编”。

4. 印发日期　写在期号之下、间隔横线之上的右侧。

此外，如简报需注明秘密等级，应在简报名称的左上方标明；如简报需编号，号码应标在简报名称的右上方。

（二）正文部分

即简报的中间部分。在间隔横线下面用较大的字体写明标题。如有按语，要先写按语，再写标题。在标题下面写正文。正文之中，可根据需要加小标题。一份简报一般刊登一份材料，也有的刊登几份相类似、相关或比、照的材料，而在第一页上印上目录。

（三）报尾

报尾在简报末页的下方，也用横线与正文部分隔开。它有两个内容：其一是发送范围，写在报尾的左方。给上级单位用

"报"，给同级单位或不相隶属的单位用"送"，"发"是指下级单位；其二是印发的份数，写在报尾的右下方。

四、简报的写法

这里着重讲简报的标题、正文及按语的写法。

（一）标题

标题处在最先与读者接触的位置，标题的好坏决定能否吸引读者。因此，编写简报要十分讲究标题的拟制。好的简报标题能准确、简要地概括全文的内容而又生动醒目。如1984年国家信访局出的一份反映某运输专业户运一趟木材受到十一道关卡敲诈的事的简报标题：《"个体户"行路难，处处都要买路钱》，就拟得好，它既准确地概括了问题、表明了态度，又简明、生动、醒目。这期简报很快得到中央领导同志的重视，《人民日报》还转载了全文。一般说来，简报标题的写法类似于新闻（消息）标题的写法，但又不像某些新闻标题那样引题、正题、副题一应俱全。如《××县抓改革办实事不说空话》、《狠抓优质高产、修旧利废，××棉纺厂一季度盈利显著增加》。简报的标题也可以采用正副题的写法，正题揭示文章的思想意义，副题写出事件与范围，对正题起补充说明作用。

（二）正文

正文是简报的中心部分，它由开头、主体和结尾三部分组成。

1. 开头　简报的开头，像新闻(消息)的导语，要用极简洁、明确的一段话或一句话，概括全文的主要事实或基本内容，先给人以总的印象。常见的简报开头有以下三种：（1）叙述式。即开门见山地把要反映的事件的时间、地点、人物、起因和结果都在开头部分写出，使读者一目了然；（2）结论式。先写出事情的结论或结果，然后再作具体说明或点出原因；（3）提问式。把主要事实用一、二个问题在开头提出来，然后用回答的语气在主体部分作具体的叙述。这种开头可以引起读者的兴趣和思索。

2. 主体　这是简报的最主要的部分。简报的主体要紧扣前言（即开头），用有说服力的事实、数据、情况、问题等典型材料，把开头总括的内容具体化。主体部分的写法由于简报内容的不同而各异。常用的写法主要有以下几种：

（1）按时间顺序写。即按照事件发生、发展和结束的自然顺序来写。这适合报道一个完整的事件。这种写法的特点是有头有尾，来龙去脉分明。

（2）按空间变换的顺序写。这种写法适用于报告一个事情的多个场面或用于围绕一个中心综合报告几个单位或几个地区的情况。如报告某市春节期间广大工人坚守生产岗位的情况，就可按空间的变换平行地写出多家大工厂年初一的生产场面。这是一种电影分镜头式的写法。

（3）归纳分类表述。把所有的材料归纳分成几部分，或几种情况，或几个问题，或几条经验体会，或几种做法，或几组数据，分别标上序码或小标题，逐一写来。

（4）夹叙夹议。边叙述情况，边议论评说，把情况和问题提到理论高度去认识。这适用于反映具有某种倾向性问题的简报。

（5）对比写法。即在对比中展开叙述。既可以作今与昔的纵向对比、此与彼的横向对比，又可以作好与坏的正反对比以及同类事物的对比。

3. 结尾　简报的结尾有两种情况：一种是用一句话或一段话收束全文，或总括全文内容，或提出今后打算，或用“事情正在进行处理”、“事件发展情况将随时通过简报告知”、“会议将在下月×日继续召开”等语句加强简报的连续性；另一种是主体部分把情况、事实叙述完了就干净利落地结束，不加收束性的结尾。

（三）按语

简报的“按语”就是简报的编者针对所发材料所写的说明性或评论性的文字。一般用一段文字写在材料标题之前，并在这段文字的开头之处写上“编者按”、“按语”或“按”等字样。转发式的简报（即转发有关材料的简报）一般都要加上编者按语，其他重要的简报也要加编者按语。

简报的按语常常是根据领导同志的意见起草，有时领导同志也亲自动手起草按语。但按语不是指示、命令，没有指令性作用。按语是把所发材料的内容和现实工作联系起来，表明领导上的意见，帮助人们加深对材料内容的认识，明确改进工作的方向，对下级起着督促、指导作用。从内容和作用上看，简报常用的按语一般有两类：

1. 说明性按语　常常是对发此材料的原因、根据、目的和材料的现实意义作一些说明。这类按语一般文字很短，有时就一句话。如“编者按：根据××领导同志的意见，现将××单位关于×××情况的报告摘登如下，供各单位参阅。”

2. 批示性按语　常常是针对一些有典型意义的材料和反映当前工作中问题的材料作些评论，表达领导上的看法、意见或对下级的要求。这类按语的内容可适当展开一下，对某些问题作些强调，要求有关部门的同志对简报反映的内容、问题给予重视。但一定要写得简明扼要。如一份简报在《开创新局面，要有新作风》一文前所加的按语：

“编者按：领导方法、工作作风问题，是搞好各方面改革、开创工作新局面的重要保证。随着各方面改革的深入进行，要求我们在领导方法、工作作风上也要来个改革。必须彻底改革‘官’‘暮’‘骄’‘娇’、空谈扯皮一类的坏习气；而代之以新的作风，深入基层，深入实际，研究新情况，解决新问题。只有领导干部、机关干部有了新的作风，工作才能有新的起色，才能开创新局面。市直机关在进行机构改革、确定职责范围、建立健全工作责任制过程中，必须把改进领导方法、转变工作作风作为一

附：简报样式

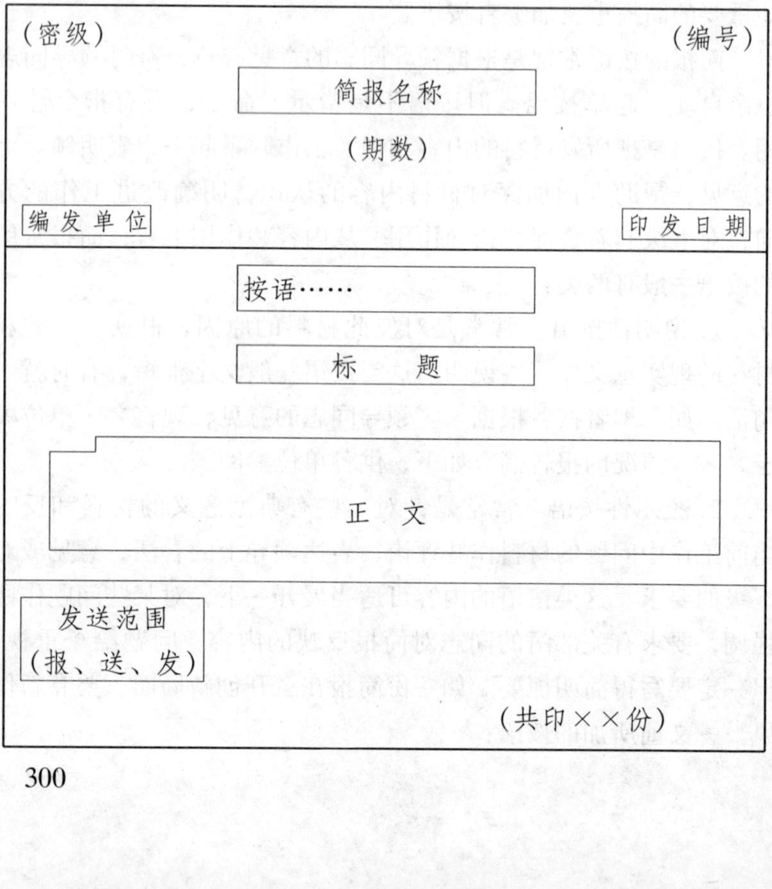

个重要问题来研究解决。市公用局在这方面做得很好，现介绍如下，供参考。”

由以上两例可见，按语可长可短，可繁可简，要随材料的内容而定。按语的语言要准确，批示性按语尤其要用准确的语言正确地反映领导的意图；按语的语气要和缓，即使领导同志亲自起草的按语，也不是指示、命令，一般不能用那种不容置疑的命令性、决定性的语气，而多用商量、探讨、期望性的和缓语气，使用诸如“供参考”、“供参阅”之类的词语。

第八节 规章制度

一、规章制度的概念、性质与应用范围

规章制度是章程、条例、规定、办法、细则、规则、规程、制度、守则、公约、须知等的总称，它是在一定的范围里制定的一种具有法规性与约束力，要求有关人员必须按章办事，共同遵守的文件。也就是说，它是在一定范围内要求人们必须共同遵守的行为规范和准则。

规章制度的应用范围十分广泛。政府机关、企事业单位、人民团体，上至最高领导机关，下至科室班组，乃至社会生活的各个方面，都可以用规章制度规定有关人员应该遵守的事项、职责或应该达到的标准等，以保证公务活动、生产活动、工作、学习、生活的有秩序地，正常、协调地进行。尤其是在进一步改革开放的大潮中，为了创造良好的工作、生产、学习、生活的环境，建立正常的工作、生产、学习、生活的秩序，更快更好更有效地进行经济建设，建立健全各种规章制度是十分必要的。

二、规章制度的文种及其概念、性质与应用

规章制度的种类很多，常见的有以下文种：

(一) 章程

章程是党团组织、社会团体、学术组织等对其性质、宗旨、任务、组织机构、组成人员及其活动规则等作出的规定。一般由该组织、团体制定并经代表大会等形式通过产生。它是一种根本性的规章制度，具有很强的严肃性和法规性。如《中国科学技术协会章程》。一个组织、团体的章程对该组织、团体的所有成员具有约束力。国家行政机关及其职能部门一般不用章程。

(二) 条例

条例是指导某一方面长期性的工作、活动正常开展的较为原则和全面的规范，一般由主管该方面工作、活动的党和国家的部门根据国家的有关政策、法律精神制订，由党的领导机关或国家权力机关（全国人大常委会）或国家最高行政机关（国务院）批准（或通过）颁发。它是具有强制性和约束力的法规性文件。

在我国，根据工作、活动的性质和管辖的权限，有全国人大常委会通过发布的条例，如《中华人民共和国学位条例》(1980年2月12日通过发布)；《中华人民共和国治安管理处罚条例》(1986年9月5日通过发布)；有国务院制定发布的条例，如《合理化建议和技术改进奖励条例》(1982年3月16日发布)、《中华人民共和国价格管理条例》(1987年9月11日发布)。

(三) 规定

规定是政府机关、社会团体、企事业单位针对特定范围内的工作和事务或专门问题制定的要求和规范，它也是一种具有强制性和约束力的法规性文件。规定所规范的对象和范围比较集中，

措施和要求也比较具体。规定比起章程、条例来，更多一点现实针对性，也相对少一点长期稳定性。

从“规定”的制发机关、单位来看：有政府行政机关制定发布的规定，如《国务院关于高级专家离休退休若干问题的暂行规定》（1983 年 9 月 12 日发布）、《中外合资经营企业合营期限暂行规定》（1990 年 10 月 22 日发布）。此外，还有社会团体、企事业单位处理本团体、本单位的某种工作和事务所制定的规定。如鞍钢 1980 年 9 月制定的《关于徒工培训转正定级暂行规定》。

（四）办法

办法是政府机关、社会团体、企事业单位针对某项工作或某一方面的活动制定的具体的要求与规范，它是一种具有强制性和约束力的规定性文件。

办法与条例、规定都具有规定性，但办法所规定的内容比条例、规定都更具体，它提出的是具体的要求和措施。有些“办法”就是根据“条例”、“规定”中的某些条款制定的。如国务院发布的《产品质量监督施行办法》，就是根据《标准化管理条例》中有关条文制定的，比原条例具体。办法与条例、规定的使用范围不同。条例、规定多使用于某些重大问题、重要事项，而办法除了一些法规的实施办法之外，一般使用于具体事务或某一事项，甚至是比较细小的事情上。如关于科技成果的管理、某种资金的管理、票汇的结算、税务的管理、物资的管理、废旧物资的回收等。

从“办法”的制发机关、单位来看：有政府机关制发的办法，如国务院办公厅制发的《国家行政机关公文处理办法》（1987 年 2 月 18 日），《国家科委关于科学技术研究成果的管理办法》（1978 年 11 月 13 日）；也有社会团体、企事业单位处理本团体本单位的某一具体事务或事项所制定的办法。

（五）细则

细则是政府机关、社会团体、企事业单位根据上级机关发布的有关条例、规定或办法，结合本地区、本部门、本单位的实际情况，制定的具有一定的补充性、辅助性的详细的实施规则。它也是一种规定性的文件。它比条例、规定、办法显得更具体更明确。

细则实际上就是实施条例、规定、办法之类规章的补充性、辅助性的文件。它把上级发布的有关条例、规定、办法中较原则性的规范具体化、细密化，补充其“不足”，以利贯彻实施。如外汇管理总局发布的《审批个人外汇申请施行细则》，就是根据《中华人民共和国外汇管理暂行条例》第十九条制定的，它比条例有关条文的规定就更具体更详细更明确。

（六）规则　规程

规则和规程基本相同。它们都是政府机关、社会团体、企事业单位管理具体事务或活动时所使用的规定性文件。具体、准确地说，规则是在一定范围内针对某一具体事项或活动制定的要求有关人员共同遵守的准则；规程是在一定范围内针对某一具体事项或活动或某种操作制定的要求有关人员共同遵守的统一要求和程序。

规则、规程的使用范围与规定不同：规定是法规性文件，多用于重要的工作、问题，所涉及的领域较广泛；规则、规程只是规定性的文件，多用于具体的事务性的工作或某种活动或某种操作，所涉及的范围较窄。

规则、规程与办法既有共同之处，又有不同之点。共同之处是：它们所规范的事情都是具体的事务性的居多。不同之点在于，它们在规范人们的行动上侧重不同：办法侧重于对问题的处理和解决，重要的是提出解决问题的措施和办法来；而规则、规程侧重于统一的要求和规格，重要的是提出管理事务或活动的章法和程序来。因此，在写作这几种公文时，要体现出它们之间的差异来。

从规则、规程的制发单位来看：有国务院制发的，如《工厂安全卫生规程》（1956 年 5 月 25 日）；有国务院所属的各部委制定并经国务院批准发布的，如经国务院批准、由公安部公布施行的《仓库防火安全管理规则》（1980 年 8 月 15 日公布）；还有地方政府机关、部门和社会团体、企事业单位制发的规则、规程。如《××市海水浴场治安管理规则》、《电工安全操作规程》等。

（七）制度

制度是政府机关、社会团体和企事业单位制定的要求所属人员在某方面或某一事项上共同遵守，并按一定程序办事的准则，它也是一种规定性文件。

制度的使用范围极为广泛，凡是要求有关人员共同遵守，并按一定程序办理的事情，不论是工作、学习、科研、生活方面的，还是生产、经营、管理方面，都可以使用制度这一文种，用以规范人们的行为，以保持井然的秩序。越是现代化的管理，越需要严密而科学的制度。

制度按制定的部门分，有国家制定的制度、企事业单位制定的制度、社会团体制定的制度，还有个人制定的制度。按内容性质分，有行政工作制度、经济管理制度、财经制度、教学管理制度、财物管理制度、学习生活制度等。在经济管理制度中，近几年生产岗位责任制（即生产岗位上的责任和制度）和工作岗位责任制（即工作岗位上的责任和制度）甚为流行，它是企业体制改革的一种重要成果。由于生产岗位责任制、工作岗位责任制的普遍实行，“责任制”这一文种的写作便提到了重要位置。

（八）公约、守则

公约是一定范围（如某一机关、团体、单位、村）或行业的人民群众（有时是他们的代表），在自觉自愿的基础上，经过集体讨论制定的共同遵守的道德规范和行为准则。

守则是政府机关、社会团体和企事业单位根据上级有关指示精神和实际工作需要制定的，要求所属成员严格遵守的行为准则。

公约和守则都是具有一定的规定性和约束力的文书。但是，它们的使用范围有所不同：“公约”多用于公共事业方面的道德、行为规范，尤其是在精神文明建设方面多有使用。如《文明公约》、《爱国卫生公约》等，而“守则”除了使用于各行各业人们的道德、行为规范之外，还常常使用于机器设备、生产工艺的具体操作规范。如除了有《全国职工守则》（1982 年 5 月制定）、《国务院工作人员守则》、《学生守则》等之外，还有《硬度试验机使用守则》、《焊缝射线探伤工艺守则》等。

三、规章制度的写作

（一）章程、条例、规定、办法的结构与写法

章程、条例、规定、办法的结构与写法有许多相同之处，它们通常由标题、发布机关和时间（或会议通过的时间）、正文三部分组成。

1. 标题的写法　“章程”的标题有自己独特的构成形式，即“组织名称（政党或社会团体或学术组织名称）+ 文种（章程）”式。如《中国科学技术协会章程》、《中国写作学会章程》等。

“条例”的标题一般有：(1)“事由＋文种”式，如《广告管理条例》；(2)“国家名称＋事由＋文种”式，如《中华人民共和国价格管理条例》；(3)“×××工作＋文种”式，如《机关档案工作条例》。如果条例在内容上还不够成熟，尚待进一步修改，可以在标题里标明“暂行”、“试行”等字样。如《中华人民共和国个人收入调节税暂行条例》。

“规定”的标题是“事由＋文种”式或“发文机关＋事由＋文种”式，且常用介词“关于”，与一般公文标题相同。如《关于文书档案管理期限的规定》、《财政部关于企业财务检查中处理财务问题的若干规定》等。属短期内适用或尚待进一步修改的规定，在标题的“文种”前还要加上“暂行”、“试行”的字样。如《关于出版物上数字用法的试行规定》。

“办法”的标题一般有“发文机关＋事由＋文种”式和“办法内容＋文种”式两种。前者是公文规范标题法，如《国家科委关于科学技术研究成果的管理办法》；后者如《票汇结算办法》、《中华人民共和国保守国家秘密法实施办法》(1990 年 5 月 25 日发布)。如果是短时期的或者是临时的，也要在标题的“文种”(办法)前加上“暂行”、“试行”的字样。

2. 发布机关、时间、条例、规定、办法的发布机关、时间一般写在标题之下，居中排列，并加上圆括弧。如《广告管理条例》就在其标题之下居中写着：(1987 年 10 月 26 日国务院发布)。有的还在圆括弧内注明由何机关何时批准。

章程与条例、规定、办法不同，它是由一定的会议通过的。因此，章程要在标题之下，居中写上通过该章程的会议名称和时间，并加上圆括弧。

3. 正文的写法　章程、条例、规定与办法的正文结构大体类似，都是以条文的形式写成的。正文一般分为序言、主体、附文三个部分。

（1）序言。或称总则，是正文的开头部分，通常要写明制定这个文件的意义、目的、根据，文件的适用范围以及总的原则精神等。上述内容在一篇文件中不需要面面俱到，一般根据实际需要只写其中的一两项或两三项。其写法也很灵活，既可以采用序言的形式，用一段文字来概括，放在具体条文之前；也可以用一、两个条款写出，排在其他条款的前面；还可以列为第一章总则，下面分几个条款来写；也可列为总纲，分段来写。

（2）主体。或称分则，由若干条款组成，写出规定的具体内容，占正文的主要篇幅。每一条目写一个具体问题，如果其中又包含几种情况和要求，可以在这一条下面再分几款来叙述。条款数量多、篇幅比较长的文件，宜适当按问题分类，划分为若干章，并为每一章拟出一个小标题，以求眉目清楚。每章里的条款，应当按问题之间的联系和逻辑顺序排列。条目的编号，无论是否分章，文件中所有的条目都应该统一连续编排顺序号；每个条目下的各款，可以分别各条单编顺序号，以便于引用。条款的序码，一般用汉字的序数词和数词，如“第五条”、“一”或“（一）”。

（3）附文。又称附则，是主体部分的补充和说明，列于文件最后。一般写明文件的实施日期，宣布与该文件相抵触的原有文件同时作废，写明文件的修改与解释权、具体实施细则的制定权以及其他需要说明的事项等。附文的形式可以单独列为一章，名之为“附则”；也可以不作一章，只写两三个条目排在最后。

正文的结构形式主要有以下几种：

（1）条目式。又叫分条列项式、条项贯通式。全文以“条”

为线，“条”下再按序号列出相关的项目。这种结构适用于内容单纯、层次不复杂的条例、规定、办法。如1987年10月26日国务院发布的《广告管理条例》，全文共22条，一贯到底。又如1983年12月28日中国人民银行制定发布的《票汇结算办法》，全文14条，一贯到底。

（2）章条式。全文分成若干章，章下分条，各章条数前后相连，通常叫“章断条连”式。这种结构适用于章程。但有的章程开头的总则（或总纲）不作为“第一章”出现，而是独立于各章之前，也不分条，到分则部分才开始分章分条，“分则”结束，整个章程也就结束了。

（3）三则式。全文分总则、分则、附则三部分，第一章为“总则”，最后一章为“附则”，中间各章统称之为“分则”。分则有多少章视内容而定，各章标题也由各章内容而定。所有条目从总则到附则统一连续编排顺序号，也是章断条连式。这种结构形式多用于章程和一些内容复杂法规性较强的条例、规定、办法。如《中国科学技术协会章程》、1987年9月11日国务院发布的《中华人民共和国价格管理条例》、1983年4月28日发布的《机关档案工作条例》、国务院办公厅1987年2月18日发布的《国家行政机关公文处理办法》、国务院1991年3月1日发布的《企业职工伤亡事故报告和处理规定》。

（4）总分式。即开头序言部分不标条项，而以总述的形式出现，写明制定文件的意义、目的、根据，然后用转接用语：“特制定本××”等引出下文，中间部分和结尾部分分则分条标项。这种结构形式适用于内容单纯，层次不复杂的“规定”、“办法”。如1983年2月25日发布的《劳动人事部关于招工考核择优录用的暂行规定》，又如《国家科委关于科学技术研究成果的管理办法》(1978 年 11 月 13 日)。

总之，就结构形式而言，章程多用章条式、三则式；条例多用条目式、三则式；决定、办法多用条目式、三则式、总分式。

(二) 细则、规则、规程的结构与写法

1. 细则　细则由标题、发布机关（单位）和时间、正文三部分组成。

(1) 标题。一般有三种写法：一是由发文机关、事由和文种组成；二是由适用行政区（或单位)、事由、文种组成，如《广西壮族自治区车船使用税施行细则》；三是由事由、文种组成，不加“关于”字样，如外汇管理总局发布的《审批个人外汇申请施行细则》。一般都在标题的“文种”（细则）之前加“施行”、“实施”的字样。

(2) 发布机关（单位）和时间。一般写在标题之下，居中排列，并加圆括弧。

(3) 正文。一般由序言（开头)、主体、附文三部分组成。序言即开头部分，写制定细则的依据、适用范围；主体即中间部分，写各项具体规定；附文即结尾部分，写细则的解释权、实施日期等。

正文一般采用条目式（又称条项贯通式、分条列项式）的写法，序言的内容列在前几条，附文的内容列于末几条，主体的内容列于中间。主体部分条目的排列顺序应与被补充文件的层次排列顺序相合。这部分的内容在写作时应注意结合实际，不能只是部分重复所被补充文件的条款或解释其字面意义，应将有关条款具体化，但也不能对有关原文每一条款都具体化，详而又详，全面铺开，以致无法执行。

2. 规则、规程　规则与规程的结构与写法基本相同，它们都由标题、公布机关（单位）和时间、正文组成。

(1) 标题。一般由规则、规程内容和文种组成。如《仓库防火安全管理规则》、《工厂安全卫生规程》、《篮场比赛规则》、《××操作规程》。有的还在标题开头写上适用行政区，如《××市海水浴场治安管理规则》。

(2) 公布机关（单位）、时间。国家机关制定公布的规则、规程，要在标题之下，居中注明公布时间、机关，并加上圆括弧。有的还在圆括弧内注明何时由何机关批准。如《仓库防火安全管理规则》就在标题之下注明：（1980 年 8 月 1 日国务院批准；1980 年 8 月 15 日公安部公布施行）。有的则在标题之下注明何时由何会议通过，如《工厂安全卫生规程》。

企事业单位、社会团体在日常工作、生产、学习、生活中对某一事项或活动制定公布的规则、规程的公布单位、时间一般写在正文的右下方落款处，有的也可不写。

(3) 正文。国家机关制定公布的内容较复杂的规则、规程正文的结构及写法同内容复杂的条例、规定大致相同，一般采用"三则式"（即总则、分则、附则式）的写法。如《工厂安全卫生规程》、《仓库防火安全管理规则》。关于"三则式"的具体写法，上文已做了阐述，此处从略。

企事业单位、社会团体在日常工作、生产、学习、生活中对某一事项或活动制定公布的规则、规程的正文的写法一般采用总分式、条文式的写法：总分式的写法就是开头先写制定规则、规程的目的，作为前言，然后分条写出各项具体规定与要求。如《××市海水浴场治安管理规则》；条文式的写法就是分条直书其文。如《阅览规则》、《××操作规程》。

(三) 制度、公约、守则的结构与写法

1. 制度　制度一般由标题、制发单位和时间、正文组成。

（1）标题。基本都是由制度内容和文种组成。如《环境保护工作制度》、《用电管理制度》、《产品设计工作管理制度》、《×××× 责任制》等。

（2）制发单位、时间。一般写在标题之下，居中排列，加圆括弧。也有的写在正文右下方的落款处，不加括弧。

（3）正文。内容较繁的制度的正文，可像条例、规定办法那样，采用"三则式"（即总则、分则、附则式）的写法，亦可采用"总分式"（前言、主体、结语式）的写法。内容较简单的制度的正文，一般采用"总分式"的写法；也可以采用条文式的写法，分条直书几条规定性的文字。

2. 公约、守则　公约和守则的篇章与写法极为简单，多数公约、守则的写法是标题之下，分条直书其文，落款处写明年月日。有的公约、守则的正文有极其简约的前言和结语。公约的标题一般由内容和文种构成，如《爱国卫生公约》、《服务公约》；守则的标题一般由适用范围、适用对象和文种构成，如《国务院工作人员守则》。有的也可省去适用范围，如《大学生守则》。

四、规章制度写作的基本要求

（一）必须依据党和国家的有关方针、政策、法规制定

章程、条例与规定是作为规章、法规使用并须遵照执行的，办法、细则、规则、制度等规章制度也都是规定性的文件，也须遵照执行。它们公布之后，对有关人员具有明显的强制性，起着规范行为的作用。因此，它们的内容及制定程序必须符合政府的有关方针、政策和上级指示精神，必须符合政府的法律、法令和行政法规，决不能与之相悖。

（二）要从实际出发，切实可行

在制定各种规章制度，尤其是条例、规定、办法、细则时，要进行深入细致的调查研究。通过调研，切实领会政府的有关方针、政策、法规和上级指示精神，充分掌握实际情况，才能制定出符合国情、符合实际的切实可行的规章制度来。

（三）结构要严谨，条文要具体、明确、简要

各种规章制度都是要求有关人员遵照执行的。因此，在写作时就要做到结构严谨，条文清晰，要具体明确地说明应该怎样，不应该怎样，严格划清各种界限，使规范的对象有章可循，便于执行和遵守。同时，行文用语要简明、准确、周严，不能有疏漏，充分体现规章制度的严肃性。

（四）定期检查，进行修订或补充

对各种规章制度，尤其是写明“试行”、“暂行”的条例、规定、办法，都要定期检查，适时地进行修改或补充。随着改革开放的深入发展，新情况、新问题层出不穷。尽管条例、规定等法规性文件有相对的稳定性，但为了适应形势的发展、情况的变化，就需要在实施过程中不断加以完善，修改那些不适应的内容，并补充必要的一些新内容。其他的规章制度则更需要适应形势的发展和实际情况的变化，适时地进行修改或补充。只有这样，才能更有效地发挥规章制度的积极作用。

第九节　声明与启事

一、声明

声明是机关、单位（或个人）向人们公开说明某种重要事情

的应用文章。它意在说明某事，告白于大众，防止后患。一般登在报刊上或张贴在公共场所。

声明的种类较多，常见的有遗失声明、解除合同声明、委托受权声明、除名声明、表明关系声明等。

声明的一般格式及写法是：

（一）标题

通常在“声明”二字前面标明“事由”，以表明声明的性质，如“遗失声明”。

（二）正文

写声明的内容。一般用直陈的写法，直接写清楚需要有关方面或有关人知道的事情。正文末了，一般用“特此声明”四字作结。语言要通俗，文字要简约。

（三）落款

在正文的右下方写上发声明的机关、单位名称（或个人姓名），这叫署名。然后在署名之下写明发此声明的年月日。

例如：

遗失声明

我单位不慎于 1991 年 1 月 12 日丢失空白转账支票两张，号码：5086322、5086323。现声明作废。

××师范学院财务科

1991 年 1 月 13 日

二、启事

启事是机关、单位（或个人）公开向大众说明并请求予以协助办理的事情的应用文章。它一般登在报刊上或张贴在公共场所。

启事的种类很多，常见的有招贤启事、招生启事、征集图案设计草案启事、征集意见启事、征文启事、报刊征订启事，迁移启事、招领启事、寻人启事、寻物启事、开业启事、更换商标启事等，应用极其广泛。

启事的格式多样，写法不一。其一般格式及写法是：

（一）标题

启事标题的写法比较灵活，一般是“事由＋文种（启事）”的形式，如“招贤启事”、“招领启事”、“寻×××启事”；也有“单位名称＋事由＋启事”的形式，如《××县招聘科技人员启事》、《××大学函授部招生启事》。如果启事是重要的或紧急的，还要在“启事”之前写上“重要”或“紧急”二字。

（二）正文

写启事的内容，要把有关事情讲清楚并提出要求。文字要简明扼要。正文的写法不一，常用的写法有以下两种：

1. 直陈式的写法　即直接陈述有关的事情和要求，或写成一段文，或分段写出。多数启事采用这种写法。

2. 总分式的写法　即在正文的开头先简要、概括地写明发启事的缘由、目的和启事的内容，作为总述式的前言；然后在正文的主体部分，分条标项地写明启事的具体事项，写完即结束。招贤启事、征集图案设计草案启事、征文启事等常采用这种写法。

正文的具体内容，因启事性质、种类的不同而各异。招贤启事要写明招贤目的、招贤对象、优惠条件、办理办法，要写得热情、明确、具体、条理清楚；迁移启事要写明迁移目的、迁移日期、迁至何处、电话号码等；寻人启事应该写明被寻找者的单位、姓名、性别、年龄，何原因于何时、何地失踪，服饰、体态、长相、口音的特征，发现被寻找者的单位或个人如何同寻人单位（或个人）联系，要写得具体、明白，带有感激之意。最好再附上被寻者的照片；

寻物启事则要把丢失物品的时间、地点，失物的名称、形状、质地、记号、数量详细具体写清楚，有时还要写清楚拾者送物往返途中的费用由失主负担以及给拾者必要的酬金之类的话，行文也要带有感激之意；招领启事要写明于何时何地拾到何物，请失主去何处认领。但不要写物品的具体数量、特征，以防冒领。

（三）落款

在正文的右下方写明发启事的机关、单位名称（或个人姓名）和发启事的年月日，分两行安排。

例文：寻物启事

寻线捆启事

12月10日晚上9点许至深夜12点，我厂汽车司机×××同志用解放牌汽车，在××公路上，从××市第五棉纺厂往××县棉织厂，运输18支白色捆状棉纱。由于捆纱的绳子松动，部分纱捆被抛下车去。××大队食堂炊事员路长礼同志拾到的两捆，已送给我们；其余部分，下落不明。请看到或费心代为保存的同志，能尽快通知我厂。如用车送交我厂者，我们除负责往返一切费用外，还发一定的酬谢金，以表谢意。

××县棉织厂办公室

1982年12月12日

三、声明与启事的异同

声明与启事的相同之处在于：两者都是要将某件事情公开告知人们，应用范围也都较广泛。发表方式也相同，或载于报刊、或发于广播、电视，或张贴于易见的公共场所。

声明与启事的不同之处主要是在内容的侧重点上。声明的内容只是告知人们某件事，不提出什么要求。如遗失声明，只向公众或有关方面宣布某单位（或某人）遗失某物，并不要求人们帮助寻找，仅仅起到宣布作废的作用；启事则不仅向公众公开说明某件事情，而且寄希望于人们协助办理，即在告知的基础上还有所求助。如寻物启事，既告诉人们在何时何地丢失了何物，又希望拾物者告知；招贤启事，既告诉人们招聘什么样的人才，又希望符合要求的人才应招。

【例文与简评】

(13—1)

调 查 报 告

不要让子孙后代埋怨我们

——关于北京河流污染情况的调查

近些年来，首都的面貌发生了深刻的变化，但环境污染也随之加重。北京的群众不断反映，在这个理应成为第一流优美、清洁的城市里，“当年的龙须沟又回来了！”

龙须沟，是旧北京一条以臭著称的污水沟，也是党中央迁到北京后首先动手根治而出了名的一个历史陈迹。30年以前生活在北京或看过老舍名剧《龙须沟》的人，都不难回想起那条“臭沟沿”凄惨破败的景象。现在人们拿它比喻受污染的河流，当然不是指其凄惨破败、恶霸横行的情景，而是就河水肮脏而言的。

如今首都的河水污染，真有那么严重吗？带着这个问题，最近记者对全市的水源环境进行了调查。

和世界主要大城市大多毗江临海的情况相比，北京是一个缺少地面水源的城市。构成北京市规面水网的，只是总长约900公里的46条河流沟渠。据城市规划、环境保护、水利、卫生等部门的检验监测，现在全市除远郊水源上游地区少数几条河流尚属清洁以外，其余都受到了不同程度的污染，受污河道长度竟达4000多公里。这些受污河流大多集中在市区附近，已经占了城区和近郊区河道总长度的90%。其中被比喻为“龙须沟”的，至少有34条！

这样说，并不过分，有事实为证：

西北郊流经风景，文化区的万泉河，过去清澈见底。绕北京大学围墙。点缀清华园的风光。近年来沿河兴建起的造纸厂，养鸡场等很多单位任意排放污物，水质变得黑臭混浊，水面漂浮着垃圾粪便，成了蚊蝇和孑孓横行的世界。

西郊莲花河，原以荷花满地、盛产莲藕得名。近年，随着上游钢铁、炼焦、机械等行业生产规模的不断扩大，大量含有酚、氰等毒物的污水顺流而下，虽经多年治理，河水氨氮含量仍超过国家规定标准几十倍。现在水质发黑，莲花绝迹，鱼虾罕见。

南郊凉水河，解放初水清鱼肥，还发现过名贵的鲑鱼。现在受沿河40个重点工厂和百余个社队企业工业废水严重污染，河水黑黄粘稠，臭气熏人，形成了28公里长的无大型生物带。

始自北京内城东南角箭楼下的通惠河，向东流往通县入北运河。如今化工、印染、造纸行业的废水，每年把约4万吨有害物质带进河道，河水黑中透红，表层漂浮发了酵的污泥和有毒的气泡，五种主要毒物（酚、氰、汞、铬、砷）都有检出，其中含酚量超标90倍，再加上近两年前三门大街新建30多栋高层大楼的粪便、污水全部通过暗沟流入这条河里，坐在进出北京站的火车上都能闻到刺鼻的臭气。

东北郊的亮马桥河，穿过使馆区和正在兴建的旅游饭店，向东流进坝河。北京造纸厂含有大量碱液的造纸黑液，带着半尺厚的黄、白色泡沫漾漾而下，轧钢厂的红色铁锈汤再注入其中，使这道河水宛若一条长满癞痢的乌龙。

……

30 多条“龙须沟”的重新出现，给首都的经济生活、环境卫生和人民健康带来了严重的危害。

（一）污染了地下水。在全市 400 多眼地下水观测井里，目前受五种有害物质污染超过国家规定标准的达四分之一，水的硬度和硝酸盐含量逐年升高。地下水的恶化，既给首都人民生活带来危害，又使工业生产受到相当影响。据估算，全市仅纺织、制药、造纸、酿酒等行业用于水质软化处理和锅炉结垢所耗燃料，每年就多花几千万元。

（二）危害了水生物、土壤和农作物。在被严重污染的河湖沟塘里，鱼虾濒于灭种，水产越来越少。市水产科研所前几年用凉水河的水养鱼，鱼种、鱼苗成批死亡，近年改用机井水养殖的鲤、鲫、鲂、虹鳟鱼等，也经常发生鱼体变形和中毒现象。群众反映，现在的河鱼吃起来不是味。沿污水河两岸以及长期采用污水灌溉的大面积农田土壤，都含有不少有毒物质和各类病菌，直接影响了粮食和蔬菜。

（三）破坏了市容环境。东直门外大街离城仅一公里处的污水沟，原是修建工人体育场时为引进清水、美化环境开挖的渠道，现在被沿渠不少单位的垃圾、钢屑和碴土填垫挤占，只剩下一条深不逾尺的烂泥沟。每逢雨季，浮着红、黄、黑色泡沫的臭水溢出河槽冲进居民住房，有的工厂大门口都要筑起一米多高的“拦洪闸”。目前，市区的九条河、湖两岸，也有 1237 个污水排放口直接把脏水灌进来。这里既有含毒工业废水，还有带菌医院污水。

（四）影响了首都人民的健康。位于焦化厂、染料厂附近的朝阳区王四营公社孛罗营大队，一条被严重污染成五颜六色的大柳树明渠穿村而过，水中含煤焦油、酚、氰、氯苯和三四苯并芘等有害和致癌物质几十种。这里气味呛人，初闻咳嗽，久闻即喘。社员气管炎、肺病、癌症的发病率大幅度上升。类似景象，在其他一些污染严重的地方也多有发生。

30 多条“龙须沟”的出现，到底是因为什么？

解放以来，我们在发展北京的工、农业生产和城市建设方面都为人民做了许多好事，但也曾发生某些失误，带来了一系列问题。首都有关方面的人士指出，这些河流环境恶化的原因可能很多，但从主观上看，起码有这样几条经验教训值得记取：

第一，近十几年来，首都建设的指导方针被搞乱了。“文化大革命”前，北京市委提出的“把首都建设成为一个庄严美丽的、具有现代化工业、农业、科学技术和文化的社会主义城市”的方针，在十年浩劫当中全部被否定掉，造成了极大的破坏。粉碎“四人帮”以后，北京市又突出强调了要建设“成为一个以钢铁、石油化工、电子、机械仪表为主的……现代化工业基地”。由于忽视首都作为全国政治中心、文化中心和国际交往中心的首要职能而片面地抓工业，抓产值，也就形成了头重脚轻污染多的局面。

第二，工业建设缺乏整体规划和合理布局。北京地区本来并不适宜发展那些用水多、污染重的工业项目。可是这些年来，在决定政策时很少考虑水资源条件恰恰是让用水多、污染重的冶金、化工等行业得到了大发展。特别是在水源上游和城区，对环境有污染的工厂越拱越大，越建越多，污染愈演愈烈。

第三，市政建设欠账太多。随着城市用水、特别是工业用水的逐年增加，排放出来的污、废水也成倍增多，可是与之相配套的城市污水管网和污水处理设施都发展缓慢。据统计，北京市 1954 年时约有城市地下污水管道 600 公里，那时每天全市排放的污水只有 67000 吨。如今排污量增长了 29 倍，而地下管道的长度只增加了一倍。目前全市只有32%的污水可以流入下水道，其余全部就近灌进各条河湖沟渠里。城市污水处理场既少又小，只能以沉淀方式简单处理全市污水的7%，其余流入下水道的污水还要溢流到下游河道里。这是河流变成了排污沟的直接原因。

第四，环境保护和污水治理工作没有受到应有的重视。市造纸试验厂每天排放含碱黑液200多吨，对通惠河水污染相当严重。如果厂内加以处理，不但可以使污染减轻，每年还能收回纯碱2000多吨。可是由于有关领导不支持，轻工业部1971年投资200多万元购买的治理设备在路边躺了7年。去年年底由工厂自己施工，好不容易安装上了，回收出来的纯碱又不给销路。而与这个厂同属一轻局的一些厂却每年花大笔钱从外地购进纯碱。就这样，该厂这套治理设备至今不能投产，黑液照样淌流。市染料厂的治理废水工程六年前就得到了批准，可是市里迟迟不给安排施工材料和基建力量，拖到现在仍然没有动工。目前的状况是，全市原有的污染源治理不快或未加治理，而新的污染源又不断增加，难怪问题喊了几年，污水却越流越多了！

其实，北京出现30多条“龙须沟”的问题，在市领导机关那里并不是什么新闻。两年前，这类情况就已经通过新闻单位反映上去。市规划局、环保局也曾就此向上级写过治理措施的报告。可是有关领导除了在会议上原则性地讲过几句话之外，至今没有采取具体行动。当然，解决这个多年形成和积压的问题并不是轻而易举的事，既有不少实际工作上的困难，也需要有一个分批治理的过程。首都人民对此是能够理解的。但我们总不能年复一年地拖下去吧！

在老舍先生的《龙须沟》里，那个善良正直的程疯子有这样一段唱词：“给诸位，道大喜，人民政府了不起！了不起！修臭沟，上手先给咱穷人修。东单、西四、鼓楼前，还有那，先农坛、五坛八庙、颐和园，要讲修，都得修，为什么先管龙须沟？都只为，这儿脏，这儿臭，政府看着心里真难受！……”不要以为这只是戏文，它反映着我们搞建设的目的。如今我们的一些同志，眼看着环境污染一天天危害着人民，难道心理就不难受吗？

周恩来总理生前在谈到环保工作时有一句名言：“不要让子孙后代骂我们是蠢材”。假如听任北京市的水源污染这样发展、拖延下去，难道还用得着等到后代去骂吗？

（选自 1980 年 9 月 12 日《人民日报》）

【简评】

调查报告的标题采用主副题的标法，正题揭示主题，副题标明调查的事项、范围。标题拟得简明、醒目，富有感情色彩。

前三段是开头部分。作者从首都面貌的变化和群众的反映写起，通过说明、议论提出所要调查的问题，可谓别开生面。

中间部分写了三个层次。第一层采用总分式的写法，记述河流污染的严重情况。先以简洁的文字并夹以数字写出北京河流污染的概况，然后以“有事实为证”一语引出大量的具体的事实。其写法是按空间部位依西北郊、西郊、南郊、城东南角、东北郊的顺序一一具体记述的。

第二层，采用并列式的写法，夹叙夹议、有观点有材料地写出河流污染给首都的经济生活、环境卫生和人民健康带来的严重危害。

第三层以一个疑问句领起，夹叙夹议地写出首都河流污染的原因和值得记取的经验教训。词真意切，富有感情色彩。

结尾引用周恩来总理生前关于环保工作的一句名言，并据此以有力的反诘句发出深沉有力的精辟的议论，发人深思，促人深醒。

（13—2）

中国人民对外友好协会章程

（1986年12月18日全国理事会会议通过）

第一章 总 则

第一条 中国人民对外友好协会（简称全国对外友协）是中华人民共和国全国性的人民团体。

第二条 本会以发展中国人民同世界各国人民之间的了解和友谊，促进相互间经济、社会、文化、科技、教育等方面的交流与合作，维护世界和平为宗旨。

第三条 本会采取团体会员制。

第二章 任 务

第四条 同各国对华友好组织、社会团体和各界人士发展友好合作关系。通过相互访问，举行纪念会、座谈会，参加国际会议和双边会议，交换资料等，增进相互了解，发展友谊。

第五条 开展有关维护世界和平的活动；声援各国人民争取民族解放和维护民族独立的正义斗争。

第六条 配合有关单位开展对外经济、社会、科技合作和人才交流。

第七条 开展对外民间文化交流。派出和接待民间文化艺术团体和文艺界人士，进行友好访问，举办演出和展览。

第八条 协调我国各地同外国建立和发展友好城市关系的工作。

第九条 开展其他有关中国人民同各国人民友好关系的工作。

第三章 全国理事会

第十条 本会最高权力机构是全国理事会，理事会届期4年。

第十一条 全国理事会的职权：

一、审查本会工作报告；

二、制定和修改本会章程；

三、决定本会工作方针和任务；

四、推举名誉会长和聘请顾问；

五、选举会长、副会长和秘书长。

第十二条 全国理事会会议闭会期间，由会长、副会长和秘书长组成的常务会议主持日常工作。根据需要，常务会议得召集理事会议。

本会设副秘书长若干人，并设置必要的办理机构。

第四章 地方组织

第十三条 全国各省、自治区、直辖市建立省、自治区、直辖市人民对外友好协会。各省、自治区的重要城市，根据需要也可建立市人民对外友好协会。

第十四条 各省、自治区、直辖市人民对外友好协会，是省、自治区、直辖市一级的人民团体；省辖市人民对外友好协会是省辖市一级的人民团体。

第十五条 各地人民对外友好协会的业务工作受上一级友好协会的指导。

第五章　经　　费

第十六条　本会经费来源：

一、国内外社会各界的捐助；

二、本会举办一些活动的收入；

三、政府资助。

第六章　附　　则

第十七条　中国人民对外友好协会会址设在北京。

第十八条　本章程经全国理事会通过后生效。

（选自 1986 年 12 月 19 日《人民日报》）

【简评】

这是一份采用“三则式”结构形成的“章、条、款”俱全的章程，内容上先总后分，由大及小，层次井然，主次分明，安排有序。各章及章内条款相对独立，各不相犯，且又互为关联，显示了清晰的思路和强烈的逻辑力量。表达上用语确切，而且十分注意发挥“提行”和“标点”的作用。各条之间凡属不同的内容均提行撰写，使之醒目。顿号、分号和句号都放在恰当的位置上，显示出各种语言环境的特殊关系，能指示读者准确无误地理解各章各条的含义。

（13—3）

中华人民共和国优质产品奖励条例

（经国务院批准，国家经济委员会

1979年6月30日颁发)

一、总　则

第一条　为了鼓励工业企业不断提高产品质量，努力生产优质产品，适应我国社会主义现代化建设和人民生活水平不断提高以及扩大出口的需要，国家决定对工业产品中的优质品，颁发国家质量奖。

第二条　国家质量奖每年评选、审定、颁发一次。分甲、乙两种，甲种为金质奖章，乙种为银质奖章。

二、获奖条件

第三条　荣获国家质量奖的优质产品，必须具备下列各项条件。

1. 适用可靠，用户满意，畅销国内外市场，享有好的声誉；
2. 各项质量指标高于现行各级技术标准的规定，达到或接近国际同类产品的先进水平，或具有独特风格、优美传统的特色；
3. 在国内同类产品质量竞赛评比中，取得最佳成绩；
4. 已定型批量生产，质量持续稳定上升。

三、评选审批

第四条　获得国家质量奖的优质产品，先由企业提出申请，省、市、自治区革委会召集有关单位研究同意，国务院主管部门在全国范围内评选鉴定，国家标准总局、工商行政管理总局核报国家质量奖审定委员会审批。

第五条　国家质量奖的评选、审批，要坚持高标准严要求的原则，严禁弄虚作假。违者，视其情节轻重严肃处理。

四、奖　　励

第六条　国家质量奖一般在每年“质量月”期间，统一由国家经济委员会颁发。

第七条　颁发国家质量奖，是鼓励发展优质产品的一项重要政策，必须采取严肃认真的态度。各地区、各部门、各单位不再对任何工业产品颁发奖章、奖牌、奖杯。

五、荣誉标记

第八条　荣获国家质量奖的产品，企业可在该产品、产品说明书及商标上标明优质品和奖章的荣誉标记。

第九条　凡获得国家质量奖的产品，其质量只能提高，不能降低。凡不符合优质品获奖条件者，一律不得使用国家质量奖的标记。

第十条　凡获得国家质量奖的产品，如果质量下降，企业应立即停止使用国家质量奖标记，并及时向有关领导部门提出报告，经采取措施，达到原有质量水平后，企业可向有关部门提出申请恢复。

六、附　　则

第十一条　对优质产品实行优质优价和择优供应原材料、燃料、电力的政策。

第十二条　颁发国家质量奖所需经费，由国家财政列专款解决。

第十三条　本条例解释权，归国家经济委员会。

第十四条　本条例自颁发之日起施行。

【简评】

这是一篇采用“三则式”结构形式的条例。“总则”之后，“二、三、四、五”为“分则”，“六”为“附则”。“三则”分条例款，一一写来，层次分明，条款井然有序，行文用语简明、准确、周严。

(13—4)

广告管理条例

(1987年10月26日国务院发布)

第一条 为了加强广告管理，推动广告事业的发展，有效地利用广告媒介为社会主义建设服务，制定本条例。

第二条 凡通过报刊、广播、电视、电影、路牌、橱窗、印刷品、霓虹灯等媒介或者形式，在中华人民共和国境内刊播、设置、张贴广告，均属本条例管理范围。

第三条 广告内容必须真实、健康、清晰、明白，不得以任何形式欺骗用户和消费者。

第四条 在广告经营活动中，禁止垄断和不正当竞争行为。

第五条 广告的管理机关是国家工商行政管理机关和地方各级工商行政管理机关。

第六条 经营广告业务的单位和个体工商户（以下简称广告经营者），应当按照本条例和有关法规的规定，向工商行政管理机关申请，分别情况办理审批登记手续：

（一）专营广告业务的企业，发给《企业法人营业执照》；

（二）兼营广告业务的事业单位，发给《广告经营许可证》；

（三）具备经营广告业务能力的个体工商户，发给《营业执照》；

（四）兼营广告业务的企业，应当办理经营范围变更登记。

第七条 广告客户申请刊播、设置、张贴的广告，其内容应当在广告客户的经营范围或者国家许可的范围内。

第八条 广告有下列内容之一的，不得刊播、设置、张贴：

（一）违反我国法律、法规的；

（二）损害我国民族尊严的；

（三）有中国国旗、国徽、国歌标志、国歌音响的；

（四）有反动、淫秽、迷信、荒诞内容的；

（五）弄虚作假的；

（六）贬低同类产品的。

第九条 新闻单位刊播广告，应当有明确的标志。新闻单位不得以新闻报道形式刊播广告、收取费用；新闻记者不得借采访名义招揽广告。

第十条 禁止利用广播、电视、报刊为卷烟做广告。

获得国家级、部级、省级各类奖的优质名酒，经工商行政管理机关批准，可以做广告。

第十一条 申请刊播、设置、张贴下列广告，应当提交有关证明：

（一）标明质量标准的商品广告，应当提交省辖市以上标准化管理部门或者经计量认证合格的质量检验机构的证明；

（二）标明获奖的商品广告，应当提交本届、本年度或者数届、数年度连续获奖的证书，并在广告中注明获奖级别和颁奖部门；

（三）标明优质产品称号的商品广告，应当提交政府颁发的优质产品证书，并在广告中标明授予优质产品称号的时间和部门；

（四）标明专利权的商品广告，应当提交专利证书；

（五）标明注册商标的商品广告，应当提交商标注册证；

（六）实施生产许可证的产品广告，应当提交生产许可证；

（七）文化、教育、卫生广告，应当提交上级行政主管部门的证明；

（八）其他各类广告，需要提交证明的，应当提交政府有关部门或者其授权单位的证明。

第十二条 广告经营者承办或者代理广告业务，应当查验证明，审查广告内容。对违反本条例规定的广告，不得刊播、设置、张贴。

第十三条 户外广告的设置、张贴，由当地人民政府组织工商行政管理、城建、环保、公安等有关部门制订规划，工商行政管理机关负责监督实施。

在政府机关和文物保护单位周围的建筑控制地带以及当地人民政府禁止设置、张贴广告的区域，不得设置、张贴广告。

……

第二十条 广告客户和广告经营者违反本条例规定，使用户和消费者蒙受损失，或者有其他侵权行为的，应当承担赔偿责任。

损害赔偿，受害人可以请求县以上工商行政管理机关处理。当事人对工商行政管理机关处理不服的，可以向人民法院起诉。受害人也可以直接向人民法院起诉。

第二十一条 本条例由国家工商行政管理局负责解释；施行细则由国家工商行政管理局制定。

第二十二条 本条例自1987年12月1日起施行。1982年2月6日国务院发布的《广告管理暂行条例》同时废止。

【简评】

这是一篇采用“分条列项式”(即条项贯通式)结构的条例。全文22条,一贯到底。第一、二两条是条例的序言,也可谓“总则”,写明了制定该条例的目的和条例的适用范围;第三至第二十条是条例的主体,也可谓“分则”,写出该条例规定的具体内容,占正文主篇篇幅;最后两条是条例的附文,也可谓“附则”,写明了该条例的解释权、实施细则的制定权以及实施日期。条例的“条目”层次用“条”、“款”两级。全文条款井然有序,语言简明、准确、周严。

(13—5)

关于出版物上数字用法的试行规定

(1987年1月1日国家语言文字工作委员会,国家出版局、国家标准局、国家计量局、国务院办公厅秘书局、中共中央宣传部新闻局、出版局公布)

为使出版物在涉及数字(如表示时间、长度、重量、面积、容积和其他量值)时使用汉字和阿拉伯数字体例统一,特制定本规定。

1. 总的原则

凡是可以使用阿拉伯数字而且又很得体的地方,均应使用阿拉伯数字。遇特殊情形,可以灵活变通,但应力求保持相对统一。重排古籍、出版文学书刊等,仍依照传统体例。

2. 应当使用阿拉伯数字的两种主要情况

2.1 公历世纪、年代、年、月、日和时刻

例:公元前8世纪 20世纪80年代 公元前440 公元7年 1986年10月1日 4时20分 4时3刻 下午3点 屈原

（约公元前340～前278）　扬雄（公元前53～公元18）　鲁迅（1881.9.25～1936.10.19）。

注：①年份不能简写，如1980年不能写作80年，1950～1980年不能写作1950～80年。

②星期几一律用汉字，如星期六。

③夏历和中国清代以前历史纪年用汉字，如正月初五丙寅年十月十五日　秦文公四十四年（公元前722年）太平天国庚申十年九月二十四日（清咸丰十年九月二十日，公元1860年11月2日）。

④中国民国纪年和日本年号纪年使用阿拉伯数字，如民国38年（1949年）昭和16年（1941年）。

2.2　记数与计量（包括正负整数、分数、小数、百分比、约数等）

例：41302　－125.03　1/16　1/1000　4.5倍　34.05%　4.5‰　3∶1　1736.8万公里　4000克　12.5平方米　21.35元　45.6万元　270美元　48岁　10个月　－17℃　0.59安〔培〕　东经123°50′　维生素B_{12}　500多种　60多万公斤　HP－3000型计算机　21/22次特别快车　国家标准GB2312－80　84602部队

注：①一个数值的书写形式要照顾到上下文。不是出现在一组表示科学计量和具有统计意义数字中的一位数（一、二……九）可以用汉字，如一个人、三本书、四种产品、六条意见、读了九遍。

②4位和4位以上的数字，采用国际通行的三位分节法。节与节之间空半个阿拉伯数字的位置。非科技专业书刊目前可不分节。但用“,”号分节的办法不符合国际标准和国家标准，应该废止。

③5位以上的数字，尾数零多的，可改写为以万、亿作单位的数。一般情况下，不得以十、百、千、十万、百万、千万、十亿、百亿、千亿作单位（千克、千米、千瓦、兆赫等法定计量单位中的词头不在此列）。如34000000公里可改写为3.45亿公里或34500万公里，不能写作3亿4500万公里或3亿4千5百万公里。

④一个用阿拉伯数字书写的多位数不能移行。

3. 应当使用汉字的两种主要情况

3.1 数字作为词素构成定型的词、词组、惯用语、缩略语或具有修辞色彩的语句

例：一律　十滴水　二倍体　三叶虫　八国联军　四氧化三铁　二万五千里长征　第三世界　“一二·九”运动　十月革命　“七五”计划　五省一市　中国工农红军第二方面军　上海二商局　第一书记　路易十六　某部五连二排六班　白发三千丈相差十万八千里

3.2 邻近的两个数字（一、二……九）并列连用，表示概数（连用的两个数字之间不应用顿号隔开）

例：二三米　三五天　十三四吨　四十五六岁　七八十种　一千七八百元　五六万套　十之八九。

4. 引文标注中版次、卷次、页码，除古籍应与所据版本一致外，一般均使用阿拉伯数字。

例：①许慎：《说文解字》四部丛刊本卷六上，第九页。

②许慎：《说文解字》中华书局1963年影印陈昌治本，第126页。

③马克思、恩格斯：《共产党宣言》，《马克思恩格斯全集》第4卷，人民出版社1958年第1版，第493页。

5. 横排标题涉及数字时，可以根据版面实际需要和可能灵活处理。

6. 提倡横排。确需竖排时，文中所涉及的数字除必须保留的阿拉伯数字外，应一律用汉字。确需保留的阿拉伯数字以顶右底左的方向横置。

例：

雪花牌Y155A型家用电冰箱容量是一百五十五升，功率为九十三瓦，售价八百四十五元。

海军J12打捞救生船在太平洋上航行了十三天，于八月二十六日返回基地。

7. 本规定自1987年2月1日起试行。在试用过程中可随时提出意见，以便进一步修订。

【简评】

这个规定的写法较特殊，其结构除标题之外，由序言、正文两部分组成，类似总分式的结构形式。序言只以简洁的文字说明制定该规定的目的，不标条项。正文部分分条标项，但因该规定内容的特殊性，其写法与一般规定不同，它不是用“第×条”、“第×条：一、二、三……”的形式分条列款，而是以阿拉伯数字依次标出条项，条中列款则采用“3.1”、“3.2”的形式。而条款之中又举例又加注。就正文的内部结构而言：“1”写“总的原则”，可谓正文的开头；“2”—“6”是正文的主体，写规定的具体事项；“7”说明该规定开始试行的日期和修改的事宜，是正文的结尾。正文结构完整，条目排列有序，文字简明、准确，所举实例具体有力地说明了该文件所规定的数字的具体写法，使人一看就懂。

(13—6)

招聘科技人员启事

为了适应社会主义现代化建设事业的需要，解决我市部分专业人才的不足，经研究，决定在省内外广泛招聘科技人员。

一、招聘对象：机械制造工艺及设备、锅炉、金属热处理、轻工机械、棉纺、机织、染印、皮革、粮食加工、食品、化工腐蚀及防护、橡胶制品、工民建、给排水、供热与通风、会计、统计等专业具有真才实学、已取得相当于工程师技术职称的人员，并要求年龄在50岁以内，身体健康，长期从事专业工作。

二、优惠条件：

1. 招聘调入的科技人员，按其专业，分配对口工作，以发挥其专长。有行政职务的作相应的安排，根据需要，也可高于原职务安排。

2. 家属有工作或夫妻两地分居的均可随同调入，并按其工作性质作相应的安排；家属在农村的（含不满十五周岁的子女），可优先在本市落户。住房优先安排。

3. 家属子女的就业、入学、入托优先安排。

4. 调入人员属六类地区以上工资标准的，仍保持六类地区的工资标准；低于五类地区标准的，一律执行五类地区标准。

5. 愿来我市短期帮助工作的，可签订临时合同。我市将提供必要的工作和生活条件。具体事宜由双方商定。

三、凡符合招聘条件，愿意来我市工作的，请本人来信向我市人事局索取《招聘人员登记表》，填好后交所在单位组织人事部门签具意见，寄我市人事局审核办理。

××省××市人民政府

200×年×月×日

【简评】

这篇“招聘启事”对“招聘对象”、“优惠条件”以及办理办法写得清楚明白，符合条件的人看了是会动心的。

【写作训练题】

1. 根据本单位或自己的实际情况，写一篇总结或制订一份计划。

2. 简述总结的基本内容和结构形式。

3. 找一篇述职报告，按照所学的知识进行分析，指出其优缺点。最好把它的缺欠之处加以修改。

4. 写调查报告应该怎样处理叙与议的关系、观点与材料的关系？怎样才能把调查报告写得生动、活泼、吸引人？

5. 利用假期，调查一个单位的情况，写一篇调查报告。

6. 从报上选择一个会议的开幕词或闭幕词，分析其结构及写法。

7. 简报与新闻（消息）有何异同？从本单位找一份简报，评论它的格式和标题、正文的写法是否符合要求。

8. 试为××大学学生群众团体“新星文艺社”、“未名诗社”草拟一份章程，要求内容排列有序，文字简洁明了，采用何种结构形式自定。

9. 条例、规定、办法、细则、规则有什么区别（可从规范的对象、应用范围、效用、稳定性诸方面考虑)?

10. 公约、守则的适用范围?

11. 请为学校的教务部门代拟一份“考场规则”。

12. 声明与启事有哪些异同? 根据下列材料代××电业工人俱乐部办公室写一则招领启事:

××电业工人俱乐部青年工人王秀玲，在 1992 年元月 8 日晚场电影散场后清扫场地时，拾到一个黑色人造革的钱夹，内装人民币 120 元、国库券 200 元、定期三年的 1500 元银行储蓄单一张、粮票 15 斤。

第十四章　财经文书的写作

财经文书是在财经领域中经常使用的、具有一定惯用格式的应用文体。它是应用文总体的一部分，是应用文的一个重要分支。

财经文书广泛使用于财经领域，它直接或间接地为财政工作、经济工作，为各类企业的生产经营服务，在促进经济发展，推进我国物质文明建设上发挥着极其重要的作用。如经济论文、经济评论等文体就起着宣传贯彻政府的方针政策、帮助人们认识客观经济规律，以促进经济建设的作用；市场调查与预测、经济活动分析报告等反映情况的陈述性文体及时为财经管理部门和各类企业的决策提供可靠的依据，这对发展生产、改进经营管理起着重要的作用；审计报告对政府机关各部门、企事业单位的财政财务收支及有关经济活动进行检查、监督，对于保证经济活动的正常进行具有重要作用；经济合同则主要起着加强各行各业、各部门、各单位之间的协作，促进生产和商品经济发展的作用；就是商品广告和说明书，这种周知性的文体也间接地起着促进商品经济发展的作用。……随着我国商品经济的日益发展，财经文书将愈加显得重要，也将会发挥更巨大的作用。

财经文书都具有明确的针对性，一般也都具有惯用的格式，在材料的使用上运用较多的数据，其语言具有准确、简明、朴实的特色。

财经文书的种类很多，常用的有市场调查报告、市场预测报告、经济活动分析报告、质量检查报告、经济合同、招标投标书、商品广告、商品（产品）说明书、财政（务）预决算报告、审计报告等。此外，还有经济论文、经济评论、经济新闻、贸易会谈纪要等。本章主要讲述最常用的下面七种文体的写作。

第一节　市场调查报告

市场调查报告是把市场调查获得的情报资料进行整理、筛选、分析、归纳，得出恰当的结论，提出采取行动的合理建议之后而写成的书面报告，一般简称为“市场调查”。它是记述市场调查成果的一种经济应用文。离开了市场调查，没有市场调查获得的材料，没有调查研究的结果，就根本谈不上市场调查报告的写作。因此，市场调查是市场调查报告写作的前提与基础。要想了解市场调查报告的意义、作用与内容，就要先了解市场调查的意义、作用与内容；要想写出好的市场调查报告，就必须先认真地搞好市场调查。

一、市场调查及其意义、作用

市场调查是指以市场及与市场相联系的一切方面为对象的调查研究活动。具体地说，市场调查是运用科学的方法有目的有计划地系统搜集、记录、整理和分析消费者和市场活动的真实情况以及与此有关的资料，以了解市场现状和发展趋势的调研活动。狭义的市场调查是指对消费者（顾客）所作的调查，即以购买商品的个人或单位为对象，研究消费者对商品的意见和要求，购买的习惯、欲望和动机等。广义的市场调查除了上述内容外，还包括调查产品、需求量、销售环境、价格、流通渠道、竞争结构等内容。

工矿企业生产的根本目的在于不断满足人民日益增长的物质文化生活的需要。市场需要正是消费者需要的反映。满足市场消费者的需要是工矿企业组织生产的根本出发点和归宿点。

在我国随着商品经济的日益发展和商品市场的不断扩大，市场商品的数量、品种、规格、色彩等，为消费者的充分选择提供了越来越多的可能性，因而市场情况日趋复杂多变，越来越不易把握，市场调查也显得愈来愈重要。不树立市场观念，不重视市场调查，就会使商品的生产和流通陷入盲目状态。生产不对路，商品卖不出去，既影响企业的生存和发展，又会造成市场供求比例的失调，也影响整个社会扩大再生产。为了更好地引导生产，保证产、销对路，使供给和需求关系达到平衡，满足社会需要；为了提高企业的经营管理水平，提高企业的竞争能力和经济效益，就必须了解市场，掌握市场需求变化的规律。而要了解市场，掌握市场需求变化的规律以及与市场相关联的情况，就必须进行市场调查。

在经济管理活动和企业经营管理活动中，市场调查可为决策机关的决策提供依据，因而具有十分重要的作用。这主要表现在：

（一）通过市场调查可以了解市场供需情况，对商品供需进行预测，制定供应总量计划和品种计划，这对于合理、均衡地组织市场供应，使供给和需求的关系达到平衡具有重要作用；

（二）通过市场调查可以了解消费者多种多样的需要，有利于企业按消费者的需要生产、研制适销对路的产品，提高产品在市场上的占有率，顺利完成商品从生产到消费的转移；

（三）通过市场调查，可以充分了解同类产品的价格，有利于企业在保证经济效益的基础上，确定自己产品的合适价格，使产品具有较强的竞争能力；

（四）通过市场调查，可以充分了解同行业的经营情况，学习先进单位的管理经验，有利于提高企业的经营管理水平，求得以最小的劳动消耗取得最大的经济效益。

二、市场调查的内容

市场调查的内容既丰富又广泛，它要调查直接或间接影响市场经营销售的各种情报信息和资料数据。总而言之，市场调查的基本内容主要有以下三个方面：

（一）消费需求调查

这种调查主要是为了了解消费需求的商品结构、品种、数量、质量和时间。包括：已满足的需求量、潜在需求量及本企业的销售占有率；消费者消费爱好的变化，新市场目标；不同消费者层次对商品的需求结构、消费习惯和心理的变化；引起消费需求变化的价格、购买力等客观因素；城乡市场需求的变化等。

（二）市场经营条件调查

这种调查的内容主要包括：商品资源情况；同类企业的经营情况；本企业与同类企业的比较，诸如资源条件、生产条件，经营管理条件、市场知名度等。

（三）市场商品调查

这种调查主要是从商品的使用价值和消费的角度，对商品的性能、效用、形态、大小、重量、色彩、美观程度、使用的方便性和耐久性、价格、包装等方面进行调查，了解消费者对商品的评价、意见、要求，以确定商品所处市场寿命周期、了解老牌商品有无新的销售领域。这种调查的目的是为了促进生产、改进生产、革新老产品、制造新产品使之符合消费需要。

三、市场调查报告的写作

（一）做好市场调查报告写作的准备

市场调查报告是记述、反映市场调查成果的一种经济应用文章，市场调查是其写作的前提与基础。因此，在进行市场调查报告写作之前，必须先认真地进行市场调查，搜集资料，做好写作的准备工作。

1. 确定调查的主题及调查范围　市场调查的主要目的，是为了通过调查搜集、分析资料，研究解决企业在经营中存在的问题，针对问题寻找正确可行的解决办法。因此，必须首先明确企业经营中存在什么问题，然后才能确定调查的主题、调查的范围。为了确定企业存在的问题，调查人员首先应搜集企业内外各种有关的资料，进行初步分析；其次还可以找企业内部的有关人员进行座谈，向了解具体问题的营业员、采购员和用户征求意见。在综合各方面情况的基础上，确定调查的主题和调查的范围。这是个关键的环节，如果问题抓不准，调查主题确定偏了，调查就起不到应有的作用。

2. 确定合适的调查方法，搜集有关资料　确定了调查主题和调查范围之后，就要选择确定合适市场调查方法，搜集各种有关的资料。

市场调查的方法很多，按其选择调查样本的方法划分，有市场普查、抽样调查、典型调查和重点调查；按调查过程中对调查对象所采用的具体调查方法划分，则有以下四种方法：

（1）询问调查法。这是一种采取当面或通过书面、电话向调查对象提出询问，以获得所需资料的调查方法。它又分口头询问、电话询问、书面询问（又称通信调查，是将设计好的询问调查表、信函等，邮给被调查者。请其按问题一一回答，填好寄回）。

(2) 观察法。观察法是指调查在直接到调查现场对被调查者的行为与特点进行观察记录的一种调查方法。

(3) 实验法。这是一种通过小规模的实验并对实验结果进行分析，以了解产品及其有无发展前途的一种调查方法。如将试产的一种服装新产品给部分消费者作试穿试用实验。常见的产品展销会也属实验法。

(4) 资料调查法。这是根据现成的资料和数据进行调查、分析研究的调查法。

以上介绍的调查方法，由于它们的适用范围各不相同，又各有优缺点，选择时应该尽可能选择比较科学、调查时间快、费用省、结果准确的方法。

不论用何种调查方法进行调查，对搜集到的资料，都应及时地记录、整理。

3. 对资料进行分析研究占有了资料之后，还应对资料进行分析研究，找出规律性的东西，提炼出观点，得出符合市场客观实际的结论，提出解决问题的办法。

(二) 市场调查报告的结构及写法

市场调查报告的结构，一般说来，包括标题、前言、正文和结尾四部分。

1. 标题　市场调查报告的标题可以概括调查的单位、内容和范围；也可以概括调查的对象和事由，如《天津自行车在国内外市场地位的调查》、《日用小商品短缺情况的调查报告》；也可以直接指出或用提问的方式揭示调查对象的状况，如《高档呢料大衣在北京市场畅销》、《充气玩具为何如此热销》，也可以用正副标题的形式。标题要与市场调查报告的内容相符合，力求做到简洁、醒目、新颖。

2. 前言　前言的文字要简明扼要，一般是交代清楚调查的时间、地点、对象、范围、目的，说明调查的主旨和采用的调查方法。也可以简要概括全文的主要内容和观点。

3. 正文　正文是全文的主体，一般包括以下三个部分：

（1）情况部分。一般情况要用简洁的语言介绍，具体情况要详尽地阐明，常用数字、图表等加以说明。

（2）预测部分。通过对资料的分析研究，预测市场今后的发展变化趋势。为了使层次清晰，一般采用小标题的形式，划分若干小部分。

（3）建议部分。根据调查和预测提出相应的建议或决策，即准备采取的措施。这是全文的落脚点。建议或决策要写得切实可行。

4. 结尾　这是全文的收束部分，也是对前言的照应。在这里或是重申观点，或是加深认识。应该指出的是，有些市场调查报告正文完了即告结束，没有单独的结尾。

市场调查报告的这种结构是一般常用的，也可以称其为市场调查报告构成的“基本型”。但是，这个“基本型”绝不是一成不变的固定模式。作者完全可以从实际出发，根据表达的内容加以灵活地变通处理，写出自己有特色的市场调查报告来。如杨海田同志写的《天津自行车在国内外市场地位的调查》，文章开篇就叙述情况，而且用“在国内市场的地位”、“在国外市场的地位”两个小标题领起，洋洋洒洒写了两部分，篇幅约占全文的一半。根本没有前言。第三部分以小标题“展望与对策”领起，先写预测，后写决策，决策写完文章也就结束了，也无另外的结尾。它没按“基本型”写，但谁能说它不是一篇好的市场调查报告呢!

（三）写市场调查报告要注意的问题

1. 要正确地把握文体的性质和表达方式　市场调查报告是一种兼有说明文、记叙文、议论文的一些特点而又不同于这三种文体的一种应用文体。它要如实客观地介绍市场调查所了解到的实际情况，而且选用的事实、数据等材料比较全面、系统、完整。它偏重于用事实、数据说明问题，因此要运用叙述、说明的表达方法。但它又必须有报告者的鲜明观点，而且要通过对材料的分析研究，预测市场的发展趋势，并提出相应的建议或决策，因此又要运用议论的表达方法。总之，它常常是结合使用叙述、说明和议论三种表达方式。可以说，它基本上是一种论述性的应用文体。把握住了文体的性质及必须使用的表达方法，就可以按体行文了。

2. 市场调查报告选用的事实要确凿、数据和图表要精确，提出的观点要鲜明　观点要统帅材料，材料要说明观点，要做到观点与材料的统一。要讲究文章的逻辑性。

3. 市场调查报告的语言要准确、简练、朴实　不需要大力修饰、只要清楚明白地表达内容就可以了。如果文中运用小标题，各个小标题要力求简洁、醒目、匀称，格调一致。

第二节　市场预测报告

一、市场预测报告及其意义、作用

市场预测是在市场调查分析的基础上，运用各种信息和资料，利用科学的方法和手段，对市场商品供需发展趋势以及与之相联系的各种不确定因素的变化，所做的分析、预算、预见和判断。市场预测报告则是反映市场预测的分析研究过程及其成果的一种经济应用文章，往往又简称为“市场预测”。它是一种特殊的调查报告形式，它的特殊之处就在于它着重对未来形势的判断和把握。它要根据获得的信息、资料、数据，运用适当的科学方法进行分析研究，寻找市场经营活动未来的发展趋势及其规律，并提出针对性的措施和建议，供决策机关参考。

市场预测报告可为经济管理部门的有关决策和企业的市场营销决策提供可靠的信息和依据，它有利于制定科学的经济计划和采取正确的经营决策；有利于正确地利用价值规律，保证商品价值顺利实现；有利于正确掌握市场价格和执行按劳分配的原则。事实证明，重视预测，重视市场预测报告的写作和运用，就可以使管理者获得战略眼光和未来眼光，从而做出正确的决策和切实可行的计划，在满足市场需求和竞争中获得优势。否则，就会使自己管理的部门、企业平淡无奇，没有建树，甚至有更严重的后果。

市场预测报告在宏观经济管理和企业经营管理中具有十分重要的作用。这主要体现在以下几个方面：

（一）通过市场预测，可以预见未来国内市场需求总额和供应总额平衡与否以及各类商品构成和主要商品供求平衡与否的变动趋向，为调整国民收入的积累与消费的比例，调整生产结构和投资结构，有计划地组织商品供需平衡提供依据。

（二）通过市场预测，可以预见市场主要商品需求的变化趋势，为国家制订或调整产品生产的指导性计划和指令性计划提供依据。

（三）通过市场预测，经济管理部门得以掌握市场动态和商品产销变化趋向，弄清今后应该发展什么产品，限制什么产品，使运用经济手段指导企业活动有了明确的方向，防止和克服市场调节过程中可能发生的盲目性。

（四）在企业经营管理中，市场预测可以摸清消费者、用户对商品具体的需求（如品种、规格、花色、质量等）的趋向以及竞争对手的供货状况，对生产企业来说，有利于改进产品设计，实现按需生产，增强产品竞争能力。

二、市场预测的种类和内容

（一）市场预测的种类

市场预测，按照不同的标准，大体有以下几种不同的分类：

1. 按预测的经济活动范围不同，可以分为宏观预测与微观预测　宏观预测是从宏观经济管理角度，对商品流通总体的发展趋向所作的综合性预测，如社会商品购买力与社会商品供应总额及其平衡状况的预测，某些主要商品的需求总量与供应总量及其平衡状况的预测等；微观预测是从企业角度，对影响企业生产、经营的市场环境以及企业本身生产、经营活动的预测，如对企业所经营的具体商品的需求预测，企业的市场占有率和销售预测等。在实际工作中，宏观预测与微观预测密切结合，相辅相成。

宏观预测要以微观预测为基础，微观预测要以宏观预测为指导。

2. 按预测的空间层次不同，可以分为国际市场预测和国内市场预测　其中，国内市场预测又分为全国性的或某个行政区、某个经济区域的市场预测以及城市市场预测和农村市场预测。

3. 按时间长短不同，可分为近期预测、短期预测、中期预测和长期预测　预测时间长短的划分，因预测对象和要求不同，各国的习惯不同，而有所不同。一般地说，近期预测指为期在一年以内的预测，短期预测指为期在一至二年的预测，中期预测指2年以上至5年（包含5年）的预测，长期预测指5年以上的预测。

4. 按商品的层次和经济用途的不同，可以分为单项商品预测、分类商品预测和总额预测　单项商品预测是指对具体商品的预测，如对钢材、水泥、粮食、棉布等商品的产销、供求预测。分类商品预测是指对某一类商品的预测。总额预测是指以货币指标表示的各种商品总量的预测。

（二）市场预测的内容

市场预测的内容很广泛。预测是为决策、计划服务的。经济管理部门和不同企业的决策、计划具体要求不同，它们对商情预测内容的侧重点有所不同。

经济管理部门市场预测的基本内容有：

1. 消费品需求总额及其构成变动趋势的预测　也就是消费品购买力及其投向的预测；

2. 农业生产资料需求总额及其构成变动趋势的预测也就是农业生产资料购买力及其投向的预测；

3. 工业、基建、流通等生产经营单位和国防、科研单位所需生产资料需求总额及其构成变动趋势的预测；

4. 重要商品市场需要量和可供量的变动趋势及其平衡状况

和满足程度的预测；

5．对外贸易进出口商品总额、重要商品进出口数量及其平衡状况变动趋势的预测。

各类企业市场预测的主要内容有：

1．企业经营地区范围内社会商品购买力发展趋势的预测；

2．企业生产经营商品的需求预测　它包括在一定时期内市场商品需求量以及品种规格、花色、型号、款式、质量、包装、需要时间等变动趋势的预测，是企业制订该产品的生产，经营计划的重要依据。因此，是企业市场预测的重点；

3．商品经济寿命周期以及新产品投入市场适销性的预测。商品经济寿命周期是指商品在市场上试销、增销、饱和、减销直至消灭的过程。弄清商品经济寿命周期的发展变化趋势，企业可以根据寿命周期的不同阶段，采取不同的经营策略，以提高竞争能力和经济效益；

4．商品资源变动趋势的预测；

5．企业的市场占有率和购销预测　市场占有率是指本企业的商品销售量占当地市场销售总量的比例；

6．企业所生产经营商品的成本、价格及盈利的变动趋势预测。

三、市场预测的原理和方法

（一）市场预测的原理

市场预测的原理，是预测活动的认识论基础，它阐明人们之所以能够适用各种预测方法对未来客观事物发展趋势做出估计的道理，它对各个预测领域具有普遍的指导意义。在市场预测中所应用的预测原理，主要有以下几种：

1. 系统性原理　从系统论观点来看，市场预测活动不是孤立的，不能封闭起来，它必须同其他预测系统密切结合，相辅相成，彼此交流信息。系统性原理是把预测对象看作一个系统，以系统论指导预测活动。

2. 连续性原理　也称连贯性原理，是指客观事物的发展具有合乎规律的连续性。依照这个原理预测事物的未来，必须建立在了解它的过去和现状的基础上。

3. 类推性原理　是指客观事物之间存在着某种类似的结构和发展模式，人们可以根据已知事物的某种类似的结构和发展模式，类推未来某个预测目标的结构和发展模式。

4. 因果性原理　又称相关性原理，是指客观事物、各种现象之间存在着一定的因果关系，人们可以从已知的原因推测未知的结果。

5. 可控制性原理　是指人们对所预测的客观社会经济事件的未来发展趋向和进程，在一定程度上是可以控制的。当人们认识了客观事物发展的规律性，就可以努力创造条件，使预测对象在人们自觉控制下朝着所希望的方向发展。

（二）市场预测的方法

市场预测方法是指在取得有关信息的基础上，对预测目标进行定性、定量的分析，推断、测算的各种预测技术和手段的总称。预测方法很多，据外国某些研究机关统计，不下于一二百种。对不同的预测领域和不同的预测目标，可以有各种不同的预测方法。同一种预测方法，也可以适用于许多不同的预测目标。下面介绍几种常用简便的预测方法：

1. 相关推断法　相关推断法，是依据因果性原理，从已知相关的社会经济现象和经济指标的发展变化趋向，来推断预测目标的未来发展趋向。例如，儿童玩具需要量同儿童人数和消费品购买力水平相关。在已知未来儿童人数增加和购买力水平提高的情况下，可以推断儿童玩具需要量增加，质量要求提高的趋向。

2. 对比类推法　对比类推法，是应用类推性原理，把预测目标同其他类似事物，加以对比分析来推断其未来发展趋向的一种推断方法。在市场预测中，对比类推法主要应用在：

（1）不同地区之间，同一事物或经济现象类似情况的对比类推。这种对比类推，是把某个地区所要预测的事物，经济指标，同其他地区的同类事物同类经济指标的发展过程或变动趋向相比较，找出某些共同的类似的变化规律性，借以对预测目标做出某种判断。

（2）不同产品之间类似情况的对比类推。这种对比类推，往往用于新产品开发预测，以其他相近产品的发展变化情况，来类推预测某种新产品的发展方向和变化趋向。例如，药用酒，在我国已有悠久历史，为广大消费者所喜爱，以此类推，可以预见发展药用糖果，药物牙膏，药用化妆品等，同样会受消费者欢迎。

3. 意见交换法　意见交换法，是通过熟悉情况的人员，座谈讨论，交换意见，提出预测方案的集体判断法。这种预测方法简便易行，它虽然以参加预测人员的个人直观判断为基础，但通过交换意见，能够集思广益，相互启发，互为补充，从而有助于提高预测结果的准确性。

4. 购买意向调查推断法　这种方法也称预期购买调查法。是在调查消费者、用户、经营者，未来某个时期购买商品意向的基础上，对商品需求或商品销售做出定量推断的判断法，这个方法可以集中消费者用户或经营者购买商品的决策经验，反映他们未来的商品需求情况。

5. 专家调查法　这种方法，也称专家意见征询法，是以匿名方式，轮番征询专家意见，最终得出预测结果的一种经验判断法。这种调查预测法，重视对专家意见和预测结果做出定量化的统计归纳。专家的意见经过几轮反馈后，有可能趋向集中，统计结果趋于收敛。意见的分散程度就会缩小。

四、市场预测报告的写作

要写好市场预测报告，必须做到以下几点：

（一）明确预测的对象和目标

市场预测涉及的范围很广，其中包括许多因素，因此写市场预测报告，首先必须明确预测的对象和具体目标。例如，一个企业要对电视机的更新换代进行预测写一篇市场预测报告，那预测的对象就是黑白电视机和彩色电视机的市场容量、销售状况及消费者对电视机性能、效用、款式等等的评价、意见和要求，目标就是更新换代。预测要紧紧围绕这个对象和目标进行，否则就不能完成预定的任务。

只有预测的对象和目标明确了，写市场预测报告也就有了纲，诸如材料的搜集、选择、使用，预测方法的选择，结构的组织安排等就有了准绳。

（二）全面占有资料

写市场预测报告必须在市场调查的基础上全面地搜集、占有资料，以全面、完整的资料、数据为依据，是写好预测的基础。

为求资料的全面、完整，必须做好两方面的工作：一是认真地搞好市场调查，二是建立基础资料档案。同时，对搜集来的资料、数据，还要认真审核，剔除不真实的资料，改正有误的资料，然后把真实准确的资料、数据分类列入基础资料档案。

（三）进行科学的分析、预测

占有了全面、完整的资料之后，就要根据预测的目标、要求，运用辩证唯物主义和历史唯物主义的观点，从实际出发，选择和使用恰当的分析方法进行分析、预测，努力提高分析的质量，确保预测的科学性。

（四）掌握市场预测报告的结构与写法

有了资料，又有了科学的分析、预测，下一步就是写作了。写作就要熟练地掌握市场预测的结构与写法。

市场预测报告的结构由标题、正文两部分组成。

1．标题　市场预测报告的标题一般由范围、时间、对象三部分组成。如《北京地区 1990 至 1993 年啤酒需求量的预测》，就依次标明了预测范围、预测时间和预测对象；有时也可省略时间，只标明预测范围、对象，如《天津市居民食品零售额预测》；有时，带有整体性的预测，也可省略范围，只标明预测时间、对象，如《198×年消费品市场趋势分析》。

2．正文　市场预测报告的正文由基本情况、预测分析、建议三部分组成。

（1）基本情况部分。运用资料和数据，对市场营销活动的历史和现状作简要的回顾和说明。预测的特点，就是根据过去和现在的情况推测未来。所以，预测报告的写作，必须从占有的材料中选择有典型意义的、有代表性的资料、数据来说明市场营销活动的历史和现状。这是下一步进行预测分析的事实基础。

（2）预测分析部分。分析资料数据，预测市场营销活动的趋势和规律。这是预测报告的核心部分，重在分析研究。这部分要在调查研究或科学实验所取得的真实、准确的资料、数据的基础上，去粗取精，对材料进行认真地分析研究，再经过判断推理，从中寻找出发展变化的趋势和规律。

(3) 建议部分。根据预测分析，提出切实的建议。为决策机关提出有价值的、值得参考的建议，是市场预测报告的目的。因此，这部分必须依据预测分析的结果，提出切合实际的建议或设想。也就是说，提出的建议或设想，一定要从实际出发，既不要脱离条件的可能提出一些根本实行不了的建议，也不要看不到有利因素、因个人的保守而忽视了经过努力可以达到的境地。建议要提得具体、切实，切忌抽象。

市场预测报告正文的三个部分内在的逻辑关系十分密切，是不可分割的统一体。因此，在写作时要注意正文的逻辑构成，要有整体意识。

应当指出，从表面上看，市场预测报告和市场调查报告这两种文体正文的内容，往往有些重合，都有情况、预测、建议。但实际上二者还是有区别的，区别就在于市场调查报告的侧重点是调查，在调查的基础上，对未来发展略有预测并提出建议；而市场预测报告的侧重点是预测，它是在对历史资料进行研究和对现实状况进行调查的基础上，通过分析，预测未来，也提出相应的建议。此外，还有调查与预测并重的"市场调查、预测报告"。

第三节　经济活动分析报告

一、经济活动分析报告的概念和作用

经济活动分析是人们认识经济规律的一种主要手段，是现代化经营管理的一种重要方法。它是以政府的方针、政策为指导，根据计划指标、会计核算、统计资料以及调查研究所掌握的情

况、资料，对某一部门或单位的经济活动状况，即生产、经营、成本、财务活动等各个方面（如工矿企业的产量、产值、质量、消耗、劳动生产率、利润、资金等），进行全面、系统、深入的比较分析，从而揭露矛盾、总结经验，给以正确的评价，并提出建议，借以改进工作。把经济活动分析的情况和结果写成书面报告，就是经济活动分析报告。

随着改革开放的不断深入，商品经济日益发展，经济活动分析报告愈加显得重要，它对做好经济工作、搞好企业的经营管理具有十分重要的作用。经济活动分析报告的作用主要表现在以下几个方面：

（一）有利于制订符合经济规律的计划

国家要制订发展国民经济的计划，各个地区要制订本地区的经济发展计划，企业要制订本企业的生产经营计划，经济活动分析报告及时提供现实的经济情况及问题，就有利于各级领导和企业的经营者从实际出发，权衡利弊得失，兼顾需要和可能、当前与长远、局部与整体，科学地预测未来，制定出符合经济规律的计划。

（二）有利于检查和监督计划的执行

制订计划是为了执行和完成计划。但是，任何计划在执行过程中，都可能出现一些矛盾或误差，影响计划的实现和完成。经济活动分析报告有利于了解与掌握执行计划的进度与结果，检查企业在执行计划过程中，贯彻政府的方针、政策的情况；评价计划是否符合经济规律；考察计划是否正确反映了社会的需要。发现问题就可以及时调整，以保证计划的顺利执行和完成。

（三）有助于企业实现经营管理科学化

企业要把生产、原料、销售和运输安排好，顺利地进行生产和扩大再生产，需要经常做出经济活动分析。分析报告反映的情况，提出的改进措施，预见生产经营的发展趋势，预测市场的变化，都可以作为企业领导和上级主管部门掌握情况，及时作出决策和指导的依据，也有利于调动职工生产和管理企业的积极性，这就使企业的经营管理逐步科学化，从而促进企业更自觉地按经济规律办事，不断改善经营管理，增强竞争能力，从而获得最好的经济效益。

（四）有利于财政、审计、银行更好地发挥职能作用

财政、审计、银行是管理国民经济的重要部门，国民经济的各个部门、各个企业都与它们有密切关系。因而通过财政、审计、银行部门对企业开展经济活动分析，经常写出分析报告，能更好地帮助企业遵守国家的政策、法令和财经纪律，改善经营管理，促进和监督生产的正常进行。

二、经济活动分析报告的特点

经济活动分析报告，作为在经济工作中经常运用的一种应用文体，具有鲜明的特征。这些特征主要表现在时间性、真实性、指导性和灵活性几个方面。

（一）时间性

所谓时间性，就是写经济活动分析要迅速及时，不能拖延迟缓，时间就是生命，过时的分析只能成为一纸空文。不过，它的时间性具有一定的相对性。也就是说，这种时间性应该体现在计划制订之前、计划执行之中或计划完成之后。如果不是在这样的时机进行分析，那么，分析也就失去意义，不再具有任何应用价值。所以，进行经济活动分析，也要选好时机不要拖延时间，这样的经济分析才具有参考和指导作用。

（二）真实性

经济活动分析之所以具有现实意义和重要的指导作用，就在于它以真实的材料，准确的数据来反映情况，说明问题。写经济活动分析必须尊重事实，从现实存在的具体情况出发，决不能面壁虚构，主观臆断。如果分析报告中引用的材料不真实，数字不准确，或只凭想像随意编造，势必给企业的生产经营造成无法弥补的损失。只有真实才是力量的所在。

（三）指导性

经济活动分析报告具有鲜明的指导性。这体现在分析报告及时地对经济活动情况、问题做出评价，使有关部门根据存在的问题，迅速采取措施，调整某些薄弱环节，改进工作；也体现在它能为企业的生产经营发展，指出明确的方向，为企业制订新的计划提供真实可靠的依据。

（四）灵活性

所谓灵活性，是指进行经济活动分析，可以不受时间，不受形式的限制。定期分析，不定期分析；专业人员分析，非专业人员分析；事前分析，事后分析；综合分析，专题分析，都可根据需要灵活运用。它的灵活性还表现在篇幅可长可短。根据内容的不同，既可写成大型的分析报告，也可以写出简要的分析说明。从写作方法上看，经济活动分析报告既可主要运用统计数字，辅以情况说明，也可不用更多的数据，只着重因果联系的分析。还可边分析，边用数字说明，或边引数字，边对数字进行具体的分析。

三、经济活动分析报告的种类

经济活动分析报告在经济活动领域中应用十分广泛，它的种类繁多。按经济部门分，有工业经济活动分析、农业经济活动分析、商业经济活动分析、外贸经济活动分析以及企业单位的经济活动分析等；按各个经济部门的经济活动特点，又可分许多种，如工业企业的经济活动分析，可分为生产情况分析、销售情况分析、成本分析、利润分析、全员劳动生产率分析等；按分析的时间分，可分为事前分析、事中分析和事后分析；按进行分析的人员分，可分为专业分析、群众分析等；按分析的不同单位，又分为企业内分析，企业间分析。下面介绍常用的三种经济活动分析报告：

（一）全面分析报告

全面分析报告又叫“综合分析报告”。它是对某一部门或某一单位在一定时期的经济活动，根据各项主要经济指标的完成情况，进行全面系统分析而写成的分析报告。像对企业的年度、季度、月份经营情况和财务计划的执行情况，进行综合、相互联系的分析，用以查明企业在生产经营中带有普遍意义的问题，就属这类报告。

（二）简要分析报告

有人又称“部分分析报告”。它只是对企业生产经营活动中某一部分内容进行简要分析，也就是围绕几个财政指标、计划指标或一二个重大问题进行分析，以观察经济活动趋势和工作进程。如工业企业所写的《生产分析》，物资供应部门进行的《物资利用情况分析》，财务部门进行的《成本分析》等，都是部分分析。这种分析通常结合年终、季末、月尾的报表进行。所以，与全面分析报告统称为定期分析报告。

（三）专题分析报告

专题分析报告是针对经济活动中某一特定的问题，进行深入调查和细致的分析研究而写成的分析报告。写这种分析报告的目的是为了使某项重大或关键性的问题，能够得到妥善的处理和解决。如在增产节约运动中，对影响成本高低的基本原因的分析；扩大经营范围后，对新增加业务开展情况的分析。这种分析内容单一，目的明确，且不受时间限制，只要需要，随时都可在掌握情况的基础上进行分析。

四、经济活动分析的基本方法

通过调查研究，掌握了大量的资料，就要在占有资料的基础上，进行认真研究和分析，光有调查而没有深刻的研究和分析，仍然理不出头绪，看不清问题的本质。

在经济活动中，根据工作的需要，人们总结出一些分析的基本方法。这些基本方法如下：

（一）比较分析法

比较分析法简称比较法或对比法。这种方法就是将两个或两个以上的指标，在时间、内容、项目、条件等相同基础上进行数字的对比，借以确定可比对象之间的差异，为深入分析形成差异的原因提供依据。

运用比较分析法，一般可以从三个方面进行：第一，比计划。以本期的实际指标与计划指标进行比较。通过分析比较，查明实际情况与完成计划的程度，以便总结出完成、未完成或超额完成计划的原因。发现实际与计划之间的差距，分析造成差异的主客观因素，为更好地完成计划提供充分的认识依据；第二，比历史。这是纵的比较，是把本期完成的实际数与上期或上年同期的情况进行分析对比。与本企业的历史最高水平相比较，可以说明在时间上的动态和变化，以利于揭示经济活动的发展趋势，从中了解其变化的规律，有利于改进工作；第三，比先进。这是横的比较分析法。这种对比就是把本企业的实际指标与同类型企业的先进指标比较，或与本系统平均水平比较，或在企业内部把先进的车间、班组、先进工作者完成的指标与一般完成的指标比较，也可以同国外同类型企业的先进水平相比较。用这种方法进行分析比较，可以知己知彼，看到差距，为企业赶超国内外先进企业指明方向。

（二）因素分析法

因素分析法是把对比法所确定的差异数值作为分析的对象，进一步找出产生差异的各种因素及其影响程度的一种分析方法。运用这种方法，可以具体分析一项指标完成或没有完成究竟受什么因素的影响，从而通过因素分析，查清原因，明确认识。

如果说比较分析法着重于数字和情况的比较，那么因素分析法除了运用数字按一定的计算方法进行分析外，还侧重于事实的说明和原因、特点的剖析。具体说明形成某种情况的基本原因。

运用因素分析法，首先应该抓住主要问题的主要因素进行分析，不能不分主次，面面俱到，平均使用精力；其次要把客观因素和主观因素结合起来进行分析，不能见事不见人，更不能以主观因素代替客观因素或以客观因素代替主观因素。

（三）动态分析法

动态分析法经常使用的有基期指数与环比指数两种。基期指数就是以某一时间为基期，然后求出以后各期与基期相比的上升或下降比例。环比指数是与上期相比上升或下降的比例。

动态分析法是研究现象在时间上的变动情况，它是从发展的观点来研究现象的变化及其趋势的方法。通过动态分析，可以展示经济活动的过程及其发展的规律。例如，通过历年商品销售额的增长分析，来预测市场发展的趋势，通过历年来费用水平的最高水平、最低水平、平均水平等情况，来考察、分析、研究影响费用水平的各种因素和主客观原因。

（四）比重分析法

比重分析法是计算每一部分占总体的比重的方法。在分析过程中，运用构成的百分比法，便于找出主要矛盾、次要矛盾以及市场构成的情况，从而深入掌握所存在问题的关键，求得问题的解决。比如，在工业生产费用中，各个生产费用要素各占一定的比重，通过生产费用的结构分析，查明生产费用本期同计划或同上期相比结构变动的情况，找出生产费用比重变动的原因，及时采取促使生产费用降低的相应的措施。

这种方法在分析成本比较的变化、成本项目中各个项目所占总成本的比重情况时，都是必须采用的，在分析流动资金占用情况时，也可运用这种方法。

（五）综合比算法

经济活动的各种现象错综复杂，千变万化。因此，在分析研究某些经济现象时，就要综合起来加以考虑，防止片面地追求某一单项指标而忽视其他方面的指标。运用综合比算法就是对多种指标进行综合对比、计算，从而更加全面、平衡地考虑问题和采取相应的措施。例如，在分析利润和利润率时，就要对商品流转额、劳动效率、费用、资金占用等多项经济指标进行综合性比算。如果单纯地为了减少占用资金，加速资金周转，减少利息支出，批发企业片面地不合理地压缩商品库存，就会导致商品流转额的减少。由于商品流转额减少，必然带来利润的减少和影响企业的进货和市场的供应。所以在分析某些经济现象和经济效果时，就需要采用综合比算法进行分析。

五、经济活动分析报告的结构与写法

经济活动分析报告的结构，通常由标题、正文两部分组成。

（一）标题

标题的写法多种多样。一般的写法是标明单位、时间和文种，如《××市纺织工业公司1990年第一季度成本分析》；有时可省略单位名称，只标明时间、文种，如《十月份购销情况分析》；有时也可以用分析报告的建议或意见作标题，如《关于迅速处理库存物资的建议》；也有的标题用提问的方式揭示主题，如《××街小商品市场为什么空前活跃》；也有的用正副标题的形式，如《扩大购销财源茂　加强管理效益高——××县农业生产资料公司经营成果浅析》。

不论采用什么写法，标题都要与分析报告的内容相符，而且要明确具体。

（二）正文

正文由开头、主体、结尾三部分组成。

1. 开头　又称导语。分析报告的开头一般采用直叙式的写法，即直接概括地介绍一些基本情况，尤其是一些主要数字，点明该文分析的主要内容，或直接概述分析的课题和分析的意义与目的。多种分析报告，尤其是全面分析报告常采用这种写法。除此之处，还有以下几种写法：

（1）结论式。即在开头先摆出分析的结论，然后再分析说明得出这个结论的事实依据。简要分析报告的开头常采用这种写法；

（2）对比式。即通过一系列统计数字的对比，鲜明地说明情况，提出问题；

（3）提问式。即在开头先提出问题，引起人们的思考和注意，然后再进行回答；

（4）评论式。即在开头对所要分析的经济现象以鲜明的倾向进行评论。也有些分析报告，尤其是专题分析报告，直接从生产的基本情况和存在的问题写起，省略了开头部分。

2. 主体　这是分析报告的核心，是全文的中心部分。主体的内容安排要从分析的目的出发。全面分析报告，要对各项经济指标逐项进行分析；简要分析报告，往往是抓住几个主要指标或一两个重点问题展开分析；专题分析报告，则是针对专题的要求展开分析。分析时要紧扣主题，充分运用资料和数据，既要分析经济活动的成效，总结经验，又要揭露矛盾，找出产生问题的原因，从而得出明确的结论。在分析各项主要指标时，也要分清主次，突出重点，不一定面面俱到。分析时还应有所侧重，或以分析成绩为主，或以分析问题为主，但都要有明确的总的评价。

主体包括数据和文字分析说明两部分。如何安排，可根据实际情况确定。既可以先用文字分析说明，然后列表以数字说明；也可以先列出数字指标，然后用文字分析说明；也可以在文字分析说明中间穿插数字表格。不论怎么安排，都应该有情况、有数据、有分析，能真实地反映某一问题的全貌，让人一目了然。

主体的结构形式常用的有并列式（即各层次之间是并列关系）、连贯式（即按经济活动发展变化的过程和时间先后顺序安排层次）等。

3. 结尾　一般是根据分析中反映出来的问题，提出改进意见、建议或措施。所提的意见、建议或措施要有针对性，要符合实际，切实可行；也有的分析报告结尾“展望未来、预测形势”或“总结全文，突出重点”，也有的分析报告，正文分析完了，戛然而止，没有单独的结尾部分。

第四节　合　　同

一、合同及其种类

合同是由双方或多方当事人，为了实现各自的目的，按照法律规定，在平等互利、协商一致的原则下，明确各自的权利和义务而共同订立和遵守的书面协议。它主要用于经济领域，所以也叫经济合同，有时也称之为协议书或议定书。用于对外贸易的合同，则称为“成交确认书”或“合作协定”。

单就“经济合同”而言，从法律意义上讲，经济合同是法人之间为实现一定经济目的，明确相互权利义务关系的书面协议。法人是社会组织在法律上的人格化。因此，所谓“法人”，是指依照一定的法律程序成立的或经过国家有关机关登记、批准的社会组织，有独立支配和依法经营管理财产的权利和偿还债务的义务，并能以自己的名义在法院或调解仲裁机关起诉应诉。比如工厂、公司、商店、机关、学校等都是法人。

依法签定的经济合同，具有法律效力，受法律保护。为了保护经济合同当事人的合法权益，维护社会经济秩序，提高经济效益，保证国家计划的执行，促进社会主义现代化建设的发展，1981 年 12 月 13 日全国人大五届四次会议通过了《中华人民共和国经济合同法》，作为签订经济合同和调整经济合同关系的统一法规。

尽管合同有时也称为协议书，但在实际应用中二者也略有区别。一般说来，协议书中的项目比合同多，而内容不如合同具体，一般是原则性的条款。因此，有些协议书签订后，还需订立一系列协议书中所含项目的单项（专项）合同。

合同和意向书也有区别。意向书是地区之间、部门之间、单位之间以及国家领导层之间，就某些方面进行协作或贸易往来，经过商谈而形成的意向性意见的纪要。它是双方表达各自意图和希望达到某种目的的文件。它的内容比合同、协议书更原则些，合同和协议书的内容比意向书更具体、更实际些。合同是法律文件，具有法律效力；意向书不是法律文件，只是便于双方领导层掌握情况，作为进一步签订合同、成交确认书或协议书的依据和准备，所以它只具有信用性而不具有法律效力，和备忘录有些近似。

合同的种类很多。按合同的内容分，有购销合同、建筑工程承包合同、加工承揽合同、货物运输合同、供用电合同、仓储保管合同、财产租赁合同、借款合同、财产保险合同、科技协作合同、技术转让合同、补偿贸易合同、出版合同等；按合同的适用时间分，有长期合同、年度合同、季节合同和临时合同；按双方的权利、义务关系分，有双务合同和单务合同。前者是指双方都享有权利并承担义务的合同，如购销合同等等。后者是指仅对一方发生权利、对他方只发生义务的合同，如信贷合同等；按合同的形式，有条款式合同和表格式合同等。

二、合同的作用

合同在我国社会主义现代化建设中发挥着十分重要的作用，主要有以下几个方面：

（一）合同是实现政府经济计划的有力工具

一方面，国家从社会需要出发给企业下达生产任务，通过组织产需双方企业签订经济合同，使他们直接挂钩，产销直接见面，明确双方的权利和责任，使政府计划落实。另一方面，供、产、销各个部门可以直接签订产销合同，作为政府计划的补充，以保证政府计划的完成。

（二）合同是实行专业化协作的纽带

随着专业化的发展，各种协作关系也必然要加强。经济合同，是具体组织协作的有效方式，它可以把互相依赖的生产单位联系起来，巩固协作关系，使各生产单位准确无误地从事生产。

（三）合同是促进企业加强经济合算、改善经营管理的有效手段

经济核算制把企业的经营效果和职工的切身利益紧密地联系起来。而合同制正是加强企业经济核算制的一种法律形式。一是合同制要求签约双方必须履行自愿和等价交换的原则。任何一个企业要使自己的产品畅销，必须按照经济核算制的要求，精打细算地管好企业，使自己的产品适销对路、质量好、价格低廉、有竞争力；二是合同规定了双方的权利和义务，任何一方不履行合同，都要受到经济制裁。企业要履行合同，按规定的数量、品种、质量、期限完成合同任务，就必须全面加强企业管理，搞好经济核算，做好生产的组织工作和质量检验工作。因此，推行合同制对加强企业经济核算、提高企业管理水平大有好处。

（四）合同制是国家把集体经济纳入国家计划的基本法律形式

在现阶段，我国存在着不同的生产资料公有制形式和多种经济成分。而政府对城乡集体经济不能通过下达指令性计划进行管理，只能通过国有经济组织利用各种经济杠杆，指导各种经济成分的生产与经营。订立经济合同，正是以法律形式运用各种经济杠杆，把多种经济成分的生产经营计划纳入国家计划的轨道。例

如，很多国有食品工业企业通过与农村的乡、生产大队订立各种类型的农副产品收购合同，使国家下达给国有企业的生产计划也成为乡、队的生产计划，进而使农村集体经济纳入国家计划的轨道。

三、合同的基本内容和结构

（一）合同的基本内容

合同的基本内容，就是签订合同的基本条款。它是决定合同是否合法和有效的条件，也是要求合同当事人履行合同或承担法律责任的依据。根据我国《经济合同法》第十二条规定，合同应包含以下主要内容：

1. 标的　合同的标的是指经济活动要达到的目的，同时也是合同双方当事人权利与义务所指向的对象。具体地说，合同的标的指货物、劳务、工程项目、货币、劳务和脑力劳动成果等。如购销的商品、租赁的房屋、承包的工程、信贷的货币、科技成果和专利权等，都是合同的标的。标的不明确，合同就无法执行，所以标的是合同必备的最基本的条款。

2. 数量和质量　这是指标的数量和质量。合同必须在条款中明确规定标的数量（包括计量单位）和质量，因为它是衡量标的指标，确定权利和义务的尺度，计算价款或酬金的依据。如果合同中没有具体而准确的数量、计量单位和明确的质量标准，合同就不能成立；稍有一点含糊的地方，发生了矛盾或出现了差错，就难以确定责任、权利和义务，就会造成合同纠纷。

3. 价款或酬金　价款是指购买产品或商品的一方向对方所支付的按一定价格计算的货币金额；酬金是指为设计、施工、承揽加工、运输货物、保管货物等进行劳动服务（“劳务”）的一方应得到的对方支付的报酬金额。它体现了《经济合同法》规定的合同必须贯彻的等价有偿原则。

签订合同的当事人在签订合同时必须对价款或酬金协商一致，并在合同中标明计算标准及总额。合同中的标的价款，要按国家规定的价格计算，没有规定价格而政策上允许的，可由双方当事人协商议定，任何一方不得单方面变动价格。同时，双方还要明确规定支付价款或酬金的结算方式。属于企业和集体单位的，除法律另有规定的以外，必须以人民币计算和支付；采取托收承付或者必须采取其他方式结算的，由双方根据国家有关规定具体商定。在签订外贸合同时，要特别注意商定以何种货币计价和结算。这些都应该在合同中写清楚。

4. 履行的期限、地点和方式　这是合同内容中具有重要意义的条款，是检验合同是否全面而正确地履行的重要标准之一。履行期限是指双方当事人在何时履行各自所承担的义务，也是享有请求权的一方要求对方履行合同的时间依据，是判断合同是否按时履行的标准；履行地点是指双方当事人在什么地方履行各自所应承担的义务，它直接关系到履行的义务和费用；履行的方式是指双方当事人履行各自承担的任务所采取的方式，它因各种合同的不同内容而有差异。以上内容对顺利地履行合同都有重要意义，都必须在合同中明确规定，不能含糊。

5. 违约责任　合同当事人没有履行合同规定的义务，就是违约；违约一方应承担的责任，叫违约责任。这是合同的关键内容之一，也是对违反合同的有关当事人规定的制裁措施，更要保证合同按规定的期限、地点、方式履行的重要措施。因此，签订合同，必须明确规定违约的责任，否则，就无法保证合同的顺利执行。

6. 其他必备条款　这是指根据法律规定的或按合同性质必

须具备的条款。例如新建一座化工厂，在建设工程的承包合同中，必须根据《环境保护法》的有关规定，列入关于消除三废污染、保护环境的条款。又如财产租赁合同中还应明确规定租赁期间财产由谁负责维修的条款。规定了这些有关的必备条款才能保证合同的顺利执行，达到预期的目的。

以上六点是合同的基本条款，它是决定合同能否成立或履行的基本条件，或称为合同的有效条件。此外，合同还有普通条款，如标的品种、规格、包装标准、包装物的供应与回收、保管、运输、验收及结算方法等，也都应在合同中明确规定，以免由于责任不清而造成合同纠纷。

（二）合同的结构及写法

合同主要有条款式和表格式两种。但，不论什么形式，合同一般都包括标题、当事人、正文和落款四个部分：

1. 标题　标题的书写位置在经济合同的第一行居中的位置，主要写明合同的性质，也就是属于何种合同。如“购销合同”、“技术成果转让合同”、“建设工程承包合同”、“货物运输合同”等等，属于什么性质，就标明是什么合同，不必修饰，更无须文学色彩。

2. 双方单位名称　条款式合同，在标题的下面空两格，前面写上“立合同单位”几个字后面写双方（或多方）单位（或人）的名称，要写全称。为了正文说明的方便，还要在单位名称后边用括号分别注明“甲方”、“乙方”，如有第三方则注明“丙方”，有的合同直接写明一方为“供方”，“卖方”，另一方为“需方”、“买方”。表格式合同的双方单位名称，可根据表格设计安排的位置来填写。

3. 正文　先以简约的文字写个序言，即概括地写明订合同的依据和目的，或只写目的，如“为了……，经双方协议，签订本合同，共同遵照执行”等等。也有的合同在双方单位名称之后紧接着写订立合同的依据、目的。表格式的合同往往省略这一点。

在序言之后，用条文或表格写明双方（或多方）议定的合同内容。一般包括以下几个方面：（1）双方协议的内容（即以上介绍的六条基本条款和普通条款的内容）；（2）经济责任或法律责任；（3）合同的有效期限；（4）合同的份数和保存。这部分是合同的核心部分，要写得简明、具体、有条理。此外，如有附件，可附在正文后面，并注明件数。

4．结尾　又称落款。在正文的后面写明双方（或多方）单位的全称和代表人的姓名，并签名盖章。如有双方（或多方）主管部门或工商行政管理部门作鉴证的，也应写明其单位名称和代表姓名，并签名盖章。有的合同往往还在签署后面写明双方（或多方）单位的开户银行和账号。签订合同的日期写在最后一行的偏右处。

四、签订合同的要求

（一）合同的内容必须符合政府的法律、法令、政策和计划的要求

任何合同的草拟和签订，都必须在政府法律、法令、政策和计划许可的范围内进行，其内容不能与政府的法令、政策、计划相悖。否则，即使当事人双方（或多方）完全同意，签订程序和形式符合要求，在法律上仍没有效力。

（二）签订合同必须贯彻平等互利、协商一致、等价有偿的原则

任何一方都不能把自己的意志强加给对方。

（三）合同的订立必须符合固有的条款格式

合同有必备的基本条款和惯用的格式，在草拟和签订时，要注意规范。

（四）签订合同，态度要认真严肃，语言要简洁、准确

合同具有法律保证性，一经签订生效，就得履行而不能随意涂改或任意修改或终止。因此，签订合同一定要持认真严肃的态度，不可有任何疏漏，书写时内容要具体、明确、周密，语言要简洁、准确、周延，字迹要清楚，数字总额应用大写的汉字来写。标点符号要正确。否则，就会出现种种问题，给对方以钻空子的机会，引起纠纷，甚至会造成本单位的重大经济损失。

书写时如有错漏之处需要改正或添加，应在改正或添加处由双方（或多方）加盖印章，以示负责。合同签订后，如有特殊情况必须修改、补充时，应经双方（或多方）同意，逐份同样修改、补充，并在修改、补充处加盖各方公章。如在文面上已无法修改，可另签“修改协议”，并报签证机关备案。终止合同也要经双方（或多方）同意，签具撤销合同的协议书，并报鉴证机关备案。

第五节　涉外经济合同

随着我国对外开放政策的贯彻实施，我们与不同社会制度的国家、地区进一步发展了经济贸易往来，经济贸易技术交往日益增多，经常需要签订各种涉外经济合同。因此，很有必要列专节讲述涉外经济合同的写作及有关知识。

一、涉外经济合同的概念、种类与特点

（一）什么叫涉外经济合同？

涉外经济合同是中华人民共和国的企业或其他经济组织同外国的企业或其他经济组织或个人之间，为了实现一定的国际经济贸易目的，依据一定的法律规定，在平等互利、协商一致的原则下，明确相互权利义务而共同签订和遵守的书面协议。有时也称之为涉外经济协议书。但在实际应用中，涉外经济合同和涉外经济协议书也略有不同。一般说来，协议书中的项目比合同多，而内容不如合同具体，一般是原则性的条款。

涉外经济合同是中外双方（或多方）当事人意思表示一致的法律行为文书。

（二）涉外经济合同的种类

涉外经济合同的种类很多。按其内容分，有中外货物买卖合同、来料加工装配合同、货物运输合同、工程安装承包合同、合资经营合同、合作经营合同、合作生产合同、技术成果转让合同、资源合作开发合同、补偿贸易合同、劳动服务合同、信贷合同、租赁合同、保险合同以及其他涉外经济贸易合同。

（三）涉外经济合同的特点

涉外经济合同与国内一般经济合同的不同之点就在于它的“涉外性”。涉外经济合同这一基本特性就决定了它具有以下特点：

1. 涉外经济合同往往受到国家对外政策，国家之间政治关系的影响　这是因为涉外经济合同涉及的经济问题往往涉及两个国家之间政治、经济往来的缘故。

2. 涉外经济合同在许多问题上涉及到不同国家的法律　这是因为涉外经济合同的双方当事人分属于不同的国家的缘故。

3. 涉外经济合同受有关国际公约和相关国家之间的条约的影响。

4. 涉外经济合同必须符合国际间的贸易惯例，特别要遵守国际间久已通行的一些贸易支付规则。

二、签订涉外经济合同应遵守的基本原则

（一）坚决维护我国的主权是我国在对外经济贸易中应遵循的基本原则，因此签订对外经济合同必须遵守和尊重我国的法律，尊重我国的司法管辖权，尊重我国的政策和公共秩序；必须保护我国的资源，不得违反我国的国家利益和社会利益。总之，合同中的一切规定都要以不损害我国的主权为原则。

（二）必须坚持平等互利、协商一致的原则，注重信用，遵守协议。

（三）尊重国际公约和合理的国际惯例。在签订涉外经济合同时，一定要遵守我国已参加签约的国际公约和我国与他国订立的条约、协定、议定书等；一切合理的国际贸易惯例也要尊重，并在签订合同时参照执行。

三、涉外经济合同适用法律问题

涉外经济合同中应明确规定准据法，即关于合同的成立、效力（双方当事人的权利义务关系）和解释而适用的法律。这样可以防止或减少日后发生纠纷。

我们坚持的原则是：在中国签订和履行的合同应当适用中华人民共和国的法律（我国法律另有规定的除外）；合同当事人也可以选择与合同有实际联系的国家法律，如合同缔结地法、合同履行地法、标的物所在地法、双方协议的仲裁地或法院地法。

凡在我国履行的中外合资经营合同、合作经营合同，在中国境内中国银行放款或担保的合同，自然资源勘探和开发合同，必

须适用中华人民共和国的法律。

凡上述规定以外的涉外经济合同，如果合同当事人没有做出准据法的选择，则适用合同签订地或履行地法律。

四、涉外经济合同的结构与写法

涉外经济合同的种类繁多，每类合同都有自己必备的主要条款，篇章结构也不尽相同。但是，各类合同又有一些必备的共同性的条款。总的说来，涉外经济合同的结构一般由标题、合同头、正文、落款四部分组成。

（一）标题

标题即涉外经济合同的名称，由合同内容的性质和文种组成。如《中外货物买卖合同》、《中外合资经营合同》。有的合同标题还标明合作各方的法定名称及合作方式，如“中国××省××市××公司与××国××有限公司合资经营××企业的合同”。

（二）合同头

合同头是指涉外经济合同开始的说明部分。涉外经济合同在这里应准确、清楚地写明下列项目：

1. 合同双方当事人的名称或姓名。国籍，主营业所或住所，电报挂号，电传。合同由代理人签订的，则应写明代理人的名称或姓名及有关项目（同上）。这一项要并排写，在双方当事人的名称或姓名之前，还应写上“卖方”、“买方”之类的字样；

2. 合同号；

3. 合同签订日期、地点。此项亦可放在正文之后的落款处。

（三）正文

涉外经济合同的正文由序言、主体组成。

1. 序言　即合同正文的开头，写合同双方订立合同的根据和缘由。一般的写法大致是："双方经协商同意按下列条款由卖方出售、买方购进下列货物"、"中国××省××公司和××国××公司，根据××××，通过协商，一致同意在中华人民共和国××省××市，共同×××，特订立本合同"等。

2. 主体　即表述合同的主要内容和条款的部分，是合同的核心。这部分要写明履行标的的技术条件、质量、规格、标准、数量和计量单位，验收方法，价格条件、支付金额、支付方式和各种附带的费用，履行的期限、地点和方式，违约责任，不可抗力，合同发生争议的解决办法，保险，合同的担保，合同使用的文字及其效力等条款；还要写明该合同应具备的其他条款和附件。

（1）标的的技术条件、质量、规格、标准、数量和计量单位、验收方法，是指涉外经济合同所要达到的目的、标准和要求。标的的技术条件是指作为标的的技术应达到的技术指标和技术参数；标的质量，一般是指商品本质性的质量和它的外观形态，应在合同中写清楚；标的的规格是指用来反映商品品质的某些主要指标，如成分、含量、纯度、强度、尺寸、重量、色泽、不合格品率；标的的标准是指将商品的规格、等级已经标准化并以一定的文件来表明的指标准则。在凭标准交易时，在合同中应写明所用的标准是何组织、何机关制定和标准的版本编号、年份；标的数量是指以一定的度量衡表示出的标的重量、个数、长度、宽度、面积、容积的量。它是合同的主要条款之一。合同中必须明确规定标的数量、计量单位和计算方法，某些大宗货物还要明文规定超欠幅度。合理损耗和正负尾差。此外，对商品的包装和检验方法等内容，也应在合同中详细注明。

（2）价格条件、支付金额、支付方式和各种附带的费用。价格条件即价格条款，是涉外经济合同的主要条款之一。在与外商洽谈中，价格往往是谈判的焦点。在国际货物贸易中，拟定合同的价格条款，只要在合同中规定交易中的货物价格采用哪一种国际通用的国际贸易价格术语，双方对货物价格的构成，彼此间费用的负担和责任的划分就十分清楚了。在涉外经济合同中，经常使用的支付方式有银行托收、直接付款、银行信用证、分期付款、延期付款等五种。在签订合同时，根据合同的性质及具体情况确认采用哪种支付方式即可。

（3）履行期限、地点和方式。期限是指签订涉外经济合同的双方当事人履行义务的时间界限，是确定合同是否按时履行或迟延履行的客观标准，也是一方当事人要求对方履行义务的时间依据；履行地点是指当事人按合同规定履行义务的地方。可根据合同标的的性质和双方约定而定。如交货地点定在卖方国土还是买方国土，是在内陆交货还是在目的地交货；履行的方式是指当事人以什么方式方法来完成涉外经济合同所规定的义务，也必须在合同中写清楚。

（4）违约责任，即指违反合同的赔偿责任和其他责任。涉外经济合同实行约定违约金制度，没有法定违约金。因此，双方当事人可以经协商在合同中约定，一方违反合同时，向另一方支付一定数额的违约金，也可以约定对于违反合同而产生的损失赔偿额的计算方法。应该注意的是，有的合同不一定涉及违约责任问题，应根据具体合同的实际而定。

（5）不可抗力，是指某种非人力所能控制的障碍。不可抗力属法律事件，其构成条件有三：一是在签订合同以后发生的；二是由于任何一方当事人的过失或疏忽所造成的；三是双方当事人所不能控制的，即指其发生是不能预见、无法避免、不能克服的。涉外经济合同中的这一条款，在签订时一般宜采用综合式规定法，它明文列举那些事件属于不可抗力，同时又规定不可抗力不限于此。如“由于战争、罢工、政权变动、叛变、地震、严重台风、水灾、火灾、雷电、虫灾、干旱以及任何其他双方共同认可的不可抗拒的事故，致使任何一方不能履行合同，则可免除其应负的责任。”这样拟定既明确了哪些是不可抗力，又留有余地，比采用概括式规定或列举式规定（即分项列举不可抗力）要好。

(6) 合同发生争执的解决办法，根据有关规定，可采取协商、调解、仲裁和诉讼四种方式。因此，在签订涉外经济合同时，必须明确具体地规定采用哪一种方式来解决双方的争议。同时，还要注明处理合同争议所适用的法律。

(7) 保险条款，即指为签订涉外经济合同的当事人提供遭受意外损失的经济补偿所订立的条款。在签订涉外经济合同时，双方应根据合同的性质协商选择一种或数种保险类别（如财产保险、责任保险、保证保险等），并列入合同条款中，由履约的一方向我保险公司或外国保险公司办理保险，也可以由被保险人直接同保险公司联系保险。

(8) 担保条款。涉外经济合同双方当事人受各自国家的法律管辖，如无合同担保，一旦发生违约事件，将难于追究责任。因此，合同双方当事人都要提供担保，这是国际经济往来中正常的合理的要求。根据合同的性质，担保可选择定金或履约保证金、银行或其他保证人担保、财产抵押担保、留置权、其他担保等形式。这要根据合同的具体情况，做出合理的选择，并经协商写进合同的条款中。

(9) 合同使用的文字及其效力。签订涉外经济合同一般同时采用合同双方当事人所在国的文字书就，这在合同中也要写明并注明两种文本具有同等效力。

（10）其他条款及附件，是指该合同应具备的除以上条款之外的其他条款及有关附件，这些应经双方约定列入合同条款中。

实际上，合同的性质、类别不同，其主体部分的内容和条款也不尽相同。某些涉外经济合同除通用合同应具备的条款外，还有其特定的内容。如补偿贸易合同就应有如下特定内容：

（1）外商提供的设备、工艺技术或技术（商标）专利名称、型号、性能及设备制造出产品达到的水平，作价及选购原则。外商投资是否计息？利率多少？是否须我方担保？

（2）产品回购：由于补偿贸易采用产品出口补偿外资的方式，因此必须落实对方对我产品实行回购的有关产品，在价格上应明确是否包括运杂费、保险费等；

（3）要有外商提供的专利技术（商标），一旦发生侵权引起诉讼时，应由提供方负责的条款；

（4）设备工艺技术的质量、性能的保证和赔偿，回购产品的保证和拒购产品的赔偿。

（四）落款

在涉外经济合同正文下面的落款处，并排签署合同双方当事人的名称或姓名，并加盖印章。一般的写法是，并排写明合同双方企业或经济组织的全称，并由各自的代表（或代理人）签字盖章。此外，还要有公证机关的签署。

二、签订涉外经济合同应注意的问题

（一）要了解掌握外国当事人的法律地位和资信情况　外国当事人有的是企业，有的是某种经济组织，有的是个人，情况复杂。为了防止同某些投机商或不法组织签订合同遭受损失，在签约前，要通过工商团体、银行、专业性征询机构和我国驻外机构，对他们的法律地位和资信情况进行了解并提供各种证件。如果以上工作来不及做，起码应在签约时要求外国当事人（客商）提供该单位有关合法资格文件、资金信用材料及代签约代表授权证书，以求合同的正常签订。

（二）合同的内容要完备、条款要具体、责任要明确、表达要严谨　关于合同的内容、条款以及合同双方的责任等项写作的要求上文已做了阐述，这里着重谈“表述要严谨”的问题。要做到表述严谨，在拟定涉外经济合同时，使用的概念要准确，不能使用含义不清或容易产生不同解释的概念或交叉性的概念；表达的语句要周密、明白、严谨，不能使用含义不清或模棱两可的词语。有时要字斟句酌，力求表述的准确、周密；用字应正确，不多字也不漏字；标点符号的运用也要正确无误。如果在表述上不注意严谨，往往会造成严重的后果。

（三）注重信用，遵守合同　涉外经济合同具有法律保证性，一经签订生效，就必须注重信用，遵守合同。如有特殊情况必须修改补充时，应经双方同意，并需履行必要的手续。

第六节　广　告

一、广告的概念和作用

广告是一种商业性、宣传性和竞争性都很强的应用性文体。它是连接生产、流通、交换和消费的信息桥梁。其功能在于通过一定的媒介，向公众介绍商品、报道服务内容或告知文娱节目。

广告对商品的生产者、经营者和消费者各起着不同的作用。它可以活跃经济，促进生产，保护竞争，沟通产销，扩大流通，改善经营，指导消费，方便生活，加速社会繁荣。而且，还可以丰富文化生活，培养审美观点，推动国内外经济交流。

现代商品经济社会离不开广告，没有广告社会就不可能繁荣。广告带着各种经济讯息，深入社会各个角落，飞入寻常百姓家。在今天，广告与人，几乎是形影不离。以广东和香港为例。有人说，今日羊城（广州）能像空气一样，“无处不在，无孔不入”的，只有广告。1986 年底，广东广告营业额才 8000 多万元，而 1989 年就上升到 2 亿 8 千万元，仅次于北京而居全国第二。其中宝洁公司的“海飞丝”、“飘柔”、“玉兰油”广告，超过 1 千万元。据多年前的统计，香港人每年大约会与 50 个广告接触，1982 年香港广告经费高达 14 亿 7 千万元。广告是一种投资，对各地的经济的发展起一定促进作用。

二、广告的媒介与类型

广告的媒介，就是指广告所依附的实体。如，印刷媒介物（包括报纸、杂志及其他通过印刷物来刊登的广告）、户外媒介物（如路牌、立体雕塑广告）、交通媒介物（如火车、汽车、轮船上的广告）、电器媒介物（霓虹灯、霓虹灯塔、灯箱、灯饰等）、电波媒介物（电台、电视、电影、幻灯）和其他媒介物等。而其中报纸、杂志、广播和电视被称为广告的四大媒介。广告的媒介物越来越多，从传播手段看，基本上可分为音响、图像和文字广告三大类。从广告内容看，可分为商品（产品）广告、书刊广告、服务广告、文娱广告和企业公关广告等。本节主要是研究和讨论文字广告。

（一）文字广告的表达形式

1. 从激发消费者购物行动的手法上分，可有理性诉求与感情诉求两大类。

（1）理性诉求就是“强销”，直接把简要的事实和简明的事理说出，清楚地列明产品的特点、用途和功效，告诉读者、顾客这个产品对他很有好处。用理性诉求方式写成的广告，叫理由广告，也叫说明广告。如：“高露洁牙膏”（第11届亚运会标志产品）的广告词是——

“为赶超国际牙膏的一流水平，高露洁含双氟牙膏采用进口国际流行风格的香剂，精心调配成牙膏专用香精，选用当今世界最新型，及被国际所公认的防龋药剂MFP2——单氟磷酸钠和氟化物为主要原料，经科学配方精制而成。膏体白净细腻，泡沫细密丰富，香味纯正，用后清凉爽口，清呼吸。具有预防龋齿，去除口臭，去牙石，除烟渍，消炎杀菌的功能，长期使用无任何副作用，是目前市场上防龋效果最佳牙膏之一。”

几年前已在国内打开销售局面的黑妹牙膏广告词也属于这种类型：“国际香型，清香爽口，黑妹牙膏，洁齿皇后。”

（2）感情诉求就是“软销”，用温柔的感情去诉说或暗示，间接交代商品的好处，令读者、顾客不知不觉地信服和产生好感。用感情诉求方式写成的广告，叫兴趣广告，又叫暗示广告。如“视力宝”的广告词是：“你的眼力真是好，一眼看中‘视力宝’。”它就是用称赞消费者的方式，表明有益视力的保健饮料“视力宝”对他十分适用，鼓动消费者去购买。

2. 从文字的表达方式上分，主要有陈述体、问答体、幽默体、诗歌体和证书体等。

（1）陈述体。开门见山地介绍商品的名称、特点、用途、功效等情况，用事实说话，平实，可信。新产品上市往往用此体式。例子见上述“高露洁牙膏”广告词。

（2）问答体。用一问一答的形式表达陈述体一样的内容，但形式活泼，能吸引读者读完全文。如上海圆珠笔厂有六条问答的那则广告就是。又如日本东芝家用电器系列产品的广告，都分别在画面上画两个人在一问一答，介绍产品特点和用途。

（3）幽默体。这种体式活泼、谐趣，充满幽默感。相声就是其中的形式之一。如，嘉陵牌摩托车的电视广告，就是两名著名相声演员以相声“抖包袱”的手法，在活泼逗趣中介绍嘉陵牌摩托车。

（4）诗歌体。用诗歌的形式来为产品卖广告，包括广告诗、广告歌中的歌词及类似诗歌的顺口溜。苏联的马雅可夫斯基和我国的一些著名诗人都写过广告诗。广告歌常见于电视片和电台广告。如，香港的瑞士糖广告片：“瑞士糖，好味道；瑞士糖，好味道；大家来食瑞士糖……。”顺口溜式的广告主要见于报纸。如：“何济公，何济公，止痛退热快见功。”（广州何济公制药厂的止痛退热片广告）

（5）证书体。如，容声牌电冰箱广告：“国家级质检榜首　轻工部推荐产品　容声冰箱，质量取胜”。

三、广告的写作

（一）以社会调查开路按宣传意念撰写

从广告拟稿人的角度来分，广告可分为应征、代拟与自拟三种。应征就是撰稿人对厂家的广告词征集活动做出响应，代拟就是广告公司应厂方要求代写广告词，自拟就是厂方广告科或秘书自己动手写。三者都要“听将令”，按厂方的要求和口味，照既定的宣传意念，在规定的内容范围撰写，不得自行增减。

用市场调查来引导写作十分重要。它可以提供资料、确定方针，以及找出消费者对广告的喜恶。通过调查、分析和预测，了解顾客的购买心理和需求，掌握市场变化规律。

（二）拟定写作计划　提供独特提议

写作计划的内容可包括：

1. 商品资料；

2. 广告需要解决的难题；

3. 确定广告目的；

4. 制定广告策略（目标对象、主要竞争对象、对消费者的承诺和提供的理由）。

要依据本产品的用途、性能和特点，根据不同消费对象，有的放矢地为消费者提供一个独特的提议，即买这种产品，你就可以得到别的产品所没有或未能提供的这一个好处或利益。如，在广东的燃气热水器广告中，"神州"牌突出"强制排气"和"特设十大安全装置"这一特点。"飞鹿"牌则强调是直排式的，非常安全，而不是国内大多数燃气热水器牌子所采用的外国早已淘汰的那种排气方式。

（三）内容上必须真实、健康

广告内容必须"真实、健康、清晰、明白"（《广告管理条例》），这是一个基本原则。

1. 真实、健康、合法、贴心　广告要真实、可靠，做到不夸大事实，不故作含混，不以假充真。如果做诸如"增高鞋垫"一类的虚假广告，厂家就等于自砸招牌，制作虚假广告的公司和刊登虚假广告的媒介也会名誉受损。

广告要注意思想性，要有益于身心健康，不损人心智。要合法，注意政策性，符合《广告管理条例》关于禁止刊登、播放、设置、张贴的六项具体规定。特别是一些文化广告（如电影、录像片、书籍之类），不要为了招徕观众、读者而使用一些庸俗甚至下流的词句，也不要滥用“儿童不宜”的字眼来吸引成年人。

广告要做消费者的“贴心人”。要从关心消费者的难处、苦处或需要入手，引起他们感情上的共鸣，使他们慷慨解囊。如，“日咳夜咳不用愁，咳特灵为您解忧愁”（咳特灵片、胶囊）。又如，你府上的彩电、冰箱、洗衣机、录像机等价值几千元以至几万元的家用电器，都会因突然（经常）停电，而累物无所用，令你发愁。这时，开源牌逆变器的广告就会安慰你：“停电莫愁，开源逆变解忧。”

2. 切实为产品、企业做文章　广告在内容上不要大话、套话连篇，也不要喧宾夺主、故弄玄虚，而必须扎扎实实地为产品、企业做文章。往往要求突出产品的特点、功效、质量、特色，或者反映商品的性质、用途、声誉、在同类产品中的地位，体现工厂、企业造福社会的主题。前者如黑妹牙膏的广告词：“国际香型，清香爽口，黑妹牙膏，洁齿皇后。”后者如广州白云山制药厂的广告词：“南国白云山，健康美人间。”

广告词要与商品有直接联系，突出产品名字、牌子，有的甚至要有厂名、企业名。如，广东南海县兴发牌铝型材厂有两句广告词是：“南海‘兴发’牌，‘OK’铝型材。”它就把商品的性质、厂址、厂名、牌子都表达出来了。

（四）形式要新颖、活泼

广告有多种类型，没有统一的结构形式。文字广告当中，最值得探讨和研究的是广告词的写作。它在形式上的要求主要有三方面：

1. 构思新颖活泼，不落俗套　报纸登的广告词多数采用理性诉求。其中有的写得呆板、一般化。如“质量可靠，信誉第一”，“全球推荐；誉满南北”之类。口号很响亮，但不新颖。而上文提到的“视力宝”广告词及“门有吉星闸，时迁都无办法”（“吉星”拉闸广告词）就写得颇新颖、活泼，耐人寻味和联想。巧妙地利用人们的逆反心理来写广告，也是一种新颖手法。只要善于抓住产品特点来标新立异，就会使广告词具有新奇的“刺激性”。如：“此地应禁止吸各种香烟，连‘皇冠’牌香烟也不例外。”

2. 语言通俗、顺口，适合多种宣传用途　通俗就是要老少皆宜，人人易懂。不用深奥的古语词，慎用少见的方言词。

顺口就是朗朗上口，易颂易记。

最好都能适用于口头、文字和普通话、方言宣传。即既可在电视、电台播出，又可以报刊登载。用普通话或方言播出都可使本地听众听懂，不会产生歧义，也不难以理解或感到别扭。

3. 言简意明　就是要求字数不多句数少，最后能用一两句话概括全部内容。报纸上常见的广告词有两句（如“视力宝”广告词）或四句（如“黑妹牙膏”广告词），而且写成“顺口溜”形式。写成一句（如打字机广告：“不打不相识”）或三句的（如“何济公，何济公，止痛退热快见功”）亦有。所谓意明，就是意思清晰，明白，不含糊。消费者看完广告词后就能认识商品，对商品产生兴趣。

（五）手法灵活多样

广告词要令读者、顾客印象深刻，增加认识，引起兴趣，协助推销，就必须注意运用引人注目的和富有感染力的表现手法，如某些诗歌手法、修辞手法及其他手法。

1. 押韵手法最常用　如：“你想身体好，常饮健力宝。”普通话、广州话读起来都押韵。

2. 利用商品牌名做文章　或揭示牌名含义，如“威力，威力，够威，够力”（“威力”，洗衣机名）。或表明商品与顾客的关系，如“万家乐，乐万家”（“万家乐”，燃气热水器牌名）。

3. 用比较手法　点明是同类产品之冠或佼佼者。如“钻石音响，音响中的钻石。”使用这种手法的，必须是名牌产品。若通过电视具体比较，对对方商品则不能指名道姓。

4. 用反复手法　通过重复厂名或企业名，作为广告词的重要组成部分，读起来好像顾客呼唤着厂家一样。例子请见前面的“何济公”退热片广告词。又如，“半球，半球，产品一流。”（“半球”是企业集团名称。）

5. 解决难题法　例如“咳特灵”片广告词及开源牌“逆变器”广告词所用手法就是。

6. 利用俗语，带出其他法　如“食在广州，饮在‘亚洲’，亚洲饮料，品味兼优。”（亚洲汽水厂广告词）“食在广州”是一句俗语。

此外，还有多种手法。如，用诗化手法，或语带双关，或用对话式，或用拟人法，或用比喻法，或用起兴手法；或用夸张、幽默的语言；或图吉利、讲意头。或出奇制胜，表明功效；或说长道短等。为了吸引顾客和读者，说得夸张点，应是有多少种商品，就用多少种手法，令人耳目一新。

商品行情瞬息万变，产品更新换代日新月异。即使是质优款美的新产品，也不能躲在暗处向顾客送秋波。必须要有新颖的富有感染力的广告词来为它推荐、拉线。不然的话，就会始终“养在深闺人未识”。当然，有了好的广告词，也不能一劳永逸。要根据商品的创牌——竞争——保誉三个阶段，不断更新内容，才能立于不败之地。

第七节　商品（产品）说明书

一、概念和种类

（一）概念

说明书是说明物品的性能、用途、规格、使用法或影剧情节及其他的一种文体。商品（产品）说明书是说明书的一种。它是连接产购双方的实用性文体，是商品与顾客之间的桥梁，又是不出声音的产品解说员和推销员。不少商品（产品）出售时都附有说明书。

（二）种类

商品说明书可分为生活用品说明书和生产用品说明书两大类，也有人称为民用商品（产品）说明书与专业商品（产品，说明书）。

二、特点和作用

（一）特点

商品说明书普遍具有实用性、科学性、简明性和示像性等特点。

1. 实用性　这是说明书的最基本特点。它重在实用，具有明显的实用价值，用户对此最为关心。例如，药品说明书着重讲功能、主治和如何服用。电器产品说明书着重讲产品结构和怎样使用。

2. 科学性　这是指概念、用语都要准确，不能模棱两可或有歧义。产品使用程序说明必须合乎事理，不能颠倒。如，压力锅的使用次序说明就包括容量、盒盖、扣阀、排气、降压和开盖等。一切违反说明书的使用程序都被认为是违章操作。而产品的安装、拆卸说明更不能有任何差错，不然就会使用不灵、损坏零件，甚至出事故。

3. 简明性　这是指要简明扼要，一目了然。用简单、明白的语言写明产品的特点和使用上的关键问题。文字要精炼，眉目须清楚，篇幅宜短小。短的只有两三行字，稍长的六七行字，专业商品说明书则可稍长一点。

4. 示像性　复杂的说明书还有示像性，以图示像，帮助读者、顾客、用户更好了解商品（产品）的构造或向他们提供使用示范、禁忌示例，做到图文并茂，增强说明书的形象性和直观性。

（二）作用

商品说明书在产品与顾客之间起着“桥梁”和“媒介”作用，帮助消费者了解和正确使用产品，懂得维护和保管产品。它不仅对商品起说明作用，而且还有宣传、推销产品即广告的作用。所以有些说明书的内容与广告相似，但又有别于广告。广告以推销产品为目的，而说明书以介绍产品为目的。写好商品说明书，对于指导消费，有重要的意义。用外文介绍我国出口商品的说明书，更具有重要的国际意义，政治、经济影响甚为深远。

三、内容和形式

商品说明书的内容、形式随商品而异，并无千篇一律的模式。说明的内容不同，写法也可以变化。而内容的详略也与写作目的有关。可谓千差万别，各有侧重。

（一）内容

说明书的内容包含性质说明与指导说明。一般要说明产品的性能、用途和使用法，有的还要说明产品的原理、型号、特点、保管（保养)、排障、维修及有关注意事项和保修办法。普通生活用品说明书写得较简明，而专业商品说明书则写得详尽、复杂些，并有图表数据。简单的就印在商品包装上，文字也不多（如牙膏说明、药品说明)。稍多一些的就用巴掌大的纸张印出来，如中成药说明书、食品说明书等。复杂的，就印几页甚至装订成册，详细说明产品的性能、构造、安装、保养、维修等，并有附图。如收录机、彩电、风扇、洗衣机等家用电器及大型生产用品说明书等就是。

科技产品说明书习惯上包括九项内容：封面、目录、概述、主要技术指标、工作原理、使用方法、维护与修理、零件表、原理图等。

说明书可以只道长不亮短，也可以既道长，又亮短，消费者对后者会更加欢迎。

(二) 形式

商品说明书有两种基本表达形式，即条款式和概述式。此外，还有表格式。

1.条款式　也叫条文式，在商品说明书中最常用。它将要说明的事项逐条分开来写，文字很少，也不成文。一般用于程序性的内容说明，供用户读后按顺序一一参照执行。如好运牌电子炼厂气炉的使用方法就分成五条来写：（1）安装，（2）点燃，(3）火焰调节，（4）火力调节，（5）熄火。每条都一一加以说明。也有的说明书用序码逐一说明产品的性能、用途、优点、使用方法及其他，如三角牌“电子瓦罉（煲）说明书”。其优点是条目清楚，次序不乱，条理分明，明白易懂。缺点是有时会给人一种较零碎而不够连贯的感觉。但程序性的内容说明，不宜用概述式，否则各项内容连成一片，使用程序不分明，用户有时就抓不住要领，不能顺利或安全使用。

2. 概述式　也叫短文式，本来多用于介绍性的内容说明，如影剧说明和图书说明，但有的登载在报纸上的商品说明文章，也用简短的文字，对商品作综合说明。有的商品说明书也用短文式，如保健食品“甜酸益智”说明书和护肤用品“黑发宝”说明书等就是。有的附在商品上的说明，只介绍商品的用途和型号，文字更简短，也不分段。

3. 表格式　有的商品说明书使用了表格式。如好运牌 JZT_2—868 电子炼厂气炉使用说明书的第五项内容，“常见故障排除”详见下表。

故　障	原　　因	排除方法
电子点火不灵	1. 电极火嘴针与接受端距离不当。 2. 引火喷嘴堵塞。	1. 将电极发火针与喷气距离适当调整为约 3—4 毫米，并紧固好，保持瓷条清洁。 2. 用针用引火喷嘴。
火焰不正常	1. 炉头着火孔堵塞。 2. 出现黄焰。 3. 回火或“嘶嘶”声。	1. 将堵塞的火孔通好。 2. 适当加大风门。 3. 适当关小风门。

四、目的和要求

（一）目的

商品说明书，顾名思义，是把商品性能、用途和使用方法向读者介绍清楚，令人一书在手，照办就行。所以说明书的写作目的就是说明产品的使用、保管需注意的一些问题，以便顾客、用户顺利、有效地使用产品，以至延长产品使用寿命。如果有时要介绍产品的原料、制作过程，目的也是为说明使用和保管的有关知识，让读者一看就明，照样去做，以达到说明的目的。

（二）要求

写说明书的基本要求是：

1. 了解商品情况，揣摸顾客心理　这是说明书拟稿前必须要做好的工作。包括翻阅有关资料，到厂场实地考察，走访发明者或生产者。还要揣摸顾客心理，处处为消费者的方便着想，消除他们可能产生的疑惑或顾虑，尽量满足他们的求知欲。

2. 注意做到“三要”　作者行文时要注意体现出实用性、科学性和简明性这三个特点，做到“三要”：

（1）要真实、简明、通俗、有序。真实，是指实事求是，而不粉饰夸张。作者可适当扬长避短，但要注意掌握分寸，决不能凭空吹嘘，夸大商品的性能、作用和效果。

简明，是指简洁明白，而不赘述冗长。行文须要言不繁。若啰里啰嗦，篇幅过长，就会令读者望而生厌。可采用电报式的简洁语言，多用短句，少用长句。最好用祈使句来直接指导使用，删掉可有可无的字、词、句。

通俗，是指浅显易懂，而不晦涩难懂。避免滥用生僻或过于专门化的科学术语与行话，多用日常用语，尽量做到通俗易懂。

有序，是指言之有序，而非表述混乱。根据写作目的，合理安排各项内容的顺序。有的可按产品使用程序或用户的认识过程去写。

（2）要提醒注意事项。作者要认真负责，不能草率从事。应交代清楚使用、保管等方面须注意的事项，或可能产生的问题，解除顾客可能产生的疑惑或顾虑。例如，对于易燃、易爆的商品，易变质的食品、药品，各种各样的家电产品，都应分别就有关要求，提醒用户注意。

（3）要纯粹用说明手法。说明书要以朴实的文字，纯粹用说明手法来写，忌用描写、抒情或议论手法。尤其不要用强烈的带有感情色彩的词句。

至于出口商品的外文说明，还应注意外文说明书的特点，切忌将汉语生搬硬套地译成外语，令外国读者看不懂。

第八节　审计报告

一、审计报告的概念、性质与作用

（一）概念与性质

审计是审计机关、审计人员根据政府规定的法规，对他人所作的会计记录及有关经济活动进行审核评价，并提出处理或改进意见的一种强制性的经济监督活动。审计报告是审计人员对被审计单位的会计记录及有关经济活动进行审查以后，把审计情况、结果向审计机关或被审计单位的主管部门提交的书面报告。

审计报告使用于中央审计机关、地方各级审计部门、企事业内部审计机构或社会（民间）审计机构（如审计事务所）等。写审计报告是审计工作特定的工作内容。按照政府规定的审计工作程序要求，每项审计工作完结之后，一般都必须写审计报告。审计报告既是对某项审计过程和结果的全面总结，又是对被审计单位财经工作成果的客观评价和裁定，也是审计机关对某项审计结果做出审计结论和处理决定的依据。因此，审计报告是一种十分重要的财经专用文书。

（二）作用

审计报告的作用主要表现在以下三个方面：

1. 监督作用　审计报告是审计机关、审计人员依照政府的有关政策、法规及会计原理，对被审计单位的财政财务收支及有关经济活动进行检查监督的工具，它起着监督被审计单位的经济活动，促其改善经营管理、提高经济效益的作用。

2. 维护作用　审计报告又是审计机关、审计人员同一切违反政府政策法规、财经纪律的行为做斗争的武器，它起着保护国家和人民利益，维护经济秩序，保证经济活动正常进行的重要作用。

3. 公证作用　审计人员以政府的政策、法规为标准，在审计报告中，对被审计单位的财政财务收入及有关经济活动的真实性、正确性、合法性等方面作出的客观的判断和结论，具有原单位会计人员以外的第三者身份的公证性质，因而审计报告又具有一定的公证作用。

二、审计报告的特点与种类

（一）审计报告的特点

审计报告的主要特点是：

1. 总结性　审计报告是审计人员根据对被审计单位的会计记录及有关经济活动进行审查核实而掌握的大量材料，并经过整理归纳、分析研究之后写成的，它是汇总审计任务完成情况及结果的审计工作总结。因而，它具有显著的总结性。

2. 强制性　审计报告是审计机关（部门）授权审计人员依照政府的政策、法规对被审计单位的会计记录及有关经济活动情况进行审查后写出的报告，审计报告及其中作出的决定，是对被审计单位财经工作的裁定书，具有法律的强制性，不仅被审计的单位必须执行，而且主管部门也有监督被审计单位执行审计决定的责任。

3. 公证性　审计报告是具有公证性质和作用的证明文件。审计人员接受交办或委办（委托办理）的任务，对被审计单位的会计记录及有关经济活动进行查核，得出结论，然后写出书面报告。它就具有原单位会计人员以外第三者身份的公证性质。审计事务所、会计师事务所所出具的起公证作用的审计报告，是对合资企业、国内联营企业的财务状况经过审计后所作的审计公证书，具有公证的性质和作用。

（二）审计报告的种类

审计报告按不同的标准，有不同的分类。

1. 按审计范围分，可分为全面审计报告和专项审计报告两种　前者是对被审计单位的全部财务工作（包括全部账目、账册、报表以及原始凭证、记账凭证）或经济效益进行全面、细致地审查核实之后所写的审计报告；后者是对被审计单位的一部分财务工作或影响经济效益的某些指标进行审计以后所写的审计报告，又称之为重点审计报告。

2. 按审计的内容（对象）分，可分为财政财务审计报告、经济效益审计报告和财经法纪审计报告　财政财务审计报告主要是对被审计单位的账目、记账凭证和会计报表等有关资料进行审计以后所写的报告；经济效益审计报告是对被审计单位经济效益实现的途径和实现的程度进行审计以后所写的报告；财经法纪审计报告是对某单位违反财经纪律的行为审计以后所写的报告。

3. 按审计人员的来源分，可分为外部审计报告和内部审计报告　外部审计报告是指由国家审计机关派来的审计人员或从社会上独立执行审计业务的审计事务所、会计师事务所请来的审计人员来本机关、本单位进行审计工作所写的审计报告；内部审计报告则是由本机关、本单位内部审计部门的审计人员进行审计所写的审计报告。

此外，按被审计单位的不同性质分，亦可分为政府审计报告、企业审计报告；按审计方式的不同分，又可分为委托审计报告、联合审计报告等。

应当指出的是，审计证明书、审计决定是与审计报告密切相关而又不相同的另外两种审计文书。有的论著把它们看做是审计报告的不同形式而视为审计报告的两个种类是不够妥当的。因为，审计证明书是有关审计机构根据其审计结果或审计报告，为被审计单位出具的用以证明其经济事项合理、合法的书面文件；审计决定则是审计机关根据其派出的审计小组所写的审计报告作出的处理决定。显然，与审计报告不同。

三、审计报告的结构与写法

审计报告是表述审计情况和审计结果的文体，它一般由标题、主送单位、正文、签署五部分构成。有的审计报告还有附件。

（一）标题

审计报告的标题一般有两种写法：一是公文式标题的写法，由被审计单位名称（审计对象）、审计内容（事由）和文种组成，并在审计对象和审计事由前面加上“关于”、“对”等介词组成介词结构，作文种的定语。如《关于××市××公司违反财经纪律情况的审计报告》。有的还标明所审计内容的年度，如《关于×××厂1990年度财务收支的审计报告》；二是不写审计对象、审计事由，只写文种，如《审计报告》。

（二）主送单位

主送单位是指审计报告的送达单位，主要是授权或委托审计的机关、单位或其负责人，也可以是被审计单位的上级主管部门。确定主送单位之后，要把它写在标题的下一行，并要顶格书写，后面加冒号。

（三）正文

审计报告的正文由导语、主体和结论三部分组成。有的还有结尾语。

1. 导语　这是审计报告的开头部分，又叫前言。该部分写审计情况：说明审计的依据（对一般事项的审计，要说明审计活动依据何文件的精神或何机关的指示；对违法违纪事项的审计，要指出审计活动所依据的法规）、审计目的（说明审计对象、任务要求和工作范围）、审计范围（一是说明审核哪一段时间的财政、财务收支账目和起讫时间，一般以年度为单位；二是说明查账目的范围，即要检查哪些经济业务的凭证、账簿和报表）、审计的方式方法（即审计活动所采用的方式和方法，如抽查、普查、核对、查阅、查询、对证等）。

有的审计报告还在导语部分概括地点明审计结果及评价，以给人一个总的概括的印象。

导语部分要写得简明扼要，末了要用转接用语（过渡用语），如："现将审计结果报告如下"、"现将审计结果和我们的意见报告如下"等等。

2. 主体　即审计报告的中间部分，它是审计报告的核心，要详细写明在审计过程中查证、查明的事项及存在问题，并相应地写出审计决定。

（1）被审计事项及存在问题。要写明在审计中查证、查明了哪些被审计事项，事实过程如何，这些事项存在什么问题。要将问题按性质归类排队，列出小标题，逐条逐项地写清楚。如

“(一) 瞒报奖金额，漏缴奖金税”、“(二) 挤占成本，截留收入”、“(三) 变相卖外汇，牟取非法所得”等，并分别摆出具体事实材料予以阐明，不必多发议论。有的审计报告的主体部分在写清楚了发现的问题之后，还进一步分析了造成这些问题的原因。

(2) 审计决定　即针对存在的经济问题，按国家法律和行政法规的有关规定，分别做出恰当的处理决定。审计决定既可以集中地写，也可以分别写在各项存在问题之后。写审计决定要严肃认真，实事求是。如对企业漏缴奖金税问题，应根据财政部(1985) 财税字第257号《国有企业奖金税暂行规定实施细则》及有关规定，做出补交奖金税若干的决定；对变相卖外汇的问题，应根据国家外汇管理局（1986）汇管检字第12号文的规定，做出对非法所得×××万元人民币应予没收、上缴中央金库的决定；对严重违法乱纪人员，提出追究经济责任或法律责任的决定。

如果在审计中没发现被审计单位有什么经济问题，在主体部分详细写明查证、查明了哪些被审计事项及其情况即可。

3. 结论　这是正文的结尾部分。要根据审计的结果，写出结论或意见。

“结论”又称审计评价，是针对被审计单位各项工作成绩和存在问题所作的结论性的评语。对经营管理、经济效益较好、审计中未发现严重问题的企事业单位，要作肯定的评价。反之，则应做出否定评价。正面的肯定评语要写得简明扼要；反面的否定评语要突出重点，写得明确具体。

“意见”又称建议，即是针对被审计单位的实际情况对其今后的财政财务工作等提出建设性的意见。大致有两种情况：一是对做出否定评价的被审计单位，针对它存在的问题提出相应的好建议；二是对由于各种原因无法提出结论性评语的被审计单位，提出某些参考性的意见。

4. 结尾语　即在正文最后加上的习惯用语。审计报告是上呈文，在正文的下一行还可以提行加上“以上意见当否，请审定”之类的习惯用语。有的审计报告也可不写结尾语。

（四）附件

有的审计报告有附件。附件是对正文补充说明的佐证材料，主要是凭证、账簿中发现的材料、有关人员的证词、调查时的笔录等证据，以及数据列示等。一般是在正文的左下方标注附件的名称与份数，并将证据的复印件及其他有关报表附在审计报告之后，以备查用。这些证据、报表资料往往比文字证明更为重要，所以要力求真实准确，佐证有力。

（五）签署

即在审计报告正文的右下方写明审计单位的全称　签上审计人员的姓名并加盖印章，以示郑重、负责。再在下面注明成文的年月日。

四、审计报告的写作要求

撰写审计报告是一项政策性、业务性都很强的工作，它要求撰写人员既要有较高的政治素质和修养，高度的责任感，掌握政府的有关方针、政策和行政，法规；又要有较高的业务水平，熟悉各行各业的财务会计制度，有丰富的财务会计工作经验和审计工作经验。因此，审计人员要写好审计报告必须从这两方面努力，提高自己的政策水平和业务水平。

撰写审计报告的具体要求是：

（一）态度客观，实事求是

审计报告的撰写人要根据审计活动中收集到的各种经过审计

核实的事实材料以及其他有关资料进行写作（当然，执笔之前，还要对材料进行整理归类、分析研究），要客观地实事求是地对待一切，要尊重事实，发现什么问题就写什么问题，是什么性质的问题就写什么性质的问题，既不能夸大，也不能缩小，更不能弄虚作假。对列入报告中的事件必须反复核实，做到材料翔实，证据充分，字斟句酌。

（二）旗帜鲜明，依据合法

政府的有关方针、政策、决定及行政法规，是衡量一个单位或当事人的经济效益以及是否有违反财经法纪问题的惟一标准。审计报告的撰写人要依据这一标准，旗帜鲜明地处理审计中发现的各种问题，既要维护国家和人民的整体利益，又要历史地辩证地看问题。对被审计单位或个人违反法规的活动，在必要时，应引证法律、法规条款说明其不合法的情况，同时要从实际出发分析被审计单位的客观需要，看是否存在合理不合法的情况，是否有原则性错误，从而做出正确判断，写入报告。

（三）分析科学，评价准确

在撰写审计报告时，对列入报告的事件要进行科学的分析和准确的判断，不能就事论事，要涉及本质，分析造成事件的原因，分清是财务收支账目处理不当或会计手续不完备等一般性的错误，还是违反国家法规、财经纪律而有意识地舞弊，以便做出相应的准确的处理决定。对被审计单位或个人进行审计评价，要顾及其各项工作成绩和存在问题，全面分析，做出准确的结论或提出恰当的意见。

（四）陈述具体，条理清晰

审计报告具有汇报的性质，它是向授权或委托单位陈述某项审计工作是如何做的，有些什么问题、问题发生的具体经过和结果、产生问题的原因以及审计人员的评价和建议等，因此在行文中，除了对问题的分析和审计评价用议论外，其他一般用叙述（也用说明）的方法直陈其事。陈述时，要用事实说话，要陈述得具体、完整。而且不论是叙述、说明还是议论，都要分清先后、主次，评究逻辑性，必要时可以分条列项地写，以求条理清晰。

（五）语言简洁、准确、朴实

审计报告的语言要简洁、准确、朴实。叙事要简洁、明确，议论要恰到好处，做到语言晓畅，文从字顺。

【例文与简评】

（14—1）

手摇洗衣机为啥不受欢迎？

最近，我们在××等城市，了解到手摇洗衣机不受城市消费者欢迎的情况。据××××商场五金交电商品部反映，去年他们从××进手摇洗衣机（以下简称手洗机）20台，至今只售出三台。手洗机作为刚从国外引进的新产品，与电动洗衣机（以下简称电洗机）相比，具有不耗电，体积小，重量轻的优点，为什么不能打进市场呢？

首先，手洗机只是在一定程度上减轻了洗衣过程中的搓洗劳动，但没有减轻洗衣过程中的其他劳动（如拧干），并且去污效果差，对水温有一定的要求，适用面窄。正如一位消费者所说，手洗机与其说是电洗机的替代品，不如说是搓衣板的替代品。

其次，手洗机售价太高，与其他洗衣工具售价相比，明显不合理。手洗机售价相当于单缸电洗机的30%至50%，比搓衣板售价高出40至50倍，在手洗机的效用无法与电洗机相比，只能与搓衣板相比的情况下，价格如此之高的手洗机，自然是很难打进市场的。

企业应当积极引进和研制新产品，但要力避盲目性，要在了解我国城市消费者消费规律基础上合理引进。手洗机在外国畅销有它的客观原因，我们要深入分析其原因，不能认为西方畅销的产品我国也一定能畅销。实际上西方等国手洗机畅销的主要原因是：一部分消费者希望通过增加一些家务劳动，从中获得“消费复古”的乐趣，正如美国在小汽车大量普及之后，曾出现自行车热一样。这与我国的基本情况完全不同。

生产部门应该停止现有手洗机的生产，或是对手洗机加以改进并降低售价。一切消费品生产应该为消费者服务，让消费者叫好！

【简评】

《手摇洗衣机为啥不受欢迎?》是一篇短而好的市场调查。它一事一析，有理有据。深入分析问题的产生，并提出了解决问题的相应措施，读后对人很有启发。

该文标题拟得好，出人意外，造成悬念，十分醒目。行文注重事实，由事而议，态度鲜明，文章结构完整严密。它先在开头欲擒故纵地提出手摇机优点多而为什么不能打进市场的问题，促人深思。接着从两个方面进行具体分析：一是手洗机并没有减轻像拧干这样一些繁重劳动；二是手洗机的售价太高。在分析了这两种基本原因之后，自然得出了“很难打进市场”的结论。接着作者进一步由分析展开议论，指出造成这种问题的原因在于引进者不从我国城市消费者的习惯和消费规律出发，存在着盲目性。最后水到渠成地提出具体的建议，自然地收束。

(14—2)

198×年消费品市场趋势分析

198×年，随着以城市为重点的经济体制改革全面展开，城乡人民的购买力将进一步提高，预计社会商品零售额将有较大幅度的增长，消费品市场更趋活跃和兴旺。城乡人民对消费品购买的趋向大致是：吃的开支加大，穿的比重略降，用、住继续增加，具体特点：

吃的消费增长较大。由于生活水平提高，食品工业迅速发展，居民吃的开支将加大，选择性增强，消费的层次和差异性日益明显。精米、精面、细菜、瘦肉、禽蛋、水产、奶类、罐头和水果需求量继续增加，高蛋白、低脂肪营养食品受欢迎。在相当一部分农民中将出现“粗粮换细粮，鱼肉变家常”的景象，农村食品、副食品、调味品的消费将有较大增长。城乡市场对饮料的需求增加，名优酒继续供不应求，啤酒、葡萄酒等低度酒销售将进一步扩大。农村对瓶装酒需求上升。清凉饮料日益受到农民欢迎。烟、茶消费量将有较大增长，高、中档品种销售快于一般品种。滋补食品、疗效食品、儿童食品、方便食品的销售继续走俏。

穿着消费继续增加，但所占比重略有下降。纯棉布随着品种结构的改进，销售将趋向回升。涤棉布需要较为疲软，仿毛中长纤维布持续热销，呢绒、丝绸增销势头强劲。毛巾、枕巾、床单等销售仍是增长趋势。汗衫背心、棉毛衫裤“内衣外穿”的趋势继续发展，销售将有较大增长。毛线、毛毯、羊毛衫等销售较旺。城乡服装需求增长较快，西服、套服和款式新颖的时装、童装仍将十分畅销。居民穿着购买成衣的比重将进一步上升，迫切需要发展缝纫业和洗染业。凡能与时装配套的鞋、帽、袜、带、包等连带商品销售将会更加活跃。

用的商品需求继续向高档、名优、新颖、美观方向发展。在耐用消费品中，手表的销售将略有增加，名牌女表、低档电子表畅销。自行车的社会需求量将略有减少，质量差价扩大后，名牌车供求矛盾将稍有缓和。收音机需求量与今年大体持平。录音机在城市仍较热销，农村需求潜力更大，双卡立体声组合机和小型机受欢迎。电视机需求增长幅度较大，黑白机销售重点转向中小城镇和农村，彩电是城乡居民所追求的热门货，由于货源有所增加，供求形势将稍趋缓和。电风扇社会需求量有较大增长，电冰箱增长幅度更大，估计可达今年的两倍。对洗衣机的需求，城市向双缸名牌发展，农村消费处于起步阶段。照相机将随着国内旅游的兴起和彩色扩印的发展，销售更趋活跃。摩托车主要是城乡高收入居民和个体户需要，仍将供不应求。其他新兴家用电器和高、中档家具需求上升速度将更加快。金银首饰特别是足金首饰将继续热销。新式塑料用品、装饰性陶瓷用品、中低档不锈钢炊具、儿童用品、卫生用品、化妆用品更为畅销。文具纸张、文娱、体育和保健用品需要量继续增加。

住的商品需求增加。预计明年农村要建房的部分农户准备建楼房、盖新房；已建房的农户需修造附属建筑和装饰室内。由于补贴出售商品住宅业务在更大范围内开展，城市居民购买住的商品也将有增加。建筑材料需求上升幅度大，货源供应紧张。装潢五金、建筑电料、油漆涂料等的需求量，也将随着美化家庭和环境而增长。

198×年城乡市场的兴旺，将进一步促进消费品的生产。总的看来，供求基本平衡的商品品种将有所扩大，供过于求和供不应求品种会稍有减少。但部分商品供求矛盾仍很突出。各地工商部门要密切注意市场变化，加强调查预测，搞好信息反馈，及时调整生产，改进经营，以适应消费品市场供求的变化。

【简评】

《198×年消费品市场趋势分析》是一篇市场预测。它立足现实，着眼未来，有理有据，明确及时地推测出198×年我国消费品市场发展变化的总趋势。

标题《198×年消费品市场趋势分析》具体标明了预测时间、预测对象，概括集中，言简意明。在正文安排上采用了"并列式"的结构样式。如先说"吃"的，次说"穿"的，再说"用"的，最后说"住"的。这样并列起来具体说明，就显得有条不紊，眉目清楚。

(14—3)

全国电冰箱产销情况的调查和预测

记者从有关方面获悉，最近，中央和一些地方的有关部门对全国电冰箱的产销情况做了调查和预测：

生产发展的基本情况

近两年来，电冰箱作为一种新兴家电产品正在加速发展，1984年产量达到537000台，比1981年增长了八倍多。电冰箱的迅速发展，适应了城乡居民对新型耐用消费品迅速上升的要求，但是，在发展中也存在一些问题，主要是：

生产厂点多并且重复分散，生产批量小、效益低。1984年，全国共有电冰箱生产厂100多个，分属于轻工、机电、军工、医药以及乡镇工业和其他系统。不少省市重复布点、重复引进，全国范围粗具规模的企业只有30个，1984年的产量占全国总产量的94%。

在30个重点企业中，年产量50000台以上的只有三家，10000台至50000台的11家。由于专业化协作开展的不够，不少工厂年产量只有几千台乃至几百台，生产成本高，很大一部分企业出现亏损。

技术引进多种多样。据不完全统计，目前有48个企业将分别从10来个国家的几十家公司引进生产线、技术和设备。技术引进过于分散、型号繁杂，将给专业协作、产品配套以及维修服务等带来一系列问题。

技术服务和维修工作跟不上。目前，许多地方的消费者都反映电冰箱维修难，大部分人都来买本地产品，原因之一是维修比较方便。

市场需求初步分析

目前，电冰箱是市场最紧俏的商品之一。据商业部等部门和有关地区调查，在城乡高收入户中（城市人均月生产费收入60元以上，农村人均年纯收入500元以上），对电冰箱的需求量最大。

1984年，城乡高收入户每百户需要量为3.4台，1985年将达到6.9台。从需求趋势发展来看，在今后一个时期内，城市的高收入户和大城市郊区以及沿海富庶地区的高收入农民家庭，仍是购买电冰箱的主要对象，预测近两年的需要量每年在200万台以上。“七五”计划期间电冰箱的供求形势是：1986年和1987年产需矛盾还比较大，1988年以后将逐步趋于缓和，到“七五”后期，生产量将大于需求量。

几点建议

一、要制定行业发展规划，全国应定一批重点骨干企业，并建立几个关键零部件的生产企业，加强全行业的专业化协作。

二、要加强技术引进的管理。引进的起点要高，要有长远观点。要做好技术引进的引导工作，有关方面应及时提供这方面的信息和咨询。

三、有关部门要颁发电冰箱技术经济指标和质量安全标准，组织质量检测，产品质量达不到标准的不许投入市场。

四、搞好技术服务，生产厂应在销地多建维修点，逐步做到上户服务。

（1985年2月5日《经济日报》）

【简评】

这篇“调查和预测”报告与一般侧重于调查的“市场调查报告”、侧重于预测的“市场预测报告”有所不同，它基本上是调查、预测并重。

文章标题概括了调查和预测的范围、对象，并标明“调查和预测”的字样，不仅简明、准确、一目了然，而且与本章内容相符。正文在简短的序言之后分三个部分报告，并分别用小标题揭示其内容，显得格外清晰醒目。第一部分运用资料、数据说明电冰箱的产销历史、现状，指明存在的问题；第二部分分析资料、数据，预测电冰箱产销的趋势和规律；第三部分针对存在的问题和预测分析，提出四点建议。三部分各有侧重，又相互联系，共同组成一个逻辑性较强的有机整体，写得较好。

（14—4）

工程承包合同

委建单位：××市××区××局（甲方）

施工单位：××市××区建筑工程队（乙方）

经双方协商，签订本合同，共同信守。

一、施工地点：××区××大街。

二、施工项目及面积：全部工程混合二层为494.37m^2。拆除原旧房共380m^2。

三、施工日期：19××年3月下旬开工，11月15日前完工。双方共同努力，争取提前交付使用。

四、工程造价：全部造价为10万元，拆房费用为3万元。

五、拨款办法：签订本合同后预付备料款21%，以后按月进度拨款，到70%时起扣备料款，剩5%完工后结清。甲方供料款随进度扣回。

六、材料供应：国家统一调拨三材及统配部管材料由甲方供应实物或指标。所有材料如发生差价，由甲方负责。

七、施工前准备工作：拆除旧房，施工用电，架设临时动力线均由乙方办理。

八、取费和承包方式：新建工程按19××年××建安工程预算定额及有关规定编制预算，乙方包工包料。

九、工程质量：全部工程质量必须符合市建委规定的质量验收标准。

十、施工中如有变更项目，另再协商，编制增减预算，纳入结算。

十一、奖罚办法：每提前一天，按总造价万分之二发给奖金，逾期相应罚款。

十二、本合同一式10份：甲方4份，乙方6份，双方盖章后生效。

建设单位　　　　　　　　　　施工单位

××市××区××局（章）　　××市××区建筑工程队（章）

负责人：（签名）　　　　　　　　负责人：（签名）
联系人：（签名）　　　　　　　　联系人：（签名）

19××年1月5日

(14—5)

通用购销合同

合同种类＿＿＿＿＿＿
签订日期＿＿＿＿＿＿

经供方/需方＿＿＿＿充分协商，签订本合同，共同信守。

一、品名、规格、数量、金额、交货日期：

品名	规格、型号	单位	数量	单价	金额	交(提)货日期	超欠幅度%

货款共计人民币：（大写）

二、质量技术标准：＿＿＿＿＿＿

三、原材料供应办法：＿＿＿＿＿＿

四、交（提）货办法、运输方式及地点：＿＿＿＿＿＿

五、质量检验及验收办法：＿＿＿＿＿＿

六、包装要求及费用负担：______________________

____

七、结算方式及期限：________________________

____

八、其他：______________________________

____

九、供方经济责任：

(1) 产品、花色、品种、规格、质量、包装不符合同规定：需方同意收货的，按质论价；需方不同意收货的，供方应负责包修、包换、包退，并承担因而造成的损失。

(2) 未按合同规定的数量交货，少交而需方仍有需要的，应照数补交，并承担延期交货的责任。不需要的，可以退货，并承担损失，不能交货的，应偿付需方以不能交货的货款总值——的罚金。

(3) 包装不符合同规定，必须返修或重新包装，并承担因而支付的费用和损失；需方不要求返修或重新包装，要求赔偿损失的应予赔偿损失。

(4) 未按合同规定时间交货，每延期一天，应偿付需方以延期交货部分货款总值万分之二的罚金。

(5) 不符合同规定的产品，在需方代管期内应偿付需方实际支付的保管、保养费。

(6) 产品错发到货地点或接货人，除按合同规定负责运到指定的到货地点或接货人，并承担因而多付的运杂费和延期交货的损失。

(7) 其他：______________________________

十、需方经济责任：

(1) 变更产品品种，质量或包装的规格，给供方造成损失时，付供方实际损失。

(2) 中途退货，偿付供方以退货部分货款总值的罚金。

(3) 自提产品未按规定日期提货，每延期一天，应偿付供方以延期提货部分货款总值万分之三的罚金并承担实际支付的保管、保养费。

(4) 未按合同规定时间和要求提供原材料、技术资料、包装物，除交货日期得以顺延外，每日应偿付供方顺延交货产品总值万分之三的罚金，并负责赔偿停工待料所造成的实际损失。

(5) 未按合同规定日期付款，每延期一天，应偿付供方以延期付款总额万分之三罚金。

(6) 实行送货或代运的产品无故拒绝接货，应承担因而造成的损失和运输部门的罚金。

(7) 错填到货地点或接货人，应承担因而造成的损失。

(8) 其他：

十一、其他未尽事项，由双方协商另订附件。

十二、本合同一式　　份双方各执正本一份，副本　　份，双方各执　　份其他送

有效期自　　年　　月　　日起至　　年　　月　　日止

需　　方	供　　方	签（公证）证机关
开户银行： 账　　号： （盖章） 年　月　日	开户银行： 账　　号： （盖章） 年　月　日	（盖章） 年　月　日

【简评】

例5《工程承包合同》写得很规范，不仅格式正确，而且标

的明确，甲乙双方应承担的责任以及有关项目也都写清楚了，行文也十分简洁。例6是规范的《通用购销合同》(样式)，可以利用，亦可作为签订同类合同时的参考。

(14—6)

中外货物买卖合同

正本　　　　　　　　　　　　　　　　合同号：

　　　　　　　　　　　　　　　　　　签订日期：

卖方：中国××公司

　地址：　　　　　电报挂号　　　　电传

买方：

双方同意按下列条款由卖方出售，买方购进下列货物：

(1) 货物名称、规格 包装及唛头	(2) 数量	(3) 单价	(4) 总值
	卖方有权在　　%以内多装或少装		

(5) 装运期限：

(6) 装运口岸：

(7) 目的口岸：

(8) 保险：由卖方按发票金额110%投保。

(9) 付款条件：买方应通过买卖双方同意的银行，开立以卖方为受益人的、不可撤销的、可转让和可分割的、允许分批装运和转船的信用证。该信用证凭装运单据在中国的中国银行见单即付。该信用证必须在　　　　前开出。信用证有效期为装船后15天在中国到期。

(10) 单据：卖方应向议付银行提供已装船清洁提单、发票，装箱单/重量单；如果本合同按CIF条件，应再提供可转让的保险单或保险凭证。

(11) 装运条件

1. 载运船只由卖方安排，允许分批装运并允许转船。

2. 卖方于货物装船后，应将合同号码、品名、数量、船名、装船日期以电报通知买方。

(12) 品质和数量/重量的异议与索赔：货到目的口岸后，买方如发现货物品质及实或数量/重量与合同规定不符，除属于保险公司及/或船公司的责任外，买方可以凭双方同意的检验机构出具的检验证明向卖方提出异议。品质异议须于货到目的口岸之日起15天内提出。卖方应于收到异议后39天内答复买方。

(13) 人力不可抗拒：由于人力不可抗拒事故，使卖方不能在本合同规定期限内交货或者不能交货，卖方不负责任。但卖方必须立即以电报通知买方。如买方提出要求，卖方应以挂号函向买方提供由中国国际贸易促进委员会或有关机构出具的事故的证明文件。

(14) 仲裁：凡因执行本合同有关事项所发生的一切争执，应由双方通过友好方式协商解决。如果不能取得协议时，则在被告国家根据被告国家仲裁机构的仲裁程序规则进行仲裁。仲裁决定是终局的，对双方具有同等约束力，仲裁费用除非仲裁机构另有决定外，均由败诉方负担。

(15) 补充条款：

本合同正本共两份，采用中、英文书就，两种文字具有同等效力。签字后正式生效，双方各执1份为凭。

卖方　　　　　　　　　　　　　　买方

中国××公司　　　　　　　　　　×国××公司

代表：(签字)　　　　　　　　　　代表：(签字)

见证人

×××律师 (签字)

【简评】

这份《中外货物买卖合同》(样式)，条款俱全，内容完备，表述清楚、明确，是一份较规范的涉外经济合同。

(14—7)

《苦闷的象征》广告

这其实是一部文艺论，共分四章。现经我以照例的拙涩的文章译出，并无删节，也不至于很有误译的地方。印成一本，插图五幅，实价五角，在初出版两星期中，特价三角五分。但在此期内，暂不批发。北大新潮社代售。

鲁迅告白

(选自《鲁迅全集》第八卷)

【简评】

鲁迅先生撰写的这则广告，从内容上看是出版广告，亦可称之为书刊广告；从激发读者购书行动的手法上看，属理性诉求类广告。它文字简约，却写得实实在在，不夸饰，不藏拙，甚至用“以照例的拙涩的文章译出”一语自谦，使人感到诚实，自然会赢得读者的信赖。

（14—8）

甲：老马，您在等谁呀？

乙：我的那个“嘉陵”。

甲：嘉陵是您“爱人”呀？

乙：我太喜欢嘉陵了，它有许多优点，容貌长得盖世无双，绝代佳人，风度潇洒、帅气，平地走路像仙女腾云驾雾，爬坡就如嫦娥奔月，唱歌优美动听。与嘉陵结为“伴侣”太幸福了。追求嘉陵的小伙子太多了，连姑娘们也都在追求嘉陵哪！

甲：什么，姑娘也向您“爱人”求爱?!

乙：什么呀！你瞧，它来了。

甲：呵，原来是“嘉陵牌摩托车”呵！

（录自电视台的电视广播）

【简评】

这篇产品（商品）广告词是嘉陵摩托车电视广告的文字稿。该电视广告用两位相声演员以相声“抖包袱”的手法，在活泼的逗趣中介绍嘉陵摩托车，别开生面。

(14—9)

巧克力是一种高级糖果。这个名称来源于外来语的译音。最初，古巴人和墨西哥人把采集野生可可加工制成的一种饮料叫做“巧克脱里”，西班牙人则把这种饮料称为“巧克力”。巧克力糖的名称即由此而来。

巧克力的主要原料是可可树种仁磨成的可可粉，另外还有砂糖、高纯度的香兰素和植物卵磷脂等，如果再加入果仁，就可以分别制成各种不同风味的巧克力糖果。由于可可种仁里含有50%的脂肪，20%的蛋白质和10%的淀粉，还有少量的糖分和可可碱等，所以制成的巧克力糖果营养丰富，颇受欢迎。

巧克力具有特殊的爽口风味，在常温下为固体，入口即可溶化，是一种滋补的营养品，对于增强人的体质，加强记忆力和促进儿童的身体发育都有好处。

【简评】

这份商品说明书是写得颇好的一篇短文。它用综合叙述的方法，娓娓动听地介绍了巧克力的名称由来、主要原料、特殊风味、功用等。语言简洁通俗，层次清楚，结构完整。

(14—10)

大活络丸

(六丸装)

处　　方

牛黄、全蝎、沉香、麝香、血竭、天麻、细辛、虎骨、丁香、豆蔻、竹黄、龟板、黄连、蕲蛇。

功能与主治

驱风除湿，舒筋活络，用于四肢拘挛，瘫痪，麻痹，筋络不舒，腿膝肿痛。

用法与用量

口服：一次一丸，一日一至二次。

外用：用酒溶化涂患处。

注意：感冒发热及孕妇忌服。

规格：每丸重 3.9g。

贮藏：密封保存。

注册商标：汾江（图略）

英文说明书（略）

中国广东佛山市制药一厂

证号：粤卫药准字（82）第 F1—002

（插图略）

【简评】

这份商品说明书是介绍具有舒筋活络功能的中成丸药的。其写作特点是把要说明的问题分条列项，一一加以解说。标题只写品名，不加“说明书”三字，印制时用大号字标出。说明的项目包括药品名称、处方、功能、治疗范围、包装规格、用法用量、注意、禁忌、注册商标、证号、生产单位等。品名、处方、功能、治疗范围、包装规格属于商品性质说明，用法用量、注意、禁忌属于商品指导说明。主治、用法、用量写得一清二楚，消费者照办就行。注意事项亦写得明明白白，一目了然。处方细列，表明货真料正，值得信赖。注明每丸重量，表明决不偷工减料，顾客可以监督。印上注册商标，是让顾客认明和防止别人假冒。

证号及批准单位，是信誉条款，表明合法性、可靠性，以赢得用户信任。该说明书用语平实，简明扼要，指导性强，体现了实用性、科学性和简明性的特点，表现了厂方对病人的负责精神。

此外，说明书的下半部分是详细的英语对照，表明是出口产品。版面图案设计庄重典雅。美中不足的是，中文条款的文字排列不够醒目、整齐。

【写作训练题】

1. 为什么说市场调查是写作“市场调查报告”的前提？

2. 向市场作调查常用的调查方法有哪几种？

3. 从报刊上自选“市场调查报告”和“市场预测报告”各一篇，认真学习、分析，从而认识市场调查和市场预测对经营决策的作用。

4. 找一篇经济活动分析报告，就其写作特点和篇章结构加以分析。

5. 如果你来自某单位，请根据你单位的实际情况，做些调查研究，写一篇专题经济活动分析报告。

6. 认真分析下面这份合同，看它是否标明了合同的性质，标的是否明确，对双方应承当的责任是否写清楚了。

商业联合经营合同

立合同双方：国有××商业公司（以下简称甲方）
××工业公司供销经理部（以下简称乙方）

为了贯彻落实中央1984年1号文件精神，拓宽致富道路，增加工业品下乡渠道，扩大商品流通，活跃农村市场，经甲、乙方协商，联合经营工业品，现订如下合同，以资共同信守。

一、联合期限：时间二年，即从198×年×月×日至198×年×月×日（国家如有新的政策规定，按新规定办，双方不得违背）。

二、经营商品范围：百货文化、纺针织品、五金交电、糖烟酒、日用杂品。

三、联合经营地点：利用××工业公司现有门市部，逐步增加经营场所。

四、联营部名称：国家××商业公司××联营部。

五、经营方式：独立核算，自负盈亏，按章纳税后分成。

1. 甲、乙双方合资经营，共投资商品资金12万元，其中甲方8万元，乙方4万元。

2. 乙方提供营业用房和人员及经营所需用具设备。

3. 联营部采取独立建账核算，自负盈亏，交纳工商税后、所得税前三七分成（甲方30%，乙方70%）。

4. 执行商业财务制度、费用开支范围：乙方提供营业用房按规定每月提取折旧基金5%；双方投资按银行借款利率提利息。

5. 联营部所有奖金，不得挪用，每日销货款及时交银行。

6. 甲方提供部分经营商品（不包括后进货），乙方对所经营商品要全部出样销售，并承担保管责任，如造成人为损失，乙方承担经济责任，对正常调削价按商业会计制度处理。

7. 地方产品由经营部经销和代销。

8. 甲方要经常给予乙方业务指导，对财务上进行监督。

六、其他事项

本合同期满，双方如有意愿，可再行协议，重新签订合同。

本合同双方自愿申请，由×公证处公证，目的是为了信守合同，防止纠纷，使本合同受国家法律保障。

甲方：国有××商业公司代表：

乙方：××工业供销经理部代表：

××××年×月×日

7. 在涉外经济合同适用法律的问题上，我们应坚持的原则是什么？

8. 下面两则广告词用了什么写作手法？写得怎样？

（1）发嘉丽，使您的发型更加美丽。（喷发胶“发嘉丽”的广告词）

（2）用美你，令你天天美。（高级洗发香波“美你”的广告词）

9. 请为你家乡的某一种著名土产（或特产）写一则广告词。

10. 请在下列题目中，选一题写一篇条款式说明书。

（1）手表、塑料雨衣、自行车、电风扇、彩色电视机的使用和保养（任选其中一种）

（2）你校所在市、县某种食品（特产）的食用和保存。

11. 找一份审计报告作评论对象，写一篇评述性文章。

第十五章　司法文书的写作

司法文书有广义、狭义之分。狭义的司法文书是指司法机关按照法定程序制作的具有法律效力的专用文书；广义的司法文书除上述专用文书之外，还包括公证机关、法律顾问处以及民间为处理法律事务而依法制作的具有法律效力或法律意义的文书。本章所用的是广义的概念。具体说来，司法文书是指公安、检察、审判、司法行政机关，以及公证处、法律顾问处、当事人等在审理和处理各种刑事、民事案件、自诉和公诉案件时，按照法定的诉讼程序，在提起诉讼到审结处理的各个环节、步骤上所制作的各种文书。它既包括具有法律效力的文书，也包括不直接发生法律效力而对法律的执行有切实保证作用的文书。

从法学的角度来看，司法文书是一个法学概念；从写作学的角度来说，司法文书又是一个文体概念。前者主要揭示它的法律实质与特征；后者主要揭示它的文章属性与特性。

从文章的分类体系和层次上看，司法文书是一种司法专用的文书。关于它的写作理论和知识，是写作学的一个分支，是应用写作学的一个重要组成部分。

第一节　司法文书的特征和种类

一、司法文书的特征

司法文书是一种专用文书，具有自己的突出特点，归纳起来，主要有以下四点：

(一) 它体现着法律的权威性、严肃性，反映政府的意志和政策

司法文书（狭义）只能由司法机关或代表司法机关的司法人员制作，是具体实施法律的文件，所以它体现着法律的权威性、严肃性。例如，我国处理刑事罪犯的裁判书，就体现了人民民主专政的政权意志。司法文书还有很强的政策性。例如，我们国家是坚持维护国家、集体和公民个人的合法权益的，一贯主张要处理好国家、集体、个人三者之间的关系，所以，处理民事案件的裁判文书，就要体现并调整好各种民事的法律关系。又如，处理婚姻案件的裁判文书，就要体现我国关于保护妇女和儿童的合法权益的政策精神。

(二) 司法文书在执行上具有法定的强制性

司法文书都是依法制作的，具有法律效力或法律意义。公、检、法及公证机关发出的司法文书，一经生效，有关的适用单位和个人必须遵照执行，不得违反和抗拒，具有法定的强制性。如刑事案件判决生效以后，该关的就关，该杀的就杀，该放的就放，是不能拒不执行的。对民事案件的裁决也是如此，如债务偿还、损失赔偿、财产分割、婚姻关系解除，同样具有强制性。

(三) 司法文书在实施中具有排他性

司法文书的写作，必须按照法定的诉讼程序进行，既要体现公、检、法各机关分工合作、相互制约的关系，又要在实施中具有排他性。

所谓实施中的排他性，是指司法文书一旦生效，其裁决就排除其他的处理决定。根据法律的规定，任何案件都必须按照一定的法律程序由一定的司法机关审理并作出处理决定。经某一司法

机关受理的案件，当裁判文书公布、生效以后，除了依照法律程序提起上诉，再由二审法院受理之外，其他司法机关不得受理，其他行政机关、企事业单位，更无权改变已经作出的处理决定。司法文书生效后，在实施中是排他的。

（四）司法文书具有材料的规定性、用语的准确性、解释的单一性、格式的规范性

各种司法文书都有自己的特定内容、专用范围、适用对象和特有功能，又有完备的体制和鲜明的文体特色，在材料选取、语言运用、表达方式、文章风格、行文格式、章法结构等方面，都有其特殊的要求。

在写作司法文书时，一定要严格按照“以事实为根据，以法律为准绳”的原则选用材料，必须证据确凿，一点一滴都要经过查证核实，不得有半点夸大或缩小。这就是材料的规定性。当然也要注意选用并详写与案情相关的重要的材料，略写一般的材料，舍弃虚假的以及与案情无关的材料。

司法文书的用语要准确、明白、简练、庄重，并且有自己的一套专用术语，在写作中必须注意恰当地使用。

付诸实施的司法文书，它的客观实践意义和主观认识要完全一致。只能由制作机关做出一种解释。当然，这种解释的单一性，是建立在合理、合法及语言准确、严密、晓畅的基础上的。

司法文书还有统一的格式，在制作时要符合规范的要求。

二、司法文书的分类

司法文书是一个集合概念，是这一类文章的总称，它的下边还包括着若干文种，因此还可以对它再做进一步的具体分类。但是，由于分类的标准和角度不同，分类的方法和结果也不一样。

目前主要有两种分类体系：一种是按司法机关的职能来划分，一种是按文种的性质来划分。下边我们分别加以简单介绍。

（一）按司法机关的职能分类

这种分类方法，就是按照诉讼的程序，把公安机关、人民检察院、人民法院制作和使用的司法文书区分开来。

1. 公安机关使用的司法文书主要有：立案报告、破案报告、起诉意见书、免予起诉意见书。

2. 人民检察院使用的司法文书主要有：人民检察院起诉书、人民检察院免予起诉决定书、人民检察院不起诉决定书、人民检察院抗诉书。

3. 人民法院使用的司法文书主要有：人民法院案件审结报告、一审人民法院刑事判决书、二审人民法院刑事判决书、一审人民法院民事判决书、二审人民法院民事判决书、人民法院裁定书、人民法院民事调解书。

4. 各司法机关共同使用的司法文书是笔录。笔录又可分为控告笔录、检举笔录、讯问笔录、勘查笔录、询问调查笔录、搜查笔录、庭审笔录、合议庭评议笔录、宣判笔录、对死刑罪犯验明正身笔录、执行死刑笔录、阅卷笔录等。

5. 公证处制作使用的公证文书。

在上述的五类之外，还有法庭演说词（公诉词、抗诉词、答辩词、辩护词）、诉状（刑事诉状、民事诉状、上诉状、申诉状、答辩状）控告书、授权委托书和申请执行书。但是应该说明，法庭演说词并不是法定的司法文书。而当事人的诉状（刑事诉状、民事诉状等）。控告书是具有法律意义的个人诉讼文书。由于法庭演说词、诉状、控告书、授权委托书和申请执行书的实用性很强，人们在诉讼活动中都很需要，所以在讲授司法文书的写作教材中，都要分别加以讲述。我们这一章以下各节重点讲授的，就是诉状、控告书、授权委托书和申请执行书。

（二）按文种的性质分类

这种分类方法，是按各种司法文书的内容和形式的不同特点而划分的，大致分为：报告文书（指司法机关的内部文书）、起诉文书、裁判文书、笔录等几类。各类之下再分若干种。

此外，还有公证文书。对法庭演说词、诉状、控告书、授权委托书和申请执行书也可分别论列。

这种分类方法，打破了诉讼程序，便于研讨各种司法文书的写作特点，自有它的长处。

以上两种分类系列，各有千秋，很难说哪种分类方法更为优越。我们根据多数人的习惯和使用上的方便，倾向于第一种分法。

第二节　刑事诉状

一、刑事诉状的概念

刑事自诉案件的自诉人，根据事实和法律直接向人民法院控告被告人侵犯自诉人的权益，要求追究被告刑事责任的书状，就叫刑事诉状，也叫刑事自诉状（亦即自诉的起诉书）。它是依法维护刑事自诉案件的自诉人之合法权益的诉讼文书。

刑事自诉案件，是指被害人或其法定代理人，为追究被告人的刑事责任，自行向人民法院提起诉讼，由人民法院直接受理的案件，即《刑事诉讼法》第十三条规定的，告诉才处理和其他不需要进行侦查的轻微的刑事案件。具体说，它包括：伤害案，侮辱案，诽谤案，抗拒执行判决、裁定案，暴力干涉婚姻自由案，重婚案，破坏现役军人婚姻案，虐待案，遗弃案等。

刑事自诉案件的自诉人，是指直接向人民法院提起刑事诉讼的人，是刑事诉讼当事人之一，是刑事原告。在我国，得为自诉人的有：被害人、被害人的配偶、被害人的法定代理人。

刑事自诉案件的诉状，可以由自诉人来写，也可以由原告的法定代理人或委托诉讼代理人、律师代写。

二、刑事诉状的作用

刑事案件的自诉人向法院进行起诉，就是针对被告人的侵权行为和轻微犯罪行为，用刑事诉状把具有法律意义的事实陈述清楚，写明起诉的理由和法律根据，表明诉讼的目的和请求事项，让法院了解自己对案件的看法、主张和要求。这样，法院才能立案受理。可见刑事诉状是自诉人为保护某些已经受到损害或者应该给予维护的合法权益而写的专用文书，是诉讼程序发生的根据，是人民法院对案件进行审理的依据和基础，对法院了解情况和处理好案件具有重要的法律意义。

三、刑事诉状的构成与写法：

刑事诉状由首部、正文、尾部和附项四个部分组成。

(一) 首部

首部包括标题、原告人与被告人的基本情况两部分。

1. 标题　标题要写明“刑事诉状”四个字。如果在刑事诉讼过程中，还附带提起民事诉讼，自诉人要求法院判定被告人赔偿经济损失、负责医疗费、营养费等事项，则要将标题写为“刑事附带民事诉状”。

2. 原告人和被告人的基本情况　刑事诉状的标题之下，要分别写清自诉人（原告）和被告人双方的基本情况，主要包括姓名、性别、年龄、民族、籍贯、职业、住址等能够说明其身份概况的七个要素，并要交待原告和被告的关系。其他如出身、党派、文化程度等，均可从略。

如果自诉人和被告人不止一人，要根据他们在案件中的地位和作用，先主后次，一一写出他们的基本情况（身份概况）。

原告和被告有诉讼代理人的，要依次分别在原、被告之后写出其代理人的基本情况（亦即上述的七个要素）。代理人如是律师，则要写明某某法律顾问处（或律师事务所）律师×××。其他诉讼代理人还要写明与委托人的关系。

如果案件涉及“第三人”，要把“第三人”的身份概况（同上七要素）写在被告代理人之后。

（二）正文

刑事诉状的正文包括“请求事项”、“事实和理由”两部分。

1. 请求事项　这一部分主要写明被告人犯有何罪（罪名），自诉人依法向人民法院提出什么请求。如刑事诽谤案，就应写明：“被告人犯诽谤罪，请人民法院依法判处。”如果被告人的犯罪行为给自诉人造成了经济损失，自诉人还可附带提出民事诉讼，除要求追究被告人的刑事责任外，还可要求被告人赔偿经济损失，这就应当分项写明，如：“（1）被告人犯有伤害罪，请人民法院依法判处；（2）自诉人治伤所用医疗费×××元，误工经济损失×××元，全部应由被告人负担。亦请依法判决。”

请求事项是案件内容的高度概括，是诉讼要求的集中反映，写作时要注意写清楚，要具体、明确，必须符合有关法律条文的规定，又合情合理。对于那些不属于人民法院处理范围的问题，就不应写入请求事项之中。如对被告人的某些道德品质、思想作风范畴内的问题和错误，自诉人若据之要求法院对其加以判处，那就混淆了罪与非罪的界限，人民法院就不予处理。如果请求事项无法律依据，含糊不清，或请求过当，也无法执行。

例如：有一斗殴伤害案的自诉状，原告在请求事项中写道："今后治疗期间的全部医疗费用和单位扣发的工资、福利、奖金，应由被告全部负担。"这就失之笼统和请求过当。其中所写的"今后"，没有明确的时间界限；"全部"，也不加必要的限制，这就把与殴伤无关的医疗费都包括进去了；"今后……扣发的工资"等，也无任何条件约束，难道伤愈后因治疗其他疾病误工而被扣发的工资等，还要被告人赔偿吗？显然这种写法是不恰当的。

2. 事实和理由　这是刑事诉状的核心，占有十分重要的地位。所谓"事实"，就是被告人犯罪的罪状。为说明犯罪事实，必须陈述被告人的犯罪行为发生的时间、地点、动机、目的、方法手段、具体情节、危害后果等，特别是对一些关键性的情节一定要叙说清楚。在具体行文中，通常按照事件发生的时间顺序展开叙述。

在陈述犯罪事实时，必须注意抓住与案件有关的重要事实去写，不能把与案情无关的事情都罗列出来。所谓与案件有关的"重要事实"，应视在"请求事项"中确定的被告人的罪名来认定。如"恶言相加"的"恶言"，在"伤害案"中与构成伤害罪的犯罪行为相比，显然是非重要事实。而在抗拒执行判决、裁定案中，或是在虐待案中，则会成为被告构成犯罪的重要事实。如果告诉的是一人多次一罪，或一人多次多罪的犯罪事实，就要突出主罪，即打破犯罪时间的自然顺序，而把罪犯的主罪提前详写，把次罪放在后面略写。如果告诉的是一伙罪犯共同犯罪的事实，就要围绕着主犯来叙述一伙人共同犯罪的罪恶活动，无论是多人一次一罪、多人一次多罪，还是多人多次一罪、多人多次多罪的犯罪事实，都要注意突出主犯，按照先主后从，先重后轻的次序展开叙述，同时再配合以总述、分述和综合归纳的方法，主次分明、有条不紊地把被告的犯罪事实述说清楚。

在叙述犯罪事实时，语言一定要准确、恰当、客观、真实、简明。同时还要把犯罪的目的、动机与行为之间的联系，把行为与后果的联系交待明白，把案情内在的因果联系反映出来。有因果联系的则写清因果联系，无因果联系的就应明确指出不存在因果联系。

把犯罪事实叙述清楚之后，还要列举证明被告人犯罪事实的有关依据，包括证人、证言、书证、物证等。为说明这些证据的真实可靠，还必须注明这些书证、物证的来源，以及证人的姓名、职业和住址。如因某些原因不便取证的，则应列出取证的线索。

把犯罪事实写完之后，就要依法提出提起诉讼的理由，这是自诉人针对前面列举的被告人之犯罪事实而进行的分析和说理。

在写"理由"时，首先要通过对证据的真实性、有效性的分析，来证明犯罪事实的真实性，从而认定上文所举事实是成立的。其次，必须说明自诉人提出的理由是有法律依据的，是依照有关的法律条文，对被告人的犯罪事实进行分析概括而得出的合乎逻辑的结论。具体写法是：援引适用的法律条文来支持、说明自诉人为什么要提起诉讼，从而认定被告人犯罪的罪名和性质，指明被告人应该承担的责任。在写作中应该注意，举证要有力，说理要中肯，援引法律条文要恰当、无误，论证理由要严谨、周密，要使所得结论建立在有根有据、合理合法的基础上，以求达到令人信服的效果。

例如：有一位妇女起诉丈夫林××犯有重婚罪和虐待罪，在诉状的理由部分是这样写的：

被告人林××本是我的丈夫，但却长期与吴×非法同居，形成事实婚姻达二年之久。与此同时，林××为达到与吴×结婚之目的，对我百般虐待，多次殴打致伤，甚至把我和一个不满两岁的女儿赶出家门，断绝生活费用，致使我和女儿走投无路，流落街头，饥寒交迫。女儿因此得了肺炎，无钱医治，林××作为生身父亲却分文不给，使孩子的幼小心灵和身体蒙受严重摧残，也给我的精神和身体造成很大损害，使我们的家庭关系濒临崩溃。林××与吴×的非法行为，侵犯了我和女儿的人身权利，严重破坏了我的婚姻家庭。

综上所述，被告人林××的行为已构成重婚罪和虐待罪。为此，根据《中华人民共和国刑法》第一百七十九条，第一百八十条，第一百八十二条之规定，特向你院起诉，请依法判决。

这段“理由”写得简洁、有力。先对被告人的犯罪事实作了简要概括，接着又对犯罪事实作了必要的分析，说明了起诉的根据，使犯罪事实和起诉理由有机地联系起来，做到了以事实为基础展开说理，准确地援引了有关的法律条文，因此结论合理合法，具有很强的说服力。

（三）尾部和附项

“理由”写完，正文结束。然后另起一行，居中书写“此致”二字，后边不加标点，用以承上启下。继之，提行顶格书写呈文对象，即送达的人民法院。呈文对象要用全称，不能简化。

接下来，要在右下侧签上自诉人（具状人）的姓名，并要加盖名章，以示庄重、负责。在姓名下方写上具状的时间，年月日不得省略。如果诉状是请人代写的，在具状时间下方还要写明代书单位名称和代书人的姓名。

最后是附项。在这一部分要写明下列各项：

1. 本状副本×份；

2. 证物×份；

3. 书证×件；

4. 证人×××，住址×××。

总括以上内容，刑事诉状的格式如下页：

第三节　民事诉状

一、民事诉状的概念

民事案件的原告人或法定代理人为维护民事权益就有关民事权利和义务的争执（或纠纷）向人民法院提起诉讼的书状，就称民事诉状，也称民事起诉书。

民事诉状专用于民事案件的起诉。民事案件主要有两大类：一是婚姻家庭案件，包括离婚、抚养、赡养、扶养等方面的纠纷；二是财产权益案件，包括所有权、继承权、损害赔偿、分割共同财产、经济合同纠纷等方面的案件。民事案件和经济纠纷案件所涉及的财产关系、人身关系分别由民法、婚姻法、经济法、劳动法等法律加以调整，确定其权利、义务关系。如有违反上述法律的民事违法行为，就应依法予以制裁。民事违法行为主要指下列两个方面的行为：一是侵权行为，即侵犯了其他公民的民事权益，使其受到了损失；二是由于不履行合同的行为，给订立合同的对方造成了损失。由民事违法行为而造成的争执、纠纷，就构成了民事案件和经济纠纷案件。

在我国，一切公民，具有法人资格的企业事业单位、机关团体以及其他组织，或者依法为保护国家、集体和他人民事权益的人，当其民事权益受到侵犯或者发生争执、纠纷时，都有权书写民事诉状，作为原告依法向人民法院提出诉讼请求，要求人民法院给予保护。这是公民提起民事诉讼的根本权利（即起诉权）。我国《民事诉讼法》第一百零九条对起诉的方式作了明确规定：在通常情况下，起诉应由原告人向人民法院递交起诉状，并按照被告人数的多少提出相应数量的副本。只有对书写起诉状确有困难的原告，才可以采取口头起诉的方式。无行为能力的原告，可以由其法定代理人、监护人、律师等提起诉讼。

二、民事诉状的作用

民事诉状是公民个人或机关、团体、企业事业单位为维护其合法权益向人民法院递交的专用文书，是原告人对民事争执或纠纷所作的陈述，它除了能使人民法院了解原告人对案件的看法、意见和要求之外，还有以下两个作用：

（一）经法院审查合格的民事诉状，能起到引起民事诉讼程序开始的作用，这就为人民法院了解情况、解决民事纠纷或经济纠纷，保护当事人的合法权益打下了基础。

（二）公民个人、法人，或其他组织在其民事权益受到侵害时，写出民事诉状，向人民法院提起诉讼，不仅体现了一切公民为维护自己的民事权益而行使起诉权（亦简称诉权）的根本权利，同时也体现了我们的社会主义国家对公民、法人及其他组织的合法民事权益的维护和保障。

刑事（附带民事）诉状

自　诉　人	被　告　人
姓名、性别、年龄、民族、籍贯、职业、住址。	姓名、性别、年龄、民族、籍贯、职业、住址。

请求事项：

事实和理由：

此　致

________人民法院

具状人：__________（签名或盖章）

____年____月____日

附：1. 本状副本______份；

2. 证　　物______件；

3. 书　　证______件；

4. 证　　人______住址__________。

三、制作民事诉状必须具备的条件

根据我国的《民事诉讼法》第一百零八条的规定，进行起诉以及民事诉状的制作，必须具备下列四个条件：

（一）原告是与本案有直接利害关系的公民、法人和其他组织。如果不是自己的或依法保护的合法权益受到侵犯，则不能以原告身份进行起诉。

（二）必须有明确的被告。如果没有明确的被告，人民法院就无法了解情况和传唤被告，当然就不能对被告依法判处。例如某老太在街上被一骑自行车的青年无意撞倒摔伤，骑车青年不讲道德，撞了人连停也不停就跑掉了。某老太小腿骨折，住医院花了许多医疗费，欲向人民法院提起民事诉讼，但因没有认出那个撞倒她的骑车人，也没有什么线索查寻，那就不能进行起诉。

（三）要有具体的诉讼请求和事实、理由。没有具体的诉讼请求，就不知道原告提起诉讼的标的；没有事实根据和理由，当然就更不能起诉了。

（四）当事人起诉的民事案件必须属于人民法院受理民事诉讼的范围和受诉人民法院管辖。这里包括两方面的含义：

其一是，依法应当由其他机关主管的案件，不是人民法院行使民事审判权的对象，就不能向人民法院提起诉讼。如某单位奖金发放不合理引起的争执、纠纷只能由单位自己去解决，或者由主管的劳动部门去解决，就不属于人民法院受理的范围。

其二是，受诉人民法院对所起诉的案件必须具有管辖权。我国《民事诉讼法》第十八条规定："基层人民法院管辖第一审民事案件，但本法另有规定的除外。"这就是说，除《民事诉讼法》第十九条——二十一条规定的应由上级人民法院作为一审管辖的民事案件、经济案件（如重大涉外案件、有重大影响的案件等）以外，其余的一切民事案件、经济纠纷案件，一律由基层人民法院管辖。《民事诉讼法》还对地域管辖的问题做了具体规定，如：对公民提起的民事诉讼案件由被告住所地人民法院管辖；被告的住所地与经常居住地不一致的，由经常居住地人民法院管辖。对法人或其他组织提起的民事诉讼，由被告住所地人民法院管辖。根据这些规定，原告提起民事诉讼时，就要把诉状递交到对起诉的案件有管辖权的人民法院，不然的话，就不被接受。又如继承遗产的诉讼，应由被继承人死亡时住所地或者主要遗产所在地人民法院管辖，因此，原告就只有把起诉状递交到有管辖权的人民法院，才能得到受理。

四、民事诉状的构成与写法

根据司法部的规定，民事诉状的格式、项目和应当具备的内容，与刑事诉状基本相同，也由首部、请求事项、事实和理由、尾部和附项等部分组成。民事原告人应按统一规定的格式书写民事诉状。

（一）首部

首部包括标题和原告人、被告人的基本情况两部分。

标题只写“民事诉状”四个字即可。对原告人和被告人的基本情况的书写要求，除与刑事讼状相同，即写明姓名、性别、年龄、民族、职业以外，还需写出“工作单位”和“住所”。

如果当事人是法人或其他组织，要写明机关、团体、企业事业单位的全称、所在地、法定代表人或者主要负责人的姓名和职务。以原告为例，具体写法是：

原告：×××建筑公司，地址在××省××市××路××

号。法定代表人：×××经理。

如有诉讼代理人，要在法定代表人之后，另起一段，写明“委托代理人：×××（姓名），××律师事务所（或法律顾问处）律师。”

如果在原告和被告以外，还有独立的诉讼参加人，即民事案件的“第三人”，则要在被告之后，另起一段，写清“第三人”的基本情况（即上述七要素）。所谓民事案件的“第三人”，是指案件处理结果与之有法律上的利害关系，可以申请参加诉讼的人。

（二）正文

民事诉讼的正文包括“请求事项”、“事实和理由”、“证据和证据来源，证人姓名和住所”三个部分。

1. 请求事项　在请求事项中，主要表述原告人要求人民法院通过行使审判权以保护自己的何种权益，请求解决哪些问题。也就是说，要写明请求的标的（即争议权益或争议事项），就是必须写明请求法院依法解决原告人一方要求的有关民事权益争议的具体问题。比如，请求人民法院确认或解除原告与被告的某种法律关系（如确认原告人的析产权或对遗产的继承权，解除原告与被告的婚姻关系或领养关系等），或是请求法院通过审判活动判令被告履行一定的民事义务（如抚养或赡养义务，或者损害赔偿，债务清偿，产权归还、履行合同等）。

如果请求有两项以上，可分列条款写明，如：“请求：一、归还所借房屋；二、如数给付房租。

对请求事项的写作要求是：

（1）请求目的要明确、具体，切忌笼统含糊。比如请求保护所有权的问题，就必须表述清楚是请求确认所有权呢，还是请求归还原物、原产业？或是赔偿损失等。假如这样写出请求事项：

"我要求法院让被告人保证我有处置我所住房屋的权利。"这就是含糊不清，无法执行的。

(2) 请求应当合情、合理、合法，切实可行。例如，在一宗遗产继承案件中，原告人以被告人对被继承人尽的赡养义务太少，而原告人尽的赡养义务多为由，要求适当增加继承遗产的份额。法院在判决时，是可以考虑的。但若原告人要求继承全部遗产，则不合情理，而且违反有关法律规定。再如，要求子女给付赡养费，就应考虑自己的经济收入和对方的负担能力。

(3) 请求事项的语言要简明、概括，不枝不蔓，要防止同下边陈述的事实和理由重复。

2. 事实和理由　这一部分是民事诉状的核心，主要是陈述民事权益纠纷形成的情况，重在摆事实，讲道理。首先要清楚地表述原告和被告的争执，纠纷是怎样发生的，发生在何时、何地，经过如何？涉及到什么人？目前的状况怎样？是非责任以及当事人之间的权利、义务是什么？从而表明被告人的侵权行为的具体事实，写出当事人双方权益争执的具体内容，指出被告人一方所应承担的责任。

民事纠纷一般都比较复杂，往往头绪繁多，情节曲折，时间跨度比较大。但是只要掌握住纠纷发生、发展的过程，理出主要线索，抓住双方争执的原因和焦点，突出主要矛盾和实质性的分歧，就能够执简驭繁，把事实表述明白。在写作时，可根据具体情况，采取纵式结构或横式结构这两种方式去组织材料。

纵式结构就是以时间的先后为序，陈述纠纷发生的原因、时间、地点、发展过程及主要情节，说明现状如何，争执焦点何在，双方的责任和义务是什么？以求收到脉络清晰，是非分明之效。

横式结构则以民事法律的要素为线索，从主体、内容和客体三个方面，叙述纠纷事实。例如，表述遗产纠纷案件的事实，就可先写当事人之间的关系，当事人与被继承人之间的关系，然后表明原告与被告互争遗产的状况以及争执的原因和焦点。这样也能把事实表述清楚。

陈述事实，要注意两个问题：

(1) 陈述事实既要简明扼要，又要具体切实，要避免堆砌抽象空洞的言辞。

(2) 要使事实建立在真实可靠的基础之上，在陈述事实时，还需列举相应的证据。陈述事实必须客观、全面，决不可虚构捏造、歪曲夸大。这是诉讼请求人应尽的法律义务，也是提起诉讼应有的态度。如果不顾事实，诬陷对方或他人，就要承担一定的法律责任。

把事实陈述清楚后，就要阐明提起诉讼的理由。理由是在事实的基础上提出的，在行文时要注意写好以下几点：

(1) 概括分析上述事实所涉及证据的真实性，说明事实是可靠的；

(2) 分析本案民事纠纷的性质，认定被告人的行为是侵权行为或违法行为，从而分清是非。同时还应指出被告人的行为造成的后果，说明被告人应负的责任；

(3) 分析权利和义务的关系，论述提出诉讼请求的合理性，合法性，并要引用法律条文，说明起诉的法律根据。

陈述理由、分析问题，要有理有据，观点明确；援引法律条文，应当准确，适当；文笔要力求简洁明了，层次清楚。

3. 写明证据和证据来源、证人姓名和住址　这是民事诉状正文的最后一个部分，其实也是对上文陈述的事实所作的补充和印证。在写作时要着重表述能证实事实真相的书证、物证等材料，并要说明这些书证、物证及有关材料的来源及可靠程度，说明事实部分曾经涉及到的证人的证言内容，分别写出证人的姓名、住址以供法院调查核实。

（三）尾部和附项

民事诉状的尾部和附项的写法，与刑事诉状的尾部和附项是大体相同的，可参看上节讲过的相关内容，此不赘述。

民事诉状书写格式如下页：

第四节　上诉状

一、上诉状的种类及其概念

上诉状根据案件性质的不同，可分为刑事上诉状和民事上诉状两类。

刑事诉讼当事人及其法定代理人，不服地方各级人民法院第一审的刑事判决或裁定，按照法定程序和期限向上一级人民法院上诉，请求撤销、变更原审裁判或重新审理而提出的书状，就称刑事上诉状。它是保护刑事被告人的合法权益，防止冤错的诉讼文书。

民事诉讼当事人及其法定代理人，不服地方各级人民法院第一审的民事判决或裁定，依法向上级人民法院上诉，请求撤销、变更原审裁判或重新审判而提出的书状，就称民事上诉状。它是保护民事案件败诉一方当事人合法权益的诉讼文书。

二、上诉状的作用

我国的《刑事诉讼法》和《民事诉讼法》，对上诉问题都有

民 事 诉 状

<table>
<tr><td>原 告</td><td>被 告</td></tr>
<tr><td>姓名、性别、年龄、民族、职业、工作单位、住址。</td><td>姓名、性别、年龄、民族、职业、工作单位、住址。</td></tr>
<tr><td colspan="2">请求事项：</td></tr>
<tr><td colspan="2"></td></tr>
<tr><td colspan="2">事实和理由：</td></tr>
<tr><td colspan="2"></td></tr>
<tr><td colspan="2"></td></tr>
<tr><td colspan="2"></td></tr>
<tr><td colspan="2"></td></tr>
<tr><td colspan="2">证据和证据来源，证人姓名和住址</td></tr>
<tr><td colspan="2"></td></tr>
<tr><td colspan="2"></td></tr>
<tr><td colspan="2">此 致
________人民法院
具状人：__________(签名或盖章)
______年____月____日
附：1. 本状副本______份；
2. 物　证______件；
3. 书　证______件。</td></tr>
</table>

具体规定。《刑事诉讼法》第一百二十九条规定："当事人或者他们的法定代理人，不服地方各级人民法院第一审的判决、裁定，有权用书状或者口头向上一级人民法院上诉。"《民事诉讼法》第一百四十七条规定，当事人不服地方各级人民法院第一审判决、裁定的，有权在规定的期限内向上一级人民法院提起上诉。

诉讼中的上诉制度，体现了法院对刑事和民事案件慎重处理的精神，也体现了法律上的平等原则和民主原则。无论是刑事上诉状，还是民事上诉状，其主要作用就是引起第二审程序的发生，即它能引起第二审人民法院对一审裁判进行全面细致的审查。通过上诉和对上诉的审理，可使人民法院正确行使审判权，及时纠正一审原判的错误，这对提高审判案件的质量具有重要的意义，同时也有利于保护当事人的合法权益，维护国家法制。

三、刑事上诉状的撰写

（一）撰写刑事上诉状需要注意的问题

1. 只有具有法定身份的人写出的上诉状才有法律效力。根据我国《刑事诉讼法》第一百二十九条规定，有权提出上诉的人是：自诉人、被告人或者他们的法定代理人，以及经被告同意的被告人的辩护人、近亲属（指被告人的夫、妻、父母、子女、同胞兄弟姐妹）。但是上述被告人的辩护人，近亲属，如果没有征得被告人同意，即使认为判决或裁定有错误，也无权提出上诉。而被告人的父母，因为既是近亲属，又是法定代理人，所以不必征得被告人的同意，也可提出上诉。

在自诉的刑事案件中，被害人同时又是自诉人，有权提出上诉。刑事附带民事诉讼的当事人及其法定代理人，也有权提出上诉。

在公诉案件中，被害人不是当事人，无权提出上诉。如果认为一审判决不正确，只能申明理由，请求人民检察院（公诉人）抗诉。

2. 刑事上诉状必须在法定的上诉期限内写出，提起上诉，才有法律效力　一般刑事案件的法定上诉期限为判决书送达后十日内。杀人、强奸、抢劫、爆炸和其他严重危害公共安全的犯罪的死刑案，为判决书送达后三日内。一般裁定书为送达后五日内。

如果超过上述法定期限，在人民法院的一审判决或裁定已经发生法律效力之后，就不能提出上诉了，逾期写出的刑事上诉状，则不具有法律上的效力。

3. 上诉人把刑事上诉状写好以后，可以通过原审法院递交，也可以直接向上一级人民法院递交。

（二）刑事上诉状的构成与写法

刑事上诉状由首部、正文、尾部和附项构成。

1. 首部　首部包括标题、上诉人与被上诉人的身份、概况、案由三个部分　标题就写“刑事上诉状”或“刑事附带民事上诉状”即可。

上诉人与被上诉人的基本情况（即身份概况）的写法，与刑事诉状基本相同，但是需要注意，除了分别逐次写清楚能够说明上诉人、被上诉人及第三人的身份概况的七个要素外，还要将当事人在一审中所处的地位加以注明。其写法为：“上诉人（原审原告人或原审被告人）张××，男，××岁，汉族，……”“被上诉人（原审被告人或原审原告人）鲁××，男，××岁，……”

刑事公诉案件无被上诉人，因为不能把公诉人（人民检察院）当作被上诉人。

“案由”就是不服原审判决（或裁定）的事由。具体写法如下：“上诉人因××一案，不服×××人民法院19××年×月×日的×字第×号×事判决（或裁定），现提出上诉。上诉的请求和理由如下：”以下就是上诉状的正文了。

2．正文　正文部分的内容主要表达上诉人是部分不服还是全部不服原审裁判的理由，要求二审法院撤销、变更部分或全部原审的裁判，或者请求重新审判。

写上诉理由，一定要从实际出发，要有针对性，表达要明确、具体，并善于在反驳中正面说理，以便阐明上诉的理由和根据。写作时，可从以下几个方面考虑问题并提出相应的请求：

（1）在事实方面，原审对事实的认定有无错误？事实有无出入、遗漏或不清楚的地方？或者原审所认定的事实根本就不存在，等等。

（2）在定性、判处方面，要看原审对案件的定性有无错误？定罪和量刑有无不当？

（3）在适用法律方面，要看原审裁判所依据的法律是否适当？

（4）在诉讼程序方面，看原审办案的过程是否符合法定的诉讼程序，有无违反刑事诉讼法的规定的做法？

如果原审在以上几个方面有问题，有错误，在上诉理由中就要明确提出，在哪一方面有问题就要提出请求纠正哪个方面的错误。如果全部有错，则可提出全部否定的理由。写作时，要有的放矢，抓住主要的、关键性的问题进行反驳，并要注意运用证据，发挥证据的力量；措词要严密，思路要清楚，力求写得无懈可击。要遵照以事实为根据，以法律为准绳的原则，有说服力地阐明自己的理由，而不可强词夺理。也不要盲目地、或是不着边际地陈述无关紧要的事实和理由，不必纠缠某些枝节问题和个别词句。理由写完，正文即结束。

3. 尾部和附项　刑事上诉状的尾部，也有固定的格式，先居中写“此致”二字，不加标点，而后另起一行，顶格书写呈送对象，即二审人民法院的名称（要用全称）。如果递交原审法院，则应写：“×××人民法院（原审法院）转送×××人民法院（二审法院）。”右下方签署上诉人的姓名（并盖章）和日期，年、月、日都要写。如系律师代书，则应写明“×××法律顾问处律师×××代书”。

附项应分别写明：

（1）上诉状副本×份；

（2）书证×件；

（3）物证×件。

四、民事上诉状的撰写

（一）撰写民事上诉状需要注意的问题

递交民事上诉状的目的是为了保护自己的合法权益，而在写作民事上述状时则应注意下列问题：

1. 只有具有法定身份的人写出的上诉状才有法律效力　根据我国《民事诉讼法》（试行）第一百四十四条的规定，有权提起民事上诉的当事人是：案件的原告和被告，既包括民事诉讼中只有一个原告和一个被告的双方当事人，也包括原告或被告有二人以上的共同诉讼人和有独立请求权的第三人。无行为能力的当事人，可由其法定代理人提起上诉。

但在共同诉讼人提起上诉时要注意区分两种不同的情况：一

是在具有共同权利和义务的必要共同诉讼中（如财产继承），只要共同诉讼人中有一人提起了上诉，就可视为全部共同诉讼人都行使了上诉权；二是在不具有共同权利和义务的普遍共同诉讼中，每个人只能单独进行上诉，不能够因一个人的上诉而代替其他共同诉讼人的上诉。

2. 民事上诉状也必须在法定的上诉期限内写出，提起上诉，才有法律效力　民事案件的法定上诉期限有两种情况：一是对判决提起上诉的期限为十五日；二是对裁定提起上诉的期限为十日。如果超过上述法定期限，写出的民事上诉状就不具有法律效力了。

3. 根据我国民事诉讼法的规定，对于地方各级人民法院的一审判决或裁定，当事人不服都可以向上一级人民法院提起上诉，而对中级人民法院或者高级人民法院的二审判决或裁定，当事人就不能再提起上诉了　因为我国实行的是两审终审制，第二审人民法院的判决或裁定，是终审判决或裁定。又因为最高人民法院是国家的最高审判机关，它所作的一审判决或裁定，就是终审判决或裁定，不得提起上诉。

4. 民事上诉状的递交，原则上应送原审人民法院，再由原审法院转送二审法院　这样做节省人力、物力和时间。也可以由当事人直接递送二审人民法院。

（二）民事上诉状的构成与写法

民事上诉状同刑事上诉状一样，也由首部、正文、尾部和附项构成，除了标题应写为“民事上诉状”之外，其余各部分的写法和要求都与刑事上诉状大体相同。

上诉状格式示意图如下：

______上诉状

上　诉　人 （原审原告人或原审被告人）	被上诉人 （原审被告人或原审原告人）
姓名、性别、年龄、 民族、籍贯、职业、 工作单位、住址。	姓名、性别、年龄、 民族、籍贯、职业、 工作单位、住址。

上诉人因______一案，不服______人民法院于______年______月______日______字第______号刑（民）事判决（或裁定），现提出上诉，上诉的请求和理由如下：

______

______

______

______

此　致

______人民法院（或转送）

______人民法院

上诉人______（签名或盖章）

______年______月______日

附：1. 上诉状副本______份；

2. 证　　物______件；

3. 书　　证______件。

第五节　申诉状

一、申诉状的种类及其概念

依据案件的不同性质，申诉状分为刑事申诉状和民事申诉状两类。

刑事诉讼当事人、被害人及其家属或其他公民认为已经发生法律效力的判决、裁定有错误，向人民法院或人民检察院提出申请复查纠正的书状，就称刑事申诉状。它是运用特殊程序维护申诉人合法权益的诉讼文书。

民事诉讼当事人、法定代理人认为已经发生法律效力的判决、裁定有错误，向原审人民法院或者上一级人民法院提出申请复查纠正的书状，就称民事申诉状。它也是运用特殊程序维护申诉人合法权益的诉讼文书。

我国的《刑事诉讼法》第一百四十八条规定："当事人、被害人及其家属或者其他公民，对已经发生法律效力的判决、裁定，可以向人民法院或者人民检察院提出申诉，但不能停止判决、裁定的执行。"《民事诉讼法》（试行）第一百五十八条规定："当事人、法定代理人对已经发生法律效力的判决、裁定，认为确有错误的，可向原审人民法院或者上级人民法院申诉，但是不停止判决、裁定的执行。"这就是撰写刑事申诉状和民事申诉状的法律依据。

二、申诉状和上诉状的区别

从刑事诉讼法和民事诉讼法的有关规定可以看出，申诉状和上诉状是有区别的，主要表现在下面三个方面：

（一）上诉状的制作主体是具有法定身份的人。刑事申诉状的制作主体可以是当事人、公诉案件的被害人及其法定代理人，也可以是其他公民、社会团体、组织等。民事申诉状的制作主体是当事人、法定代理人、利害关系人等。这就可以看出，申诉状和上诉状的制作主体是不同的。

（二）上诉状是针对尚未发生法律效力的一审判决和裁定而提出的，必须在法定的上诉期限内写出并递送才具有法律效力。申诉状是针对已经发生法律效力的判决、裁定而提出的，不能停止判决、裁定的执行，但可以在判决、裁定生效后的任何时间内提出。

（三）上诉人依法提出上诉，送出上诉状以后，必定引起二审程序的发生。而申诉人把申诉状送出以后，经人民法院或人民检察院审查，认为原审判决和裁定确有错误，则可引起审判监督程序的发生，对原审案件进行再审；如果经审查以后认为原判决或裁定没有错误，申诉无理，则由人民法院等驳回申诉，这就不能引起审判监督程序的发生。

三、申诉状的作用

人民法院的判决和裁定，发生法律效力之后，必须严格执行，以维护判决、裁定的严肃性和稳定性。但是，如果发现已经发生法律效力的判决或裁定确有错误时，当事人或其他有关人员，用申诉状提出申诉，实事求是地依法要求纠正错误，也是必要的。申诉状是运用特殊程序保护申诉人合法权益的诉讼文书，写出申诉状提起申诉，是当事人和其他有关人员充分使用诉讼权的体现。人民法院通过审判监督程序对申诉案件进行处理，可以纠正原审中的错误，使无罪之人不至含冤受罚，或者使民事当事人的合法权益免遭侵犯。可见，申诉状对于维护申诉人的合法权益是有重要作用的。

申诉案件一般由原审人民法院审查处理，是人民法院再审案件的来源之一。申诉人如对再审案件仍然不服原审法院的判处，还可向上一级人民法院申诉。

人民检察院接受的申诉，认为原审判决、裁定确有错误，就要按照审判监督程序向原审人民法院提出抗诉。

四、申诉状的撰写

申诉状由首部、请求目的、事实与理由、尾部四个部分组成。

（一）首部

首部包括标题、申诉人基本情况（身份概况）、案由三方面的内容。

申诉状的标题要根据不同性质的案件，分别写为“刑事申诉状”或“民事申诉状”。

申诉人的基本情况，就是要写出反映其身份概况的七个要素：姓名、性别、年龄、民族、籍贯、职业、住址。如果是刑事案件的在押人，则要写明现押何处。如果是被告人的辩护人、近亲属或其他公民提出申诉，应写明申诉人姓名、职业，同被告人的关系，同时还要写明被告人的身份概况（即上述七要素）。如果是民事案件的当事人提出申诉，除写明申诉人的身份概况以外，还要把对方当事人的身份概况写清楚。

案由的写法是固定的格式，即写明“申诉人×××因××一案，不服×××人民法院(19××)×字××号刑（或民）事判决

（或裁定），提出申诉”。

（二）请求目的

在这一部分中，申诉人应把请求人民法院解决的问题简明扼要地表述清楚。不论是刑事案件还是民事案件，都要明确提出要求撤销或变更原裁判，或者要求查处或再审，以纠正原判决（裁定）的不当之处。

（三）事实与理由

这是申诉状的主要部分，需要写好下列内容：

1. 讲清事实　原判决（裁定）之所以有错误，可能就出在对事实的认定有问题，或是没把事实完全搞清楚就下了结论，或者是原判决（裁定）所认定的事实不符合实际，或者是所认定事实的证据不足，这都会影响对案件的裁定。因此，写申诉状时，首先要注意把事实如实地、全面地、准确地述说清楚，特别是对原裁判有影响的主要事实和关键情节，更要完整地表述出来。这样就可使受理法院对案情事实有更为全面准确的了解，以便对原审裁判对事实的认定进行复查和比较，这对于审判监督程序的提起，对于纠正原审的错误都有帮助。申诉人叙述事实时，应当注意客观，不但要避免虚假的陈述，而且要防止主观的夸大或缩小。该承认的事实一定要承认，对原裁判确有错误的地方，要如实明确地提出。

2. 列出证据　为了有说服力的说明事实的确实性，申诉人应当把与请求目的相符的人证、物证、书证等明确的列出，以利于核查案件的真实情况，以便正确地认定案件的性质。

3. 正确援引适用法律的条款，提出原审裁判在适用法律方面的错误　在写申诉状时要注意两个方面的情况：一是要考虑原裁判在适用法律上是否恰当？如果有错，就会使其对案件性质和罪名的认定发生错误，以至造成量刑畸轻畸重，这就需要在申诉中阐明应当怎样正确地援引适用法律？原裁判在援引适用法律上错在何处？二是要考虑原裁判是否有严重地违反诉讼程序的问题？这就需要申诉人在申诉状中阐明应当如何正确执行诉讼程序以及有关的法律规定，指出原审由于严重地违反诉讼程序而造成的错误。

4. 补充新发现的事实和证据　这是指原判决（裁定）生效以后，又发现了以前没有掌握的事实和证据，而这些新的事实和证据又对原判决（裁定）是否正确有明显的影响。如有这种情况，申诉人就可列出新发现的事实和证据，要求对原判决（裁定）的错误进行纠正。

在陈述事实和理由时，主要用的是证明和反驳的方法。既可用事实来证明申诉是有实际根据的，也可用逻辑推理的方法证明申诉是有道理的。在使用反驳时，要注意抓住原裁判中的关键性错误，指明它为什么不能成立？把证明和反驳有机地结合起来，鲜明地提出申诉人的观点，有理有据地进行申辩，力求达到申诉的目的。

（四）尾部

申诉状的尾部要写明呈送对象，即“此致”“×××人民法院”（原审法院）或“此致”“××检察院”，也可“此致”原审法院呈递上一级人民法院。然后签署申诉人的姓名（并盖章）和日期。

申诉状的格式如下页表。

________申诉状

申　诉　人	对方当事人
姓名、性别、年龄、民族、籍贯、职业、住址。 (如刑事案件申诉人在押的，还应写明现押处所。如是被告人的辩护人、亲属、其他公民申诉的，应写明申诉人姓名、职业、同被告人关系。并加一段被告人基本情况。)	姓名、性别、年龄、民族、籍贯、职业、住址。 (此项仅供民事申诉状中填写。)
申诉人____因________一案，不服____人民法院(19××)______字第______号刑(民)事判决(裁定)，提出申诉。 申诉请求的目的： ____________ 申诉的事实和理由： ____________ ____________ ____________	
此　致 ________人民法院 申诉人______(签名或盖章) ________年____月____日	

第六节 答辩状

一、答辩状的概念及分类

在诉讼活动中，被告人、被上诉人或被申诉人针对原告人、上诉人或申诉人的诉状、上诉状或申诉状的内容，而作出的对诉讼答复和辩护的书状，就叫答辩状。

从案件的性质来分，答辩状有刑事答辩状和民事答辩状两类。如果从诉讼程序上来分，又可把答辩状分为一审程序中的答辩状和二审程序中的被上诉答辩状两种。

二、答辩状的作用

答辩状是同诉状、上诉状和申诉状相对应的专用诉讼文书。在诉讼程序中，被告人、被上诉人或被申诉人，依法进行答辩，通过答辩状，可以从事实上、适用法律上、诉讼程序上、实体上对原告人、上诉人或申诉人提出的请求进行反驳，也可对原告人、上诉人或申诉人提出的证据予以否定，进而阐明自己的理由和要求，提出自己的事实和证据，以证实自己的观点。人民法院把双方的书状加以对照，就可对案情做出更为全面的分析，这对正确地审理案件，更好地行使审判权，是有重要意义的。

被告人、被上诉人或被申诉人，可以通过答辩状充分地陈述与案件有关的事实，明确地提出自己的意见和理由，这对于维护其正当的合法权益也是很有意义的。

三、答辩状的构成与写法

答辩状由首部、答辩理由和答辩意见、结尾三部分构成。

(一) 首部

首部包括标题、答辩人身份概况和案由。

标题写明“答辩状”或者“被上诉答辩状”即可。

答辩人身份概况的写法和要求与上诉状相同。

案由要写明为何人控告的何案而提出答辩。具体写法是：“因原告人（上诉人或申诉人）×××诉××（如“财产纠纷”、“离婚”等）一案，现答辩如下。”

(二) 答辩理由和答辩意见

答辩理由，应根据案件的具体情况来确定。答辩状是针对诉状、上诉状和申诉状的内容而写的，其目的是为了使对方败诉，让人民法院接受自己的意见和主张，因此理由的提出就不能脱离诉状、上诉状、申诉状所述事实，而是要有针对性地明确指出对方所述事实是否存在？有无歪曲？对方所援引的法律条文是否适用和准确？所提理由能否成立？并要说明事实的真相究竟是什么，进而对原告人、上诉人、申诉人提出的诉讼请求做出明确的回答，把自己反驳对方的理由和对案件的意见鲜明地表达出来。

在实际写作中，这一部分的开头有一个惯用的格式，常常写为：

“答辩人于19××年×月×日收到原告×××起诉状副本，阅后深感原告歪曲事实，违反××××法第××条××款的规定，所提请求实为无理，现答辩如下。”

二审被上诉答辩状的开头，常常写为：

“上诉人×××不服××市××区人民法院（19××）民

(刑）字第×号民（刑）事判决（或裁定)，上诉于××市中级人民法院，其上诉理由不能成立，现答辩如下。”

在阐述答辩理由时，同样要“以事实为根据，以法律为准绳”，据理辩驳。要分清主次，抓住要领，找出对方的矛盾、漏洞，击中足以使对方败诉的关键问题。要根据自己掌握的事实和依据的法律，去推翻对方的诉讼请求和结论。答辩也要合情、合理、合法，不能强词夺理，任意狡辩，也不能回避案件的实质，在枝节问题上纠缠不休。不得偷换概念，答非所问。因此，答辩状的写作要慎重、严肃，要经过认真考虑，精心地组织内容。

答辩意见是在阐明理由的基础上综合、归纳出来的，实质上就是答辩人就所答辩的问题而提出的主张。主要写清楚下列内容：第一，说明自己依法答辩的理由是正确的；第二，根据准确的事实和充分的证据，说明自己的法律行为是合理的；第三，揭示对方当事人的诉讼请求和理由是不能成立的。最后，请求人民法院依法进行合理的裁判。

（三）结尾

答辩状的结尾比较简单，先写呈送的法院名称，即“此致”，“××人民法院”，格式同申诉状。最后签署答辩人的姓名（或盖章）和日期。

答辩状的格式如下页表。

第七节　控告书

一、控告书的概念、作用与应用

控告书是向司法机关揭发犯罪分子及其犯罪事实，并要求依

答 辩 状

答辩人：姓名______，性别____，年龄____，民族______，籍贯________，职业______，工作单位____，住址________。

因____________一案，提出答辩如下：

____

____

____

____

____

____

____

____

此 致

____________人民法院

答辩人__________（签名或盖章）

______年______月____日

法处理的诉讼文书。控告人是受犯罪行为侵害的人或其法定代理人，控告的目的是为了保护自身的合法权益，并要求对犯罪分子依法处理。因此，写控告书是同犯罪行为斗争的一种手段，它对于打击刑事犯罪分子、保护人民的合法权益具有重要作用。

控告书一般是在犯罪人的活动已构成严重违法事实，触犯了国家刑律，需要有关机关进行侦查的情况下使用的。如果是较轻微的刑事案件，而且不需要侦查的，则应使用刑事诉状，而不应使用控告书。另外，控告书一般是向公安或检察机关提出，这与直接向人民法院提起诉讼的诉状是不同的。

二、控告书的种类与特点

控告书从内容和性质上分，可分为控告侵害人身罪行和控告侵犯财产及其他合法权益罪行的两种。

控告书的主要特点是：控告性、及时性。

（一）控告性

控告性是指控告书控诉、揭发犯罪人及其犯罪事实并要求依法惩处被告人的性质。控告书的控告性比诉状的告诉性要严重得多，强烈得多，控告性本身就包含了请求司法机关依法惩治被告人的内容。而刑事诉状的告诉性则没有如此强烈的色彩。

（二）及时性

控告书所揭发、控告的是被告人的严重违法行为，其危害性大，因此需要及时予以控告。控告书的及时性要求控告书要写得快、递交得快。这也是与诉状的不同之点。诉状往往是纠纷经过协商、调解之后不能解决时，才诉之于司法机关，它在时限上不像控告书那样严格。

三、控告书的构成与写法

控告书在写作上没有统一的规范格式。从写作实际来看，控告书一般由首部、正文、尾部、附项四部分组成。

（一）首部

先写标题——“控告书”，不需要加什么修饰或限制性词语，再在标题之下，依次写明控告人和被控告人的基本情况，项目同“诉状”。

（二）正文

写案由、事实和理由及请求事项。

1. 案由　概括说明此案的性质。如：“抢劫罪”、“强奸罪”、“冒名侵犯合法权益”等。

2. “事实和理由”、“请求事项”事实部分，要求交代清楚事实，具备时间、地点、动机、目的、手段、情节、后果等要素。同时，要举出足够的证据，以便侦查；理由部分，对被告人的犯罪事实应先用简练的文字加以概括，然后分析罪行性质、情节的轻重、后果的严重程度。最后引用相应的法律条款，并提出请求事项。

（三）尾部

写明“此致”“×××人民检察院”或“×××公安局”。在右下方由控告人签名盖章，并注明年月日。

（四）附项

写有关附件。如无附件，此项则省略。

第八节　授权委托书

一、授权委托书的概念、性质与种类

授权委托书是当事人授权被委托人代理诉讼事宜或代理某种事务的一种证明性文书。

授权委托书有两种：一种是诉讼委托书，即委托代理民事诉讼的授权委托书。根据《民事诉讼法》的规定，当事人、法定代理人、法定代表人委托他人代为诉讼，必须向人民法院提交授权委托书；另一种是事务委托书，即委托代理某种事务的授权委托书。二者的区别在于：前者是授权代理诉讼，后者是授权代理一般事务。

二、授权委托书的结构与写法

授权委托书的结构，一般由首部、正文和尾部组成。

(一) 首部

包括标题、委托人和受委托人的基本情况两项。

标题　一般写“授权委托书”或“诉讼委托书”或“委托书”。

委托人和受委托人的基本情况：要分别写明姓名、性别、年龄、民族、籍贯、职业、工作单位、住址。如受委托人是两个，则要逐一写明上述各项。如果是企事业单位、机关、团体委托诉讼代理人或事务代理人，则首先写委托单位名称（全称），其次写该单位法定代表人的姓名和职务，然后写受委托人的姓名、工作单位和职务。

（二）正文

写委托的基本内容。

诉讼委托书正文的基本内容一般包括以下三项：一是写明委托代理诉讼的案件名称；二是写明委托人和被委托人双方“自愿”或“同意”的字样；三是写明委托的事项和权限。如果委托人（案件当事人）要代理人在诉讼中代为处理某项实体权利，如委托代理人放弃或变更诉讼请求，进行和解，提起反诉或者上诉，必须有委托人的特别授权。如果委托人委托两个诉讼代理人，必须分别写明代理事项和权限。

事务性委托书的正文应写明委托的事项、范围、权限。

（三）尾部

由委托人和受委托人签名盖章，并注明年月日。如果委托者是企事业单位、机关、团体，则由委托单位和法定代表、受委托人分别签名盖章，并注明年月日。

《诉讼委托书》和《事务委托书》的样式如下：

诉讼委托书

委托人：

受委托人：

为__________一案，根据法律规定，____________________
__________________自愿委托____________并经其同意为______
________________________________人，全权代表委托人出庭进行一切诉讼事宜。

委 托 人______（签名并盖章）

受委托人______（签名并盖章）

一九____年____月____日

事务委托书

委托人：

受委托人：

委托人______自愿将其本人名下______，委托____全权代为处理有关____的__________等一切事宜。

委 托 人：______印

受委托人：______印

____年____月____日

授权委托书应一式两份，一份由委托人存查，一份由委托人交受委托人递交人民法院（指《诉讼委托书》）或备用（指《事务委托书》）。

第九节 申请执行书

一、申请执行书的概念与特点

申请执行书是法律文书生效后，享受权利的一方当事人（胜诉人）针对负有义务的对方当事人（败诉人）拒不履行义务的事实，而向人民法院提出的申请强制执行的一种申请性文书。写申请执行书的目的是请求法院，以强制手段促使对方当事人执行法院判决，维护法治，保证胜诉方当事人合法权益的实现。

有权申请执行的是民事案件判决后的胜诉方，可以是公民，也可以是企事业单位、机关、团体。

民事案件经法院判决后，负有义务的一方当事人（败诉方）应按照已经发生法律效力的民事判决书、裁定书、调解书以及法律规定由人民法院执行的其他法律文书中确定的义务，自动履行义务。如果逾期不履行或拒不履行时，享有权利的对方当事人（胜诉方）就有权向人民法院写申请执行书，请求法院强制执行判决。应注意的是，申请执行书应按法定期限（个人为一年，团体为六个月）提出，超过法定期限，就丧失了申请执行的权利。

申请执行书具有请求性和时限性的特点。

（一）请求性

申请执行书是申请（请求）人民法院依法强制败诉人履行判决中确定的义务的文书，自然具有请求性。

（二）时限性

申请执行书必须在法定期限内提出，如超过规定时限就再也无权提出。

二、申请执行书的结构与写法

申请执行书的结构，一般由首部、正文、尾部三部分组成。

（一）首部

包括标题、申请人的基本情况。

标题　写文体名称："申请执行书"。

申请人的基本情况：要写清申请人的姓名、性别、年龄、民族、籍贯、职业和住址。如果申请人是企事业单位、机关、团体，则要先写明单位名称（全称），再写明其法定代表人的基本情况。

（二）正文

由申请执行事项、申请执行理由，和具体要求两部分组成。

申请执行事项，要写得明确具体。如申请执行××人民法院（91）民上字第×号民事判决书第三项。

申请执行理由和具体要求，应概述主要事实、裁决理由和裁决主文以及要求执行的理由。写“理由”要写清被申请执行人拒不执行判决、裁定的情况、原因，并提出证据；还要尽量提供被申请执行人的经济状况、偿还能力和财产所在地。最后提出具体要求。

（三）尾部

写“此致”二字，并提行写呈送的人民法院名称；再写申请执行人的姓名并盖章；最后标明申请执行的年月日。（署名一项应由申请执行人本人签字盖章）。

【例文与简评】

(15—1)

刑事诉状

原告人：杨×琴，女，5岁，汉族，××省××县人，现住本县城关乡东大街北后街第×号，城镇居民，无业。

原告人法定代理人：××县妇女联合会，法人代表张××（本县妇联主任），女，42岁，汉族，××省××县人，现住本县南大街×号，干部。

原告人委托代理人：李××，男，40岁，××县法律顾问处律师。

被告人：魏×秀（系原告人杨×琴之养母），女，38岁，汉族，××省××县人，住址同原告人，城镇居民，务农。

请求事项：

被告魏×秀犯有虐待罪，请人民法院依法判决。

事实和理由：

原告人杨×琴原是一个弃儿，1985年5月由被告人魏×秀的婆母王兰青收养，尽心抚育，爱如亲生骨肉，使杨×琴得以健康成长。1987年5月，王兰青将两岁的杨×琴交给儿媳魏×秀抚养，并言明要魏×秀将杨×琴收为养女。魏×秀婚后11年未曾生育，同意收杨×琴为女儿，收养以后，颇为尽心。但是1988年6月魏×秀生一男孩，此后，魏×秀对养女的态度就发生了变化，开始对之进行虐待。先是恶言厉色，动不动就开口大骂，怒目而视。继之，不给饭吃，并以毒打、捆拴等手段，对杨×琴进行摧残。1988年9月的一天下午，因为杨×琴在院子外边玩了一会儿，就被魏×秀叫回家中毒打一顿，致使口鼻出血，左腮红肿，当天的晚饭也不给吃，关在房内不准出来，直到第二天中午，使杨×琴滴水未进。1989年春夏期间，魏×秀一直不让杨×琴吃饱，饿得杨×琴难以忍受，常常去吃鸡食，玉米皮，或者捞吃污水桶里的饭渣和菜叶，拣食人们扔在地上的脏污不堪的西瓜皮。魏×秀为了防止杨×琴到街上去，常常把杨×琴拴在房子里，甚至用铁丝拧成一个圆圈，套在杨×琴的脖子上，再用绳子拴在窗户上。杨×琴饥饿难忍，多次挣脱逃跑，但每次都被魏×秀抓回家去毒打，有时还被捆绑起来，拳打脚踢；有时被压倒在地上，连踹带踩；有时揪住头发，把头往墙上乱碰。边打边骂，还不准杨×琴哭叫。有一次，魏×秀还把手指伸进杨×琴的嘴里乱抠乱撕，抠破了杨×琴的舌头、嘴角和两腮，伤口过了七八天才算长好。

魏×秀对杨×琴的这种迫害持续了一年之久，直到发案时，杨×琴还被铁丝套着脖子拴在窗户上。魏×秀的非法行为，曾受到其婆母和邻居的多次指责，街道基层干部也对她进行过批评教育。但她却不思悔改，反而对杨×琴更加“气恨”，对杨×琴的迫害也越来越重，使杨×琴的身心健康受到严重摧残。以上事实有魏×秀的婆母王兰青、邻居赵君良、马晓莲、××县城关东街居民委员会干部韩淑英等人的证言、书证为据，并有套拴杨×琴的铁丝、绳子等物证，有杨×琴被拴在窗户上的照片为证据。

综上所述，被告人魏×秀，在近两年的时间内，对养女杨×琴，采用打骂、捆绑、不给饭吃，不让吃饱等恶劣手段，进行虐待，后果严重，使只有三四岁的杨×琴长期生活在恐惧、饥饿和痛苦之中，使其幼小的心灵和身体受到严重摧残，实为情理难容。魏×秀的非法行为，侵犯了杨×琴的合法人身权益，已构成虐待罪。根据《中华人民共和国刑法》第一百八十二条第一款的规定，特向你院起诉，请依法判决。

此　致

××县人民法院

原告人：杨×琴

原告代理人：张××

委托代理人××县法律顾问处律师

李××代书

1990年5月×日

附：1. 本状副本4份；

2. 证物5件；

3. 书证6份；

4. 证人王××，住本县城关东大街北后街×号；

证人赵××，住址同上××号；证人马××，住址同前××号；证人韩××，住址同前××号。

【简评】

1. 这份刑事诉状的首部书写符号要求，标题正确，原告人、被告人、原告代理人的基本情况都很清楚；

2. 请求事项认定了被告人犯罪的性质，罪名恰当，写得简明、准确、具体；

3. 对事实的陈述详略得当，对被告人犯罪的时间、地点、原因、手段、情节、后果等都写得简明扼要，清晰、具体，写出了有关证人及其住址，真实可靠。

在述说理由时，较好地概括了被告人的犯罪事实，并在此基础上进行议论，援引适用法律条款准确，所得结论正确，起诉理由充分，具有一定的说服力。

4. 尾部和附项的书写都较规范，符合要求。

(15—2)

民事上诉状[①]

上诉人（原审被告）：李××，女，34岁，××省××市人，住本市××区施家胡同1号。

被上诉人（原审原告）：郭××，男，38岁，北京市人，住同上。

为不服××市××区人民法院（90）民学第24号判决，提起上诉。

理由：

原判决认为：双方婚姻由父母包办，并无感情基础。婚后不久，双方因家庭琐事，不断争吵。近年来，女方毫无根据地怀疑男方心有别恋，经常到男方工作单位吵闹，影响工作，双方感情日益破裂。男方迁居单位宿舍，分住已两年。现男方提出离婚，调解无效。经调查，证实双方感情已完全破裂，无法和好，因此判准离婚。

上诉人认为原判认定的事实和理由，是不正确的。我与被上诉人的结婚，虽由双方父母做主，但订婚后，不断约见，彼此印

---

① 此文转引自邱世华主编：《司法文书通论》。

象都好。结婚时，被上诉人欢天喜地，绝无异议，有亲友可证。这怎么能认定无感情基础呢？父母做主，必然无情，这是形而上学，不能成立。我们结婚 12 年，生了两个孩子，家庭和睦。只是由于近几年来被上诉人在经济上和生活上对上诉人和对子女照顾不够，始有争吵。但就争吵的内容来说，毕竟是“家庭琐事”，原审判决也作此认定。因琐事而判决离婚，于法无据。至于去对方单位反映情况，方式上或有欠妥，但目的却是为了从根子上解决问题，为了和好，原审据以为判离理由，未免武断。至于上诉人认为被上诉人心有别恋，也不是原判中所说的“毫无根据”。早在 3 年前，上诉人已发现被上诉人与王某关系爱昧，后经多方了解，并有周围同志及邻居证实，他们的关系确已越出正常的范围；特别是被上诉人对我的态度，用心显见。去单位反映，既是为了家庭，也是为了被上诉人不致越陷越深，铸成大错。原审不查究竟，得出了错误的判断。

上诉请求：

根据上述，只要被上诉人出于至诚，放弃错误思想，改善夫妻关系，我们的感情是完全可以恢复和好的。我有缺点，也愿改正。为了家庭和子女的幸福，请求撤销原判，不准离婚。

此　致

××市××区人民法院转送

××市中级人民法院

上诉人：李××（盖章）

1980 年×月×日

××市法律顾问处律师

×××代书

【简评】

1. 这份民事上诉状首部书写符合要求，案由说得也很清楚。

2. 正文部分先把原判认定的事实和理由集中摆出，然后抓住其主要论点，分别加以反驳，层次清楚，具有针对性。第一段集中引述原审判决的主要内容，摆出了不服的主要论点。第二段针对不服的论点，逐一加以分析和反驳，说明了原审判决的不合理性，申明了自己的理由，能够令人信服。特别是在反驳中，能够抓住关键问题，坚持摆事实、讲道理，因此写得简明、有力。首先说明当事人结婚的感情基础，而后再说婚后状况，最后再谈女方到男方单位反映情况的事实和目的，一一推翻了原审判决认定的事实和结论，从而使上诉的理由鲜明的突出来，使自己的观点得到了较为充分、有力的表现。

还应值得一提的是，上诉人在反驳原审判决时，不但指明了被上诉人的责任，也承担了自己应负的责任，同时也表示了愿意改正错误的诚意，这种实事求是的态度，对于矛盾的缓解和案件的正确处理，是有意义的。

上诉请求写得简洁明了，用语也很准确。

(15—3)

刑事申诉状[①]

申诉人：刘××（受害人刘×平之兄），男，31岁，汉族，××区建设局第三施工队工人，住××区同胜胡同甲1号。

我因“伤害致死人命”一案，不服××市高级人民法院(81)高刑终字第226号刑事判决，现提出申诉，理由如下：

---

① 此文转引自路德庆主编：《中国应用写作学》。

我是受害人刘×平的哥哥。我于1981年4月8日下午收到高级人民法院（81）高刑终字第226号判决书。我认为判决书对杀人犯彭××在定罪和量刑上均失公正，叙述事实有出入，我们无法接受。

1. 判决定彭××为伤害致死罪不恰当的。我认为彭××应定故意杀人罪。因为刘×平并未对彭或其他人造成任何人身威胁，彭××没有必要用三棱刮刀来主持“正义”。他如果真是出于“正义”，不是出于故意杀人的动机和目的，在刘×平赤手空拳的情况下，完全可以采取劝阻和以理服人的方法。为什么要选择最要害的部位——心脏，并一刀刺死刘×平呢？

2. 判决书叙述事实有出入。判决书说修建队书记要去医院看病，刘×平进行拦截和挑衅，这与事实不符。事实是：我母亲多次去找×镇修建队要求解决工作问题，均遭到修建队队长袁××毒打。为此，我母亲曾找到××区委和××法院，但都未作处理，仍叫我母亲找修建队书记。6月19日我母亲找到书记杨××后，又遭到书记的打骂。然后书记要坐卡车上医院，我母亲拦住车不让走，他打了我母亲，问题还没解决。可是他们强行把我母亲拉开，把车开走了。我和我母亲也走路去医院了。在这个过程中，我弟弟刘×平根本不在场，怎么会“拦截”和挑衅呢？到了中午12点，刘×平找我母亲回家吃饭，彭××用从仓库拿出的三棱刮刀，一刀刺在刘×平心脏，然后穿过马路逃跑了。我弟弟只身一人，而彭××他们人多势众，我弟弟没带凶器，彭××却带着凶器，我弟弟怎么会跟他们“挑衅”？彭××刺死我弟弟并逃跑，为什么判决书对此只字不提？

3. 高级法院终审判决书以刑法第一百三十四条第二款之规定判处彭××有期徒刑七年，实属定性不当，适用法律错误，判刑太轻。定性不当前已述。由于定性不当，所以适用法律错误，判刑太轻。本案被告人犯的是故意杀人罪，应按《刑法》第一百三十二条治罪。

为此，我们全家请求法院对此案重新复查审理，依法对杀人犯彭××从严惩处，替我弟弟刘×平伸冤，以维护国家法律的尊严。保障公民的人身安全。

此　致

××市人民法院

申诉人：刘××（盖章）

19××年×月×日

【简评】

1. 这是一份基本符合写作要求的申诉状。标题准确。申诉人的身份概况写出了六点要素，清楚，但是还应写出申诉人的籍贯。案由写得明了、清晰。

2. 申诉请求的目的比较清楚，指出了原审判决“在定罪和量刑上均失公正，叙述事实有出入”，因此“我们无法接受”。在这里还应补充一句，即应提出明确的要求：“要求重新复查和再审。”

申诉的事实和理由能够抓住要害，直截了当地指出原判决对被告人在定罪、量刑和事实上均有错误，然后就从这三个方面入手，分别进行论析，特别是抓住一些关键性的情节，认为被告人是“故意杀人罪”而不是判决认定的“伤害致死罪”；指出被害人在修建队书记要去医院看病的时候，根本不在现场，因而判决书说被害人对书记去医院看病进行拦截和挑衅与事实不符；又从援引法律条文上指出原判决适用法律错误，因此定性不当。这就简明有力地阐明了自己的申诉理由，合情合理合法地提出了申诉的请求。

此案虽属重大，由于申诉人抓住了关键问题，不在案件的枝节上纠缠，所以写得重点突出，观点鲜明，语言也简明扼要。

(15—4)

答　辩　状[①]

答辩人：覃××，男，56岁，汉族，××省××县人，农民，现住××县××乡××村。

对周×不服区法院判决，提出上诉，答辩如下：

1. 被告周×在上诉中称：其母与覃离婚，是覃之过，覃好逸恶劳，道德败坏，对妻女打骂成性，最恶劣者，执手枪赶妻女出门，殃及子女等语。

我与周××（即周×之母）于1945年结婚，1952年离婚。夫妻共同生活八年，每日举案齐眉，相敬如宾，先后生育子女三人，互无怨言。在这漫长8年中，周××骄养成性，蛰居赋闲，生活资料靠我教学工资供给。解放时，我失了业，生活日趋下降，周××见我身陷逆境，过不了艰苦生活，兼受岳母挑唆，要求离婚。我毫未留恋，如愿以偿。周×怪我与其母离婚，是我之过。客观事实证明，我何过之有？

我天赋残废，人性懦弱，从事教育，奉公守法，循规蹈矩，力不缚鸡，从未玩枪弄刀。土改后，枪支弹药被政府收缴殆尽，我又从何处去寻手枪赶她母子出门？真是白肉生疔，捏造是非，混淆耳目，妄图逃脱赡养之责。

2. 周×于公元1947年9月6日诞生，我视他为掌上之珠，煞费

---

① 此文转引自邱世华主编：《司法文书通论》，个别文字略有修改。

苦心，抚养6年。1952年随母而去，离开了我温暖的怀抱。我同周××离婚时，经法院判决，子女属双方共同所有，由女方负责抚养。由此可见，非我不愿抚养，而是法院判决不养，有案可查。周×说：未沾我一根纱线。试问婴儿呱呱坠地，赤身裸体，晒日光，吸空气，生活6年，能否顺利健康成长？其母无一技之长，他母子生活费用及医药，是何人负担？我抚养6年，后经法院判决不养，怎么能说生儿不养父之过！过又从何而来？由我教学工资维持他母子生计，这是客观事实，任何人不容否认。我尽了6年抚养义务，应享受六年赡养权利。他不给付赡养费，法理不容，恳请正确裁决。

3. 周×称：他兄妹三人寄人篱下，啼饥号寒，听其自生自长，我未支援现金等语。我同周××离婚后，执行法院判决，各自为生，我曾多次写信探询，如石沉大海，拒不回音。我又从何插手支援？法院判决他随母生活，饱受饥寒，是其母和继父照顾不周，抚养不善，是他们之错，何将罪恶转嫁给我，错怪于人！

我年近6旬，孤苦伶仃，天赋残废，体弱多病，丧失劳力，不能自己为生，逆子周×良心丧尽，拒不养老，悲愁何堪言谕！恳请法院勒令周×给付我抚养他6年的抚养费1080元（每月以15元计）。如数付足后才割断血缘关系。是否适当，静候判决！

此　致

××市中级人民法院

答辩人：覃××

198×年6月20日

【简评】

1. 这篇答辩状的首部写得基本是清楚的，但在案由中如果能把案由写得更明确一些就更好了。即可写为：“对周×不服×

×区人民法院判决的赡养一案，答辩如下。”

2. 答辩理由写得充分，很有针对性。要认定被告人周×对覃××有无赡养义务，首先要认定周×是否覃××的亲生儿子、覃××对周×是否尽过抚养义务。这是问题的关键。答辩人正是抓住了这关键，说明了被告人应尽赡养义务的理由，因此很有力量。

3. 答辩人针对被告人在上诉状中所述的上诉理由，一一加以反驳，根据事实，说明被告人为逃脱赡养责任而提出的理由是不能成立的，这也就论证了答辩人提出要周×给付赡养费的合理性。

4. 答辩意见提得较为适当，要求对方给付赡养的数额和计算方法也符合情理。

5. 如果再准确地援引适用法律就会有更强的说服力。

【写作训练题】

1. 什么叫司法文书？

2. 司法文书的分类体系有哪两种？

3. 刑事诉状和民事诉状的异同是什么？它们的构成包括哪些部分？

4. 试分析上诉状和申诉状的异同。

5. 答辩状的写作应注意哪些问题？

6. 有一份民事诉状，在请求事项中写了这样一段话：“小弟崔××，现年26岁，虽工作尚未成家，他不但有权继承而且应多得一些。”这是一件析产案，试问上述写法有无不妥？为什么？

7. 有一份请求离婚的民事诉状，在陈述事实时，写下了下边一段话：“女方心情险恶，脾气横蛮，言语粗鲁，开口就骂，性格放纵，生活放浪，要挟丈夫，作风败坏，虐待夫身。冷酷无情。”这种写法有何不妥？

8. 有一答辩状，被告人针对原告人指控其诈骗钱财一事，答辩道：“当我从家乡出来（1978 年）时，开了三级证明，介绍了我的情况。我的历史首先向××（原告）已经讲得清楚，××对我当时的处境也表示同情，这并非我隐瞒了自己的历史。××诉我诈骗钱财是没有事实根据的。”这种写法的问题何在？

9. 解放初期，某甲与某乙平均出资购买房屋一所计六间。因故，房屋一直由某乙居住。现在某甲两个儿子长大成人，因长子结婚没有房子，所以要求依法享受属于自己的住房所有权。但某乙以原房已彻底翻修，翻修时某甲并未出资分文为由，拒不承认某甲对该房享有所有权。现某甲请你为其代书一份民事诉状，并提供下列证据：

①当初房契上房主的名字有某甲（房契现存于某乙处）。

②当初二人合资购买房屋时，曾签定过《协议书》一式两份，甲、乙各存一份。

（甲、乙二人的身份概况，请代笔人虚拟）

10. 请代别人写一份控告书。

11. 请代××市第一百货公司写一份委托王为民律师处理该公司与××市光华服装厂合同纠纷一案的授权委托书。有关情况如下：

××市第一百货公司法定代表人：李兰芝　女，45 岁，汉族，职务：总经理。

王为民　男，50 岁，汉族，工作单位：××市第一律师事务所，职务：律师。

12. 请代某单位或某人写一份申请执行书。

第十六章　科技文书的写作

科技文书是以科学研究、科技成果和科技事务为反映对象的具有实用价值和一定惯用格式的应用文体。它是科学研究和科技事务活动的实录，是技术成果的表达形式。科研活动及成果只有通过科技文书，才能实现其价值，进而为人类服务。

科技文书是应用文体的一个大类别。按性质和作用可以分为若干类型：用于情报交流的，如科技索引、科技文摘、科技综述等；用于科学研究的，如科技任务书、实验和测试报告、科技报告等；用于科技管理的，如科技鉴定书、发明申报书和专利申请书等。

科技文书既具有一般应用文章的特点，又具有自身的特点。它大致有以下几个特征：

一、科学性

这是指内容说的。

科技文书反映了科技领域中的研究、探讨、发现和结论，所涉及的事物、事理，本身就具有客观性、严密性的特点，因而具有科学性。因此，科技写作必须正确反映已然的现象和成果。陈述、说明、论证必须严密。严密、科学，是科技文书所具有的一个重要特点。

二、准确性

这是指语言表达说的。内容上的严密必然要求表达上的准确。科学研究的成果必须用准确的语言表达出来，才能为社会所承认，才能广泛应用为人类造福，成为人类知识宝库中的重要财富。

三、规范性

由于表达的需要、文体的特点，在长期的写作实践活动中，已约定俗成而使一些文体的外在模式逐渐固定下来，并为人们认可，形成了一定程度上的规范化、格式化。在写作过程中，应大致遵循这种模式，以顺应人们的阅读习惯。

四、时效性

科技文书的任务是及时反映、介绍最新成果，传播科技信息，推动科学技术发展。因此，写作的对象常常是科技领域反映出来的最新成就、最新信息，要求在最短的时间内形成书面文字，向有关方面反映。因而，科技文书也具有一定的时效性。

科技写作所涉及的文体种类繁多。本章将着重介绍索引、文摘、综述、科技报告、科技鉴定书的写作。

第一节　索引　文摘　综述

目录、索引、文摘，是记录、揭示“一次文献”（即第一次发表的原始文献）的工具，具有记录、揭示“一次文献”内容的功能。科技情报工作人员和科技工作者为了及时、准确地搜集、记录、整理科技信息资料，记录、揭示“一次文献”的内容，采用编制目录、索引、文摘的形式制成检索工具，供人们查找；并且，还在“一次文献”和“二次文献”的基础上对内容进行整理、分析、研究，写成具有综述性、评论性、总结性的如“综述”、“评述”、“专题总结”、“动态”等，供人们参考。“综述”、“评述”、“专题总结”、“动态”之类文献，属于“三次文献”。它们的任务在于揭示科学技术研究、发展的动向、水平，在科学研究和科技情报工作中起着重要的指导、参考作用。

一、索引

（一）索引的性质

什么叫索引？《辞海》是这样解释的：“索引：将图书、报刊资料中的各种事物名称（如字、词、人名、书名、刊名、篇名、内容主题等）分别摘录，或加注释，说明出处页数，按字顺或分类编排，附在书之后，或单独编辑成册，称为索引，是检寻图书资料的一种工具。旧称‘通检’或‘备检’……”概括来说，索引是把一种或一批相关文献的著者、编目、出版、内容等按一定的方法编排，为人们提供查找线索的检索工具。

索引所著录的往往是一个完整文献的一部分。它比目录揭示文献的内容更深入、丰富。索引通过简练的文字、图表、数据深入说明原文（“一次文献”）中的关键性问题，完成指示检索的职能。人们可以通过索引尽快地找到所需要的资料、信息。它能提高文献检索的深度和检索效率，满足多途径检索的要求。索引的出现、发展，反映了人们效率观念和情报意识的增强。

（二）索引的种类

索引的分类方法多，名称也多。常用的索引有篇目索引、内容索引、著者索引。

（三）索引的结构与编写

索引通常由一批索引款目（如主题、人名、专刊、标题、报告、号码等）及参照系统（如参照、注释、使用说明和凡例等）构成。

款目包含标目（标识）、说明语和材料出处。标目是表达指示的主题或事物，又称索引词，用主题词、概念、关键词、著者或文献名称、代号表示。说明语则指示、解释标目的内容含义。材料出处告诉检索者该标目在某书、某文摘的哪个部分。

下面是从《科学技术情报参考书目》（书目文献出版1985年北京第一版，刘钦智编，范静译）中摘出的两则索引：

2.75 电气工程情报源指南（How to Find out in Electrica Engineering: A Guide to Sources of Information, J. Burl kett and P. Plamd. Oxford: Pergamon. Press, 1967）。

本书主要供学生使用，着重于英国资料。书中既介绍了基本参考资料，又有电工专职人员所感兴趣的名录资料。

R: Jenkins（K4）； Mal（11—111）；Wal（p. 311）.

4.29 简明彩色自然界百科全书（Concise Color Encyclopedia of Nature. M. Chinery. New York: Crowell, 1972）。

本书是为小学学龄读者编写的一本有关自然界的参考书。

R：ARBA（1973，p. 550）。

上述两则索引，“2.75”、“4.29”是该书章、条序号；占显著位置的中文文字“电气工程情报指南”、“简明彩色自然界百科全书”是索引的标目；括号内的外文是说明语。这两则索引的突出特点是有评论性的提示、资料，用“R”表示可以利用，用“Mal、ARBA”表示图书资料的缩写，标明了出版年代、页码。

索引的编制，主要是技术性方面的问题。由于有基本固定的格式，所以难度不大。下面主要谈谈索引中标目的制作。

索引中的标目，可以用主题词、概念、关键词等表示。以主题词为例，在拟写中要注意以下几点：

1. 在读懂文献的基础上，抽取和选用准确的主题词　索引的编制者必须熟悉文献，理解文献的内容，准确地写出标目。

2. 要限制主题词的字数　《汉语主题表》规定，主题词不超过14个汉字，以利电视屏幕显示。当然，手检系统不限字数，但也要以简练、准确为好。

3. 选词规范　选择规范化的词，是为了避免混乱。比如“索引”是规范的，“备检”则是不规范的。要选用规范的词做主题词，以便利于查阅。

4. 主题举例。下面列举《通用机械文摘》的索引供参考：

（1）　1986～1987年度

主题索引检索词词首检字表

外文字母：A、O ………………………………………… (2)

B：泵、变、标、波、补 ……………………………… (2)

C：材、测、齿、船、磁 …………………………（6）

D：……

（2）1986～1987 年泵文献主题索引

外文字母

ABS 公司

概况 8709001

O 型圈 6050130

B

Beng 泵

安全//标准 8710023

安装//拆卸 8705158

安装//管理 8710140

包装//自动线 8704021

……

这种索引的编制，是将年度期限内的文献用检索词词首按一定顺序排列。如属外文资料，列入“外文字母”项内。属于中文的，按汉语拼音字母、音序排列。如把“泵”有关安装（管理方面）的资料编入“B 泵”：“安装//管理”条，材料出处的流水号为“8710140”（即 1987 年第 10 期第 140 条）。这是日本永山正夫关于泵的维护方面的论文，是从泵的安装与管理设置角度探讨的。通过表（1）可以顺利地查出表（2）有关的条目。

二、文摘

（一）文摘的性质和作用

文摘是对文献内容进行准确、概括性的摘述，用来报道、贮存、查阅信息资料和成果的应用文件。文摘的对象可以是一份文献的整体，也可以是文献的某一部分。它对原始文献（一次文献）的内容进行浓缩，是系统报道、积累、查阅文献资料的工具，是文献资料的精粹。

在科学技术迅猛发展的今天，科技成果日新月异，文献内容繁多，人们不可能通篇浏览出现存所有文献；因而，借助文摘，迅速了解、检查所需学科、专业领域的信息、成果，为生产、科研、教学服务，就显得非常必要了。所以，编制文摘、利用文摘对了解科学技术的发展动态、掌握专业领域的情况、检查所需资料的作用是至关重要的。

（二）文摘的种类

文摘的种类繁多，形式不一。位于文献篇首的叫篇首文摘；离开原文献，由资料、情报人员编辑而成的文摘是书本式、期刊式文摘，是重要的检索工具。根据摘述内容的详略，可分为“指示性文摘”、“报告性文摘”两种。

（三）文摘的写作

下面从指示性文摘、报告性文摘和文摘期刊刊登的文摘，谈谈文摘的写法，重点介绍文摘期刊刊登的文摘写作。

1. 指示性文摘　也称简介、题录。它往往用简短的几句话介绍文献资料的主要内容，是对文献标题的补充说明，告诉读者论文探讨的范围、目的，对读者起揭示、指示作用。这种文摘的外在模式是篇段合一，字数一般在百字以内，有的只有一句话或几句话。

2. 报告性文摘　报告性文摘是用来概述文献创造性部分内容要点，是向读者提供定量情报和定性情报的一种文摘。它是原文献内容的高度浓缩。读者阅读这种文摘，一般可以不读原文，即能了解文献的主要内容，便能决定文献的使用价值，便于取舍，节约阅读文献的时间。由于这种文摘的信息量大，参考价值高，因而篇幅也长些，根据内容含量，可以在数百字或千字左右。内容包括范围、目的、基本观点、推论、结论、数据、参考文献等。

3. 期刊文摘　期刊文摘是指发表在文摘杂志上的文摘。这种文摘，一条报道一篇论文，大都分类编排，并署有文摘号。请看下面的例文：

871101　采力热力泵输水的技术经济评价　〔稿，俄〕

/голуоцов Сфнпо Солнце Ан Тсср：Ашхаоад

1986.Туркм Ниинти，1986.12.29，No54—Ту—15 页

评价了在沙漠地区（考虑时间因素）采用热力泵输水的技术经济效果。作为效率的标准，采用的是这样一种经济效率指标，即该指标能够对比费用方面比例不同的各种方案。评价了对本文所提方案的效率具有影响的因素，并根据所得计算数据的分析，提出了经济指标的途径。

（若　岩译）

（《通用机构文摘》1987 年 11 期）

1983 年 7 月 2 日，国家标准局发布了《检索期刊条目著录规划》(GB3793—83，1984 年 4 月 1 日实施)。在“5 著录格式分则”中有如下规定，现摘抄如下：

5.1 期刊与期刊论文

5.1.1 期刊

格式

⑱分类号
⑰顺序号①中文刊名＝外文刊名③〔刊，文种〕④/编者。—⑨出版地，创刊年～。—⑩总页码；开本。—⑫刊期，密级。—⑬文献标准刊号：年价
　⑭提要。⑯（文摘员）
　⑳主题词　⑲索取号

……

例2

分类号
820045世界图书B辑〔刊〕中国图书进出口公司。—北京1973～。—68页。—双月刊。—3.00元
　提要
主题词　　　索取号

5.1.2 期刊论文

格式

⑱分类号
⑰顺序号　①中文题名②＝外文题名③〔刊，文种〕④/著名⑥//刊名（国别或地名）。—⑧年，卷（期）。—⑨所在页码
⑭提要。⑮图×表×参×　⑯（文摘员）
⑳主题词　　　⑲索取号

……

例 2

分类号 82060904　电度表校验和校验自动化问题 〔刊〕/唐佐梁（西北电管局中试所），梁佐//陕西计量/陕西省计量局。—1980，(4)。—10～14 主题词　　　　索取号

从以上数表中可以看出，除提要、主题词外，都可以按格式填出。下面略述有关提要、主题词的制作。

1. 提要　提要，也称摘要，是对文献内容的简介和摘要。往往采用“概述了……”、“评价了……”、“提出了……”等句式对文献内容进行摘取。写提要，必须认真读懂文献原文，并能“撮其要”；在语言方面，应力求准确、简练，符合思维逻辑。要尽量采取开门见山、一语破的的方法，指出文献的关键内容，尤其是具有创造性的内容。往往先写出结论，再写有关内容。

2. 主题词　国家标准局 1983 年 9 月 13 日发布的《文献主题标引规则》对主题词的概念、选定都有规定。主题词，“又称叙词（即正式主题词），它是经过规范化的词，在标引中用以表达文献的主题，在检索中用它构成提问式，以表达检索的需求。”制作主题词，首先要审读文献，“了解和判断文献所论述的中心内容和研究的对象，进而确定文献的主题”，“在精选主题概念时，标引人员应充分考虑读者的检索要求，分析选定对读者有实际意义的主题概念”，“应充分考虑主题分析的全面性、专指性，最大限度地满足查全和查准的需要”。主题词的选定，“要直接地、客观地反映出文献所论述的事物或研究的对象与问题，切忌标引人员掺杂个人观点”，“选定的词，一般必须是词表中规定使用的主题词（即正式主题词）”，“必须首先考虑选用最专指的主题词”。主题词“组配的结果，要求概念清楚、确切，只能表达一个主题意思”。主题款目的标目，“可由单个主题构成，亦可由两个或两个以上的主题词构成”。

三、综述

（一）综述的性质

综述是用简洁的文字对文献进行归纳、分析、整理而形成的概述性资料。它可以综述某学科、领域、专题的历史、现状、发展趋势等。综述通过报道形式公布，是对一次和二次科技文献进行加工整理、去粗求精而编的三次文献，揭示科学技术发展水平、差距、动向，具有重要的参考价值。

综述是客观地陈述有关内容，作者不加评论（加评论者是“评述”）。

综述是作用在搜集、浓缩了大量文献的基础上编成的，对读者了解综述范围的有关内容大有裨益。

（二）综述的写作

综述属于报道、研究类科技应用文体。撰写综述的目的是为了交流、传播，使科技文献更有效地为读者服务。

由于撰写综述的目的、服务对象不同，涉及的内容不一样；因此格式也各异。写法上大致可以分为前言、主体、结束语、附录四个部分。请参阅下面一篇综述：

高清晰度电视技术的现状与展望

冯　严

目前，世界上存在三种电视广播制式：NTSC制、PAL制和

SECAM制。这些彩色电视系统由于受传统技术的限制，图像质量，特别是清晰度很不理想。通常标准的电视系统仅能提供330线的解析度，显然不能满足当今人们对电视机清晰度日益增高的要求。为此，日本广播电视协会（NHK）经过20年的努力，终于研制成功一种高清晰度电视（HDTV）。

HDTV比目前的电视清晰度高5倍以上。扫描线从现在的525条增加到1125条；每条扫描象素从720个增加到1920个；画面的宽高比从现在的4∶3增加到16∶9，与电影屏幕成同样的比例。过去认为，在画面高度7倍以上距离外看电视是理想的，但对于HDTV来说，即使在3倍的近距离也能欣赏到鲜明的图像，其图像的分辨力大幅度提高，完全可以与35mm的彩色电影质量相媲美。HDTV不仅为我们展示了未来电视的新制式，而且必将引起现有电视制式的技术革命，成为未来电视系统的主流。

但是发展HDTV也有一定的困难。虽然高传真的画面受到广泛地欢迎，但它与现行电视系统不能兼容。不但发送装置及接收装置完全不同，而且从彩色摄像机到显像装置的整个系统全无相容性，均需彻底更换。为此NHK开发了高析像2/3英寸硒碲砷光导摄像管，全自动配准控制、35mm激光胶片录像、50型背面投影显示器、逐行扫描图像转换等一系列新技术。另外由于HDTV需要在VHF频道占用5～6个信道带宽才能达到表现细腻图像质量的目的，以目前的情况来说，这显然是不可能的。因此，NHK又开发了频带压缩传输系统（MUSE），把一个图像分为4个部分传送，而在接收端成功地采用图像复原方法，利用人造卫星方式使用9个频道来进行。还有HDTV是针对未来电视系统所提出的计划，还有待于世界各国的一致认可，方能在世界范围内推广实行。日本几年前就向国际无线电咨询委员会

(CCIR) 提交了关于 HDTV 标准的报告，由于美国和欧洲的反对而未能执行。日本建议扫描线为 1125 条，帧频为 60Hz，宽高比为 5∶3，而 CCIR 根据美国的意见建议宽高比为 5.33∶3 (即 16∶9)，主要考虑了与现行电影画面的比例问题。对此欧洲国家的建议与之相比差距就比较大，他们提出 HDTV 应该采用多路存储计算机（MAC）系统作为全世界通用的统一标准规格，他们强调这种 MAC 系统的主要优点在于与目前他们的电视系统以及 35mm 电影系统相容，且他们认为 HDTV 所用帧频应为 50Hz。看来，即将在今年召开的 CCIR 全会上必将有一番关于 HDTV 的激烈争论。但无论怎样，HDTV 必将是未来电视系统的主流。

鉴于以上推行 HDTV 的一些困难，最近几年在数字电视基础上发展了一种比数字电视更为先进的电视接收技术，即改进的清晰电视（IDTV)，它是目前电视技术发展的一个重要方向。其主要特点是对现有的电视制式不作任何改进，而只在接收端运用先进的图像处理技术，使之能达到提高图像清晰度的目的。由于它的这一特点，因而当 HDTV、EDTV 相比，更容易率先实现商品化。目前，市场上不少号称解析度已创新纪录的电视机，其中多属 IDTV。日本 NEC、东芝、松下等主要电视机生产厂家均已推出各自的 IDTV 产品，预计今后几年内电视机市场将逐渐被 IDTV 所占有。IDTV 主要采用以下两种新技术：

①场内/场间动态自适应扫描补偿法，把原来的隔行扫描变为逐行扫描，从而消除了由隔行扫描带来的各种干扰。

②采用帧内/帧间动态自适应 Y/C 分离法，消除了亮度信号的互串，因此图像的垂直清晰度提高约 50°。并消除了滚动、行间抖动、大面积闪烁等缺点，而且把频谱交错带来的一些弊病，

如亮度信息与色度信号间的互串，彩色副载波的亮点干扰，微分相位失真等基本消除。

去年日本电子展览会上，索尼、松下、东芝公司竞相推出水平解析度均达 800 线的 IDTV。由于 IDTV 还采用了数字帧循环降噪技术（以此提高亮度信号和色度信号的信噪比）以及带宽图像中放、锁相环同步检波、动态聚焦、高压稳定等技术。因此 IDTV 与普通的数字电视相比推进了一大步。

另一种高清晰度电视是增强型高清晰度电视（EDTV）。它是用高清晰信号来提高图像清晰度的。日本政府已经批准并实施 EDTV 的第一方案，并曾计划于今年春天实施 EDTV 的第二方案。EDTV 的目标是继续维持与 NTSC 制相互通用的方式，而将 NTSC 制的缺点如闪烁、画面质量粗糙等加以消除，为此在传送和接收两方面均需充分利用最先进的图像处理技术以及大规模集成电路技术。这样将拥有 525 条扫描线及水平解析度超过 450 线的高质量画面，而且彩色效果也将大为改善。EDTV 的第一方案主要包括用逐行扫描的 EDTV 用摄像机作为演播室的信号源；采用自适应加重法，增加图像较暗时的预加重量，使得图像较亮时，预加重量较小，使图像在较暗时能保证轮廓的清晰度；补偿由于发端校正造成的色饱和度较浓时图像分辨力的下降；发端插入消除重影的基准信号等。第二方案除保留第一方案的全部特点外，还加入了提高清晰信号插入亮度信号的高频部分的频域多重复合技术，使图像的水平分辨力提高约 50%。另外扩大色信号的帧域范围，加宽屏幕，使宽高比从原来的 4∶3 变到 16∶9。由于目前对大屏幕电视机的需要日益增加，EDTV 已成为发展高清晰度电视的另一个重要方向。

在 IDTV、EDTV、HDTV 这三种高清晰度系统中、IDTV

由于不需改变制式，而且与现行电视制式相兼容，因而发展最快。IDTV电视机的商品化，把近几年才发展起来的数字电视技术同实用化推进了一大步。EDTV对现行制式只需稍加改进，它既能与现行制式相兼容，在各项指标方面又接近HDTV，其发展速度也相当快。HDTV由于不能与现行电视制式相兼容，因而只限于剧场、有线电视及电视卫星中。目前，HDTV技术也在发展之中，日本NHK开发的MUSE系统在未来3年内即将问世，现行与MUSE信号全无相容性的电视机只需加装一个大型转换器，便可接收MUSE的HDTV广播信号。

展望90年代，随着电子技术的发展，我们可望欣赏到高质量的高清晰度电视。

（《电子世界》1990年9期，总132期）

这篇综述共分8个自然段。第一自然段是前言部分，第二自然段至第六自然段为主体部分，第七和第八自然段是结束语。这篇综述无附录。

前言部分的写作，一般可包括编写本综述的根据、目的，涉及的内容范围和状况（历史的、现状的、未来的）等项目。可注明“前言”，也可不注明。前言部分大多只有一个自然段，要写得简明扼要，抓住实质。

上述例文的前言概括了目前世界上存在的三种电视广播制式，指出其清晰度不理想；日本NHK经过20年努力，已研制成功HDTV高清晰度电视。紧密联系题目，十分精炼。

在主体部分，作者对HDTV、IDTV、EDTV三种新制式分别进行了介绍、对比，共分三个层次。每一层次都作详尽的分析介绍，理论、数据丰富，有重要的参考价值。尤其是将三种新出现的制式与旧有的三种制式以及所出现的三种新制式之间的交叉比较，具有较强的可信性，为有关读者提供了国外的发展行情和研究、生产、设计的借鉴。

主体部分的写作从内容上应做到准确、丰富。要对现状、存在问题、未来展望做详尽的具体的叙述。要注意运用好说明这种表达方式，运用分析说明、综合说明、下定义、列图表、举数字、比较等多种方法。还要注意条理性。

结束语的写作内容包括综述研究的结论、研究本题的意义。结束语是综述的收束。要写得明确、得体，要言不烦。有些结束语把结论部分放在主体部分，而在结束语部分则对未来进行预测、展望。上述例文的结束语就是如此。第七自然段对 IDTV、EDTV、HDTV 的未来做了简要的介绍，第八自然段则对 1990 年高清晰度电视做了展望，照应了综述的标题，点明了主旨。

附录。附录是附在综述正文后面的参考文献目录。是综述写作的依据，也为读者提供了资料。附录的写法同一般论文“参考文献”的写法。上述例文未写附录，是因为作者在引用资料时运用了综合归纳。

综述的写法是比较灵活的。在篇幅安排上需根据内容繁简等因素决定字数的多少。一般来说可写千字左右，也可以在 2000 字以上。

第二节　科技报告

现代科学技术的迅猛发展，出现了大量的科学技术文献，科技报告就是其中比较活跃的一种。它是及时反映科学技术领域情况、成果的文体之一。

一、科技报告的性质

“科技报告”应用十分广泛。无论是科技情报部门还是科学研究部门、生产部门都常常要使用它。

科技报告可分为观测性的、验证性的、研究性的、应用性的四类，属于一次文献。它直接记载科研、生产成果，报告新发现、新发明、新创造、新技术、新理论等，人们可以从中获得科技领域中的最新信息和成果。

科技报告的内容特征表现以下几个方面：

（一）内容专业化

科技报告的内容专业性强，所反映的是某一领域的技术发展水平和理论研究深度。我国的《科学技术研究成果报告》中，就收录了农业、水利、土木、化学化工、冶金、机械、电机、船舶、医药、计算技术等学科领域中的科研成果报告。所以，根据科技报告的内容，就可以反映出国家、学科领域、生产部门的科学研究的现状与水平。

（二）社会效益高

科技报告反映的成果和经验，可以直接应用到科研、生产领域，为人们利用、借鉴，有较高的使用价值，易于发挥其实际效益。科技报告反映的理论研究，则可以起到认识、推动、指导理论研究的作用。

（三）直接报告研究成果

科技报告的制作者是进行科研的直接参与者，直接报告研究成果，迅速而准确。

科技报告的种类繁多，这里介绍几种常用的科技报告的写法。

二、科技报告的写作

（一）考察报告

考察报告兼有观测、研究两种性质。从内容分，有专题考察报告、综合考察报告。考察报告的任务，是揭示自然界的和科技课题的奥秘；考察报告的对象，常常是科技界所关心的技术或理论问题。考察报告的作者在经过大量的实地观察、调查、分析、研究后，从中找出规律性的东西或结论，向有关方面公布。

考察报告的写法比较灵活，并无较固定的模式。大致可分为标题、前言（或引言）、主体、结束语。有的考察报告有附录，起提供依据、参照和注释作用。

考察报告的标题，一般都直接点照题旨，如竺可桢早年写的《杭州西湖生成的原因》①；也有的直接点明考察的地点、项目，如《国外环境污染和环境保护考察报告》②；还有的考察报告的标题像论文的标题，标题可以直接表达作者的观点，如钱三强撰写的考察报告《发展科学技术是发展国民经济的重要环节》③。

考察报告的前言（引言）是正文的开头部分。由于考察的内容不同（如科技情况、科学研究、科技会议），因而前言的写法也不同。上面提到的钱三强的出国考察报告，属于科技情况考察报告，其前言部分是这样写的：

---

① 《杭州西湖生成的原因》，见《竺可桢文集》，1979年科学出版社出版。

② 《国外环境污染和环境保护考察报告》，中国科技情报所，（73）008出国参观考察报告。

③ 《发展科学技术是发展国民经济的重要环节》，钱三强，《世界经济》1976年第6期。

近两年我先后到澳大利亚、罗马尼亚、南斯拉夫、法国和比利时进行考察访问，照了照镜子，看了这些国家科学技术发展的历史和现状，很有启发，有许多经验值得我们借鉴。感受最深的有两点：一是科学研究的课题同发展国民经济紧密联系；二是引进技术，取人之长，为我所用。在我国工作重点转移到社会主义现代化建设上来的时候，这些经验很值得参考。

有些考察报告的前言部分还介绍了考察团自身的组成情况、考察的对象等。

考察报告的主体部分由概述考察的内容、收获和详述考察内容两部分组成（有些考察报告，概述并入前言部分，前文即是）。详述考察内容部分如说明文结构中"总说——分说"的分说部分一样，把全部有意义的考察项目或内容情况，分条列项或按一定的逻辑联系写出来。这部分内容应翔实有序《发展科学技术是发展国民经济的重要环节》一文从第二小节至第十二小节的结构安排是这样的：

2—6：澳大利亚的情况

7—8：罗马尼亚的情况

9—10：南斯拉夫的情况

11—12：法国的情况

考察者在这几部分分别介绍了所考察的国家在发展科学技术、应用科学技术促进国民经济发展的情况和值得借鉴的经验，写得生动、有说服力。

考察报告的结束语是全文的收束。其写法是灵活多样的，有的考察报告正文结束就自然收束了；有的考察报告结尾还可以写上考察后的结论，建议等。

（二）实验报告

实验报告兼有实验、报告两种性质。它首先告诉人们的是实验的方法、过程，然后告诉人们实验的结果、结论。目前，这类文体已被人们看做科技论文的一种形式，是进行科学研究、反映科技成果的工具之一。

实验报告在长期的写作中已具备了基本的格式。一般由以下几个部分组成：

标题

作者、作者单位

摘要（包括关键词）

引言（有时“引言”二字略去）

实验部分

结果及讨论

参考文献

下面是北京大学学报（自然科学版，第 26 卷，第 6 期，1990 年）刊载的一篇实验报告例文：

催化光度法测定痕量硒

姚凤姬　董天祥　慈云祥

（化　学　系）

摘　要

本文通过研究 Se（IV）催化氧化苯肼，进而与间苯二胺偶合生成黄色偶氮染料的最佳条件，建立测定 Se 的光度分析法，该染料的最大吸收波长为 450nm，在此波长下的吸光度值与 Se 量有线性关系。表现摩尔吸光系数为 $3.0\times10^{6}b\cdot mol^{-1}\cdot cm^{-1}$。符合比尔定律的范围 0.4～32ppb，用于测定面粉及合成样中 Se

的回收实验均得到满意的结果。

关键词　硒的测定；催化分析；光度法

硒化合物是有毒的。然而痕硒量又是人体所必需的。人体内血硒含量如长期低于0.1ppm，就可能引起肝坏死、心肌损害、癌症、关节炎等疾病。硒蛋白、硒的抗癌作用、免疫作用及硒与汞、镉、砷等污染元素的相互作用已被发现。因此硒已成为当前营养学和环境科学中的突出问题。

1. 实验部分

1.1. 试剂及仪器（略）

1.2. 分析方法（略）

2. 结果及讨论

2.1. 条件实验（略）

参考文献（略）

从以上例文看，摘要、引言、实验、结果及讨论等部分的写作是很重要的。

摘要。摘要是科技报告（或论文）的重要构成部分。它是标题的展开和补充，担负着向读者提示文献内容以利于读者取舍的重任。摘要要写得凝练、集中、概括，文字要短，内容要精，只介绍文献的内容，不作评论，可看做是该文献的内容提示。摘要的字数一般以200字以下为宜。

引言。也称前言、概述、导言、绪言，是文章的开头。有时不写出“引言”；其位置在摘要下、正文上，分别用空一行间隔。引言的内容在于介绍研究本课题的目的、意义，指出其实用价值和学术价值，借以突出科技报告研究成果的创新和实用性。前文所引《催化光度法测定痕量硒》的引言部分虽然只有几句话、百余字，但却把研究的理由、目的、作用、意义都包括了。引言的写作要求与摘要相同。

实验部分。这一部分介绍实验装置需用的仪器名称、材料和实验的过程、方法等，多采用叙述、说明的表达方式。在介绍时，同样需要注意科学性与条理性。

结果及讨论。这是报告的主体部分。在内容方面要对实验结果进行分析。要进行定量分析、定性分析，讨论结果的必然性、正确性。这是对实验的各阶段及最终结果进行讨论论证。除了按内在的必然联系进行论证外，往往要辅之于图表，或引用其他文献提供的理论和数据。这部分的写作，语言准确，逻辑严密，当然是最基本的要求了。

科技报告的种类还很多，如技术报告、科技政策报告、科学游记等。即使是上面介绍过的考察报告、实验报告，也因内容、专业不同而在写法及要求方面也不一致。需要结合自己的专业实际，在实践中不断学习、提高。

第三节　科学技术成果鉴定证书

一、科学技术成果鉴定证书的性质

科学技术成果鉴定书，过去亦称“技术鉴定证书”，是由科学技术成果鉴定机构对某项研究成果经过严格审查、评议，确定其是否符合科技成果的基本条件，并从科学意义、学术水平、成熟程度、实用价值等方面进行评价而制作的科技应用文体。

在口语中，习惯称为“科技鉴定书”。

我们常说的科技成果，共有两类，一类是阐明自然现象、特征，探索自然界物质运动、变化奥秘的新发现、新论述；一类是试验、研制的新材料、新元件（器件）、新工艺、新设计、新技术、新产品等发明创造。前者体现为科学技术论文和专著，后者体现为技术文献、材料和样品、样机等实物。近年来，软科学（如设计程序、规程、管理方法等）也被视为科学技术成果。

要称为科学技术成果，必须具备三个条件：

（一）成果本身的创造性

要有创见。或者是前所未有的，或者是在前人研究成果的基础上又增添、加深了内容。

（二）成果本身显示的先进性

要求成果比原有的技术、理论超前一步，居领先地位。

（三）成果的实际应用性（或实用性）

成果要有一定的经济效益、社会效益，有学术价值。

目前，在我国，为了鼓励人们进行革新、发明创造，促进生产发展，也把一些并非最终科技成果的项目也视为科技成果予以鼓励；也将吸收、消化某些国外成就，进而研制、改进某种产品，符合我国需要，有重大意义的，也列为科技成果。

进行科技成果鉴定，是科技成果管理工作的一部分，通过鉴定、评价，对于指导科学技术的推广，发展社会生产力，具有明显的作用。

我国十分重视科技成果的鉴定，将其列为科技成果管理的重要任务。1961 年 4 月 21 日，国务院颁发了《新产品、新工艺技术鉴定暂行办法》，1978 年国家科委发布了《关于科学技术研究成果管理办法》，1985 年国务院、国家科委联合发出了《关于加强科技成果管理的通知》，对科技成果的技术鉴定和评审作了具体的要求。国务院各部委、中国科学院和各省、市、自治区也都对科技成果的评审、鉴定工作制定了具体的制度和办法。

按国务院规定，科技成果的评审、鉴定按项目的重要性和涉及面的大小，分为国家鉴定、部级鉴定、地方鉴定、基层鉴定四级。

科技成果的评审鉴定形式，可采取通讯评议法、会议评审鉴定法、委托检验测试法（委托审查法）；此外，也可以由学术会议、生产和使用单位做出评价和肯定的视同鉴定法。

二、科学技术成果鉴定证书的格式

科学技术成果鉴定证书在长期的使用中已表格化了。其格式项目如下：

编号

项目名称

主要完成单位

组织鉴定单位

鉴定日期

成果的简要说明，主要技术指标

鉴定委员会意见（附技术负责人签章、日期）

鉴定委员会评价意见统计表

鉴定委员会成员名单

主要技术文件目录

组织鉴定单位意见（附印章、日期）

目前统一印制的科学技术成果鉴定证书均用红字印制证书印制单位和证书名称。上述项目的1—5项在证书封面。

三、科学技术成果鉴定证书的写法

科学技术成果鉴定证书是印制好的，除“成果的简要说明，主要技术指标”、“鉴定委员会意见”两栏外，其余项目大都是按格式规定填写的。下面分别谈谈这两部分的写作。

（一）“成果的简要说明，主要技术指标”

这一部分由两个内容组成：一是成果的内容是什么，即什么课题（项目名称）、什么理论；研究、开发的方法是什么，做了哪些完成课题（项目）研究的工作。二是是否完成了课题（项目）指标，完成的程度如何，达到了怎样的要求（或水平）。属于自然科学领域的，要突出社会，经济效益；属于应用理论研究的，达到了何种高度。在行文时，要做到语言简洁，要言不烦，有高度的概括力；还要做到层次分明、条理清楚，符合事物、事理的逻辑顺序。内容的先后次序按成果说明、技术指标安排。技术指标要有数据，并力求准确。在内容上一定要实事求是，不能夸大，也不要缩小，体现严密的科学性和科学的态度。

（二）“鉴定委员会意见”

这一栏的内容是整个科技成果鉴定书的核心部分。“意见”一般应包括该项目（成果）成熟性、学术意义、科学技术水平、应用价值、应用范围、推广应用的建议、成果的保密范围和密级，以及存在的问题和改进意见等内容。“意见”的依据，是项目（课题）的主要技术指标或理论研究是否具有创造性、先进性、应用性，要从经济效益、社会效益等方面进行正确、全面、中肯的评价。要特别细心鉴别、评审那些为了抢成果首创权、急于请奖的技术上尚不成熟、理论研究方面尚不过关、材料还不齐备的“次成果”。撰写“评审委员会意见”要注意以下三点：一是实事求是，符合客观实际，对成果做出科学的评价。二是语言精当，表意确切，不在关键问题上含糊其辞。三是条理清晰，要做到前两点，除端正思想外，语言表达是关键，如“具备了鉴定条件”、“与会专家一致认为”、“达到了本省的先进水平”、“具有较大的应用价值”等，都是应该认真斟酌后才能下结论的。“评审意见”一定要经过充分发扬民主，根据大多数或绝大多数人的意见做出的。

四、关于“科学技术成果视同鉴定证书”

目前我国的科技成果评审鉴定形式大多采用通讯评议法、评审和鉴定会评议法。这些方法的共同点是由专家在会上或用通讯的方式对科技成果做出评审、鉴定。此外，还有：

（一）经过专业机构测试或检验，确定其成果的技术水平和成熟程度的应用性、发展性成果，达到了标准或规定的指标，可由检测机构签署意见，可视同通过评审、鉴定。

（二）科学理论成果在全国性（或国际性）学术会议宣读，获得会议文件的肯定评价，可视同通过评审、鉴定。

（三）应用性成果由生产单位试用或试生产，其他厂家也采用了，获得了好的技术经济效益，可由生产、使用单位出具使用报告和证明材料作为鉴定结论，可视同通过评审、鉴定。

（四）经中国专利局授予专利权的发明创造，经过实施取得了经济效益，可视同通过评审、鉴定。

视同评审、鉴定的科技成果，发给“科学技术成果视同鉴定证书”。“视同”即“看做等同”的意思。

科学技术成果视同鉴定书的格式如下：

编号

项目名称

主要完成单位

审批单位

审批日期

成果的简要说明、主要技术指标

视同鉴定证明文件（名称、单位、主要内容）

提交办理视同鉴定的主要技术文件目录及其提供单位

应用单位评价意见

主管部门评价意见

（审批单位）审批意见

有关栏目的写作及要求，可参考“科学技术成果鉴定证书”有关栏目的写作及要求。

第四节　发明申报书与专利请求书

随着科学事业的发展，有发明创造的个人和单位越来越多，使用发明申报书和专利请求书的个人和单位也越来越多。这两种文体已在高等学校、厂矿企业和科研部门广泛应用。

一、发明申报书

发明申报书是个人或单位取得具有发明创造性的科学技术新成果时，向国务院有关部门或省、自治区、直辖市科委申请发明权时所撰写的书面报告。它是国家鉴定一项发明权的文字凭证。

申请发明权的成果，必须是前人所没有的、先进的、经过实践证明是可以应用的。否则，便不具备申请发明权的资格。

发明申报书按科学领域划分，可分为设备发明申报书（设备包括机器、机组、器械、仪器仪表、电路、工具、零部件等）、方法发明申报书（方法包括设计方法、安装方法、采矿方法、采伐方法、栽培方法、测量方法、控制方法，以及新工艺等）、物质发明申报书（物质包括用化学方法获得的物质和用非化学方法获得的物质）、新用途发明申报书（指对已知的设备、方法、物质发明找到了新的用途）；按发明权项划分，可分为单项制发明申报书（指一项权项）、多项制发明申报书（指两项或两项以上的权项）。

发明申报书具有组织程序性和规范性的特点。组织程序性指发明申报书是由发明者个人或单位和若干部门按照部门的职权范围和一定的组织程序填写的。如，“发明的详细内容及列为发明的理由”要由发明的个人或单位填写，“建议密级”要由国务院有关部门或省、自治区、直辖市科委填写，“批准密级”要由国家科委填写。规范性指，发明申报书的表格由国家科委制定，有固定的栏目，每个栏目应怎样填国家科委有统一规定，任何发明者个人或单位都必须按规定填写，否则，有关部门就不予审批。发明申报书的规范性显而易见。

发明申报书的样式见下页。

为了使发明者个人或单位以及有关部门填写好发明申报书，国家科委拟写了《关于填写〈发明申报书〉的详细说明》，对表上的 14 项要填写的内容及填写方法作了明确而具体的规定。“详细说明”共有 15 条。(1) 至 (5) 条，对表头的几项如何填写作了明确规定：

发明申报书　　　建议密级：

批准密级：

国际专利分类号：　　　　序　　号：

发明名称		
发明者		
申报部门		
起止时间	基层申报日期 部门申报日期	
发明的详细内容及列为发明的理由		
附件目录		
申报部门审查意见		
国家科委发明评选委员会审批意见		

(1)《发明申报书》应按规定格式和顺序编写，大小为标准16开纸（高260毫米、宽88毫米）竖装，左边留30毫米宽作为装订用。打印或铅印，字体不能小于4号字。不加封面。向国家科委报送份数：申报三、四等发明奖为40份，申报一、二等发明奖为60份。

(2)《国际专利分类号》应按《国际专利分类表》第三版标出本发明的分类符号。在第三版的中文版未印出以前，以第二版为准。

(3)《建议密级》由国务院有关部门或省、自治区、直辖市科委填写。

(4)《批准密级》由国家科委填写。

(5)《序号》由国家科委发明评选委员会办公室填写。

第（1）条对《发明申报书》的规定格式、填写顺序，以及向国家科委报送的份数作了总的规定。（2）至（5）条分别对表头所列4项作了具体规定。

（6）至（15）条分别对表内所列10项的填写内容和填写方法作了具体规定。第（12）条对“发明的详细内容及列为发明的理由”作具体规定，因内容涉及的方面多，“详细说明”分别以“12—1”、“12—2”、“12—3”、“12—4”、“12—5”对有关方面的内容作了具体规定：

(12)《发明的详细内容及列为发明的理由》必须按规定的标题及顺序编写。编写方法是：

(12—1)“一、当前国内外尚未解决（或国外保密）的技术问题”。应简明扼要地写明四点。

a. 发明所属的技术领域及主要用途；

b. 引用已查阅的专利文献及非专利文献，说明当前在解决同一课题方面有哪些最先进的技术，指出与本发明最相近的专利文献或非专利文献的技术特点，设备发明应附结构图，方法发明应附成分范围、工艺流程，物质发明应附组分、结构式及获得该物质的手段，新用途发明应写明原有用途；

c. 指出已有同类先进技术存在的缺点或待解决的问题；

d. 本发明采用了什么新的技术手段，解决了前人未解决的哪几个问题。

(12—2)"二、发明的详细内容及发明权项"，主要是回答发明了什么？哪些内容需要对国外保密，哪些内容要求得到保护。要叙述发明的全部内容，包括技术诀窍。发明内容应与发明权项一致。需对国外保密的内容应以横线示出。具体写法：

a. 设备发明。设备包括机组、机器、器械、仪器仪表，电路，工具，零部件等。设备作为发明对象，发明内容的基本写法是按结构描述其特点，一般要写四点：(一) 按结构图（装配图、剖面图）从静态到动态作总的描述，静态用以说明构成发明的组成部分，动态用以说明动作程序；(二) 画出关键部位作深入描述，包括特殊加工工艺、特殊材料、特殊调试技术等，(三) 列出性能指标；(四) 构成发明权项的其他内容，所有机械图均不注尺寸，但应按比例绘制并标出图序，注上零部件的名称。

b. 方法发明包括设计方法、新工艺、加工方法、测量方法、控制方法、安装方法、采矿方法、采伐方法、栽培方法以及其他方法，方法作为发明对象、发明内容的基本写法是按动作顺序及实现的条件描述其特点，一般要写五点：(一) 基本原理。已知的原理只需写明采用了什么原理；新的原理要列出结论性的公式

(不要写推导过程)，并注明公式中各种符号的物理含义。(二)说明动作顺序，如工艺流程、安装步骤等，(三)实现的条件，如工艺条件、使用的原料等；(四)完成动作所用的设备。构成发明权项的特殊设备，应参照设备发明的写法，详细描述其特征。

c. 物质发明。物质可分用化学方法获得的物质和用非化学方法获得的物质两类。

用化学方法获得的物质，包括所有化合物。其发明内容的基本写法是按每种元素的原子量、化学键和它们的分布状况以及获得该物质的方法为特征描述。一般要写四点：(一)组成成分，包括各元素的名称、特性、配比及结构式；(二)合成方法，包括工艺流程、工艺参数(含最佳参数)；(三)物化性能；(四)列举1—2个完成本发明的实例(含最佳条件)。

用非化学方法获得的物质，包括所有混合物，如合金、玻璃、陶瓷、涂料等。其发明内容的基本写法是以组成的元素和获得该物质的方法为特征描述。一般要写5点(一)组成成分，包括各元素的名称、特点、形状、性能及配比(重量百分比)，关键成分的机理；(二)合成工艺，包括工艺流程和工艺参数(含最佳参数)；(三)完成工艺所需的特殊设备(参照设备发明写)；(四)物化性能；(五)列举1—2个完成本发明的实例(含最佳条件)。

d. 新用途发明。是指对已知的设备、方法、物质发明找到了非传统的新用途。新用途发明的基本写法是：(一)阐明以往解决同一技术问题有哪些方法；(二)已知发明的原来用途；(三)新用途的使用对象及使用条件。

关于“发明权项”的写法。发明权项(或称发明点、发明范围）就是发明要求保护的范围。它是发明的核心部分，也是审查发明、保护发明、处理发明争议的依据。对编写发明权项的总的要求是：

a. 应简洁、概括、完整、明确地表达发明的技术实质；

b. 权项的全部内容应以发明内容作为依据，发明内容中没有的，不允许写入发明权项。发明的原理、效果、意义不写入发明权项；

c. 不要含有宣传性的语句，如“高效率的”、“新型的”、“取得显著的效果”、“填补国内空白”、“达到世界先进水平”等等。

d. 全部用文字表达，不要画图。如确需借助图示才能表达清楚时，可以写明见发明内容中图几。

具体写法是：

a. 单项制凡用一项权项能够完整地表达发明的技术实质，而不需要用第二项权项来加以说明的，则用单项制，即只写一条权项。例如，发明名称：磁合金，发明内容仅是这种合金的成分，而冶炼方法是采用已有的常规工艺。其发明权项可写成“磁合金是由下列成分比组成（重量%）；钴 23—25，镍 13—15，铝 7—9，铜 3—4，钛 0.1—0.3，钇 0.05—0.5，其余为铁”。

b. 多项制需要用二项或二项以上的权项才能完整地表达发明的技术实质时，则用多项制。大多数申报发明奖的项目，需要用多项制表述发明权项。多项制的基本写法是，第一项写主权项，第二、三……项均为从属权项。主权项的第一句话写发明名称，从属权项的第一句话必须引用主权项，必要时还要引用前面的从属权项。主权项、从属权项按统一顺序编号。具体写法可参阅《发明申报书》感应淬火无磁金属型防水环的发明权项。如果主权项是二项或二项以上，则写完第一项主权项及其从属权项后，接着写第二项主权项及其从属权项，再接着写第三项主权项及其从属权项……依次类推。仍按统一顺序编号，如第一项主权项及其从属权项编到序号4，则第二项主权项为序号5，它的从属权项依次为6、7、……

(12—3)“三、发明的作用意义”。主要方面写三方面内容：(一)与已有的同类最先进技术进行技术经济指标的全面对比，说明本发明的先进性（如提高产品质量、提高劳动生产率、节约原材料、降低成本等）；(二)计算年节约价值，首先计算出每年取得的直接的节约价值，其次是已落实的预测的年节约价值，二次效果不考虑；(三)其他作用意义，如改善劳动条件、减少环境污染以及在国防建设、医疗卫生等方面的重要意义，凡应当定量描述的，均要有具体数据。发明的作用意义主要是体现在经济效益方面的，必须写第（一）、(二）条；主要是体现在社会效益方面的，必须写第（一）、(三）条。

(12—4)“四、发明可以应用的事实根据”，写明哪些单位已经按本发明进行生产，哪些单位正式应用了本发明；或写明进行过中试的情况，中试装置是否正式投入生产；或证明本发明可以应用的其他根据。生产和应用单位应写全称，并注明详细地址、生产规模。

(12—5)“五、保密要点”，将发明内容中须保密的部分概括为几点，具体写作参阅《发明申报书》。

填写《发明申报书》，只要按照“详细说明”的规定逐项认真填写，写出的“发明申报书”便是合乎要求的。

二、专利请求书

专利请求书是在科学技术上有发明创造的个人或单位向专利

机关写的请求授予专利权的书面报告。专利请求书只适用于科学技术上的发明创造。

请求授予专利权的发明创造必须具有新颖性（指在申请日之前没有同样的发明或者实用新型在国内外出版物上公开发表过、在国内公开使用过或者以其他方式为公众所知，也没有同样的发明或者实用新型由他人向专利局提出过申请并且记载在申请日以后公布的专利申请文件中）、创造性（指与申请日以前已有的技术相比，该发明有突出的实质性的创新和显著进步，该实质性特点和进步）、实用性（指该发明或者实用新型能够制造或使用，并能产生积极效果）的特点，否则便不具备申请专利权的条件。

专利请求书按性质划分可分为发明专利请求书（发明创造，包括设备发明、方法发明、物质发明和新用途发明等，申请专利权时所使用的请求书）、实用新型专利请求书（“实用新型”指对机器、设备、装置、用具或器件的形状、构造或其结合提出的新方案，按此新方案能制造出具有实用价值或实际用途的产品，就是一般人说的“技术革新”或“小发明”）、外观设计专利请求书（对产品的形状、样式、图案、色彩等做出富有美感并适于应用的新设计申请专利时所使用的专利请求书）。这三种专利请求书的样式见498页、499页、500页。

专利请求书，按申请的国度划分可分为向国内申请专利的专利请求书和向国外申请专利的专利请求书。以上所列的三种专利请求书的样式是向国内申请专利的专利请求书的样式，向国外申请专利的专利请求书的样式见501页。

一份专利请求书，只限于申请一项专利权。按照有关规定，属于一个总的发明构思的两项以上的发明或者实用新型，可作为

《发明专利请求书》

收件日：

<table>
<tr><td colspan="3" rowspan="2">发 明 专 利 请 求 书</td><td>申请日</td><td></td></tr>
<tr><td>申请号</td><td></td></tr>
<tr><td colspan="5">发明名称：　　　　　　　　　　　　发明人：</td></tr>
<tr><td>申请人</td><td colspan="4">姓名（名称）：
通讯地址：　　　　　　　　电话：
国　　籍：</td></tr>
<tr><td>代理人</td><td colspan="4">姓　　名：
地　　址：　　　　　　　　电话：
登 记 号：</td></tr>
<tr><td>代表人</td><td colspan="4">姓　　名：
通讯地址：　　　　　　　　电话：
国　　籍：</td></tr>
<tr><td rowspan="2">优先权请求</td><td>原 申 请 国</td><td>原 申 请 日</td><td colspan="2">原 申 请 号</td></tr>
<tr><td></td><td></td><td colspan="2"></td></tr>
<tr><td colspan="2" rowspan="2">□本申请要求提前公布</td><td colspan="3">□本申请是分案申请要求享有原申请日</td></tr>
<tr><td>原申请号：</td><td colspan="2">原申请日：</td></tr>
<tr><td colspan="3">清单：
1. 本申请包括如下项目和页数：
1）请求书____份，每份____页。
2）说明书____份，每份____页。
3）权利要求书____份，每份______页
共______份____页。</td><td colspan="2">2. 本申请提交时附有下列文件共__份
□代理人委托书
□优先权证明材料
□优先权转让继承证明文件
□申请权转让证明文件
□如专利法第二十四条，不丧失新颖性的证明文件
□国籍、住所或营业所的证明文件其他文件</td></tr>
<tr><td>上述以外的发明人：</td><td>上述以外的申请人：</td><td>上述以外的代理人：</td><td colspan="2">申请人或代理人签字（盖章）　年　月　日</td></tr>
</table>

《实用新型专利请求书》

收件日：

<table>
<tr><td colspan="3" rowspan="2">实用新型专利请求书</td><td>申请日</td><td></td></tr>
<tr><td>申请号</td><td></td></tr>
<tr><td colspan="5">实用新型名称：</td></tr>
<tr><td colspan="5">发明人：</td></tr>
<tr><td>申请人</td><td colspan="4">姓名（名称）：
通讯地址：　　　　电话：
国　　籍：</td></tr>
<tr><td>代理人</td><td colspan="4">姓名（名称）：
通讯地址：　　　　电话：
登记号：</td></tr>
<tr><td>代表人</td><td colspan="4">姓　　名：
通讯地址：　　　　电话：
国　　籍：</td></tr>
<tr><td rowspan="2">优先权请求</td><td>原申请国</td><td colspan="2">原申请日</td><td>原申请号</td></tr>
<tr><td></td><td colspan="2"></td><td></td></tr>
<tr><td colspan="2" rowspan="2">□本申请是分案申请要求享有原申请的申请日</td><td colspan="2">原申请号</td><td></td></tr>
<tr><td colspan="2">原申请日</td><td></td></tr>
<tr><td colspan="3">清单：
1. 本申请包括如下项目和页数：
①请求书__份每份__页
②发明说明书__份每份______页
③权利要求书__份每份______页
共______份______页。</td><td colspan="2">2. 本申请提交时有下列附件共__份
□代理人委托书
□优先权证明文件
□优先权转让继承证明文件
□申请权转让证明文件
□根据专利法二十四条不丧失新颖性的证明文件
□国籍、住所或营业所的证明文件
□其他文件</td></tr>
<tr><td>上述以外发明人</td><td>上述以外申请人</td><td colspan="2">上述以外代理人</td><td>申请人或
代理人签章
年　月　日</td></tr>
</table>

《外观设计专利请求书》

收件日：

<table>
<tr><td colspan="4" rowspan="2">外观设计专利请求书</td><td></td><td></td></tr>
<tr><td></td><td></td></tr>
<tr><td colspan="6">设计名称：</td></tr>
<tr><td colspan="6">使用该外观设计的产品及类别：</td></tr>
<tr><td colspan="6">设计人：</td></tr>
<tr><td>申请人</td><td colspan="5">姓名（名称）：
通讯地址：　　　　电话：
国　　籍：</td></tr>
<tr><td>代理人</td><td colspan="5">姓名（名称）：
通讯地址：　　　　电话：
登记号：</td></tr>
<tr><td>代表人</td><td colspan="5">姓　　名：
通讯地址：　　　　电话：
国　　籍：</td></tr>
<tr><td rowspan="2">优先权请求</td><td>原申请国</td><td colspan="2">原申请日</td><td colspan="2">原申请号</td></tr>
<tr><td></td><td colspan="2"></td><td colspan="2"></td></tr>
<tr><td colspan="2" rowspan="2">□本申请是分案申请要求享有原申请的申请日</td><td colspan="2">原申请日</td><td colspan="2"></td></tr>
<tr><td colspan="2">原申请号</td><td colspan="2"></td></tr>
<tr><td colspan="3">清单：
1. 本申请包括如下内容：
1）请求书____份，每份______页
2）图片或照片______张
3）样品或模型______件</td><td colspan="3"></td></tr>
<tr><td colspan="2">上述以外发明人</td><td>上述以外申请人</td><td colspan="2">上述以外代理人</td><td>申请人或
代理人签章</td></tr>
</table>

《向国外申请专利请求书》

收件日：

<table>
<tr><td colspan="2" rowspan="3">向国外申请专利请求书</td><td colspan="2">1. 原申请日</td><td></td></tr>
<tr><td colspan="2">2. 原申请号</td><td></td></tr>
<tr><td colspan="2">3. 原申请人</td><td></td></tr>
<tr><td colspan="5">4. 已向中国申请 □ 发 明
□ 实用新型 专利名称：
□ 外观设计</td></tr>
<tr><td rowspan="2">5. 请求人</td><td>姓 名</td><td colspan="3"></td></tr>
<tr><td>地 址</td><td colspan="3"></td></tr>
<tr><td colspan="5">6. 本人请求将上述申请项目向以下国家申请专利</td></tr>
<tr><td>国 别</td><td>1）</td><td>2）</td><td>3）</td><td>4）</td></tr>
<tr><td>申请类别</td><td></td><td></td><td></td><td></td></tr>
<tr><td>国 别</td><td>5）</td><td>6）</td><td>7）</td><td>8）</td></tr>
<tr><td>申请类别</td><td></td><td></td><td></td><td></td></tr>
<tr><td>国 别</td><td>9）</td><td>10）</td><td>11）</td><td>12）</td></tr>
<tr><td>申请类别</td><td></td><td></td><td></td><td></td></tr>
<tr><td>国 别</td><td>13）</td><td>14）</td><td>15）</td><td>16）</td></tr>
<tr><td>申请类别</td><td></td><td></td><td></td><td></td></tr>
<tr><td>国 别</td><td>17）</td><td>18）</td><td>19）</td><td>20）</td></tr>
<tr><td>申请类别</td><td></td><td></td><td></td><td></td></tr>
<tr><td>国 别</td><td>21）</td><td>22）</td><td>23）</td><td>24）</td></tr>
<tr><td>申请类别</td><td></td><td></td><td></td><td></td></tr>
<tr><td colspan="5">7. 附件清单：</td></tr>
<tr><td colspan="3">8. 请求人或代理人签字（章盖）
____年____月____日</td><td colspan="2">9. 专利局处理意见：
____年____月____日</td></tr>
</table>

一件申请提出。一件外观设计专利申请，应当只限于一种产品所使用的一项外观设计。用于同一类别并成套出售或者使用产品的两项以上的外观设计，可以作为一件申请提出。不允许在一份专利请求书中将两个互不相关的发明、实用新型或外观设计并在一起同时提出专利申请。这既是专利请求书在申请专利项目上的特点和要求，又是它在写作上的特点与要求。

如前所述，专利请求书有统一表格，写专利请求书只要按要求逐项认真填写就行。

认真研究表格就会发现，《发明专利请求书》、《实用新型专利请求书》和《外观设计专利请求书》大体相似，只有个别栏目稍有差别。差别最大的地方是，《外观设计专利请求书》不要求提交代理人委托书等附加文件。

从《发明专利请求书》、《实用新型专利请求书》中可以看到，申请文件“清单”一栏中有三个带“书”字的材料，即“请求书”、“说明书”和“权利要求书”。从《外观设计专利请求书》中可以看到，申请文件“清单”一栏中只有“请求书”。“请求书”、“说明书”和《权利要求书》都是申请文件。写好这“三书”是写好专利请求书的关键所在。下面，我们对“三书”的写作做一些必要的说明：

（一）请求书

请求书是专利请求的主体，要求按栏目填写上各自的名称、发明人、申请人、代理人、优先权请求和申请日（“优先权”，即享受优先待遇的权利；“申请日”指申请专利的日子）等。

（二）说明书

说明书是申请发明或实用新型专利时所必须提交的基本文件之一。其写作要求，在《专利法》第二十六条中有明确规定：

“说明书应当对发明或者实用新型做出清楚、完整的说明，以所属技术领域的技术人员能够实现为准；必要时应当有附图。”

为实现上述规定性要求，《中华人民共和国专利法实施细则》(1985 年 1 月 19 日国务院批准，中国专利局公布）第十八条明文规定：“发明或者实用新型专利申请的说明书，除发明或者实用新型的性质需用其他方式和顺序说明以外，应当按照下列顺序撰写：

1. 发明或者实用新型的名称，该名称应当与请求书中的名称一致；

2. 发明或者实用新型所属技术领域；

3. 就申请人所知，写明对发明或者实用新型的理解、检索、审查有参考作用的现有技术，并且引证反映该项技术的文件；

4. 发明或者实用新型的目的；

5. 清楚完整地写明发明或者实用新型的内容，以所属技术领域的普通技术人员能够实现为准；

6. 发明或者实用新型与现有技术相比所具有的优点或者积极效果；

7. 如有附图，应当有图面说明；

8. 详细描述申请人认为实现发明或者实用新型的最好方式，有附图的应当对照附图。

发明或者实用新型说明书可以有化学式或者数学式，但不得有商业性宣传用语。”申请专利的发明说明书，必要时，应有附图。申请专利的实用新型说明书，必须有附图。附图旨在说明该发明或实用新型的技术构思要领。附图可根据发明或实用新型的实际情况附机械图、或立体视图、或电路图或流程图或原理示意图、或函数关系图等。

撰写说明书，还要写个说明书内容的“摘要”。“摘要”也是法定的发明或实用新型专利申请文体之一，它是对发明创造的重点内容或主要技术特征的简明介绍。“摘要”一般放在“说明书”之前，名之为“说明书摘要”。“摘要”应当写明发明创造的名称、所属的技术领域、所解决的技术问题及主要技术特征和用途。“摘要”可以包含最能说明发明的化学式或者说明发明，实用新型的一幅附图。全文以不超过 200 个字为宜。

（三）权利要求书

权利要求书是发明和实用新型专用申请文件中最重要的一种文件。《专利法》第二十六条中规定：“权利要求书应当以说明书为依据，说明要求专利保护的范围”。

权利要求分为独立权利要求和从属权利要求两种。

独立权利要求的写法，分前序部分和特征部分。前序部分说明所属技术领域；特征部分说明发明本身所要求保护的技术特征。一般用“本发明在于……”或“本发明的特征是……”写在前序部分之后、特征部分之前，作为承上启下的习惯用语。

从属权利要求的写法，也分两部分，即引用部分和特征部分。所谓从属权利要求，是就前一项（或多项）权利要求所提出的权利要求。所以写从属权利要求时，应先引前述权利项目（一项或多项），后写特征。写引用部分时，只写明被引用权利要求的编号即可，并尽可能把编号写在句首。在写特征部分时，应写明附加的技术特征，进一步限定引用部分和权利要求内容。

在写权利要求时，应该正面地、清楚地、完整地、准确地限定说明书中所描写的发明技术特征，并不得超出说明书范围。同时权利要求书中使用的技术术语，应与说明书中使用的相一致。

申请外观设计专利的，除了应当提交请求书之外，还应当提交该外观设计的图片或者照片等文件，并且应当写明使用该外观设计的产品及其所属的类别。有的还要根据专利局的要求，提交使用外观设计的产品样品或者模型。

《向国外申请专利请求书》，这是中国单位或个人将其在国内完成的发明创造向外国申请专利时用的，只要按表上的栏目正确填写，并附上有关附件提交专利局即可，国家专利局收到请求后，将按有关规定办理。

【例文与简评】

(16—1)

90年代的计算机展望

史忠植　王介生

80年代世界电子信息产业高速发展。1987年其产值达到3570亿美元。据预测，到2000年世界电子信息产业的年需求将达到13774.6亿美元，跃居于传统产业之上，成为最大的产业部门之一。电子信息技术的广泛应用，正把世界推进到一个信息经济的新时代。

计算机技术是当今新技术革命的重要标志，在电子信息产业中占主导地位。自从1946年第一台电子计算机诞生以来，由于基础研究的支持，元器件的迅猛发展和应用领域的不断扩展，计算机技术和产业以十分惊人的速度向前发展。到1987年，计算机产业已达到1833.7亿美元，占电子信息产业的52.7%。据预测，到2000年计算机需求量将占电子信息产业的58.8%，达到8099.7亿美元。世界计算机硬件市场在1989年为1400～1500亿美元，日本300亿美元；预计到1999年将达到4500～4800亿美元，10年间将增加3倍。

90 年代计算机将大众化。由于办公室自动化、家用计算机、工程设计、通信的高度发展、计算机将渗透到社会各个方面。由于工作组计算和家庭计算风格成为主流，计算机市场的主体将从大型计算机转移到小型计算机，包括个人计算机、工作站。附图给出了 90 年代计算机硬件市场的增长率。1989 年小型计算机与大型计算机的硬件市场平分秋色，各占 50%。预计到 1999 年小型机将占整个计算机硬件市场的 80%。90 年代的计算机产业中，软件服务费用将提高 5～6 倍，市场规模将达到 4000～5000 亿美元，占计算机市场的 50～65%。

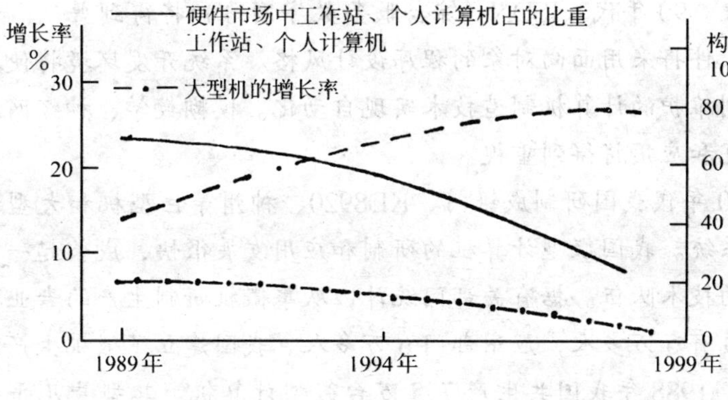

90 年代的计算机市场，开放式系统和 UNIX 操作系统将占优势。正在推广中的 UNIX 和 SAA 将使应用程序同计算机间的接口在 90 年代实现标准化并得到普及，并将按照标准接口开发出众多软件和硬件。UNIX 原是美国贝尔研究所于 1969 年开发的操作系统。现在流行的有 AT&T 版、加州大学伯克利版、SUN 微系统公司版。为了统一，AT&T 与 SUN 公司准备将 UNIX 统一起来。但是 IBM、DEC、HP 等公司联合起来设立 OSF 与其对抗，准备开发

OSF 版的统一 UNIX。80 年代个人计算机已成为编制各种文件和报表的办公工具，随后 10 年，它将成为人与人之间进行通信的媒体，能处理声音和图像的多介质的数据库机、综合办公系统、电子邮件、高速数据通信网将得到极大的发展。

微电子技术仍是支持计算机发展的主要技术。90 年代前期 32 位微处理器的性能和功能将继续提高。半导体技术的进步和并行处理的应用，CMOS 芯片可达到 100MIPS（MIPS——百万条指令/秒）的水平。90 年代后期，将出现 64 位的微处理器。光盘和硬盘的竞争将引人注目。但在 1995 年前，硬盘仍是主要的外存，将出现容量为 5GB 的 5.25 英寸和 IGB 的 3.5 英寸的硬盘装置。90 年代，ISDN（综合服务数字网络）将得到普及。计算机软件将采用面向对象的程序设计风格。系统开发环境将使从设计到维护的计算机制造技术实现自动化。模糊数学、神经网络的研究和应用将得到重视。

80 年代我国研制成银河、KD8920、神州等巨型机和大型计算机系统。我国微型计算机的研制和应用发展很快，成长起一支较强的技术队伍。据有关部门统计，从事微机研制生产的专业技术人员有 5 万多人，应用部门 6 万多人。我国建立了微机生产线 21 条，1988 年我国共生产 7.5 万台微型计算机。其型号几乎全部为 IBMPC 兼容机。80 年代末期，我国采用定牌生产（OEM）方式，替外国加工计算机，用外国牌号在国际市场上销售，使中国计算机产业发生了变化。

随着计算机的广泛应用和不断深化，它的功能已从数值计算，数据处理发展到知识处理。人工智能主要研究用机器来模拟人类的某些智力活动，探索和模拟人的感知和思维过程的规律，设计类似人的某些智能活动的自动机。人工智能为人类智力的开发展现了美好的前景，预示着第二次工业革命的到来，成为改变社会生活面貌的巨大杠杆。日本从1982年开始实行第五代计算机计划，10年投资4.5亿美元，研制面向人工智能应用的计算机系统，已研制出顺序推理机PSI，并行推理机Multi PSI-Ⅱ、知识库机MuX、知识库管理软件Kappa-Ⅱ等。美国执行DARPA计划，研究超级计算机和人工智能系统。英国阿尔维计划、欧洲共同体的ESPRIT计划，研究微电子技术、高级信息处理技术、软件技术、办公自动化和计算机综合制造。为了尽快缩短与国际先进水平的差距，并争取有所突破，我国从1986年开始执行“八六三”计划。智能计算机系统是“八六三”计划中属于信息高技术领域的一个主题项目，研制面向人工智能应用的计算机系统，使机器能完成某些类似人的智能行为，如判断、图像识别、理解、学习、规划和问题求解。经过几年努力，我国首台智能计算机系统EST/IS4260智能工作站于1990年7月17日通过鉴定，它与国际上流行的微机工作站SUNIV兼容。该系统在决策支持系统、人工智能、信息处理、图形图像处理、办公自动化等领域有着广泛的应用前景。

90年代智能计算机的研究将是并行处理硬件加上人工智能软件。面向人工智能应用的计算机系统实质上是一个基于知识和数据的系统。这种系统的主要技术难关还在知识处理和软件方面，如复杂世界和常识的知识表示、机器学习、程序自动生成和交互式并行查错等。传统的人工智能方法与连接机制方法的有机结合是一个活跃的研究领域，在模式识别、模拟信息处理方面有着光明的应用前景。

我国智能计算机的研制大体分为三个阶段：首先建立了强有力的计算机工作站，利用该环境进行人工智能应用与研究；中期建立并行知识处理系统，高目标为研制面向多种应用的智能计算机。我国研究智能计算机的突破点可以选择智能接口和智能系统开发环境。智能接口包括中文文本识别、汉语语音处理、中外文翻译等智能技术和接口。智能系统开发环境应能支持多种语言、多种应用，以适应整个软件开发生命周期的要求。

（原载《电子世界》1990 年 11 期）

【简评】

80 年代世界电子信息产业高速发展。电子信息技术的广泛应用，正把世界推进到一个信息经济的新时代。这篇综述，综述了计算机的历史、现状，以及 90 年代的发展趋势，当然，如题目所示本文重点是在对计算机在 90 年代的展望，文章综合了大量的资料从多方面对计算机在 90 年代的发展作了展望，看了很鼓舞人心。这篇综述内容丰富、语言简洁，很值得一读。

（16—2）

科学技术成果鉴定证书

编号：（90）新科鉴字第×××号

项目名称：××××黄金矿点提金工艺

主要完成单位：××有色金属研究所

成果的简要说明，主要技术指标

根据××省下达的“××××黄金矿点提金工艺”的任务由我所承担，由于该项目属中间试验，又要求形成生产能力产出黄金×××两，因而该项目任务重，工作量多，时间紧，为此，我们通过组织调查黄金矿点，和初点探索试验后，选择了×××××××××25#点、××县×××和××县××山三个脉金黄金矿点进行黄金资源的提取研究和开发工作。

由于这三个矿点的矿石类型不同，当地经济和自然环境也有很大差别，开发的条件和采用的工艺也不相同，这些矿点和所建的提金厂，又分属××、××和××三个专州。为此，我们组织了3个专题小组分别承担3个黄金矿点的提金工艺研究和技术开发工作。鉴于每个专题项目也是个综合项目，不仅要采取矿样，经过试验研究提出合理的提金工艺，还要进行厂址选择，进行工艺技术设计，指导设备安装，组织工业试调直到生产正常拿出黄金。

由于各专题组的科技工作者在各个单位的密切协作下，经三年艰苦努力，现已全面地完成了预计任务，采用了三种不同的提金工艺分别设计了小座山提金厂，并已形成生产能力，今年估产金××××两以上，其中××××小选金厂×××两，×××小选金厂×××两，××提金厂×××两以上。现分述如下：

1. ××××金矿，处理能力为××—××吨/日，金回收率××%以上。1988年完成重选尾矿再浮选回收生产流程，1989年形成生产×××两黄金能力（实际完成×××两）。

2. ×××金矿、处理能力为××吨/日，金回收率××%以上（难选型）。1988年完成完善重选工程生产改造，1989年形成年产×××两黄金生产能力（实际完成×××两）。

3. ××山1988年完成柱浸小型试验，1989年完成万吨级大堆浸，10月底已产金×××两，产值××万元，年底已产金××××多两（银行单据）。

鉴定委员会意见

××××黄金矿点提金工艺系省科委下达的科研项目，其目的是根据××的脉金矿点的矿石性质的不同，选择不同的选—冶工艺，××黄金研究所根据合同要求，选择了××××（县）×

×××25#点、××（县）×××和××县××三个山脉金黄金矿点进行了黄金资源的提取研究和开发工作。经过三年试验研究工作，现已全面的完成了三个矿点的提金工艺，并提交了较为完整的研究报告，经省科委审定，具备了鉴定条件，于1990年2月13日在×市召开了鉴定会，与会专家经过认真充分的讨论、评议，一致认为：

一、××××黄金提金工艺的试验研究工作，在有关单位的密切协作下，经过三年的工作，已全面的完成了任务，达到了合同的要求，对三个矿点根据各自的矿石性质分别设计了三种小提金厂，已形成了一定的生产能力，并取得了一定的经济社会效益，研究成果达到了我省的先进水平。

二、试验研究工作根据各矿点的情况，提出了可行的选矿工艺，设计了简易的选厂，投资少、见效快，操作方便，为小型矿山的生产黄金做出了贡献，也为今后同类型的小矿点的黄金资源的开发利用开辟了途径，提供了经验。

三、由于该课题由三个子项组成，工作量较大，具有一定的难度，根据各矿点的具体条件，在贵液电解解析之前用×××提银方面有所创新，具有较大的应用价值。

同意通过鉴定。

建议：

一、××县××山堆浸尾渣的处理工作要落实，以保护黄金资源的充分利用。

二、今后的成果鉴定资料要完善。

鉴定委员会技术负责人（签章）：×××

年　月　日

【简评】

这是一份写得较规范的技术鉴定书。鉴定的项目是“×××黄金矿点提金工艺”。“成果的简要说明，主要技术指标”和“鉴定委员会意见”两部分写的也符合要求，态度是严肃的、实事求是的，对课题完成的情况及取得的效益写得十分清楚，鉴定意见很中肯，语言也准确、简洁。

（16—3）

一种热桥丝式高温电雷管

国际专利分类号：Iht. Cl^4F42C11/00

申请号：85100858

申请日：85.4.1

申请人：北京工业学院

发明人：刘伟钦、劳允亮、曾象志、赵家玉

专利代理机构：北京工业学院专利代理事务所

代理人：顾映芬

说明书摘要

一种热桥丝式高温电雷管

用于地下勘探，尤其是油田深井所用的爆破器材。本发明是一种热桥丝式电雷管，它所用点火药、扩爆药、炸药是耐高温的改性苦味酸钾和改性氮化铅。其装药密度逐步增高。这种耐热雷管，在环境温度260℃（500℉）时能持续4小时后仍可靠引爆。该产品在20000伏，充电电容475微微法、串联电阻5000欧对脚—壳放电，产品仍不爆，防静电效果好。所用原材料来源广泛、价格便宜，制造工艺简单。

一种热桥丝式高温电雷管

用于地下勘探，尤其是油田深井所用的爆破器材。

一般油井的深度不深时，用普通的电雷管即可，油井深度越深其温度越高。如5千米的井下温度约为200℃，普通雷管就不能使用，必须采用高温电雷管。

根据现有技术资料来看，参阅1979年12月美国杜邦公司，所公开发表的资料，该公司所用E—114雷管，其高温性能是500℉（260℃）温度下，一小时能正常发火，其常规发火电流为1安培。它是一种普通的桥丝式电雷管。它耐高温的时间太短。

本发明是用于油田深井开采石油，其高温性能优于杜邦公司E—114雷管。

本发明产品结构详见附图。

高温电雷管是由套管（1），脚线（2），壳体（3），电极塞（4），桥丝（5），点火药（6），扩爆药（7），炸药（8），底帽（9）组成。

其装药结构及药的成分：第一层装药，即接触桥丝的一端的装药，其成分为改性的苦味酸钾（分子式 $(NO_2)_9C_6H_2OK$）；第二层装药是扩爆药（7），其成分为改性氮化铅，然后压药，其压药压力为 $250kg/cm^2$；第三层装药是炸药（8），其成分为改性苦味酸钾，压药压力为 $475 \pm 25kg/cm^2$，并在装药底部扣一金属底帽。所用桥丝为镍铬丝，直径为 $\phi 0.04$ 毫米，电阻值为1.2～2欧姆。

当在雷管底端插入导爆索，用1安培直流电或220伏交流电通电后，雷管即爆炸，达到引爆导爆索的目的。该雷管的安全电流为 400 毫安。

实施例：

温度（℃）	加热时间（小时）	加热后作发火实验的结果
220	4	正常引爆
240	4	正常引爆
250	4	正常引爆
260	4	正常引爆
270	4	正常引爆

贮存性能：通常贮存 5 年以上，雷管性能符合要求。

从上述可以看出：美国 E′—114 雷管，在 260℃时，只能耐热一小时，而本发明能耐热四小时。

该产品在 20000 伏充电电容 475 微微法，串联电阻 5000 欧对脚——壳放电，产品仍不爆，防静电效果好。所用原材料来源广泛，价格便宜，制造工艺简单。

说明书附图

图 1（略）

权 利 要 求 书

---

1. 一种用套管（1），脚线（2），壳体（3），电极塞（4），桥丝（5），点火药（6），扩爆药（7），炸药（8），底帽（9）组成的热桥丝式的高温电雷管，其特征在于：所设计的装药结构，接触桥丝一端的第一层装药为点火药，其成分为改性苦味酸钾（分子式 $(NO)_9 \cdot C_6H_2OK$），第二层装药是扩爆药（7）其成分为改性氮化铅，第三层装药是炸药（8）其成分为改性苦味酸钾，将上述药剂分别压装于壳体内，并在装药底部扣一金属底帽。

2. 根据权利要求，所述的热桥丝式高温电雷管，其特征在于：点火药和扩爆药，压药压力为 250kg/cm^2，炸药的压药压力为 475 ± 25kg/cm^2。

【简评】

这是中国专利局于 1985 年 10 月 10 日用公告发布的一份发明专利请求书。该请求书各部分的写作，都十分规范："说明书摘要"写得简明扼要，符合要求；"说明书"部分，发明名称（即标题）、发明所属技术领域（即属性）、与现有技术的比较、附图等，都完备无缺；"权利要求书"既有独立权利要求，又有从属权利要求，而且行文清楚、完整、准确。总之，这是一份写得很好的发明专利请求书，很值得学习、借鉴。

【写作训练题】

1. 科技写作的特点是什么？

2. 熟悉本章索引例文，在刊物上找一篇科技作品，编写一条索引（篇目索引、内容索引、著者索引均可）。

3. 按教材中的例文格式，编一则期刊文摘。注意写好提要、主题词。

4. 科技报告的内容特征是什么？

5. 阅读、分析一篇与本专业内容有关的考察报告，分析其结构与语言，学习考察报告的写法。

6. 怎样写摘要、引言？选择本专业的一份实验报告或科学论文，对其摘要、引言进行分析、评价。

7. 什么是科学技术成果鉴定证书？

8. 科技成果应具备的三个条件是什么？

9. 怎样写"成果的简要说明，主要技术指标"和"鉴定委员会意见”?

10. 请找一篇发明申报书，根据本书所讲的知识，对其写作情况作一全面分析，并写一份分析评论材料。

11. 谈谈专利请求书的使用范围及特点。

12. 请找一份已公开的专利请求书，分析一下它的“说明书”及其“摘要”、“权利要求书”写得是否规范，并写出分析评论材料。如不规范，请把它修改一下。

第十七章　礼仪文书的写作

在日常的工作、生活中，一些机关、团体、企事业单位或个人，经常需要进行某些礼节性的交往活动，写一些礼俗性的应用文章。比如举行某种纪念会、庆祝会、典礼或其他有意义的活动，需邀请有关单位或个人参加，就要用请柬或请贴；要聘请外单位的专家、教授、学者、工程师在本单位担任某个职务或承担某项工作，就要用聘书，在各种喜庆场合中，对人对事表示祝贺时，就要用贺词和祝词；单位里某人不幸逝世，要向死者的家属、亲友等报丧，就要用讣告，如开追悼会，则要用悼词；在外交应酬场合中，迎送国外贵宾，就要用欢迎词、欢送词，等等。像请柬、聘书、贺词、祝词、欢迎词、欢送词、讣告、悼词这些在各种社交活动中使用的礼俗性的应用文书，就叫礼仪文书。它的使用范围很广，在社交活动、公关活动中发挥着重要作用。

第一节　请柬与聘书

一、请柬

请柬，又称请贴、邀请书。它是单位、团体或个人邀请有关人员出席隆重会议、典礼，参加某些活动时发出的礼仪性书信。其使用范围十分广泛。发请柬是为了表示郑重其事，有时也是为了用作入场或报到的凭证。

（一）请柬的格式及写法

1. 标题　用大字书写“请柬”二字。写在第一行中间，也可占用一页，当作封面。

2. 称呼　另起一行（或一页），顶格写上被邀请单位的名称或被邀请人的姓名。姓名之后要加职务、职称等称谓，或用“同志”、“先生”等。对妇女，也可根据具体情况用“女士”、“小姐”。称谓后边加冒号。结婚请柬称呼的写法稍有不同，如果被邀请者是夫妇，其姓名要并排写。

3. 正文　从称呼下一行空两格写起，行文要热情、友好、有礼貌，语气要恳切，真诚，文字要简练。要写清楚邀请对方所参加的会议、典礼或活动的时间、地点、内容。如有要求，也可简要地提出，以便被邀请者事先准备。正文的最后，一般要写“敬请参加”、“敬请出席”、“敬请光临”、“敬候莅临”，“敬请届时光临”、“敬请光临指导”、“敬请莅临指导”等期请语作结。也可以将上述期请用语放在正文的下一行，顶格书写，后边不加标点符号。有时也可以在正文末了写“敬请”、“敬候”、“恭候”，再提行写“光临”、“莅临”、“光临指导”。有的人在正文末了写上“敬请光临”之后，又加上“此致敬礼”的字样，这是不必要的。

5. 落款　在正文的右下方写邀请单位的名称或个人姓名，这叫署名。结婚请柬的署名要并排写上新婚夫妇二人的姓名，其后往往加上“敬启”二字。在署名的下一行写明发出请柬的年月日。

（二）例文（见下页）

（三）制发请柬应注意的事项

1. 请柬一般不用通常的书写纸或单位的信函纸，多用红纸或彩色纸印写，并加上花边、图案等装饰，以表示喜庆和对被邀请者的尊敬。请柬的样式要设计得美观大方。

请　柬

×××主任：

今年是我校建校××周年。兹定于×月×日上午8时，在我校大礼堂举行校庆典礼。敬请莅临指导。

××大学××周年校庆筹备组

19××年×月×日

请　柬

×××先生：

谨定于19××年××月×日下午3时，在××大厦三楼会议室，举行新年茶话会。

敬请光临

××日报社

××晚报社

19××年×月×日

2. 请柬不宜滥用，一般性的会议，可用通知，不必用请柬。

3. 请柬写好后，一般应放在信封里，派专人送去，也可直接邮寄给被邀请者。

二、聘书

聘书，又称聘请书。它是单位或个人聘请有关人员担任（或兼任）某个职务或承担某项工作时所使用的一种协议性的文书。聘书的使用颇为广泛，如高等学校聘请有关专家、学者担任或兼任教授职务，厂矿企业聘请社会上的专家、工程师担任技术顾问，聘请律师担任法律顾问，都要向应聘者发聘书。随着改革开放的深入发展，愈来愈多的单位、部门都在聘请有关专家、学者、教授、工程师、律师来本单位，本部门任职，以应工作之需。因此，聘书的使用将越来越广泛。

聘请单位或个人向被聘人送聘书，除了表示聘请者对应聘人的敬重之外，聘书还可起凭据的作用。

（一）聘书的格式及写法

1. 标题　位置在上方居中（横写）或右方居中（竖写），用较大的字体。也可单独占一页，当作封面。写法有两种：一种只写“聘书”二字或“聘请书”三字；另一种，在“聘书”或“聘请书”诸字的上边或右边用稍小点的字体写上聘请单位的名称。标题要用花边、图案装饰一下，以示喜庆。

2. 正文　一般要写明受聘对象、聘请的原因目的、聘任的职务或工作以及时限等。文字要简明。具体写法有两种：第一种是直陈式，开头空两格写“兹聘请”三字，接着写被聘人姓名(有时还要加上职务或职称)、担任什么职务或工作、任期时限等。在正文的最后，另起一行。空两格，写“此聘”二字作结，后边不加标点符号。上级机关及领导人发的聘书，往往在正文末了，写上“特颁发此聘书”作结，后边加句号；第二种为书信式，开头先顶格写明被聘请人的姓名、称谓，后边加冒号。然后另起一行空两格写聘请对方的原因、目的、担任什么职务或工作。有时还要写明任期、待遇等。在正文的最后，另起一行空两格写“此聘”二字，后边不加标点符号。在这两种写法中，第一种直陈式的写法较为简明，因而为人们所广泛使用。

3. 落款　在正文右下方（横写）或左下方（竖写）写上聘请单位的名称，并加盖公章（单位名称要写全称，不写简称，以示郑重）。如果以单位领导人的名义发聘书，则要在其职务后边加盖领导人的签名章。最后在署名的下一行，写明发聘书的日期，年月日都要写上。

（二）例文

1. 直陈式

> **聘　书**
>
> 兹聘请李××工程师为我厂技术顾问，聘期从19××年5月1日至19××年5月1日。
>
> 此聘
>
> 北京×××厂（印）
>
> 19××年4月10日

2　书信式：（见下页）

（三）制发聘书应注意的事项

1. 聘书用纸，一般用彩色的或红色的，不用白色的。考究的聘书，一般外加红色的硬壳封面、封底，在封面上印“聘书”或“聘请书”几个金字，并装饰某种图案。

聘　请　书

×××同志：

为加强对少年儿童的教育，特聘请您为我校少先队的校外辅导员。

此　聘

×××小学（章）

19××年×月×日

2. 发聘书是聘请人担任某种职务或某项工作过程中的最后一道手续。在此之前，经过协商，聘请单位已取得被聘请者的同意（如有单位的，还要征得所在单位领导同意），这时才可正式发聘书。应聘者在接到聘书之后，如无充分的理由是不能随便辞聘的。否则，对聘请单位是不礼貌的，也会给聘请单位带来许多困难。

第二节　迎送词与答谢词

一、迎送词与答谢词的含义和运用

所谓迎送词，就是指欢迎词和欢送词。欢迎词、欢送词与答谢词都是在迎送宾客时使用的、带有外交礼仪性质的一种演讲稿。在外事活动中，当外宾来访时，主人出面表示欢迎，用欢迎词；外宾离开时，在告别宴会上或其他场合，主人对客人表示欢送，用欢送词；宾客对主人的热情接待表示感谢，用答谢词。应当指出的是，国内的人员去国外完成某项重大的任务或从国外载誉归来，有关单位的负责人也往往用欢送词和欢迎词。但这种迎送词不在本节的阐述之列。

欢迎词、欢送词与答谢词一般并非只是表示迎送、致谢，讲话人在其中还要畅谈双方友谊，也往往就当时的国内外重大问题表明立场与看法，公开发表后常常起到宣传教育作用。

二、迎送词与答谢词的格式和写法

欢迎词、欢送词、答谢词虽然名称各异，内容也不尽相同，但其写作格式和写法却基本相同。

（一）标题

写在第一行，居中排列。一般只要写明什么人在什么场合的讲话即可。如《李先念主席在欢迎金日成主席宴会上的讲话》。有时也可以只写明在什么场合的讲话，而把讲话人的姓名写在标题之下。如武汉市市长吴官正同志的《在欢迎曼彻斯特市代表团大会上的讲话》。

（二）称呼

要顶格写。出于礼仪的需要，称呼要用尊称。对主宾客或首要主人要用全名，并在姓名后加职衔（有时也可只称衔），并加“先生”或“同志”等称谓语，而在姓名（或职衔）前则加上“尊敬的”、“亲爱的”、“敬爱的”等表示亲切的词语。对在场的其他主客人员，一般用“女士们，先生们”或“朋友们，同志们”等泛称。如迎送的宾客是一个代表团，一般也用泛称。如吴官正《在欢迎曼彻斯特市代表团大会上的讲话》的称呼："尊敬的曼彻斯特市代表团各位朋友，女士们，先生们"。称呼的末了要用冒号。

（三）正文

1. 开头　正文的开头要分别表示欢迎、欢送或感谢之情。一般写"请允许我"代表谁向谁表示热烈的欢迎（欢送）或表示衷心的感谢。在措词时，既要突出主要宾客，也要兼顾陪同人员。如《李先念主席在欢迎金日成主席宴会上的讲话》，首先"对金日成主席的来访表示最热烈、最亲切的欢迎"，接着另起一段说："我们还要向陪同金日成主席来访的李钟玉副主席、金永南同志、许铁同志以及其他朝鲜贵宾，表示热烈的欢迎。"

2. 中间　正文的中间部分是欢迎词、欢送词与答谢词的主体、核心，其主要内容都写在这里。在这部分，欢迎（送）者与被欢迎（送）者、宴请者与被宴请者，都要从实际出发选择恰当的致词内容，或畅谈双方缔交（或缔结某种友好关系）的意义、影响及客方的贡献，或畅叙友谊，或表示对发展友好合作关系的原则立场与真诚愿望。有时也可以对当时国内外重大问题表明立场与看法。如《李先念主席在欢迎金日成主席宴会上的讲话》的中间部分主要是赞美中朝两国唇齿相依的亲密关系。

3. 结尾　主要是致以良好的祝愿。祝愿语的写法，一般是先写对主要宾客的祝愿语，次写对陪同宾客的祝愿语，最后写共同性的祝愿语。如李先念主席对金日成主席的致词的结尾部分的祝愿语："我们祝愿金日成主席同志的访问圆满成功，祝各位朝鲜贵客访华期间过得愉快。"如果迎送的对象是一个代表团，则用概括性的祝愿语。如吴官正对曼彻斯特市代表团的致词，结尾说："朋友们，你们访汉的日程已经开始，希望你们在汉期间宾至如归，生活愉快，预祝朋友们访问获得圆满成功。"

三、写迎送词与答谢词应注意的几点

1. 把握好文体的特点　欢迎词、欢送词与答谢词实际上都是演讲稿，都是特定的讲话人在宴会、集会或其他场合中面对宾客或主人及其他有关公众，用有声的口头语言和富有表现力的态势语言发表演讲的文稿。因此，要写好欢迎词、欢送词与答谢词，除了要考虑讲话人的身份与职务、听者对象以及合适的内容之外，在具体写作中，还必须注意把握演讲稿这类文体的社会性、有声性、整体性、临场性的特点，而且要注意篇幅不宜过长。

2. 讲究礼貌　欢迎词、欢送词与答谢词都是出于礼仪的需要而使用的，因此要十分讲究礼貌。称呼要用恰当的尊称。要尊重对方的风俗习惯，文中不讲对方忌讳的内容。

3. 感情要真挚　贵宾光临，诚心欢迎。主人热情接待，作为宾客诚心感谢。这种感情要通过语言表达出来，使欢迎词、欢送词、答谢词的字里行间洋溢着真挚动人的感情。当然，由于这些文体是在外交应酬的场合中使用的，免不了要说一些客套话，有时甚至还要讲点恭维的话，但是必须适度。否则，就会产生不良效果。

4. 表达自己的原则立场　欢迎（送）者与被欢迎（送）者、主与客都是代表自己的国家或自己的单位讲话的。因此，在讲话中，既要表示友好之情，又不可丧失自己的原则立场。尤其是对当时国内外重大问题、对两国的关系表明立场与看法时，措词要十分慎重，必要时要讲得非常委婉，决不能信口开河。

第三节　祝词和贺词

一、祝词

（一）祝词的概念

祝词古已有之，祝词也可以写作祝辞。它是对人物、事情、会议或事业表示良好祝愿的言辞、文章或诗词。它是人与人、单位与单位、国家与国家交往活动中不可缺少的交际工具。祝词和贺词在某些场合中可以通用，但在更多情况下因各自的含义不同而施及的对象也不同。祝词一般是对未果之事表示希望和祝愿，而贺词一般是对已果之事表示道喜和庆贺。祝词属礼仪类应用文体，凭借这种表达形式可以调整人际、厂际、国际之间的关系。

（二）祝词的种类

祝词的种类日渐繁多，以不同的标准来分类，可以分出不同的类型：

1. 从祝愿的对象上划分，有祝寿的、祝酒的、祝事业的三种。

2. 从祝词的性质上划分，有重大宴会上的祝词、重大纪念会上的祝词、重大代表会上的祝词、重大节日集会上的祝词四种。

（三）祝词的特点

祝词有以下特点：

1. 祝愿性　祝词主要是倾吐祝愿者心中美好祝愿的书面形式。祝词施及的对象往往是事情、事业将要进行而尚未进行，或刚刚进行，或正在进行之中，而尚未取得显著成果或巨大成就，因而表示希望和祝愿之意。祝愿性是祝词的一大本质特征。

2. 直陈性　直陈性是指表示祝愿的方式为直接陈述。它通常是在一定的场合或集会上宣读，当着听众的面，直抒胸臆，表示良好的祝愿。

3. 感情充沛　这是祝词的性质所决定了的。对别人祝寿、祝酒、祝事业的成功，必然是热情洋溢、感情充沛的。

（四）祝词的使用范围和写法

祝词多用于祝贺以下事项：重要会议，比如“党代会”、“人代会”、“英模会”、“积代会”等；名人诞辰，比如马克思、恩格斯、列宁、孙中山等世界名人诞辰纪念日；重大节日，比如“三八妇女节”、“五一劳动节”、“六一儿童节”、“七一建党节”、“八一建军节”、“十一国庆节”、“元旦”、“春节”等重大节日，以及其他值得祝贺的事情上。

祝词，因施及的对象不同，写法也应有差别。

1. 祝寿　按照我国的传统习惯，只对老人祝寿，年及古稀，寿近耄耋之人才是祝寿的对象。年龄如再放宽尺度，也需到六十岁。

祝寿，主要是对别人祝寿。对别人祝寿，写诗、填词、著文均可，文体也不受限制。为活跃欢洽气氛，有些祝寿诗写得妙趣横生，别有风味。

据载，扬州八怪之一的郑板桥为朋友之母八十寿辰祝寿时，因其诗、书、画三绝人已共知，就要他作诗祝寿。他饱蘸笔墨，凝思遐想，周围宾朋皆提踵拭目，引颈鹤望，开笔写下“八十老母不是人”首句，吓得众人看后面面相觑，魂不附体。稍时郑板桥又挥笔疾书第二句“九天仙女下凡尘”。众人马上笑逐颜开，击节称赏。接着又写“儿孙个个都是贼”。众人看后又无不缩颈吐舌。片刻之间又挥笔作结，写出“偷来仙桃奉至尊”。众人又无不朗声大笑，拍案叫绝。这首用逆挽笔法写的祝寿诗，读来脍炙人口，趣味盎然。

也有过生日自己向自己祝贺的，这叫自寿。祝词多是抒发胸中感慨，远大抱负，或自我鞭策，自励自勉。

2．祝酒　祝酒礼仪始于商周，且多局限于达官贵人。涉及饮酒的诗篇在《诗经》中以反映贵族生活的《大雅》居多，而以反映平民生活的《国风》甚少便是佐证。社会发展到今天，人们的生活水平已大大提高，每逢吉庆佳节，宾朋满座，少长咸集，以酒助兴，致词祝颂，已为寻常之事；外宾初到为之接风洗尘，离去为之饯行送别，也要举杯把盏致词祝颂，以巩固和发展业已存在的友谊。例如，1972 年 2 月 21 日，在周恩来总理欢迎美国总统尼克松访华宴会上，双方的演讲词就是举世闻名的堪称楷模的祝酒词。

双方祝酒词都写得准确严谨，言简意赅，文约事丰，达到锤字坚而难移的程度。双方领导人都高瞻远瞩，共同强调增进理解和友谊、消除障碍的重要性，这的确是关系两国前途和世界和平的大问题，在这个问题上任何一方若态度稍有暧昧或措词稍有不当，都有可能破坏宴会的融洽气氛，影响对世界和平有举足轻重的两个大国之间的关系。因此，祝酒词的目的不是祝愿对方多多饮酒，恰恰是“醉翁之意不在酒”，而是以酒为媒介，借酒言欢，祝酒而致词，运筹重大事情。

3．祝事业　这是在礼仪活动中为表达感情，表示礼节而致的祝愿之词。这种祝词要体现出两个特点：其一是感情充沛。如果作者对事业的成功漠然淡视，不兴奋，没激情，所写祝词断然不会感人。其二是富有哲理。除对具体成就深表褒奖敬佩之外，还要从理性上给以启迪和教育。这类祝词兼有贺意。

祝词的篇章结构一般由两部分组成，一是标题，一是正文。

标题。题目大致有三种标法：

一行标题法。如《元旦献词》、《春节祝词》。

正副标题法。如正题是“四化建设的生力军”，副题是“在共青团第九次全市代表大会上的祝词”。

肩题正题标题法。如肩题是“在庆祝××公司成立三周年纪念会上”，正题是“×××经理的祝词”。

正文。正文包括四个部分：呼语、开头、主体、结尾。

呼语。或叫称谓。一般写“同志们，朋友们”，如在有外国首脑以及男女外宾参加的集会或宴会上，则先写对外国首脑的称谓，接着写“女士们，先生们”，然后再写“同志们，朋友们”等。总之，要注意不同对象的不同称谓，以及称谓的亲切性和先后顺序。

开头。开头部分首先写祝贺语，对象不同选用的祝贺语也应有别。如会议祝词，写“向大会表示热烈的祝贺”；如节日祝词，写“致以节日的祝贺”；如寿诞祝词，写“向您九十大寿表示衷心祝贺”；如喜事祝词，写“向您取得博士学位表示衷心祝贺”等。

主体。这部分是祝词的重点，要写明为什么祝贺，祝贺什么，祝贺的意义等。

结尾。这部分要写希望祝愿之语，如会议祝词，写“祝会议圆满成功”；如寿诞祝词，写“祝您健康长寿”；如节日祝词，写“祝节日愉快”、“祝新年欢乐”等。

祝词应该写得精炼简洁、活泼新颖、感情真挚、态度虔诚、热情洋溢、文雅庄重。然而，祝词和祝酒词常犯的毛病，往往是长者冗杂，茫茫然抓不住关键；短者空泛，言不中的，矢不中鹄，缺少实际内容；或过于重视礼貌用语而流于虚浮庸俗；或轻视礼貌用语而显得热情不够。因此，既要重视实际内容，也要讲究艺术形式。

二、贺词

（一）贺词的概念

贺词包括贺信和贺电。贺信是表示庆贺书信的总称，贺电是表示庆贺的电文。所以，以电信形式表示庆贺的应用文体称为贺词。它们是社会交往不可缺少的礼仪性书面形式，也是增进友谊、交流感情的重要手段。

（二）贺词的使用范围

在当今的社会礼仪交往中，贺信和贺电的使用范围较为广泛。既可用于私人之间，也可用于单位之间，还可用于国家之间。某项重大工程竣工，可发贺信、贺电；某个重大会议开幕，也可发贺信、贺电；某项科研成功，某单位或个人做出重大贡献，某重要人物寿辰，本国或有外交关系的国家首脑任职等等，凡属喜庆之事需要表示祝贺时，都可用贺信、贺电表达。

（三）贺词的种类

贺信和贺电的分类，因标准不同，可以分出不同的类别。按贺词的性质划分，有用于重要任职的贺信、贺电；有用于重要会议的贺信、贺电；有用于重大成就的贺信、贺电；有用于名人寿诞的贺信、贺电；按贺词的走向划分，有上级机关对下级机关的贺信、贺电；有下级机关对上级机关的贺信、贺电；有平级机关之间的贺信、贺电；还有国家之间、政府之间、群众团体之间的贺信、贺电。

（四）贺词的特点

贺信和贺电的主要特点有二：

1. 祝贺性。贺信和贺电的使用目的全在一贺字。祝贺者为他人的成绩感到高兴，为他人的喜事感到欢乐，为他人的事业感到欣慰，便遥寄贺信、拍发贺电，表达这种珍贵的思想感情，以此加深友谊，增进团结，互勉互励，共同进步。

2. 信电性。电信性的表现，即是通过书信的投递、电文的拍发以达到庆贺的目的。既是书信和电报，庆贺者就无法直接宣读，而是由受贺者收后阅读，这更要求文字言约意丰、富于情感。

（五）贺词的写法

贺信、贺电的篇章结构格式，由标题和正文两部分组成。

1. 标题　标题一般写“贺信”或“贺电”二字，有的还在“贺信”或“贺电”的前边加上谁给谁的内容。还有的在标题上写明被祝贺的事由等。如《国务院给中国女排的贺电》、《中共中央祝徐特立七十寿辰的信》。不管标题文字长短，均应在第一行居中排列。

2. 正文　正文一般由称谓、开头、主体、结尾和署名五部分组成。

（1）称谓　应顶格写接受贺信、贺电的单位（或个人）的名字及称谓，称谓之后加冒号。如“参加我国运载火箭研制和发射试验的同志们：”

（2）开头　开头部分要写事由和祝贺。

（3）主体　以简练的文字写贺信、贺电的主要内容，要充分肯定和热情赞扬对方所取得的成就，以及取得成就的主客观原因和重大意义。

（4）结尾　写希望、祝愿、鼓励的话语。如“此致　敬礼”、“祝大会圆满成功”、“祝您健康长寿”等。

（5）署名　另起一行，在右下方写发信、发电单位名称或个人姓名。署名下边写年月日。

贺信、贺电的写作，语言要简练概括，笔调要热情喜悦，感情要真挚饱满。这样被贺者才备感温暖、亲切，易受激励和鼓舞。另外，忌用辩论、质疑、批评的语气，多用祝颂之语。当然，祝颂之语也要掌握分寸，过多溢美之词会使对方不安，自己也难避吹捧献媚之嫌。

第四节　讣告与悼词

一、讣告

讣（fù）告，又称讣闻。它是去世者的工作单位或治丧委员会向去世者的同志、亲友等报丧时所常用的一种告知性的文书。重要的讣告多登在报刊上，一般的讣告通常在去世者的工作单位公开张贴。有的还把讣告印成单张，作为报丧的通知送交或发专函寄给有关单位、有关同志。

（一）讣告的格式与写法

讣告一般由标题、正文、落款三部分组成。

1. 标题　位置在一张白纸的上方中间。一般写“讣告”二字，字稍大点，写正楷，要写工整。登在报刊上的重要讣告的标题，有的还在“讣告”二字的前边加上死者的名字及称谓或发讣告单位的名称。如“鲁迅先生讣告”、“中共中央、全国人大常委会讣告”。

2. 正文　另起一行，空两个格写正文。正文的内容及写法一般是：首先简要写明死者的职务或职称（如果是党派成员或重要人民团体的成员，也要写明。如果是著名人物，则先写上盖棺论定的评价性的某种称谓）、姓名、因为什么于何年何月何日几时几分在何处逝世，终年多大岁数（数字一般用小写汉字数码，下同）；其次，对死者的生平事迹作简要评述；再次，写明举行向遗体告别仪式、追悼会的时间、地点。以上三项内容，既可以全写，用三段文字依次表述，也可以省略中间一项内容写成一段文字，或用两段文字依次表述。在正文的最后，另起一行，空两格写上结尾语“特此讣告”或“谨此讣闻”。也可以不写结尾语。

如果死者生前有关于处理自己丧事的遗言，而治丧单位又尊重死者生前的愿望对办理丧事有不一般的安排，可在正文末了、“特此讣告”等字样之上，用简要的文字加以说明。如作家沈从文同志讣告正文末了的文字：“为尊重沈从文同志生前愿望和家属要求，丧事从简，不举行任何悼念仪式。”

3. 落款　在正文右下方，写明发讣告的单位或治丧委员会的名称。再在单位名称之下，写上发讣告的时间，年月日都要写，一般用小写的汉字数码。

（二）写、发讣告应注意的事项

1. 写讣告的同志在动笔之前，要对死者去世时的一般情况、他的简单经历、举行悼念仪式的时间、地点或不举行悼念仪式的原因有准确的了解，以作为写讣告的依据。

2. 印、写讣告时，要在讣告周围加上黑色的框线，以示丧事。

3. 讣告应在举行向遗体告别仪式、追悼会之前尽早向有关单位、有关同志发出，以便对方及时做出安排和准备，如准备花圈、挽联等。

二、悼词

悼（dào）词的概念有广义、狭义之分，广义的悼词指向死者表示哀悼的一切文章或言词，狭义的悼词专指在追悼会上宣读的哀悼死者的文章。我们这里所讲的悼词指狭义的悼词。这种悼词是去世者所在单位或其上级领导机关的某一位领导人，代表组织在追悼会上对死者表示哀悼的讲话文稿。它是追悼会上使用的最重要的一种应用文章样式。

由于各种原因，死人的事是经常发生的。为了表示对已故同志的悼念、寄托人们的哀思，为了使人们继承已故同志的遗愿、学习其革命精神和优秀品质，死者的工作单位一般都应为死者举行追悼会。而“致悼词”是追悼会的主要内容。悼词写得好坏是追悼会能否开得成功的关键。因此，我们应该掌握悼词的基本特征和写作方法，尽管我们很不愿意写这种应用文章。

（一）悼词的基本特征

当今的悼词是经过古代的诔（lěi）辞、哀辞、吊文、祭文等哀悼文体的沿革，随着社会的演变发展而形成的。其样式多种多样，大致可分为宣读体、书面体两种。我们所讲的追悼会上使用的悼词即属宣读体。这种悼词不论是在内容上还是在形式上，已同古代的哀悼文体大为不同，而体现了当代社会中新的社会关系。它的基本特征是：

1. 总结死者生平业绩并充分肯定其社会意义和社会价值，表达对死者的敬意与哀思。

2. 具有化悲节哀、继承死者遗愿基调，避免宣泄个人的过度悲哀之情及其他消极情绪。

3. 具有一定的程式性，而又灵活运用叙述、议论、抒情等多种表现方法。

（二）悼词的格式与写法

悼词由标题、正文两部分组成。

1. 标题　悼词的标题从悼词起草到定稿，多用“悼词”二字标示；在追悼会上，主持人用“×××同志致悼词”来宣布；在印发或登报时，则用“在追悼×××同志大会上×××同志的悼词”标出。

2. 正文　（1）开头部分。一般写两层意思：一，表明以怎样悲痛的心情悼念什么人；二，写明死者去世前所担任的各种职务名称、由于什么原因在何年何月何日几时几分不幸逝世、终年多大岁数。这两层意思在实际写作中可作灵活安排，既可以分开写成两段，也可以合并写成一段；既可以按以上顺序写，也可以变换顺序写。前一种写法，如上所述；后一种写法，一般是先写某年某月某日几时几分，什么人“与世长辞了”或“和我们永别了”，然后再表明以怎样悲痛的心情悼念死者。

（2）中间部分　一般写以下两层意思：1）按时间先后顺序介绍死者的生平：何时出生于何省何县（市），何时做什么工作、担任什么职务等等。如果死者是党员干部，还要写明何时参加革命工作、何时加入团组织和党组织、在各个历史时期历任什么职务；2）对死者的一生进行正面称颂。一般是根据死者生前的业绩，从几个方面，用一段文字或几段文字，概括地介绍他的突出贡献和高尚品德。如有必要，在每个方面还可用简洁的文字写上一两个典范事例。这两层意思的顺序，写作时亦可灵活安排。

（3）结尾部分　一般是评价死者逝世后带来的损失，并指出应从哪几个方面向去世的同志学习，化悲痛为力量，为完成什么任务、实现什么目标而努力奋斗。这层意思可写成一段，亦可酌情分段写。最后，常常另起一段，用“×××同志安息吧!”煞尾。

（三）写悼词应注意的事项

1. 要全面掌握死者的生平事迹。起草悼词的同志在动笔之前，要查阅死者的有关登记表，必要时还要查阅他的档案材料，以便在悼词中系统地介绍死者的生平事迹。对为国家为人民而牺牲的英雄模范人物，往往还要召集熟悉牺牲者的同志和他的生前好友开座谈会，搜集他的典范事迹，为称颂、表彰他的业绩提供具体材料。

2. 对死者的评价要公允。可以适当地用一些溢美之词，但不能太过头。而对死者生前的某些过失，一般不宜写入。

3. 语言务求简练质朴，饱含深情。既要充分表达对死者的哀思，又要勉励大家学习死者的高尚品德。

4. 悼词初稿写成后，一般还要请领导集体研究，而后再征求死者家属意见。如果认为有不妥之处，可做适当修改；如果都认为可以了，才可在追悼会上宣读。

【例文与简评】

（17—1）

在答谢宴会上的祝酒词

（1972年2月25日）

尼　克　松

总理先生，中华人民共和国和美利坚合众国的我们十分尊贵的客人们：

我们能有机会在贵国作客期间欢迎您和今晚在座的诸位中国

客人，感到十分荣幸。

我要代表尼克松夫人和同行的全体正式成员，对你们给我们的无限盛情的款待，表示深切的感谢。

大家知道，按照我国的习惯，我们的新闻界人士有权代表他们自己讲话，而政府中的人谁也不能代表他们讲话。但是我相信，今晚在座的全体美国新闻界人士都会授予我这一少有的特权来代表他们感谢您和贵国政府给予他们的种种礼遇。

你们已使全世界空前之多的人们得以读到、看到、听到这一历史性访问的情景。

昨天，我们同几亿电视观众一起，看到了名副其实的世界奇迹之一——中国的长城。当我在城墙上漫步时，我想到为了建筑这座城墙而付出的牺牲；我想到它所显示的在悠悠的历史上始终保持独立的中国人民的决心；我想到这样一个事实，就是长城告诉我们，中国有伟大的历史，建造这个世界奇迹的人民也有伟大的未来。

长城已不再是一道把中国和世界其他地区隔开的城墙。但是，它使人们想起，世界上仍然存在着许多把各个国家和人民隔开的城墙。

长城还使人们想起，在几乎一代的岁月里，中华人民共和国和美国之间存在着一道城墙。

四天以来，我们已经开始了拆除我们之间这座城墙的长期过程。我们开始会谈时就承认我们之间有巨大的分歧，但是我们决心不让这些分歧阻碍人们和平相处。

你们深信你们的制度，我们同样深信我们的制度。我们在这里聚会，并不是由于我们有共同的信仰，而是由于我们有共同的利益和共同的希望，我们每一方都有这样的利益，就是维护我们的独立和我们人民的安全；我们每一方都有这样的希望，就是建立一种新的世界秩序，具有不同制度和不同价值标准的国家和人民可以在其中和平相处，互有分歧但互相尊重，让历史而不是让战场对他们的不同思想作出判断。

总理先生，你已注意到送我们到这里来的飞机名为“七六年精神号”。就在这个星期，我们美国庆祝了我们的国父乔治·华盛顿的生日，是他领导美国在我们的革命中取得了独立，并担任了我们的第一届总统。

在他任期届满时，他用下面的话向他的同胞告别：“对一切国家恪守信用和正义。同所有的人和平与和睦相处。”

就是本着这种精神——76年精神，我请大家站起来和我一起举杯，为毛主席，为周总理，为我们两国人民，为我们的孩子们的希望，即我们这一代能给他们留下和平与和睦的遗产，干杯！

【简评】

如题目所示，这是美国总统尼克松“在答谢宴会上”的祝酒词。这篇祝酒词逻辑严密，言简意深，既表达了对中国人民的赞颂，表达了美利坚合众国和中华人民共和国之间的友谊，又表明双方的“信仰”不同，各自“深信”自己的“制度”，又表达了“和平相处”、“互相尊重”的愿望，说理充分，很有分寸，实在是一篇不可多得的好祝酒词。

【写作训练题】

1．××大学与××师范学院发起举办的“《三国演义》学术讨论会”定于199×年×月×日——××日在北京召开。请代发起单位写一则邀请专家张××到会指导的请柬。

2. ××服装公司经某律师事务所领导同意，与该所王发模律师商定聘请他担任公司的常年法律顾问。请代该公司写一张聘书。

3. 中国当代词学大师，著名学者，作家，南京师范大学中文系教授、博士研究生导师唐圭璋先生，于1990年11月28日零时10分在家中逝世。唐先生是因心力衰竭，经抢救无效去世的。享年90岁。唐先生是中国民主同盟盟员，生前还担任国务院古籍整理出版规划小组顾问、中国韵文学会会长、中华诗词学会名誉会长、《词学》杂志主编、江苏省第二、三、四届政协委员等职务。

唐先生逝世后，随即成立了"唐圭璋教授治丧委员会"。该委员会决定于12月7日下午3时在南京傅厚岗礼堂举行追悼大会。

——请根据以上材料，代"唐圭璋教授治丧委员会"拟一则讣告。

4. ×月×日是你敬爱老师×××教授从教60年纪念日，请你代表全班同学向他写一封贺信。

第十八章　日常应用文体的写作

第一节　读书笔记

一、读书笔记的作用

（一）帮助理解掌握知识

对一本书籍，一篇文章的理解，必须伴以分析和综合。在整个读书过程中，记笔记是再一次的“阅读”，再一次的分析、综合。如果在读书时能和往时有关的笔记相比较，就更能深入的理解现时所读书刊，并有所发现。发现是理解的产物，是理解的验证。对书刊的深入理解是牢固掌握书、文内容的基础。

（二）帮助人们牢固记忆

人脑的记忆，重要的是检索而不是储存。检索的关键在于组织，即在读书时扩大识记材料结构，组成记忆组块，从而扩大识记范围。笔记就是这种“记忆单位”（组块），做好笔记不仅可以加速学习进程，提高读书的效率，而且能促进内容和识记的重现。

（三）锻炼、培养思维能力

读书笔记的首要特点是选择性，凡要做笔记的人，谁都不会不动脑筋，不作鉴别，不作选择，而胡乱抄写一通。读书笔记的第二个特点是概括性，或归纳，或抽象，使所要记的东西条分缕析。在记笔记的过程中，就锻炼和培养了人们的逻辑思维能力。

（四）积累材料，提高表达能力

记笔记总有一定的目的。积累材料也是有计划地围绕一定的问题来记的。记的笔记多，积累的材料自然也就多了。记笔记也是一种写作实践，对于提高表达能力也有很大的帮助。

（五）产生新思考，研究新问题

当动手记笔记时，阅读的思考已经过了一个相向反复，把材料记下来，又是一次重复思考，于此三次思考之中，就会有心得体会、评价，就会引出新问题，产生新思考。书读得多了，笔记作得多了，对于相同，相反或相近的看法就会产生比较、对照，这就会把思考不断引向深入，从而发现、创造、树立新的观点。再进而扩展、论证，做出学问。

做读书笔记是有效阅读、通向科学研究或提高工作能力的重要途径。

二、读书笔记的种类及写作

（一）圈划笔记

即在书上最重要的字、句、段处，或写得精彩，有关要旨、要领处，或有疑问处、有赞扬处、有错误处、有引文处，或感受最深处，难于理解处，或例证旁边、数字旁边，圈圈，点点，或划直线、曲线，或标上“?”、“!”“×”、“⌊ ⌉”等符号（这些标号，比写作中运用的标点符号多了一层意思）。列宁读书时，就常在书中画着五颜六色的记号。

在读书过程中，使用这种符号要始终如一，以便日后查找方便，温故知新，深入钻研，否则就会引起混乱。同时，符号不宜做得过多，过犹不及，主次或轻重不分，就会失去记符号的意义。

（二）评点笔记

即在书的空白处，写评注、写提示、写体会、写质疑、写说明（说明书的这一部分内容，或可引作什么用处）。评点笔记比圈划笔记对于增强记忆更为有效可靠。鲁迅先生在《书苑折枝》开头写道："余颇懒，常卧阅杂书，或意有所会，虑其遗忘，亦慵于钞写，但偶夹一纸条以识之。流光电逝，情随事变，检书偶逢昔日所留纸条，辄自诧置此何意，且悼心境变化之速，有如是也。长夏索居，欲得消遣，则录其尚能省记者，略加按语，以贻同好云。"[①] 这就清楚地说明了两种笔记形式的异同和评点的优点。

与评点笔记相似的还有评注式笔记，如鲁迅读清人严元照的《蕙榜杂记》作了下列评注：

"清严元照《蕙榜杂记》：西湖岳庙有严嵩和鄂王《满江红》词石刻，甚宏壮。词既慷慨，书亦瘦劲可观，末题华盖殿大学士。后人磨去姓名，改题复言（字公谨，江西遗溪人，明朝世宗时的吏部尚书，为严嵩害死）。虽属可笑，然亦足以惩奸矣。"

"案：严嵩编和岳飞词，有如是诈伪；后人留词改名，有如是自欺；严先生以为可笑而又许其惩奸，有如是两可。寥寥六十字，写尽三态。"[②]

"诈伪"、"自欺"、"两可"，既是严文的注，又是入木三分的评。

（三）摘录笔记

就是把原文中重要的句子、段落、公式、数据原本无误地抄录下来。摘录必须注明出处，包括作者、书名、版本、页码。标

① 《鲁迅全集》第七卷，第445页。

② 《鲁迅全集》第七卷，第448页。

点符号亦须准确，还要写上分类题目，以便引用、核实和查找、使用。摘录笔记可以在笔记本上，也可以记在卡片上，分类排列，成为研究有关问题的系统材料。以后再将系统材料，加以整理，即可构成篇章。

（四）摘要笔记

即按照原文的顺序，摘录各章、各节、各段的要点，或用自己的话概括长段的意思，附上感想和体会，连缀成篇，组织成文。要能正确反映原文的基本观点、思想内容。重要文章还要记述它的时代背景，和它起的作用、现实意义。摘要还可以加上起始语，如“文章开始就强调”、“文章中间谈到”、“文章结尾指出”、“据文章介绍”等，为了文意连贯，语势流畅，亦可适当加些连词、代词等。摘要时要防止掐头去尾，断章取义。

（五）提纲笔记

即分析、综合一本书或一篇文章的内容要点，提纲挈领地列出来。提纲可以按原文的章节、段落层次把主要内容扼要地记下来，这一点和摘要笔记相同；提纲可以采用原文的语句和自己的语句相结合方式来写，这一点和提要相同。写提纲笔记，便于掌握全书的内容和逻辑结构，便于研究作者的思想脉络和写作方法，因此好的提纲可以接近作者当初写作时的思路，如果叠合，就是一种还原。

提纲又可分以下四种：最基本的提纲是段落提纲；记写文学作品情节发展变化的来龙去脉如开端、发展、高潮、结局的是情节提纲；记写文学作品中人物的基本面貌和塑造方法的是人物提纲；记写议论文论证层次之间的逻辑关系的是论证提纲。编写提纲，要注意各种体裁的不同特点，言简意赅，反映文章主要的内容，能引起人们的回忆和联想。茅盾在《〈子夜〉是怎样写成的》中说：

“在我病好了的时候，正是中国革命转向新的阶段，中国社会性质论战得激烈的时候，我那时打算用小说的形式写出以下的三个方面：（一）民族工业在帝国主义经济侵略的压迫下，在世界经济恐慌的影响下，在农村环境的破产下，为要自保，使用更加残酷的手段加紧对工人阶级的剥削；（二）因此引起工人阶级经济的政治的斗争；（三）当时的南北大战，农村经济破产以及农民暴动又加深了民族工业的恐慌。这三者是互为因果的。我打算从这里下手，给以形象的表现。”

这可以看做长篇小说《子夜》的一个粗略的提纲。

（六）心得笔记

就是读书时，结合自己的思想、工作实际把自己的认识、感想、体会、收获、启发、顿悟、灵感或对原文的某些方面加以拓宽、发挥，或是把自己的批评、商榷意见等记录下来。

心得笔记包括读后感、札记、随笔。如恩格斯的《自然辩证法》，列宁的《哲学笔记》，都属心得笔记。读后感是一种比较复杂的心得笔记。下边具体谈谈读后感的写作。

阅读一篇文章或一部著作后，把自己的感想、体会、受到的启迪，引发的联想写成文章就是读后感。它是议论文的一个类型，因此它要运用概念判断、逻辑推理的形式进行写作。读后感包括两个基本方面，一是读的什么，二是有何感情。读是感的基础，感是读的触发和结果，二者相辅相成，但以感为主。

1. 读后感的写作要求（1）仔细、认真阅读原作。阅读时，要做到“穷于有数，究于无形，钻坚求通，钩深取极”[①]。揣摩、

---

① 见刘勰《文心雕龙·论说第十八》。

吃透原文的精神实质，切实把握原文所要表达的主旨，思想。把它同历史与现实的经验、个人的实际结合起来，从而激发起独特的感受，并加以理性化，条理化，确立读后感的中心思想，写出有价值的感想来。

（2）密切联系生活现实。文章都是对生活的反映。读后感只有密切联系实际，才能有利于解决人们在学习、工作、生活和实践中存在的问题。读后感联系实际的面很广，既可以联系社会，也可以联系自己；既可以联系思想，又可以联系行为，既可以正面取例，又可以逆向思维，取例论证。联系实际写作读后感，仍要以“感”为主，但又不能脱离原文。引用原文要适当，要让没有读过原文的读者，能从你的读后感中，知道原文的主要内容，做到引用为“感”服务。总之，读后感既不能离开原文主要内容空发议论，也不能脱离实际，无病呻吟。

（3）读后感的“感”要正确、深刻、独到、新鲜。这种“感”是自己受到的启发，引起的联想，悟出的道理，并用这种“感”把理论具体化，形象化。这种“感”产生于对原文的深入分析，产生于同与之相关的客观事物的联系，以及对事物发展变化规律的认识。正确、深刻、独到、新鲜的读后感，就是作者的发现和创造，可以给人以更大的启示。

2. 读后感的写作方法　写读后感，没有一成不变的固定写法。一般是先写对原文的总体认识、看法，再由此联系实际，引出感想，上升到理论或规律加以总结。它既可以就原文的整体发表感想，也可以就原文的某一点，或某一情节、某一个人物、某一个细节、某一个侧面，发表感想，既可以大题小作，也可以小题大作。写读后感要努力做到短小精悍，深刻感人。几种具体写法如下：

（1）概述原文的内容主旨，联系生活实际，讲明事理。如冯同英的《切忌“跳来跳去”》[1]，文章开头概述：

俄国著名文学家契诃夫在中篇小说《跳来跳去的女人》中描写了一个叫做奥尔迦·伊凡诺夫娜的女人寻找‘伟人’的故事。这个伊凡诺夫娜是个很有艺术才能的人，曾经在绘画、演戏、雕塑、歌唱、文学等许多方面显露过自己的才华。但是由于她有一个致命的弱点：“跳来跳去”，因此谈不上对哪一门艺术有着精湛的成就。她周围，也都是些知名人士——演员、画家、乐师、诗人……可是，她还是一个劲地贪婪地在寻找、追求“伟人”，新的找到了，又把旧的抛了。其实，她毕生梦寐以求的‘伟人’应该是她的丈夫。可惜她“跳来跳去”，等到觉悟这一点的时候，已悔之莫及——丈夫去世了。

文章接着联系现实生活，展示跳来跳去的生活现象：朋友学习科目的“跳来跳去”，不能持之以恒，嚼而不烂，食而不化，落了个伊凡诺夫娜的结局。最后讲清事理：“艺不在多而在精”，并举鼫鼠“五技而穷”的传说，对事理加以强化。又引用宋人黄山谷的名言：“大率学者喜博而常病不精，泛滥百书，不若精于一也。有余力，然后及诸书，则涉猎诸篇，亦得其精”。指明合乎规律的学习方法，给人以深刻的教育。

（2）以原作塑造的典型烛照现实生活。即典型——生活现实——引以为戒。如黄芥田的《“差不多先生”的影子》[2]。

文章首先指出，“‘差不多先生’是胡适笔下的一个反面思想典型。他的哲学是：‘凡事只要差不多就好了，何必太认真’。因此，他样样事情看得破，想得通，‘不肯认真，不肯算账，不肯计较’。”

---

① 见《千字杂文选读》，海燕出版社 1986 年 12 月出版。

② 见 1984 年 11 月 24 日《光明日报》。

接着转录胡适先生为差不多先生勾画的形象：买糖，红糖与白糖差不多；记账，十字和千字差不多；赶车，8：30和8：32差不多；求医，人医和牛医差不多，医治人，活人和死人差不多。

再接下去讽喻旧中国是一个安于现状，不求进取的“懒人国”。现在这种差不多先生是否就绝种了呢？没有，这“篱笆的影子为什么还这样长？”差不多先生的影子不一而足：卖蔬菜，十两与九两差不多，上班、开会，8点与8点半差不多，卖热干面，冷面和热面差不多。比先进，横挑鼻子竖挑眼，因此先进与落后差不多，还有干不干差不多，干好干坏差不多，改革保守差不多。

在这种类比中，寄寓着鲜明的是非观念，接着挖出差不多先生的思想病根：人生观、世界观问题没有解决好；没有坚强的意志，怕办事认真担风险，吃苦头；没有科学的头脑，懒于调查、研究、分析、比较、鉴别。最后警告人们，“差不多先生”是万万再学不得的。

（3）借着原文中的某一点作由头，生发开去，讲清自己的看法。如唐前燕的《论“妈妈，我看不起你”》[①]。看过电影或读过电影剧本《红衣少女》，人们对影片主人公安然批评她妈妈的一句话“妈妈，我看不起你”有着不同的反响。唐前燕针对“有的批评家的訾议”，发表了争议性的读后感。

文章指出争议的焦点，旋即展开论证。

首先据理以驳：“看不起”是相对的，只有“看不起”，才有“看得起”，接着举出安然妈妈存在着的种种小市民意识，这就明确地指出安然的“看不起”，是没错的。为了辩证地说明问题，也指出了安然批评妈妈的方式是简单化的。最后得出结论：人人

---

① 见《千字杂文选读》，海燕出版社1986年12月出版。

有了这种是非荣辱观，社会就会形成一种正气。

这种借助作品中的一段故事，一个人物，一个细节，一句话语，受到启示，触发灵感，从而获得有价值的题目，从一点入手，写出自己的深切感受和看法，是说理性较强的读后感常用的方法。

4. 摘录原文重点加以评点，组成拼贴画式的读后感。如张宿宗的《三笑》①：

读近期某报所编《读者评报》，其中披露失实报道数则。读着滑稽之感骤生。于此录下三则，是为‘三笑’。

（一）二月二十四日四版《喻家大队简朴办丧事》说：社员喻望祥的父亲逝世后……

当地同志来信说，该人的父亲还健在，‘什么活都能做’，死的是他的母亲！

笑曰：‘父亲’何辜，竟要他死？‘死’而复生，奇闻盖世。生死不分，笑掉牙齿！

这报道的作者用的笔，莫不是古代某塾师用过的传世文物？要不，怎会有那‘惯性’的笔势呢？相传这塾师是写过‘如出一辙’的妙文的：有人死了岳母，请这塾师做祭文，他便从书上抄下一篇交差。不料吊丧者发现，抄的是祭岳父的。主人埋怨他了，但他反驳说：‘我没写错，只怕是死错了人’。看来这只随便叫人错死的笔非赶快封存不可，否则不知要制造出多少冤案来。

……

三笑之后，让我们感谢那些写出失实报道的作者。是他们，为我们制造了优质笑料，使我们得到了愉快和休息。

---

① 见 1984 年 4 月 18 日《河北日报》。

这篇读后感，综合性强，针对性强，由三个版块拼贴在一起。每个版块中包括“摘录”、“评点”、“分析”三部分，条理清楚，生动有趣，让人们在笑中接受了教育，俄国作家果戈理在谈到他的讽刺喜剧《钦差大臣》时说：笑就是我的批判，你笑你自己，自笑自教育。阅读这篇读后感就收到了这种“自笑自教育”的效果。

第二节　书信与电报

一、书信

（一）书信的概念和种类

1. 概念　书信是使用最广泛的一种应用文，是社会生活的交往工具。写信，就是用书面的方式和对方谈话。

在秦汉一统之前，臣下向君王进言陈词及亲朋之间的来往信件，叫做“书”。“信”原是“使者”的意思，解作送信的人。中唐以后，才变成“函件”。直至晋代，“书”、“信”才合一。书信的别称有：信札、书简、函件、尺牍、尺素、启、帖、笺、牋等。

2. 种类　书信的种类很多。现代书信大体上可分为一般书信和专用书信（又称公务书信）两大类。也有人把书信分成家书、社交书信和事条书信三大类。

(1) 一般书信　指私人间来往的信件。如朋友间的通信和家书等。

(2) 专用书信　指具有专门用途，在特定场合中使用的信件。如介绍信、证明信、表扬信、感谢信、求职信、应征信（应聘信）、祝贺信、慰问信、吊唁信、倡议信、建议信、公开信、投诉信、公关书信、申请书、挑战书、应战书、决心书、保证书、喜报、聘书等。

公函、便条、请帖、明信片也属书信的范围。在日本的专用书信中，还有一类叫通知信（或叫应酬信）。

（二）书信的特点和作用

1. 特点　书信具有尽言达情、个性鲜明等特点。

（1）尽言达情　写信人有什么事情要讲，有什么心里话要说，有什么感情要抒发，有什么态度要表明，都可以直截了当地写出来，寄给对方，以书面的形式与对方谈话。在一般书信中，也不必强调要有一个中心，作者可以同时写几件各不相干的事情。

（2）个性鲜明　书信比起其他文章来说，能更鲜明地表现出作者个性，显示出作者的风格。

（3）其他特点　在样式众多的传播媒介中，书信简便、灵活、易于制作、费用低廉。在种类繁多的应用文中，它又有特定的格式，要用邮寄、传送等方法传递给对方。

2. 作用　书信可以传递信息，互通情报，交流思想，沟通感情，联系工作，介绍经验，增进情谊，作用很不简单。古人说："尺牍书疏，千里面目"（《颜氏家训》）。书信能"恢万里而无阂"，越过空间的障碍，令读者如闻其声，如见其人。它亦可以"通忆载而为津"，让后人窥知作者的心灵。有些时候，书信还能起到非同小可的作用。如"缇萦通尺牍，父得以后宁"（《史记·仓公传赞》），义士鲁仲连一封信就"攻下"聊城，李斯一封《谏逐客书》就使仕秦的客卿避免了被逐的命运。在今天，众多的传播媒介（如电报、电话、电传）仍然没法取代书信，书信仍有其独特的需要和独特的优点。掌握好写信的本领，对于扩大社会交往，增进社会联系，大有裨益。

（三）书信的写作

有文化的人个个都会写信，但要写得好并非容易。写信总的要求是得体、达意、简洁、有礼貌、合格式。具体要求如下：

1. 关系不同，写法各异　一般书信、专用书信、公函都有不同写法。一般书信要区分亲疏、尊卑、长幼，专用书信内容要写得比较专一，公函中上行、平行、下行也各有不同。要根据特定对象和关系来恰当下笔。

2. 目的不同，写法有别　每封信都有不同的写作目的。祝贺或慰问，推荐或控告，赞扬或批评，询问或回答等等，内容和语气都应有别，甚至称谓也有不同。如果不问写信目的，就会写错内容，用错词句，表错感情而徒劳无功。

3. 尽言达情，措辞得体　俗话说："有碗讲碗，有碟讲碟。"写信要尽言达情，从容地抒发情怀，把思想、意见表达清楚。书信风格尽管多种多样，但都要达意。写信就是笔谈，要把话说清楚，不写有歧义的或模棱两可的话，不然就会引起对方误会或拖延解决问题的时间。

措辞得体，就是要切合通信双方的处境和关系，注意尊卑和辈分，根据特定关系而下笔，言语要恰如其分，合乎礼貌。立言得体，会使收信人感到快意。措辞不得体，会令对方感到不快或厌恶。

4. 简洁有序，注意文风　简洁是指句子要简短，不堆砌辞藻，信的篇幅尽量短。有序是指内容安排有条有理，文字也要条理明畅。重要的事情先说，次要的事情后说；令对方高兴的事情先说，使对方不快的事情后说；答复的问题先说，其他问题后说。

提倡用流畅的白话文写信，不装模作样，不改变现代汉语的语法和词汇，不用半文不白的话，不乱用文言词。除非特殊需要，不用文言文来写。字体要端正，不潦草，不宜用自创的草书签名。

5. 格式合乎规范　书信一般由七部分组成：称呼、问候、正文、结尾语、具名、日期、信封。有的还有附文（补述或附候）、附件。关系很熟的朋友间书信，或内容简单的短简，可省去问候语和结尾语。

（1）称呼。称呼表明写信人与收信人的关系，要顶格写在信的首行，然后加冒号，表示后面有话要说。称呼应视亲疏、尊卑、长幼及对方身分等不同情况而定。称谓用语有多种，如家族间的、亲属间的、同志、师友、世交间的、机关、团体间的各有不同。其中又分为直接的（称人与自称）、间接的（称对方的与称己方的），要称呼得准确，合乎社会惯例。一般说来，平时口头怎样称呼，信上就怎样称呼。关系一般的，称呼就庄重一些。关系越密切的就越简化。称呼也要和署名相对应。

（2）问候。问候也算礼貌语言，通常要写上，问候一声有益无损。选择问候语，也要根据对方的情况而定。问候语要写在称呼的下一行。不管称呼有多长，问候语的前面只空两格，常自成一段。

（3）正文。写信是以文字表达的方式与对方谈话，但毕竟与面对面谈话不同，只能单方面提出或申述意见，提出或回答问题，说明看法或表明态度，通报或交流有关情况等等。正文的文字除必须清楚明白外，还要具体明确，分清主次，重点突出，简明扼要，力求对方看完后能一目了然，确切了解写信人的用意、观点、要求和愿望。不然的话，彼此用书信往返询问，就会浪费时间和精力，或妨碍工作，影响进度，或造成误会，影响关系。有的人在正文的开头写缘起语，说明为什么要写这封信，或在问候语之后写几句起始语（如“久未通信，未知近况如何，念念”或“喜读来函，甚感欣慰”之类），然后过渡到正文的主要部分，也可以。

(4) 结尾语。结尾语也叫结束语、致敬语、祝颂语。早在秦汉时期，有些书信的末尾就使用了致敬祝颂语，这种形式一直延续至今。结尾语的词汇极为丰富，既有祝贺、祝愿、致敬、尊敬、感谢的用语，也有问候、希望、勉励的词语。结尾语要视对方的工作、环境、辈分和信的内容来选择运用，要讲礼貌、合礼节。结尾语通常分成两部分来写。在正文结束之后，紧接着把结尾语的前一部分（如"此致"、"敬祝"）写上，不加标点，然后另起一行，顶格写后一部分（如"敬礼"、"安康"）。也可不接正文，另起一行空两格写前一部分，再换一行顶格写后一部分。

(5) 具名。具名写在书信右下侧，即结束语后一部分的下一行，接近一行末尾之处。完全的具名是修饰语或辈分再加姓名（如"你的外甥王小明"、"侄女小兰"）。也可只写姓名，或只写名字、小名或不写名，只写"辈分加字"（如："姐字"、"弟字"）。具名不要潦草，初次通信更要注意，否则对方不认识就无法回信。草书也要写得正规，让人看得懂。辈分或修饰语可单独占一行，字写小些，偏写于下方，下边往后稍隔开一点再写名字。

(6) 日期。在具名后边或下边一行，再靠后一点，写上发信的年、月、日，以便查考。若不写日期，会有事后的麻烦。

附文（补述或附候）

全文写完后，若有遗漏，可在具名的下一行顶格书写，以"再者"、"附"、"又"、"又及"或"另外"之类字眼，下加一冒号，以表明是补述的意思。"附候语"是用来问候对方的（长、平、晚辈）或代笔附问的（代长辈、平辈、晚辈）。前者用语："并请令××安"；"并候令××安"；"并问令×均安"。后者用语："家×嘱笔问候"，"家兄嘱笔问好"、"小儿秉笔请安"。

(7) 信封。信封上的字体要端正，以便顺利投递。要使用标准信封，在左上角六个红色格子填上寄往地点的邮政编码，在右下角的绿色（或蓝色）格子填上发信人的地点的邮码。信封上各项内容的位置要安排恰当。要写上省（直辖市除外）、市、县、街道（或区、乡、村）名称。信封的大地名和小地名之间，地名和号数之间，都要空一格断开。地名的字与字之间，号数的数目字之间，都不要拆开，以免误读。收信人的名衔应该居于信封的正中，以示尊重。写给机关或企业单位负责人的私人信件，要写明“亲收”二字。信件如要写两人收，可将两人姓名并排写上。收信人姓名后面的称呼，是供邮递员用的，不要按照写信人与收信人的关系写（如“父亲收”、“姐姐收”），也不要只写一个名字不加称谓，称谓也不要用括号括起来。寄信人的地址、姓名要写清楚，要写在信封的右下角。平信的发信人可以只写姓不写名，但挂号信、快信的发信人的姓和名一定要写上。邮票要贴在右上角，不要贴在左下角，更不要贴在背面当封条。若是托交的信，可写上“面交”、“烦交”、“呈交”、“送交”或“专送”。地址可视送信人的情况而或详或略。信封右下方写“某托”、“拜托”。

寄往外国的信封写法顺序刚好与中国国内信相反。左上角先写 FROM，后写发信人姓名地址。右下角先写 TO，后写收信人姓名地址，地址是由小写到大。若搞错 FROM 与 TO 的位置，信就会被外国的分拣机打回头。

写信要用钢笔或毛笔书写，不要用铅笔，最好也不用圆珠笔写。要使用蓝黑或纯黑墨水，不要用红或绿墨水书写，用红墨水写信就表示绝交。

二、电报

电报是利用电讯技术将文字传送到遥远地方的一种现代化通

信方式。传真电报还能把照片、图表、文字等的真迹传送到更远的地方。

要利用好电报这一通信工具，就需要了解其特点、种类，尤其需要了解并掌握电文写作的格式、内容和要求。

（一）电报的特点

电报，作为现代化通信工具，其显著特点主要体现在：

1. 传递速度快　在现代电讯通信技术领域中，从传递速度看，电报是最快的。由北京拍电报，普通电报只需要两个小时至六个小时，全国各大城市均可收到。如果事情紧急，还可以“加急”，称之为“加急电报”，它的传递速度更快。如果是特殊的部门，双方互设有联系的电台，则随时拍发随时就能收到。

2. 送达范围广　随着现代电讯通信事业的高速发展，我国县级以上行政区域已全部普及了电报业务。世界上大多数国家和地区，与我国也建立了电报业务联系。因此，不管是国内还是国外，不管是城市还是农村，电报都可以送达。现在，电报已经彻底打破了空间的限制，成为送达范围最广的一种传递信息的工具。

由于电报具有这两大特征，所以人们都喜欢利用它来提高工作效率，避免或减少损失。

（二）电报的类别

电报的类别很多，主要有以下几种分法和种类：

1. 密码电报和明码电报　按电码分，电报可分为密码电报和明码电报。

（1）密码电报　密码电报，由于电文内容需要保密，所以发报者要用密码发给特指的个人或集团。这种电码是特别编定的，只有使用这种密码的收报者才能译通。

（2）明码电报　指根据公开通用的标准电码所拍发的电报。

这种电报，按照统一的电报译码本人人可译。

2. 加急电报与普通电报　按速度分，电报可分为加急电报、普通电报。

(1) 加急电报　加急电报，又称为“急电”。由于事情特别紧急，发报者可在电报稿纸的“特别业务”栏内写上“加急”或“急”字，电信部门就会紧急拍发、传送。

(2) 普通电报　普通电报，又称为一般电报，指日常生活中使用的电报。

3. 军事电报、新闻电报、生产电报　按内容分，可分军事电报、新闻电报、生产电报、生活电报，还有贺电、致敬电、唁电等。

本章所讲的电报，主要是生活中常用的普通电报。

(三) 电报的格式

拍发电报，都应用电信部门印制的电报稿纸。电报稿纸均有固定的、统一的格式，必须按照规定填写。

电报稿纸由两部分构成，上部分由电信部门工作人员填写，下部分则由发电报者填写。

电报文稿一律由左至右横写，一格一字，不用标点符号，也不许留空格。

示例如下页。

(四) 电文的拟写

拍发电报，首先要拟写电文，这是电报具体内容的书面形式。电文拟写的质量，直接关系着电报的效用，因此，拍发电报必须把拟好电文放到首位。

电文的内容，一般分为三项，具体是：

1. 收报人住址、姓名　在“收报人住址姓名”栏内，要具

电 1001

计费字数	
报费译费	
营业员	

电　报

机上流水	
发出时间	
值机员	

报　类	发报局名	原来号数	字　数	日　期	时　间
备　注					

以下由发报人填写　　字体要清楚正规

收报人住址姓名										
	梨	河	乡	大	高	庄	十	五	组	高
	勇									

特别业务	收报地名 河南 省 市 新郑 县	以下顺序按格填写

电报内容										
	母	(15)	日	上	午	(242)	次	车	到	新
	郑	站	姐							

（以下各项供联系用、请详细填写、不拍发、不计费）

发报人签名或盖章 高　瑛　住址 武汉三十五中学　电话 ……………　成批交发时间　份数

请注意背面　　“发电须知”（略）

体填写某单位的全称或住宅号数，或者×区×街×号或×乡×村×居民小组和收报人姓名。如果收报单位有“电报挂号”，可直接写“电报挂号”的号码，就无须再详写“地址”了。

在下边的“收报地名”栏内，填写××省××县（市）即可。

写这部分内容应当注意：

（1）要按栏填写清楚　省、市、区、县的位置不能调换，如河南省有开封市，还有开封县，若电报是发往开封县的，把“开封”二字写在“市”这一栏内，电报就无法送到收报人手里了。

（2）地址、姓名要写详细周全　省、市、县、区、乡、村，街道名字、门牌或信箱号码、单位名称，均须详细写出，不能省略，不能使用简称。

（3）地址要按照国务院统一规定的地理名称写出，不能按当地习惯写别称，也不能任意添加省市。比如河南省驻马店市，不能写成“驿城”，否则电报就收不到。有些单位不是设在与单位同名的地方，拍电报时就更应注意写清楚。

2. 电报内容　电报的内容，必须认真写好。同时，紧接正文之后要署上发电人姓名，以便收报人知道此电报是谁发来的。

电文拟写须注意以下两点：

（1）简练　电文要简练，这是电报的基本要求。简练的好处有：一是可以减轻电信传输线路的负荷，提高传送效率；二是可以使收报人明了电报主旨；三是可以节约费用。要使电文简练，须注意采取下面几种方法：

①认真推敲，去掉可有可无的字词。写电文，用字一定要以一当十，力求用最少的文字传送较多的信息。这就需要仔细推敲，字斟句酌，做到无一累字。请看下面这份电文：

因为我们正在进行紧张的期中考试，无空接待，望母亲与亚兰暂勿来京，并希转告亚兰，儿王建国。

这份电文，语言就比较啰嗦。如改成“我忙于考试，母与亚兰勿来，建国”，就减少了26个字，意思也说清楚了。

②要尽量用单音词和简称。在电文中，单音词能说明问题的就不要用双音词，用简称能表情达意的也不要用全称。如以“母”代“母亲”，“兄”代“哥哥”，“爷”代“祖父”等；以“京”代“北京”，“沪”代“上海”等，也可使电文简练。

③要按拟写电文的常识书写。电信部门把年份、月份、时刻、车次等，都规定了格式，编有代号，如“1990年11月15日21时245次”共19个字，若按电信部门的规定，则可写为“（1990）年（11）月（15）日（21）时（245）次”，这就可以节约9个字。

此外，发报人的姓名、住址，若无特殊必要，也可不写在电文内，写在电文外的栏目内就行了，这又可以使电文简练许多。

（2）明确　明确，是说电文的语言表述要准确、明白，能让收报人明了它的意思，而不致产生歧义或误解。

要使电文明确无误，需要特别注意以下四个方面：

①时间词语的表述要清楚准确。人员往来及其他一切活动，均有一个明确的起止时间。遇到这样的问题需要拍电报时，电文务须要交代清楚，不能模棱两可，或写明出发的时间，或写明达到的时间，或写明开始的时间，或写明完成的时间等等，使收报人一看就能明白。

②词语之间的相互关系要精确无误。电文都不用标点，拟写时要注意词语之间的衔接和停顿，要让收报人能准确断句，完整地理解电文内容。如某商业机关电告采购人员采购猪肉的要求的

电文字：

头蹄不要去掉下水洗净

拍电报人的意思是“头蹄不要去掉”，把“下水”洗净。结果采购人员误以为，这次采购猪肉的要求是：“头蹄不要”，“去掉下水”，“洗净”。结果造成严重经济损失。由此可见，拟写电文，让收电人易于断句，易于理解，是非常重要的。

③不要使用容易产生歧义的字词。汉语中有许多一音多义、同音不同义的字词，写电文时要避免选用容易产生歧义的字和词。同时，选用限制性词语时，限制的范围也要避免产生歧义。

④要正确使用汉字。汉字有统一的形体标准，写电文时不许乱写乱用，一定要写规范字，不写错别字。这也是使电文内容明确的一个重要方面。

3. 发报人姓名、住址　这部分内容一般不拍发，只供电信部门存查。但依然须写清楚、准确，不能草率从事。如遇特殊情况，这部分内容需收报人知道，则要写在正文内，随电文拍发。

总之，拍电报一定要按照统一的格式、规定和要求认真拟写，正文简练明确，字迹工整规范，这样电报才能迅速传递，收报人才能准确地理解电文的原意，收到事半功倍的效果。

第三节　申请书与倡议书

申请书与倡议书，都是个人或集体向有关的个人或部门表达要求或意愿时使用的文书。二者之间有相同的地方，但又有很大的区别，所以在运用时不能混为一谈，更不能用错。下面，分别加以介绍。

一、申请书

申请书，是个人或集体向组织表达愿望，向有关部门或领导提出请求时使用的一种专用书信。

随着社会的发展，申请书这一文体的运用越来越普遍、广泛。个人对组织表达志愿、理想和希望时，个人在学习、工作、生活上对某一部门有所请求时，下级对上级有所请求时，都可以用申请书。平行机关之间互有请求办理的事情时，也可以使用申请书。因此，申请书可以促进个人与组织、下级与上级以及各个机关团体之间的相互了解，协调相互之间的关系，可以促使申请事项的办理。目前，申请书已成为社会生活中不可缺少的重要文体。

（一）申请书与一般书信的区别

申请书是一种专用书信，与其他书信一样，都是表情达意的工具。但是，申请书与一般书信又有很大不同，其主要区别在于递交对象不同，书写目的不同，所写内容不同，具体写法不同。

书信的内容比较广泛，凡是需要叙说、想要叙说的事情，均可自由述写，可以说没有什么严格的限制。申请书则不然，它必须局限于所请求的事情之内，围绕着请求的事情说明理由，介绍情况，表达愿望，谋篇布局。一般是一事一书，内容单纯，目的、用途明确、专一。

书信写作，可采用多种多样表达方式，可以淋漓尽致地抒发个人的情感。申请书一般采用叙述的方式，言词恳切，概括精炼，必须把请求事情的理由、根据、条件表述清楚。

（二）申请书的写法

申请书有固定的结构模式，一般都由五部分组成。

1. 标题　申请书都须写上标题。标题一般可写“申请书”

三个字。也可根据申请的事项和目的，标明具体的名称，和“××申请书”等字样。

2. 称呼　称呼，指申请书接受者的名称，可以写有关的组织、部门，也可以写有关人的姓名，如写“××学校”、“××同志”等。名称要顶格写，后面加冒号，表示下面有话要说。

3. 正文　正文是申请书的主要部分，一般都要分别述写以下几个方面的内容：

(1) 申请的事项。这是书写申请书的目的。如果不首先写出自己申请的事项，申请就失去了目标，就会下笔千言离题万里，或是使申请书的接受者抓不住要领、本质，感到不知所云。因此，这一部分要注意开门见山，落笔入题，清楚明白地提出申请的意愿或事项。这一部分虽然着墨不多，简单扼要，但在全文中却起着提纲挈领的作用。

(2) 申请的理由。这一部分是全文的重点，是申请书的接受者研究答复和批准申请的根据之所在，必须下大功夫构思、写好。但是，由于申请的事项不同，所以应该根据具体情况，灵活掌握，提出令人信服的申请理由来。或是谈谈自己的思想认识过程，或是摆摆自己的实际情况，或是列列自己的主客观条件，等等。写这一部分时，应注意这样几个问题：一是理由提得要充分、肯定，避免含糊其辞，让人一看就能心悦诚服，马上研究解决。二是要避免面面俱到，主次不分，而要抓住要领，突出主要理由，说明为什么要提出这一申请。三是要条理分明，可以分条列项地述写，也可以分段去写，力求段的内容的单一性和完整性，条分缕析，使人看起来眉目清楚。总之，这一部分的写作一定要使申请书的接受者能透彻理解申请的理由为原则，以便尽快研究处理所申请的事项。

(3) 申请人的态度。这一部分对全文起着收束的作用。在写作时，一般都要根据申请的事项，对申请书的接受者提出自己诚恳的希望和要求，或是表示自己的决心。

4. 结尾　申请书可以有结尾，也可以没有。有结尾的是写表示祝愿或敬意的话，或是写表示感谢的话，如“此致敬礼”、“请接受我衷心的谢意”，等等。其写法与要求同书信相同。

5. 署名和日期　申请书均须有署名和日期。其书写位置应在结尾的右下方，要分行书写。上行写申请人的姓名，下行写提出申请的年月日。

(三) 写作申请书的要求

1. 实事求是　申请书的写作目的，是要申请书的接受者同意自己的申请。所以，只有推心置腹，毫不隐瞒地将自己的真实思想、真实情况说出来，才能沟通申请者与接受者之间的感情，加深理解和信任。为此，申请者在申请之前就须端正态度，抱有诚意，要从自己的实际情况出发考虑和处理问题；在写申请书时，要讲真话、讲实话，讲心里话，不讲大话，更不要讲假话。

2. 考虑阅读对象　申请书的阅读对象，是接受申请书的组织或部门的负责人，所以必须从这一特定的阅读对象出发确定申请书的语言。哪些该说，哪些不该说；哪些应该这样说，哪些应该那样说，都须认真考虑。如果接受申请书的人已经了解的情由，就要少说或者干脆不说，反之，就要说清楚，如果所写的不是第一次申请，写作时就不必重复上次的内容，可在原有申请书的基础上或者强调，或者补充，或作必要的修正。

3. 简洁明快　申请书的语言要简洁明快。行文要简明扼要，文字要明白晓畅，不用生僻、深奥的字词。同时，书写要认真，字迹要工整。

二、倡议书

（一）倡议书的特点和作用

倡议书是首先发起某种建议，或是首倡做某些有意义的事情，或是倡导开展某项重大的社会活动，以引起人们响应而使用的一种专用文书。

倡议书这一文体，产生于现代，是一种新的文章样式。随着社会物质文明和精神文明建设的不断发展，其作用日益突出。

倡议书的对象，不是针对某一个人、一个集体或一个单位，而往往是针对一类人，一个部门，一个地区，甚至是针对全国发出的倡议。所以，它特别具有广大的群众性。

倡议书虽然没有确定的对象，有关方面或有关的人可以表示响应，也可以不表示响应，但由于其内容具有普遍的意义，往往要在一定范围内公布或借助于新闻传播媒介公诸于世，起到宣传、动员的作用。因此，凡是有重要意义的倡议书，都能调动群众的积极性，使大家把倡议的内容作为共同努力的方向，心往一处想，劲往一处使，团结奋斗，并付诸于具体的实际行动。

倡议书这种文体，使用的范围非常广泛。一个人可以使用，几个人或更多的人可以使用，某一会议可以使用，某一个部门、一个单位也可以使用。不管是个人，还是团体，只要认为某些事情或某项活动有必要发起倡议的，都可以运用倡议书，以便及时发出号召，引起群众的响应，推动社会物质文明和精神文明建设的深入发展。

（二）倡议书的写法

倡议书有其固定的格式，一般由四部分构成。

1. 标题　标题可写“倡议书”或“倡议”，也可根据倡议的内容，标明具体的名称，如“××倡议书”或“关于××的倡议”。标题要鲜明、醒目。

2. 称呼　称呼，指接受倡议的对象。要顶格写，后面加冒号，以示领起下文。称谓可以写有关的人，也可以写有关的组织、部门，如写“××同学们”、“××朋友们”、“××团支部”等。称谓前面也可以冠以敬语，如“亲爱的同学们”、“尊敬的农民朋友们”等。

3. 正文　正文主要表述倡议的内容和要求做到的某些事项，这是倡议书写作的重点。它一般包含三个部分：

(1) 倡议书的开头。写发倡议的根据、原因和目的。根据、原因，指的是这一倡议是在什么样的形势、什么情况下发出的；目的，指的是开展什么样的活动，提出什么样的建议，要达到什么结果，等等。倡议书都是要大家响应的，因此必须开宗明义，清楚明白地把倡议意图交代出来，而不能下笔千言，离题万里，说一些不着边际的话。这样，才能使读者抓住倡议的要领，深刻理解倡议的精神实质，明确倡议的意义，立即做出自己积极响应的抉择。否则，大家就会莫明其妙，也就难于响应，更难变为行动。

(2) 倡议书的主体。要写明倡议的具体内容和要求做到的具体事项。这是总体要求的具体化，是响应者行动所遵循的依据。这一部分的内容一定要写得清晰、明确、具体、周全，以便接受倡议者能把握准倡议的本质，联系实际情况，考虑和采取响应倡议、开展活动的措施与步骤。为了做到这一点，写这部分内容时均须分条一一列出，从几个方面提出各自的具体要求。这分条列出的事项，虽然是并列平行关系，但在布局时仍须精心构思，安排得当，分清主次。

(3) 倡议书的结尾。写出倡议者的决心和希望，或者建议和信念。这部分内容要写得精炼，富有号召性和鼓动性，给人以奋发向上积极进取的力量。

4. 署名和日期　在正文结尾的右下方，署上倡议者的姓名或名称、发出倡议的年月日。有时还可在日期之后写上发出倡议的地点。

(三) 写作倡议书应当注意的事项

1. 要有针对性　倡议书不是个人之间的通信，而是面对广大群众公开提出的建议。因此，倡议书必须有很强的针对性。即是说，写倡议书之前，要认真研究形势，充分了解、掌握倡议接受者的心理、感情等方面的真实情况，做到有的放矢；倡议书的内容，一定是倡议接受对象所普遍关注，而又亟待解决的问题，通过倡议书的方式取得共同的认识，统一大家的行动。

2. 要实事求是　倡议书的内容，都是要大家响应，并要变为行动的。因此，写倡议书的时候，对于做什么和怎么做等问题，都要从实际出发，根据实事求是的原则来确定。尤其是倡议的具体事项，希望达到的目标，都要留有余地、切实准确，让响应倡议的人经过努力都能够做到。这样，倡议的内容才能为大家接受，才能极大地激发起大家的积极性，把大家动员起来，收到预期的效果。

3. 要简短精炼　倡议书的篇幅须简短、语言要精炼，做到文约而事丰。如果啰哩啰嗦，就会淹没倡议的主要内容，势必收不到好的效果。

第四节 演讲稿

一、演讲稿的特点

演讲稿是以议论为主的文章，因此它除具有一般议论文的特性，如精辟的论辩性，鲜明的观点，严密的逻辑性，丰富的知识性，浓厚的趣味性，强烈的鼓动性外，还有它自身的特性。因为它是要通过演讲者的口语传达给听众的，所以要受听众心理、环境氛围、时间因素的影响和制约。

演讲稿要有鲜明的针对性。要求演讲者所讲的，必须是听众想听的，演讲者所阐述的道理，必须是听众所迫切需要明白的。讲演者要对听众的年龄特点，接受习惯，思想状况，文化程度，职业心理，愿望要求，了如指掌，才能做到针对性强。

演讲稿是要讲给人听的，所以就必须注意它的声韵美。高昂激越的声韵美，可以使听众激励奋发；柔和清脆的声韵美，可以使听众舒畅愉悦；低沉忧郁的声韵美，可以使听众忧愁悲哀。演讲稿的文词，有时可以是狮吼奋进，有时又可以是轻弹慢拨，琴韵娓娓。

演讲稿具有灵活的临场性。演讲是在一定的场地设施和环境条件下进行的。因此写演讲稿时，要事先估计临场反映，以便调整讲稿的内容和层次结构，有时还要多写几种开头或结尾，以便随机选用。有经验的演讲家每到一个地方演讲，总是提前几天到达演讲地，以便了解当地风俗人情。演讲词中尽量插入一些当地实际情况。

孙中山指出："演说如作文然，以气为主。气贯，言之长短，声之高下皆宜。说到重要处，掷地作金石声”。（《孙中山全集》一卷 p277—278）且看他1905年8月13日在东京留学生欢迎大会上的一段演说词：

近来我们中国人民思想议论，都是大声疾呼，怕中国沦为非、奥。两年前还没有这等风潮。从此看来，我们中国不是亡国了。这都由我们民族文明的进步日进一日，民族的思想日长一日，所以有这样的影响。从此看来，我们中国一定没有沦亡的道理。

这段演讲词，针对性强，叙述、分析，语言参差错落、婉转起伏，声韵富有阳刚之美。它坚实有力，气势夺人，临场效果好，鼓动性也强。当时人们爱听孙先生的演讲，爱称他为“孙大炮”。

二、演讲稿的写作

（一）作者要有良好的思想、品格和文化修养

写演讲稿要有深邃的思想和远见卓识，对我们来说，还应有为共产主义事业奋斗的坚定信念和丰富的文化科学知识。这样，写出的演讲稿才有深度。

（二）要善于确定中心，选择材料

演讲稿没有中心，提不出明确的主张，讲起来，听众就会觉得不知所云，把握不住演讲者讲的什么问题，什么道理。没有中心，也就组织不好材料。所以说确定中心，是撰写演讲稿的首要任务。1946年10月19日，周恩来《在上海鲁迅逝世十周年纪念会上的演讲》，短短五六百字，就针对鲁迅逝世十周年后的中国形势，讲清了当时的重大政治问题，中心十分突出，达到了政治性，现实性，战斗性的高度统一。

演讲稿的选材，要遵循一定的原则：要选择有典型意义的材

料，有表现力的材料，新颖俊奇的材料。例如，我国徒步横穿南极进行科学考察的科学家秦大河，在他回到母校兰州大学向全校师生演讲时，就用了许多新奇珍贵的材料，介绍南极那个神秘的大陆，讲述他穿越南极的惊险经历，诉说探险队的艰苦卓绝的跋涉，每个听讲的人都为他那超常的毅力而惊叹，都被他为祖国争光，为科学献身的精神所感动。当他把手撑着五星红旗站在南极点上拍下的彩色照片出示给听众看的时候，全场掌声雷动，许多听众都激动得流下了眼泪。这种演讲效果，就是由于秦大河的事迹，即具有独特魅力的材料打动了听众的心。

（三）精心安排结构

“布局是一连串巧妙地导向结构的匠心组合。演讲稿的结构安排，一般包括三个部分：开头、主体和结尾。开头就是引论，先把问题引出来。中间，就是正论，即从开头引出的问题中演绎出论点，并做出合乎逻辑的分析论证。结尾就是论证结果，即结论。并表明对听众的要求和希望。

1. 开头　演讲稿的开头形式多种多样。有的落笔入题，开宗明义；有的渲染气氛，以情动人；有的提出问题，发人深思；有的回忆往事，引出讲题；有的交待身世，结交传情；有的用哲理名言，统领题旨。

2. 主体　这是演讲稿的主干、中心。要展开叙事说理，既要条理清楚，逻辑性强，还要波澜起伏，扣人心弦，纵横自如，法度不乱。主体的安排，一般有三种形式。其一是纵式，即按内容层次，纵向递进，又叫递进式。它抓住一个中心，层层分析，步步推进。其二是横式，即并列式结构。就是横向从不同的角度或不同侧面去分析论题，层次之间呈现并列关系。其三是合式，即以纵串横，纵横结合地安排结构。

李燕杰的演讲稿《国家、民族与正气》的主干部分，采用的就是一种复杂的纵横结合式结构。从形式上看，中间并列三个问题：一“爱国之心”，二“民族之魂”，三“正气之歌”，是一种横式结构，它们三者虽有联系，但并不是一种东西。就其三者的内在联系来看，却是一种纵式进层结构：

“爱国主义就是对于祖国的热爱，就是千百年来巩固起来的对自己祖国的一种最深厚的感情。这种热爱和感情根深蒂固地埋植在人民的心里，成为道义上的一种巨大力量。”

“爱国之心，是人民对自己祖国的一种最深厚的感情。这种感情集中表现为民族的自尊心和自豪感……从某种意义上说，这不就是民族之魂吗?”

“什么叫正气呢？正气就是所谓浩然之气，即孟子所说的‘其为气也，至大至刚’，‘塞于天地之间’，我们还可以把这种正气看做是中华民族之魂。”

从三个问题之中，摘出这三段关键性的话，摆在一起，就不难看出三个问题之间的纵式关系了。这三段话本身就是描述内在递进深入联系。

合式结构较为复杂，纵中有横，横中还可安排“小支的纵”。所以使用时，要防止混乱，前后错杂。

3. 结尾　有人说结尾好似一支歌：雄健的歌，结尾坚强有力，可以激起人们的奋进，给人以坚定的意志和胜利的信心；赞美的歌，结尾轻松活泼，旋律悠扬明快，能给人以甜美滋润之感，如喝香槟，沁人心脾。结尾的形式多种多样。这里介绍四种，一是余味无穷，给人以启示，留下启发悟性的暗示；二是提出问题，留下思维空间，让听众继续思考；三是讲一个小故事，留下悬念，去开拓新境界；四是提口号，谈希望，发号召，留下情绪的燃烧。如：

“大海是属于地球的，属于人类，更是属于我们青年人的。把我们生命的水滴，投入到四化的海洋中去掀起那万马奔腾的波浪吧！让我们都做一个虽然不戴红五星，但每个人的青春都像红五星那样熠熠放亮，艳艳生辉的战士。哪怕牺牲，也没有怨，怨，不属于忠于祖国的战士。”①

这个结尾，比喻巧妙生动，因而道理讲得委婉，口号形象化，有希望，有启发，语言热情、恳切。句式复杂，意蕴丰满，不仅点出主题，而且升华了主题。主题是理解解放军，保卫祖国献青春。升华之后为：从单一的军旅生活转向整个四化建设，做“忠于祖国的战士”，这“战士”的含意扩大了，是各行各业的建设英雄，而不仅仅是“兵”了。

（四）熟练运用语言和技法

1. 演讲稿的写作技法　演讲是一门术科。文场笔苑，有术有门，因此演讲稿的撰写，也必须讲究技法，使演讲稿写得或深沉有力，或生动活泼，感人肺腑，颐人性情。这里介绍几种技法。

波澜起伏：远山一起一伏则有势，疏林或高或低则有情。演讲稿要有势、有情，就必须波澜起伏，有文势的抑扬，有情节的跌宕，一定要避免平铺直叙，一览无余。闻一多先生的《最后一次的演讲》就是很好的范例。

欲擒故纵：纵就是放开，为了最后擒住，先将对象放开。这

① 见周克平《兵的启示》。

只是比喻，演讲稿中的“纵”，则是为说某个人坏，为征服他，而运笔却先说一点他的好处，待到抓住对象了，再痛快地指正。如林肯在伊利诺斯州的演讲稿就采用了这种技法。

喻巧理至：即“以其所知喻其所不知而使人知之”的方法。有的短小演讲稿，通篇就是一个比喻，说理深刻。有个获取演讲比赛第一名的学生，在授奖大会上的答谢词，就谦虚地说：瓜田里很多瓜，我是一个瓜，并不比别的瓜大，好，只是长在路边上，被人发现了。生动有趣，道理深含其中。

主动出击：即运笔时，估计听众会从哪些方面质疑，反攻，演讲者在行文中，先主动引出“质疑”，加以驳斥。如《扫荡阿Q主义》[①] 就采用了这种方法。

设置悬念：悬念在某种意义上说是一种呼应，所以设置它，要从整个布局出发，前有悬念，后边就把它解开。故事性强的演讲稿，没有悬念就难以吸引人。作法是，先把悬念设下以后，故意不理会它，而宕开笔去“顾左右而言他”，令听众念念不忘，产生魅力，到了适当的时候再回过头来把悬念解开。如吴绿星编的《说话的艺术》中引用的例子。

转折灵动：这种方法可使演讲稿曲折多变，能使论述另辟蹊径，曲径通幽，理趣无穷。如1923年12月26日鲁迅在北京女子高等师范学校文艺会上的演讲《娜拉走后怎样》就采用了这种方法。

巧妙穿插：演讲稿中为了说明事理，绕个弯子，插进别的内容，就是穿插。可以穿插幽默、笑料，亦可穿插有趣的事，还可以穿插诗词歌曲。如演讲稿《责任》就穿插了艾青的诗句。

2. 演讲稿的语言　演讲稿的语言要简洁明快，通俗易懂，

---

① 载《演讲与口才》1987年第1期。

切忌艰涩，拗口，更不能故作斯文。因为讲话从说到听，是一种线性传播，缕缕不绝，不可能过多地给听众留下思索的时间，再加上声音是稍纵即逝，不能重听的，所以不简洁，不明快，不通俗，就达不到交流的目的。

具体到语言的特点来说，那就要求准确，鲜明，生动，委婉，幽默，有气势。如：

“……洗去靡靡之音，摔掉酒瓶子，让我们与书这个‘哥儿们’，交上朋友吧！它不需要拔刀相助的江湖义气，只需要天长地久地交往。让我们与知识这位热情的‘姑娘’恋爱吧！它不需要大彩电和沙发床，只需要孜孜不倦地热烈追求。”①

这段话，委婉，幽默而又通俗，明白。刘熙载在《艺概》里引用吕东莱的话说：“词不可不修，说不可不善。”“从容委婉，辞气不迫。”就是对这种语言的特点的说明。

第五节　对　　联

一、对联的特点

对联由两个相对称的句子或句群组成。上句叫上联，又叫出句；下句叫下联，又叫对句。那么，这两联是如何对应的呢？或者说对联的组织构成有些什么特点呢？

（一）字数相等。对联是单字的特有产物。就多数而言，每一联少则四、五字，多则十几、数十字，长则数百字，但不管字数多寡，其两联的字数必须绝对相等。

---

① 引进演讲稿《追求篇》。

如：

四面荷花三面柳；

一城山色半城湖。

（济南大明湖沧浪亭联）

上下联皆为七字。其他对联都不例外。

（二）词类相对。上下联在同一位置上的用词，要相互对应。即名词对名词、动词对动词、形容词对形容词、数量词对数量词、虚词对虚词等等。如：

青山有幸埋忠骨；

白铁无辜铸佞臣。

（杭州西湖岳飞墓联）

上下联形容词对形容词、名词对名词、动词对动词，比较工整。

但为了不因词害义，所以词类相对方面允许有一定的灵活性。如名词可以与代词相对，动词可以与形容词相对，甚至只要意思基本相对，也允许毫不相似的词类相对。这就是所谓的宽对。

（三）句法相类。对联的出句与对句，在句法上应该类同或类似，这样才能上下相对。单句如：

到清凉境；

生欢喜心。

（桂林风洞联）

上下联皆为省略主语的谓定宾句法。

又如：

数点梅花亡国泪；

二分明月故臣心。

（扬州梅花岭史可法衣冠墓联）

上下联皆为省略谓语“似”、“如”等的主宾句式。

复句如：

大江东去，浪淘尽千古英雄，问楼外青山，山外白云，何处是唐宫汉阙；

小苑春回，莺唤起一庭佳丽，看池边绿树，树边红雨，此中有舜日尧天。

（南京藩署题联）

上下联皆为联合复句，其中上联的“问”与下联的“看”这两个谓语，均带双宾语。

（四）声律相谐。对联富有音乐性，这首先指平仄相协。我国古代汉语语音，有平、上、去、入四调；平声为平，上、去、入为仄。现代汉语语音没有入声字，分阴平、阳平、上声、去声四调，有人主张以阴平、阳平为平，上声、去声为仄，有一定道理。对联的一个渊源为律诗，所以讲究平仄相协，即遵照“平对仄，仄对平”的原则，做到相反相协，而且对句的最末一字一定要用平声字，这样读起来才悦耳动听。如：

五言联——平平平仄仄
浮云游子意
仄仄仄平平
落日故人情

（李白《送友人》）

七言联——平平仄仄平平仄
无边落木萧萧下
仄仄平平仄仄平
不尽长江滚滚来

（杜甫《登高》）

对联的平仄能严格相对最好，大体相对也不错。至于长联，要特别注意停顿处的用字平仄相对。如：

秦皇安在哉，万里长城筑怨
平　　　　　仄

姜女未亡也，千秋片石铭贞
仄　　　　　平

（河北秦皇岛孟姜女庙联）

其次，节奏相同。富有节奏感，是对联音乐性的重要表现。对联的上下联要求节奏相同，这才能韵律和谐。节奏相同，指出句与对句的音尺数必须一致。如：

有山|皆|图画；

无水|不|文章。

（杭州三雅园联）

上下联均由三音尺组成，又分别为二字尺、一字尺、二字尺。又如：

登|百尺|楼，看|大好|河山；

天|若|有情，应识|四方|思|猛士；

留|一抔|土，以|争光|日月；

人|谁|无死|，独将|千古|让|先生。

（安庆徐锡麟烈士纪念楼）

上下联声音的轻重舒缓，音尺数与对应音尺的构成字数都完全相同。

以上为对联的形式特征。从内容来说，上下联自应意义相关，可为互补正对式，如：

风声雨声读书声，声声入耳；

家事国事天下事，事事关心。

（无锡东林书院联）

也可为矛盾反对式，如：

痛史说偏安，慨当年谋定东窗，桧真遗臭；

崇祠留胜迹，看此树枝常南向，柏亦精忠。

（杭州岳坟联）

还可为偏正串对式，如：

先辈著书谈口技；

后人研究乃相声。

（淄博蒲松龄故居联）

上联为条件，下联为结果，对联内容具条件关系。又如：

洞中方数月；

世上已千年。

（重庆渣滓洞联）

此为红岩战士为迎接解放而撰写的对联，上下联为转折关系，意指虽只数月间，中国却将发生千年沧桑之变。意义相关是对联在内容方面的基本条件，否则，即使在字数、词性、句法、声律上两两相对，也会失去对联的性质。

有些对联还有横额（又称横披、横眉）。横额与对联的内容要密切相连，相互配合。好的横额，有画龙点睛之妙、拍案称奇之绝。横额一般为四字句，如：

假作真时真亦假；

无为有处有还无。

横额：太虚幻境

（《红楼梦》第五回）

先抓吃穿用；

实现农轻重。

横额：综合平衡

（周恩来题八字方针联）

二、对联的种类

对联的种类繁多，主要有以下几种：

（一）春联。专用于庆贺春节，造成欢乐祥和的气氛，表述群众意愿，展望美好前景。个人、家庭、机关、团体、厂矿、剧院、商店、学校等皆用，所贴之处有门旁、院前、用具器物等。这种对联用得最为普遍，内容也极其丰富。

如：

芝兰得气一庭秀；
桃李成阴四海春。

（学校春联）

一片金霞迎旭日；
万条彩线织春光。

（纺织业春联）

（二）名胜楹联。用于名胜古迹等旅游景点，具有凭吊纪念、描述精蕴、指点评论、抒发情怀，寄托抱负，赞美祖国大好河山，表现爱国情感和美好追求等性质。处所则楼、台、馆、舍，山、川、园、林、寺、庙、墓、祠等皆有。如：

四面湖山归眼底；
万家忧乐到心头。

（湖南岳阳楼联）

五百里滇池，奔来眼底。披襟岸帻，喜茫茫空阔无边。看，东骧神骏，西翥灵仪，北走蜿蜒，南翔缟素；高人韵士，何妨选胜登临，趁蟹屿螺洲，梳裹就风鬟雾鬓；更苹天苇地，点缀些翠羽丹霞。莫辜负四围香稻，万顷晴沙，九夏芙蓉，三春杨柳；

数千年往事，注到心头。把酒凌虚，叹滚滚英雄谁在。想，汉习楼船，唐标铁柱，宋挥玉斧，元跨革囊；伟烈丰功，费尽移山心力，尽珠帘画栋，卷不及暮雨朝云，便断碣残碑，都付与苍烟落照。只赢得几杵疏钟，半江渔火，两行秋雁，一枕清霜。

（昆明大观楼联）

（三）贺吊联。 用于寿辰、婚嫁、庆功、贺喜及挽吊等。具有概述事迹意义、鼓励祝愿或缅怀慰藉等性质。如：

盛德在民长不没；
丰功垂世久弥恢。

（挽周恩来）

事业已归前辈录；
典型留与后人看。

（挽联）

文章负奇色；
事业富新机。

（贺联）

贵寿无极；
喜庆大来。

（寿联）

（四）行业联。 用于各行各业明志、宣传、招客、立训、存戒、昭示等，描绘各行各业的崭新气象，展现光辉灿烂的发展前景，均能令人赏心悦目。如：

升官发财，请走别路；
贪生怕死，莫入此门。

（广州黄埔军校门联）

片纸能缩天下意；

一笔可画古今情。

（笔墨纸店联）

（五）赠予联。　用于人际交往，不挂不贴，类似诗歌。具有赞颂、勉励、祝愿、联谊等性质。如：

有关国家书常读；

无益身心事莫为。

（徐特立题赠青年）

铁肩担道义；

妙手著文章。

（李大钊赠杨子惠）

（六）自勉联。　用于明志、述怀，策己，类似格言，张挂在居室、客厅、书房、办公室及其他个人的活动场所。如：

海纳百川，有容乃大；

壁立千仞，无欲则刚。

（林则徐自题厅事联）

与有肝胆人共事；

从无字句处读书。

（周恩来青年时代自勉联）

（七）娱乐联。　此专指出句为一方所撰，求对，而对句为另一方所撰，具有文艺娱乐性质，内容则无所不包。如：

月照纱窗，个个孔明诸葛亮；

（清对联大师纪晓岚被其妻指着纱窗出联难住，直至近代方有人巧对写下下联——）

风送幽香，郁郁畹华梅兰芳。

（京剧表演艺术家梅兰芳，字畹华）

池中莲包攥红拳，打谁？

（乾隆游江南时出句，纪晓岚立即对句——）

岸上麻叶伸绿掌，要啥？

（八）讽刺联。专指对时弊、吏治、人情、风气、世俗等的讥刺，揭示其实，语多幽默含蓄，妙趣横生。由于近代以来，民主意识增强，此种对联发展迅速，当代已与漫画有异曲同工之妙。如：

今日幸海子，明日幸颐和，几忘曾幸长安。亿兆膏血轻抛，只顾一人庆有；

五旬割云南，六旬割台湾，此时又割东三省。数千里版图尽弃，每逢万寿疆无。

（章太炎于慈禧70寿辰讽联）

三、对联的构思与写作

对联的整体构思，包括确定对象，开掘主旨，安排结构，选择技巧、手段等内容。撰写对联，必须符合前述的对联基本特征，否则就不成其为对联。在此基础上，要构思并撰写出一副好对联，则必须注意以下几个问题：

（一）格高

前人论诗，极其重视格调的高低雅俗，以为是一个人人品的表现。我们撰写对联，也首先要注意对联所表现的思想情趣务必健康、高尚，格调力求高雅。

格调必然受时代、社会、阶级等的影响。我们今天拟写对联，应该不拘一格，丰富多样，但每一个有觉悟的人，都应在对联作品中表现出新的时代精神，奋发向上、积极乐观，表现出美好的追求。

格调当然是一个人的精神品格、审美情趣的表现，属于主体性、主观性范畴。所以，自古以来，为人称道的好对联，多以格调高雅见长。前几年，曾有一个青年模仿东林书院联，写道：

风声雨声不吱声，了此一生；

国事大事不问事，平安无事。

这种消极、悲观的情调实不可取，后来一位无产阶级革命家改为：

风声雷声悲叹声，枉此一生；

险事难事天下事，争当勇士。

这种再改动，在褒贬中显示出知难而进、勇克险关的革命处世态度和勇敢奋斗精神，其格调就属高层了。

（二）题切

对联就像诗篇、文章一样，也有个确立主题和如何切题的问题。也就是说，对联内容要切合表现对象的特征与实际，要切合撰写者自己的身份与思想感情，要切合对联的具体用途与场所，要切合时令与季节等等。如有横额的，上下联必须切合横额所蕴含的主旨，使联语和横额浑然一体，相得益彰。

1. 要切合表现对象的特征与实际　对联应该表现出此人此事与他人他事决然不同的特殊性，用词与表现手法允许夸张，但夸张的生命是真实，真实就是揭示出此人此事的本质特点。如：

写鬼写妖高人一等；

刺贪刺虐入骨三分。

（淄博蒲松龄故居联）

此为郭沫若所撰。上联揭示蒲松龄独特的文学成就，下联盛赞其不凡的思想深度；对蒲松龄的评价切实公允。但是，本质特征、实际面貌不能理解为只有一种表现，只能取一种观察角度，只能作一种描写；相反，人和事物的立体多面性质，与世界的错综复杂联系，以及本质的逐步暴露与人的认知的逐渐完善性，都要求描写同一人、事、物、景的对联在内容上也要多样化。特别是名胜古迹和名人寿葬用联，积累无数，更要独辟蹊径去表现其真实特点的方方面面。所以，郭沫若评蒲松龄的对联只是入骨三分地表现了作家的一个特点，而下面老舍撰写的对联，却表现了蒲松龄的另一特点：

鬼狐有性格；

笑骂成文章。

2. 要切合撰写者自己的身份与思想感情　这在撰写贺吊联、赠予联时更显重要。要注意上下，长幼，夫妻，同事，朋友等等不同的人际结构而具有的不同地位与身份，要表现自己的真情实感。如：

江户矢月忱，感君首赞同盟会；

轩亭洒碧血，愧我今招侠女魂。

（浙江绍兴风雨亭联）

此为孙中山先生挽秋瑾而作。全联无套话，内容实实在在，不仅切合撰写者与秋瑾在日本江户交往的事实，而且又以深沉的词句，表现了对烈士的悼念之情，以及对自己和同志的激励，十分切合撰写者作为同盟会领袖兼战友的地位和身份。再如：

八百万台湾刚醒同胞，微先生何人领导？

四十年祖国未竟事业，舍我辈其谁分担？

（在北京台湾学生挽孙中山联）

“微”是无、非意。此挽联切合台湾学生的特殊身份和誓为台湾回归祖国而奋斗不息的真实感情（1895 年，日本强迫清政府签订“马关条约”，台湾从此割让给日本，至孙中山先生逝世的 1925 年，恰是 40 年）。

3. 要切合对联的具体用途与场所　喜庆联当然不能用于悲

悼，就是在喜庆范围内也名目繁多，各有用途，不能互相替换。如贺生诞、庆丰收、颂功业、喜连理、祝开张大吉，题竣工典礼等，撰写对联都要切合各自的主题与实际用途。对联的内容还应同张贴的场所和谐统一，场所实际是对联描写的对象或言志抒怀的环境，弄错了就不切题了。如：

楼高但任云飞过；

池小能将月送来。

（上海城隍庙得月楼联）

此联如张贴在无楼无池的居处，就觉得有些不伦不类了。

4. 要切合时令季节　有些春联属于一般祝愿庆贺性质，自然一年四季皆可选用，但很多具有明显的辞旧岁、迎新春的节日特点和冬春的季节特点，就不能随便用之于其他时令季节。其他种类的对联也是如此。如：

春风大胆来梳柳；

夜雨瞒人去润花。

具有春风、春雨的春季特点，若用以表现夏、秋、冬季的景物显然就文不对题了。

（三）义深

义深并非是深涩难懂，而是指对联的意义深远、隽永、耐人寻味。它与格调的高雅不是一回事，格高可能义深，也可能味浅。对联如诗一样，也应讲究气质、神韵、境界。好的对联在其创造的独特意象中，蕴藏着丰富深刻的感情内容；在其抒发的独到见解中，饱含着独特隽永的人生哲理。此种佳联，有一种韵外之致，味外之旨，能够发人深思，促人联想，启人智慧。如：

墙上芦苇，头重脚轻根底浅；

山间竹笋，嘴尖皮厚腹中空。

此副对联看似只有简单的描摹，实际上意义深远，能使人产生丰富的联想。毛泽东引用明代才子解缙的这副对联深刻地批评了主观主义的世界观。对于那些不懂中国历史和中国现实，只把兴趣放在脱离实际的空洞的“理论”研究上的人，或者对那些单凭热情行事，把感情当政策，忽视客观实际，因而造成重理论轻实践，缺乏深厚的客观世界研究根底，在革命的风浪中东摇西摆的现象；对那些自以为是，老子天下第一，作讲演则夸夸其谈，做文章则长篇大论，有哗众取宠之心而无实事求是之意，到处瞎指挥，害己害人害革命的主观主义者，都是绝妙的讽刺。又如：

山光扑面经新雨；

江水回头为晚潮。

（江苏镇江焦山自然庵联）

郑板桥撰写的这副对联十分耐人寻味。他写出了镇江焦山自然风光的特点，又揭示了自然界运动变化的规律。新雨洗刷旧尘，我们读上联，仿佛身临其境，感受到清新明晰的山光扑面而来。江水滚滚而下，这是一般的运动规律，但焦山处的长江却会回头倒流，我们读下联，也仿佛亲睹其景，并且似乎听到了晚潮推涌江水回头拍打山岩的响声。这里面还蕴含着一种哲理：人生与世界从不是固定不变的，静止的观点、僵死的态度都是错误的。

（四）词精

古代诗歌十分讲究用词，提倡千锤百炼。对联自然也应注意词语的精粹；要在有限的语言文字里给读者最多最优的信息量，触发读者作最丰富的联想，用词又能平中出奇、常中见新。如：

虚心竹有低头叶；

傲骨梅无仰面花。

（郑板桥题竹梅图联）

“虚心”与“傲骨”，“低头”与“仰面”，本都是十分普通的词语，但此处选来，分别修饰竹、梅与叶、花，两联的中间又分置掷地千钧的动词“有”和“无”与之配合，这样用词既自然又凝练，既朴实又生动，通过移情于物、以物拟人，把谦恭虚心与刚正不阿对立统一的一种性格表现得淋漓尽致。诗要有诗眼，对联也须有联眼，作为“眼”的字或词往往是动词和形容词，尤应反复斟酌推敲。如：

入座有情千古月；

当窗无恙六朝山。

（南京愚园联）

“有情”与“无恙”分别为上下联的“眼”，用词新奇独特，写活了山月，满溢着怀古思古之情，具有深刻的涵义。这两词无法用别的代替，否则韵味顿无，色彩黯淡。

（五）形美

对联应给人美的享受，除内容外，形式美也是必不可缺的基本条件。要使对联形式美，重要的一项，是要借助于丰富多彩的修辞手段，以充分展现汉语言文字的独特魅力。一般诗文常用的修辞手法，对联皆可用之。如：比喻（水作青罗带；山为碧玉簪）、比拟（听鸟说甚？问花笑谁）、借代（波上平临三塔影；湖中倒映一轮秋。以“秋”代“月”）、夸张（六朝山色收杯底；千里江声到枕边）、对照（横眉冷对千夫指；俯首甘为孺子牛）、衬托（秋菊有佳色；社会有斯人）、排比（沧海日，赤城霞，峨嵋雪，巫峡云，洞庭月，彭蠡烟，潇湘雨，武夷峰，庐山瀑布，合宇宙奇观，绘吾斋壁；少陵诗，摩诘画，左传文，马迁史，薛涛笺，右军帖，南华经，相如赋，屈子离骚，汇古今绝艺，置我山窗）、反复（复生不复生矣；有为安有为哉！注：复生为谭嗣同之字)、设问（心在汉室，原无分先主后主；名高天下，何必辨襄阳南阳?)、双关（因荷而得藕？有杏不须梅！谐音为因“何”而得“偶”？有“幸”不须“媒”!)、顶真（英雄门第出英雄，英雄来自群众；光荣人家增光荣，光荣属于人民)、摹状（万树梅花一潭水；四时烟雨半山云)、歇后（君子之交淡如；醉翁之意不在）等等。此外，对联还有特殊的修辞手法如下：

1. 拆合　就是拆字与合字，类似于撰写谜语，但谜语皆为暗拆暗合，而对联则可明可暗。所谓拆字，就是把一个汉字的偏旁部首分离成几个字，组织到对联中，形成饶有情趣的联语。如：

闲看门中月；（“闲”的繁体是“閒”）
思耕心中田。

（明拆）

皇兴大粮行；
慈夙楚成扬

横额：去四首

（暗拆）

明拆不言自明。暗拆需费一番思索。上举暗拆联为吴承恩替恶霸张皇兴粮行撰写，去四首，为：王八大粮行；心歹楚城扬。

所谓合字，就是利用汉字偏旁部首组合的特殊条件，将几个汉字拼合成一个字，组织到对联中，同样耐人寻味。如：

此木为柴山山出；
因火成烟夕夕多。

（明合）

有水有田方有米；
添人添口便添丁。

（贺潘、何两姓联姻，暗合）

2. 镶嵌　凡人和事物皆有名称，如把其名称艺术地镶嵌于表现或描写此人此事的对联中，就极富审美情趣。镶嵌的艺术要求自然贴切。与整个对联合为一体，无斧凿痕迹。镶嵌则有镶首、镶腰、镶尾，单嵌与多嵌等多种形式。如：

韬略终须建新国；

奋飞还得读良书。

（郭沫若书上海韬奋图书馆联，镶首）

悲哉，秋之为气；

惨矣，瑾其可怀！

（挽秋瑾联，镶腰）

人从宋后羞名桧；

我到坟前愧姓秦。

（杭州岳王庙联，镶尾）

韩愈送穷，刘伶醉酒；

江淹作赋，王粲登楼。

（广东潮州“韩江酒楼”联，多嵌）

3. 同旁　由于汉字为偏旁部首构成的方块字，因此别出心裁撰写的同旁字联就具有一种整齐的建筑美。如：

迎送远近通达道；

进退迅速游逍遥。（“游”的繁体偏旁是“辶”）

（车马店联，上下联皆同旁）

泪滴湘江流满海；

嗟叹嚎啕哽咽喉。

（悼屈原联，上联同水，下联同口）

4. 同形　利用汉字有同形不同音、义的现象和可同音假借的特点，巧妙地用同形字构建对联，含蓄曲折地表达一种意思，启人智慧，又给人以美的享受。如：

海水朝，朝朝朝，朝朝朝落；

浮云长，长长长，长长长消。

（河北山海关孟姜女庙联）

此联采用同音假借的手法写成，实际面目为：

海水潮，朝朝潮，朝潮朝落；

浮云长，常常长，常长常消。

朝读 zhāo 音；长读 zhǎng 音。

5. 回文　此种对联的语序往复回环、首尾衔接，真是妙趣横生。如：

秀山青水青山秀；

香柏古风古柏香。

（云南通县秀山公园联）

此联顺读逆读都一样。又如：

无锡锡山山无锡；

平湖湖水水平湖。

上联下联皆首尾回文相衔、中间同字相扣接。

6. 集句　从古诗词文赋中选用能表情达意而又字数齐整、词类相对、句法类同、音韵相协的句子，集成一副对联。好的集句对联，浑然天成，由于整体大于部分之和，既有古风，又有新意。如：

好学近乎知，力行近乎仁，知耻近乎勇；

富贵不能淫，贫贱不能移，威武不能屈。

（集《四书》句联）

文章负奇色

（陈子昂句）

事业富清机

（杜少陵句）

集句制联者应具有广博的文史知识，深厚的记诵功力，善于选择综合的杰出才能，以及创造新意奇境的深邃眼光，这才能随手拈来，古色新香。

对联的风格应该多样，可以气势恢宏，激情澎湃；也可纤丽婉约，清新隽永；可刚烈率真，惊世骇俗，也可幽默含蓄，妙趣横生。对联的题材更是极为广泛的。我们学习对联的写作，既要注重发扬这种艺术形式的优良传统，更要富有创造精神，灵活掌握各种方法技巧，力求撰写出高度的思想内容和完美的艺术形式相统一的佳联巧对，让这一广大群众喜闻乐见的艺术形式，更加健康发展。

【例文与简评】

（18—1）

求 职 信

××洗衣机厂总经理：

打扰了！

我是广州××大学中文系即将毕业的涉外企业秘书班学生。贵厂是一个名闻遐迩的中外合资企业，总经理知人善用，我慕名已久。最近听亲友说，贵厂因扩大业务经营而需要增加文职人手。我现在就来求职，渴望能为总经理效劳。

本人在学期间，注重思想品德的修养，严格要求自己，积极参加社会实践活动，努力提高思想政治水平。学习成绩优秀，两次获得优秀学生奖学金。两年来，我系统学习了秘书学、应用写作、管理学、公共关系学和外经贸基础等20多门专业课程，熟悉文章写作和公文处理知识，曾获本校征文比赛三等奖。又较熟练地掌握了中英文打字和电脑操作技术，能适应现代化办公室的工作要求。

本人性格开朗，热情诚实，通晓普通话、广州话，会听一些潮州话、客家话。日常英语的听力和口语也较好。曾代表本系参加学校的中文演讲比赛。我的爱好广泛，课余特别喜欢文娱、体育活动。多次参加文艺演出，曾获本校第二届卡拉OK歌唱大赛第三名，还多次代表系参加篮球比赛。本人历任班长、系学生会宣传部长，工作热情肯干，交际很广。亦曾利用寒假搞社会调查和连续两年在本市××公司做暑期工，积累了一些实际工作经验。

不瞒您说，我喜欢做秘书、公关或宣传工作。不仅有本市户口，也有住房。福利待遇没特殊要求，月薪起点350元即可。本系李××副教授愿意充当我的推荐人。如能录用，两月后就可上班。请函告或电话约见。谨候回音。

祝

生意兴隆

求职人　林××敬上

1991年3月18日

附件：

①本人简历表及近照一张

②各科成绩登记表

③推荐信一封

④通讯地址、电话、邮码（略）

【简评】

这封信比较符合书信的格式要求，又具备了求职信的基本特点。称呼、正文、结尾语、具名、日期、附件都有了。说一句“打扰了”，就比用“您好”这样的问候语好得多，因为双方素不相识。开头表明了写信目的，跟着介绍本人求职的条件，注意讲主要成绩，突出自己的特点和优势，让人感到他能讲会写，热情好动，具有适应有关工作的能力，确有吸引人之处。结尾强调自己的要求和愿望，盼望对方接纳和答复。文字达意，立言得体，有礼貌，充分介绍自己的特点和长处，但又不夸大其词。不过篇幅稍长了点，某些材料过于具体，工作繁忙的总经理不一定有时间详细看下去。

在改革开放中，学会写求职信或应聘信（应征信）相当重要。这些信件大体上要包括下面一些主要内容。如，谈一下自己知道职位有空缺的途径，表达一下对该单位的仰慕之情，说说自己的志向、兴趣、性格和适合有关职位的程度，讲讲自己的学历、经验、希望、信心和待遇要求，有分寸地表示自己做事的劲头和上进心。为了压缩正文篇幅，最好写上附件。简历表的项目可包括：姓名、性别、籍贯（或出生地）、年龄、民族、免冠近照、住址、电话、邮码、婚姻状况、学历、学位、工作简历、通晓语言、特长、爱好、兴趣、团体职务（或曾任职务）、咨询人等。还要附上证件副本（如学历证书、身份证、工作证、户口证、健康证明、商调证明、职称的资格证明或待业证等的复印本）及荐函副本。已婚的还须写上配偶姓名和单位。如果刚毕业，尚要附上各科成绩表。

(18—2)

复学申请书

××大学教务处、学生处：

尊敬的领导同志，你们好！

我叫高蓝天，因休学期限将至，特向学校提出申请，要求复学。

我原是中文系88级二班的学生，入学后任团支部书记。第一学年，被评为“三好学生”，并获得一等奖学金。不料在第二学年开学不久（1989年10月）因患肺结核住院，耽误了两个多月的学习。又因出院后身体仍较虚弱，不能跟班上课。遵照医嘱并经学校批准，于1990年1月休学回家休养。

我休学回家后，为了早日康复返回学校，一方面继续治疗，一方面坚持锻炼，增强自身的抵抗能力。现在，我已能跑完10000米而不觉疲累。前不久，经县医院全面复查，确认我已完全康复（各种检查结果附后），可以复学。

在休学期间，我严格按照大学生守则要求自己，处处按照团的章程去做，积极参加各种有意义的社会活动，并在今年的“文明礼貌月”活动中受到团县委的表彰。同时，我还抓紧时间读书学习，阅读了不少的中文专业的书籍，记了大量的读书笔记。还写了两篇论文，在市报上发表了。

鉴于我目前的情况，我请求跟随89级二年级学习。希望领导考虑我的申请，答应我的要求，并能尽快给予答复。

请接受我衷心的敬意！

学生　高蓝天

1990年8月10日

【简评】

这是一个学生向学校部门领导提出请求复学的申请书。

这份申请书的第一个特点是内容单纯，申请事项明确，理由充分。

第二个特点是条理清楚，重点突出。开头部分，作者首先明确地提出了请求复学的愿望，目的鲜明、突出。接着，作者分段叙述了复学的理由，各段的内容既有单一性又有完整性。为了说明原由，作者先用一段文字表明了自己休学的原因和时间。然后又用一段文字说明自己已经康复，完全能够复学学习。对复学的理由，作者写得相当清楚、充实，有医院的体检证明，很有说服力。

最后一段文字，汇报了自己休学期间的表现，以便领导全面了解自己的情况，也是必要的。文章的结尾部分，简单地表示了一下自己的殷切希望。全文显得有条有理，眉目清楚。

第三个特点是简洁明了，用语准确，文字朴实，结构紧凑、完整。

(18—3)

倡 议 书

亲爱的同学们：

正当春回大地、万物复苏的时节，我们受全国五千八百万大、中学生的委托，从祖国的四面八方来到伟大首都北京，参加全国三好学生、优秀学生干部和先进集体代表会议。党和国家的领导同志亲切地会见了我们，使我们亲身感受到党和人民对我们青年学生的高度重视和亲切关怀。党中央号召我们青年学生要争当建设社会主义精神文明的先锋。我们与会代表，决心以实际行动，响应党中央的号召，和广大同学一道，更加广泛地开展创三好活动，在建设社会主义精神文明中打先锋、当模范。在此，谨向同学们发出如下倡议：

一、争当建设社会主义精神文明的先锋，必须坚持四项基本原则。要从学史入手，认真读一点中国近代史和现代史，并努力学习马列主义和毛泽东思想的基本理论，学会运用辩证唯物主义、历史唯物主义的基本观点来认识中国革命的艰苦历程和胜利前进的方向，坚定热爱党、热爱祖国、热爱社会主义的信念，立志成为一个献身四化、振兴中华的有为青年。

二、争当建设社会主义精神文明的先锋，就要集中精力，刻苦攻读，出色地完成党和人民交给我们的学习任务。我们今天的学习，既是为建设社会主义物质文明做准备，又是为建设社会主义精神文明做贡献。我们八十年代的青少年，风华正茂，一定要十分珍惜宝贵的学习机会，力争多学一些知识和本领，莫让青春年华付东流。

三、争当建设社会主义精神文明的先锋，就要努力提高自己的共产主义道德水平。要做到全心全意为人民服务，关心集体、团结同学、热爱劳动、勤俭节约、爱护公物、遵纪守法，自觉抵制和克服各种剥削阶级思想的侵蚀和影响，勇于同各种违法乱纪行为和不正之风做斗争。

四、争当建设社会主义精神文明的先锋，就要更加积极地投入到“五讲四美”活动中去。首先要把我们的学校变成文明的场所，使校园到处充满文明之风。还要带头植树造林，栽花种草，美化环境，把我们的学校装点得像花园一样。在即将开始的“文明礼貌月”活动中，我们要大张旗鼓地学雷锋、做好事，以实际行动为社会风气的决定性好转做出贡献。

同学们，瞻望前程，任重道远。祖国现代化的宏伟目标要靠我们的辛勤劳动去实现。让我们发扬中国青年光荣的革命传统，从我做起，在党的领导下，振奋精神，团结一致，为建设现代化的高度民主的和高度文明的社会主义强国而努力奋斗！

全国三好学生、优秀学生干部
和先进集体代表会议全体代表
1982 年 2 月 5 日

【简评】

这是一篇有关重大建议的倡议书，其写作上的显著特点是针对性强，条理清晰，重点突出，富有感召力。

本文的针对性强这一特点，主要表现在两个方面：一是接受对象具有针对性，二是提出的建议具有针对性。建设社会主义精神文明，无论在当时，还是将来，都是人们尤其是大、中学生所普遍关注的问题。倡议书的作者及时倡导大、中学生“在建设社会主义精神文明中打先锋、当模范”，针对性特别强，且有重要而深远的社会意义。

在谋篇布局上，本文条理清晰，重点突出。开头在简要地交代了根据、原因之后，就十分明确地提出了我国大、中学生的光荣使命，就是响应党中央的号召，更加广泛深入地开展创三好活动，在建设社会主义精神文明中发挥先锋、模范作用。紧接着，文章围绕着如何实现这一使命，发出了四项倡议，分别进行了阐述，并一一提出了具体的要求。这几项倡议的内容，也都是实事求是、切合实际的，大家都应该做到而且经过努力是能够做到的。全文布局合理，主次分明。争当建设社会主义精神文明的先锋，必须坚持四项基本原则，这是倡议中最为重要的一条，所以作者把它首先提出来，放在首要位置，尔后根据倡议的目的，又提出了三点建议，逐一安排于后，使文章显得观点鲜明，重点突出，条分缕晰。文章的结尾，写了倡议者的决心和希望，态度诚恳，充满感情，语言精炼，特别富有感召力和鼓动性，给人以激励和鼓舞，使人产生巨大的向上和前进的力量。

(18—4)

在萧红墓前的5分钟演讲

郭　沫　若

年轻的朋友们：

演讲对于我倒不是件难事，然而要不多不少恰好“5分钟”，却使我感到困难。而主席又只要我作“5分钟”的滩头演讲，让你们好早点跳下海去，作你们的青春之舞泳。

我想了，本来我可以这么开始我的演讲：“各位先生，各位女士，请大家沉默5分钟！”于是当大家沉默5分钟的时候，我便说：“沉默完毕，我的讲演完了。”

大家假如要反诘我：“你向我们作5分钟的演讲，为什么叫我们沉默5分钟呢？”我可以理直气壮地回答：“朋友，人们不是说：‘沉默胜于雄辩’吗？”

本来我可以这么开始我的演讲的，但是当我听到了×先生两分钟的演讲，太漂亮了！他说：“人民的作家萧红女士一生为人民解放事业奔走，到头来死在这南国的海边，伙伴们把她埋在这浅水湾上，今天，围绕在她周围的都是年轻人，今后的日子里，不知有多少人围绕着她。朋友们！我们是年轻人，我们没有悲伤，我们没有感慨，请大家向萧红女士鼓掌。”太好了，我的5

分钟讲演只好改变计划了，让我们年轻人引申来说一下吧。

年轻人之所以为年轻人，并不是单靠着年纪轻，我们倒看见有好些年纪轻轻的人，却已经成了老腐败，老顽固，甚至活的木乃伊——虽然还活着，但早已死了，而且死了几千年。

反过来我们在历史上也看见有好些年纪老的人，精神并不老，甚至有的人死了几千年，而一直都还像活着的年轻人一样。所以一个人的年轻不年轻，并不是专靠着生理上的年龄，而主要的还是精神上的年龄。便是“年轻精神”充分的，虽老而不死；“年轻精神”丧失的，年虽轻而人已死了。

那么，什么是年轻精神的品质呢？

第一，是真理的追求者。他是一张白纸，毫无成见地去接受客观真理，他如饥似渴的请人指教，虚心坦怀的受人指教，他肯向一切学习，以养成他的智慧。这是年轻人的第一特征。

第二，是博爱的实践者。他大公无私，好打抱不平，决不或很少为自己打算，切实地有着人饥己饥，人溺己溺的怀抱，而为他人服务。这是年轻精神的第二特征。

第三，是勇敢的战士。他不怕任何艰难困苦，他富于弹性，倒下去立刻跳起来，碰伤了舐干血迹，若无其事，他以牺牲自我的意志彻底一切，这是年轻人的第三特征。

这三种年轻精神的特征，每一个年轻人都是有的，假如他把这些特征保持着，并扩大着，那他便永远年轻，就死了还年轻；假如他把这些特征失掉，比如年纪轻，便做狗腿子的事，那他不仅不年轻，而且老早是一个死鬼了。

就在这样的认识之下，我们向“年轻精神”饱满的青年朋友们学习，使自己年轻，使中国年轻。

【写作训练题】

1. 读后感的写作方法有哪些？细读一篇（部）名著，写出一篇读后感。

2. 三国时期，流传着这样的谚语："汝无自誉，观汝作家书"（意思是说：你别吹牛说文才多高，请写封家信试试！）连当时著名的文学家曹丕，也曾悟到写家信之难。你觉得家信好写吗？请你谈谈家书的写作要求和心得体会。

3. 有人说："信封不仅仅是给邮递员看的，更重要的是给收信人看的。写'伯父收'、'姐姐收'之类合乎情理。"其理由是："无论是内容的阐述，称谓的表达，还是信封的书写，应该是统一的整体。""信封上标明辈分的称呼，具有亲切感。"上述这种看法，你认为对吗？请分析一下。

4. 下页是一本介绍信中的一页，请你把这页介绍信填好，内容自拟。

5. 某省外贸公司驻深圳办事处，与外商谈妥一宗生意，要求公司速办下列事情：

（1）需要本省第一毛纺厂出产的雪莲牌纯毛毛毯 10000 条，必须是一等品。

（2）将毛毯按照惯例包装好。

（3）将毛毯分为两批（一批 5000 条），通过铁路发货至广州车站。

（4）在×月×日前发出一批。在×月×日前再发出第二批。

（5）在每次发货后都要电告驻深圳办事处。

（6）在广州车站的接货事宜办事处已做好安排，并将此情汇报给公司。

将上述内容拟写一份电报，并按照标准电报稿纸，将应该填

介　　绍　　信　　存　　根

威介字　　　号

单位：　　　　　　　　姓名：

前往单位：

事由：

批准人：　　　　　　二〇〇　年　　月　　日

……………介字…………第……号……………………………………

介　　绍　　信

＿＿＿＿：　　　　　　　　　　威介字　　号

兹介绍我厂＿＿＿＿＿＿＿＿等＿＿＿名同志，

前往你处联系＿＿＿＿＿＿＿＿＿＿＿＿＿＿＿事宜，

请接洽为盼！

此致

敬礼

××省××市

××洗衣机厂

（有效期　　天）　　　　　二〇〇　年　　月　　日

写的各项内容填写清楚。

6. 谈谈申请书的写作方法。

7. 以本班全体同学的名义，向全校同学发出节约粮食的倡议，拟写一份倡议书。

8. 细读例文郭沫若《在萧红墓前的5分钟演讲》，体会这篇演讲稿的特点，并写出500字的短评。

9. 每人写一篇演讲稿，题目自拟。

10. 每人拟出一副自勉对联，拟出一副赠给友人的对联。再对出下列联语的下联或上联：

（1）上联：办公室，办公事，公事公办；

（请对下联）

（2）上联：春风春雨山山青青水水秀秀大地生机勃勃；

（请对下联）

（3）集联，用毛泽东词中的语句“鹰击长空，鱼翔浅底，万类霜天竞自由”作为下联，请拟出上联（可从一个诗人的诗词中选取现成的语句，也可辑录古今几个诗人的诗词语句组合构成，也可自拟）。